JN414687

방과후 아동지도

최순옥 · 윤난호 · 이주연 · 윤매자

태영출판사

머리말

최근 우리사회와 아동을 둘러싼 환경에는 많은 변화가 일어나고 있다. 세계에서 가장 빠른 고령화 사회로의 진행과 저출산, 높아지고 있는 이혼율과 자살률 등 그 어느 때보다도 가족에 대한 사회적 개입이 중요한 시대에 살고 있다. 그 중에서도 아동에 대한 사회와 국가의 개입이 중요하다는 인식이 높아지고 있고, 이제 가족과 사회, 국가가 함께 아이를 낳고 기르는 체계를 갖추고, 아동이 안전하고 건전하게 성장할 수 있는 환경을 조성하는 것은 우리사회의 미래가 달려있는 중요한 사안이 되었다.

국가 성장 잠재력 제고를 위한 선제적 인적 투자로서 아동투자가 필요하다. 빈곤아동은 아동의 전 생애는 물론, 사회 전체의 발전 가능성을 저해하게 되므로 방과후 아동지도가 활성화되어 지역사회 아동의 보호, 교육, 건전한 놀이와 오락 제공, 보호자와 지역사회의 연계 등 모든 아동이 공평한 양육환경과 출발기회를 보장받을 수 있도록 하여야 한다.

그래서 궁극적으로는 빈곤의 대물림을 차단하고 나아가 건강한 사회구성원으로서 성장할 수 있도록 하여야 하며, 특히 가족해체에 따른 가족 기능 약화, 사회양극화 등에 따라 빈곤대물림이 심화되고 있으나 빈곤층 취약아동에 대한 집중관리는 미흡한 실정이므로 방과후 아동지도가 활성화되어 방과후에 아동을 안전하게 보호하여 전인적 발달을 위하여 모든 기회를 제공해 주어야 한다.

이 책은 최근 한국사회의 변화에 따른 방과후 아동지도 관련 이슈의 실태파악과 미래의 방향을 살펴보고, 방과후 아동지도 관련 종사자로서의 전문적인 실천을 하기 위해 필요한 지식과 기술에 관한 내용을 담고자 노력하였다. 이 책은 모두 14장으로 구성되어 있다.

제1장 방과후 아동지도의 이해에서는 방과후 아동지도의 필요성과 방과후 아동지도의 개념과 목적을 다루고 있으며, 제2장 방과후 아동지도의 사회적 요구에서는 부모역할 인식변화와 함께 방과후 아동지도에 대한 지역사회 요구의 중요성과 자원파악 및 자원 활용 프로그램 등을 다루었다. 제3장 우리나라 방과후 아동지도의 정책에서는 현재 우리나라에서 실시되고 있는 지역아동센터, 방과후 보육, 청소년 방과후 아카데미, 초등학교 돌봄교실 등에서의 방과후 아동지도 현황을 살펴보고, 방과후 아동지도 관련법과 방과후 아동지도의 발전과정에 대해 살펴보았다. 제4장 외국의 방과후 아동지도에서는 미국과 독일, 영국, 일본, 스웨덴, 프랑스의 방과후 아동지도 발전배경과 환경의 변화, 관련법 및 정책 그리고 프로그램 등을 살펴보았다. 제5장 학령기 아동의 발달특성에서는 학령기 아동을 이해할 수 있는 발달이론을 살펴보고, 학령기 아동의 생활변화 및 연구동향 그리고 학령기 아동의 발달과업과 발달특성에 대해 살펴보았다. 제6장 초등학교 교육과정에서는 초등학교 교육과정의 기본방향의 이해와 초등학교 교육과정의 편제 및 시간 등에 대해 살펴본 후, 운영 교과별 교육과정 편성에 대해서도 살펴보았다. 제7장 방과후 아동지도의 운영관리에서는 방과후 아동지도의 시설운영 및 환경구성에 대해 살펴보았으며, 제8장에서는 방과후 아동지도 유형에 대해 살펴보았다. 제9장 방과후 아동지도사의 역할과 전문성에서는 자질과 기술 등을 알아보고, 자격과 교육 등을 살펴보았다. 제10장 방과후 아동지도 프로그램에서는 방과후 프로그램, 운영관리, 평가 등을 살펴보았으며, 11장, 12장, 13장에서는 방과후 아동지도 프로그램 실제 Ⅰ, Ⅱ, Ⅲ으로 하여 기관별 방과후 아동지도를 위한 집단치료놀이의 실제와 프로젝트 접근법, 숲 체험 프로그램 등을 소개하고 있다. 마지막으로 14장에서는 방과후 아동지도의 과제와 전망으로, 우리나라 방과후 아동지도의 문제점과 과제, 발전방향 등을 살펴보았으며, 부록으로 방과후 아동지도사의 자격시험 기출문제를 수록하여 자격증 취득에 도움이 되고자 노력하였다.

모쪼록 이 교재가 대학에서 아동복지 관련 과목의 교재로 사용하기에 적합하도록 최근 이슈화되고 있는 조사연구자료 및 방과후 아동지도 사업현황과 통계를 담고자 노력하였다. 또한 누구나 방과후 아동지도를 쉽게 이해할 수 있도록 하여 방과후 아동지도를 전공하는 학생뿐 아니라 사회복지나 유아교육을 전공하는 사람들에게 지침서로 도움이 되었으면 하는 바램이다.

부족하고 미흡한 부분에 대해서는 계속해서 새로운 자료와 함께 보완해 나갈 것이며, 여러분의 조언을 부탁드린다. 마지막으로 이 책이 나오기까지 적극적인 지원을 해 주신 태영출판사 김현태 사장님과 편집장님 그리고 편집을 위해 수고하신 직원 여러분께 감사를 드린다.

2012년 7월

저자 대표 최순옥

제1장

방과후 아동지도의 이해

방과후 아동지도는 학령기 아동을 대상으로 학교의 정규 수업을 마친 후, 성인의 보호 없이 지내는 아동과 그 가족을 위해 의도적으로 제공되는 보육서비스(child care service)를 말한다. 최근 우리 사회는 과거 어느 때와 비교할 수 없을 정도로 그 방향을 예측할 수 없을 만큼 다양한 사회적 변화를 겪고 있다. 특히 저출산 · 고령화로 우리 사회는 핵가족화, 맞벌이 부부의 증가, 한부모가족, 조손가족, 다문화가족 등 가족구조의 변화와 가족구성원의 역할 약화로 자녀들의 양육과 교육상의 어려움을 겪게 되었고, 이러한 사회적 문제해결과 부모들의 요구에 부응하기 위해 보편적인 방과후 아동지도 서비스의 필요성이 제기되었다. 따라서 이 장에서는 방과후 아동지도를 이해하는 기초로서 방과후 아동지도의 필요성과 기본 개념을 살펴보고자 한다.

1. 방과후 아동지도의 필요성

방과후 아동지도는 학교 공부가 끝나고 집에 돌아가도 돌보아 줄 성인이 없는 학령기 아동을 안전하게 돌보아 주어야 한다는 필요에 의해 시작되었다. 그러나 점차 방과후 아동지도는 국가적인 우려인 저출산 문제와 과다한 사교육비 지출문제를 해결하기 위한 사회적 선제과제의 하나로 지적되었다(서영숙 외, 2010). 특히 초등학교 저학년 아동들은 학교에서 보내는 시간이 짧고 학교 밖에서 보내는 시간이 길어 여러 가지 안전사고와 위험에 노출될 수 있어 학령기 아동의 방과후 아동지도 서비스에 대한 중요성이 부각되었다. 그러므로 방과후 아동지도의 필요성을 급격하게 변화하는 아동 성장 환경에 초점을 두고 상세히 설명하면 다음과 같다.

1) 아동의 전인적인 발달과 아동권리의 보장

학령기 아동은 신체 및 학습지도 뿐만 아니라 또래관계와 사회성, 그리고 정서적

안정이 필요하며, 모든 영역에서 골고루 발달이 이루어져야 하는 매우 중요한 시기이다. 정규학교 수업을 통한 아동발달이 이루어지고 있으나 이를 기초로 실생활에서 자신의 것으로 받아들이고 실천할 수 있는 기회가 아동에게 제공되어야 한다. 또한 아동기는 기본적인 생활습관과 학습습관이 형성되는 중요한 시기이므로 아동양육에 대한 사회적인 책임으로 그 필요성이 요구되고 있다.

학령기 아동은 발달과업을 실현하고 행복하게 성장할 수 있는 권리를 가지고 있다. 그러므로 방과후에도 안전한 보호 속에서 양육과 교육을 받으며 자랄 수 있는 기회를 가져야 하고, 휴식, 여가, 놀이, 오락 및 예술 활동에 참여하고 민주시민으로서의 역할을 다하기 위한 자질을 함양하는데 필요한 프로그램에 참여할 수 있어야 한다.

아동권리에 대한 국제협약은 1989년 유엔에서 채택된 아동권리협약으로 우리나라도 1990년 협약에 서명하고, 1991년 비준하여 협약의 당사국이 되었으며, 국내법과 동일한 효력을 지니게 되었다. 따라서 아동은 어떤 성장 환경에 있더라도 아동의 권리가 보장될 수 있도록 국가와 사회가 그 책임과 의무를 다해야 한다.

아동권리란 아동이 인간으로서 누려야 할 기본적인 제반 권리를 총칭하는 것으로써(若井彌一, 1992), 성인의 권리와 많은 공통성을 가지고 있으면서도 아동의 특성상 '성인의 권리'라는 개념과는 차이가 있다(김정래, 2002). 아동의 권리를 이야기할 때, 두 가지 상반된 개념을 염두에 두어야 한다. 하나는 아동의 보호로서, 아동의 기본적인 욕구나 필요를 충족시킬 의무를 강조하는 개념이다. 교육, 양육, 적절한 음식과 있을 곳, 사랑, 애정, 훈육 등에 대한 아동의 권리와 이를 실현시킬 부모와 국가의 의무가 도출된다. 다른 하나는 아동의 자율성으로서, 선택과 참여 그리고 자유를 강조하는 개념이다(윤매자, 2010).

대부분의 아동권리협약의 규정을 생존의 권리, 발달의 권리, 보호의 권리, 참여의 권리로 범주화하여 제시하였다(UNICEF, 1989; UNICEF 세계교육부, 1995). 구체적인 내용은 다음과 같다.

아동의 권리

1. 생존의 권리
- 아동이 삶에 갖는 권리, 즉 살아가기 위해 필요한 기본 조건을 다루고 있다.
- 건강한 생존을 위한 급식과 의료서비스를 제공받을 권리이다.

2. 발달의 권리
- 아동은 그들이 가진 잠재능력을 최대한 발휘하도록 하기 위해 필요한 기본조건을 다루고 있다.
- 교육을 받을 권리, 여가를 즐길 권리, 전통적으로 문화생활을 할 권리, 정보를 누릴 권리, 생각과 양심 · 종교의 자유를 누릴 권리이다.

3. 보호의 권리
- 모든 형태의 학대와 방임, 폭력으로부터 아동을 안전하게 보호받을 수 있는 권리이다.
- 건강을 저해하는 환경 등 위험한 환경으로부터 보호받을 권리, 특히 부당한 형사처벌과 가족과 인위적인 분리 등으로부터 보호받을 권리이다.

4. 참여의 권리
- 아동이 자신의 의사를 표현할 자유와 자기 생활에 영향을 주는 일에 대하여 말할 수 있는 권리이다.
- 아동 자신의 능력에 부응할 수 있는 적절한 사회활동에 참여할 기회를 가질 권리이다.

아동의 권리에 대한 국제협약에서는 아동의 생존권 뿐만 아니라 발달권도 포함하는 것으로 아직 자기보호 능력이 미숙한 어린 아동들이 발달상의 여러 가지 문제를 야기시키는 원인이 되므로 아동의 복지권을 위협하고 있다. 방과후 아동지도는 바로 이러한 방과후 아동의 기본적인 권리를 지켜 주며 사회봉사를 통해 참여의 훈련을 받게 되는 터전이 된다(서영숙 외, 2010).

2) 다양한 가족형태에 놓인 아동의 보호

핵가족화와 더불어 한부모가족, 빈곤가정, 조손가족, 다문화가정 등으로 그간 우리가 가지고 있었던 부모와 자녀, 또는 조부모까지 포함되는 가족의 모습이 이제 더 이상 전형적인 모습일 수 없는 현실이다. 가족구조의 변화는 전통적인 가족구성원의 역할을 약화시키고, 가족 내에서의 자녀양육과 가정교육의 기능 약

화로 결국 아동양육에 대한 가정과 사회의 공동책임 또는 사회적 개입의 필요성을 증가시킨다.

과거에는 가족 내에서 자녀를 보호하고, 양육하는 역할을 주로 어머니가 하였으며 주양육자로서 자녀의 애착형성에 많은 영향을 끼쳤다. 아버지는 가족 부양과 자녀의 사회화 과정에 필요한 지식과 정보, 규범과 가치 등을 안내하고 모범을 보이는 사회화 역할을 담당하였으나 현대가족에서는 이러한 역할 구분이 모호해졌기 때문이다. 또한 출산 자녀 수의 감소로 한 자녀 가정은 형제 자매 관계 속에서 어울려 지낼 수 없는 환경으로 학교 수업이 끝나고 돌아오면 외톨이가 된다. 형이나 언니가 학교에서 돌아온 동생을 돌보는 전통적인 아동의 성장 환경과는 거리가 멀다. 또한 형제 자매가 있다고 할지라도 공부 등으로 가정에서 동생을 돌보아 주는 경우는 많지 않다(서영숙 외, 2010). 이러한 가족 기능의 변화로 인해 학교 공부가 끝나고 집으로 달려가면 맞아주는 부모가 있는 집이 점점 줄어들고 있고 가족 안에서 주 양육자의 보호를 받을 수 있는 아동들은 점차 줄어들고 있다.

산업화로 인한 가정에서 자녀들이 돌봄을 받을 수 없는 부모 부재 또는 대리부모의 부재는 가족의 고유한 기능인 아동의 사회화를 도울 수 있는 성인이 없음을 뜻한다. 조부모나 친인척에 의해 부족한 부모의 자리를 대신했던 과거와는 달리 방과후 아동지도기관에서 이 기능을 지원하고 있는 실정이다.

이러한 현대가족의 기능 변화에 따라 자녀양육과 교육문제를 개별가족만의 문제로 인식하기보다 사회적 · 국가적 책임으로 보아야 한다는 관점이 확산되고 있으며, 이에 따라 국가 차원에서 보살펴 줄 수 있는 방과후 아동지도기관과 아동지도 프로그램이 절실히 필요하다(손흥순, 2010).

3) 기혼여성의 경제활동 요구의 증가

경제활동에 참여하는 여성의 비율이 해마다 증가하고 있으며, 미혼보다 기혼여성의 비율이 증가하고 있다. 특히 여성이 재취업을 많이 하는 시기는 자녀가 초등학교에 입학하게 되면서 혼자서 자립할 수 있다는 신념과 사교육비의 부담으로 가계경제를 꾸려 나가기 위해 맞벌이를 해야 하는 가정이 늘어나 이 시기의 자녀들을 안전하게 보호하고 양육해 줄 방과후 아동지도기관과 사회적 지지망이 필요하

게 되었다.

이렇게 어머니의 취업증가와 취업을 하지 않더라도 문화생활 및 여가 선용에의 욕구가 증가함에 따라 학교에서 돌아온 자녀들은 실제로 부모가 없는 가정이 많아지고 그로 인해 자기보호아동(seif-child)이 늘어나고 있어 방과후 아동지도는 모든 계층의 가정에 필요한 사회적 서비스로 인식되고 있다.

또한 이혼율 증가는 가족이 무엇인가를 돌아보게 한다. 통계청의 '2010 인구총 조사' 결과에 따르면 지난해 11월 기준으로 이혼 상태인 가구주는 126만7000명으로 5년 전보다 40.2%(36만3000명) 늘었다. 전체 가구주가 1733만9000명인 점을 감안하면 전체의 7.3%를 차지한 것이다. 이혼 가구주의 수는 10년 전의 2.3배, 20년 전의 7.3배, 30년 전의 18.1배 수준이다(세계일보 2011. 7. 15). 이에 따라 여성 가구주가 늘어나면서 경제적인 어려움까지 가중되어 생업을 위해 경제활동에 참여하고 있다.

따라서 취업모의 자녀는 집에 돌아와도 혼자서 지내게 되므로 외로움과 두려움, 소외감을 느끼며 혼자서 점심이나 간식 또는 저녁까지 챙겨 먹어야 하므로 아동 성장 · 발달에 영양상의 불균형을 초래하여 건강에도 문제가 생길 수 있다.

아직 자기보호 능력이 미숙한 아동이 장시간을 부모 또는 성인들의 지도 없이 방치되어 각종 안전사고와 위험에 노출되고 있을 뿐만 아니라 과도한 텔레비전 시청이나 인터넷의 폭력적인 오락과 게임에 쉽게 빠질 수 있다. 성인의 돌봄이 없으며 그 만큼 아동은 상업적 · 폭력적 · 선정적 정보에 그대로 노출되기 때문이다. 더욱이 아동학대나 방임, 성폭행 등에도 쉽게 노출될 뿐만 아니라 부모의 안정된 직장 생활을 유지하는데 저해하는 요인이 되고 있다. 손흥순(2010)은 특히 저소득층 자기보호아동은 성인보호 아동에 비해 학교생활에 대한 적응도나 사회적 능력도 낮아서 또 다른 사회적 문제를 발생시킬 수 있다고 하였다. 이 밖에도 유해한 환경에 빈번히 노출되고 이러한 영향을 여과 없이 받아들여 부정적인 행동유형을 학습하게 될 수 있다. 따라서 성인의 보호가 필요한 학령기 아동을 위험하고 유해한 환경으로부터 안전하게 보호할 수 있는 복지적 기능과 교육적 기능의 문제를 함께 운영할 수 있는 방과후 아동지도기관과 아동지도 프로그램이 필요하다.

4) 사교육비 부담에 대한 아동교육 지원서비스 요구의 증가

방과후 아동보육과 교육을 위해 지출하는 사교육비의 규모가 매년 증가되고 있어 학부모들에게 커다란 부담이 되고 있다. 연간 사교육비 지출에 대한 보도를 보면 부모의 사회·경제적인 배경에 따라 많은 차이가 있음을 보여주고 있다.

저소득층과 고소득층의 양극화 현상이 심화되고 있는 가운데 사교육비 지출 차이가 역대 가장 크게 벌어진 것으로 드러났다.

통계청에 따르면, 2011년 올해 1분기 소득이 가장 낮은 가구의 학생 사교육비 월지출 금액은 3만3593원을 기록하여, 2007년 4분기(3만2311원) 이후 가장 적었다. 반면 소득이 가장 많은 가구의 학생 사교육비 월지출 금액은 30만1453원을 나타났다. 이로 인해 올해 1분기 가장 소득이 높은 가구와 낮은 가구의 사교육 월지출비 격차는 약 9배를 나타내었고, 통계청이 관련 통계를 작성한 2003년 1분기 이후 가장 크게 벌어졌다. 이처럼 사교육비의 양극화가 커진 것은 가장 소득이 높은 가구에 비해 가장 소득이 낮은 가구의 사교육비 지출이 크게 늘어나지 않았기 때문이다(통계청, 2011. 5. 23).

그러므로 사교육 양극화가 심화되면서 학력 양극화를 넘어 소득 양극화로까지 전이될 가능성에 대한 우려가 커지고 있다.

소득 격차에 의한 사교육비의 혜택 차이는 부실한 공교육과 맞물려 교육 격차로 이어지고, 한국 사회의 학벌주의 풍토 속에서 계층의 대물림을 초래할 수 있다. 따라서 가계의 부담을 주는 사교육비를 절감하기 위해서는 방과후 아동지도 서비스가 필요할 뿐 아니라 이를 통한 계층 간 사교육비 격차도 줄여 나가야 할 것이다.

5) 지역사회 공동체 의식의 함양

현대사회는 물질적으로 풍요로워졌지만 한편으론 이기심과 질투로 인해 자신만을 위해 살아가는 개인주의가 더 팽배해졌다. 생활양식에도 영향을 미쳐 가정생활에 있어서도 개별성과 개성을 중시하는 풍조가 확산되고 있다. 이로 인해 전통적으로 가지고 있는 지역사회의 유대관계나 이웃주민과의 소통, 공동체 의식도 점점 약화되어 지역사회에서 서로에게 관심을 기울이고 소속감을 갖는 현상을 찾아보기 어렵게 되었다. 이는 인간과 인간을 서로 분리시키고 부와 물질을 추구하는 자본주의와 맞물려 소통에 큰 어려움을 겪고 있다. 그러므로 국가 간의 경쟁이 심화되고 변화가 빠를수록 자유경쟁에서 뒤쳐지는 취약집단의 인간적 삶을 지원해 주는 복지정책도 증가할 수밖에 없다(서영숙 외, 2010).

우리나라의 방과후 아동지도 프로그램의 출발은 1984년 '산돌공부방'을 시작하여 빈곤아동과 빈곤지역을 중심으로 설립 · 운영되었다. 도시 빈민지역의 지역주민 연대의식의 형성과 의식개혁, 주민문제의 쟁점화를 통한 주민참여 확대는 빈곤아동과 빈곤지역의 구조적인 모순 해결에 실마리를 제공해 주는데 기여한다.

국민의 민주 시민의식 고양과 공동체 삶의 질을 향상시키기 위해 자발적으로 참여하는 시민참여 확대는 민주주의 국가 발전의 방향과 속도를 가름할 수 있다. 먹고 살기 바쁘다는 이유만으로 사람들은 더 이상 서로를 쳐다보지 않고 무턱대고 앞만 향해 달려가는 우리들의 삶은 성인의 돌봄을 필요로 하는 그들을 어떻게 대우하였는가에 따라 현재 성인의 미래 시대를 좌우하는 존재이기도 하다.

따라서 방과후 아동지도는 공동체적 사회참여의 출발이 되는 주체로 성숙한 민주사회 발전을 위한 훈련의 장으로 역할을 다 할 수 있다. 이러한 관점에서 방과후 아동지도는 학령기 아동들에게 공동체적 삶의 가치를 내면화시키고 동시에 개별가족, 이웃주민, 지역사회의 연계를 가능케 하여 지역사회 일원으로서의 자긍심을 가지고 자라게 함으로써 지역사회 공동체 문화육성에 이바지할 수 있다. 또한 인간 소외와 고립이 심화되고 있는 현대사회에서 점점 약화되어 가고 있는 공동체 의식을 함양시키고 지역사회 연결망에 대한 필요성을 고취시켜 지역사회에 애정을 가지도록 지역공동체 프로그램의 일환이란 관점에서 방과후 아동지도가 필요하다.

6) 행복한 복지사회 구현

저출산과 더불어 강조된 보육의 공공성에 대한 사회적 인식은 방과후 아동지도의 필요성 인식에도 기여하고 있다고 볼 수 있다. 특히 저소득층, 한부모가정 아동의 방과후 보육에 대한 국가적 지원의 필요성에 대한 공감대가 넓어지면서 점차 아동의 방과후 활동을 지원하는 정책이 강화되고 있으며 학령기 아동의 방과후 활동에 대한 관심을 가진 민간 조직들도 늘어나고 있는 실정이다(서영숙 외, 2010).

「아동복지법」은 '아동이 건강하게 출생하여 행복하고 안전하게 자라나도록 그 복지를 보장함을 목적으로 한다'고 명시하고 있다. 그러므로 개인의 인권이 존중되고 인간의 존엄성이 보장되는 복지사회 구현에 대한 열망은 현대사회의 또 다른 특징이자 요구이기도 하다. 이와 같은 관점에서 아동복지를 고려하면 개별아동이 처해 있는 상황이 어떠하든 아동의 건전한 성장과 발달을 보장하는 여러 가지 제도가 정립되어 있어야 한다.

아동의 건전한 성장과 발달은 그 나라의 발전을 가름하는 지표로서 진정한 복지사회의 구현을 위해서는 그들의 보호와 교육이 더 이상 부모와 가족만의 책임이 아니라 사회와 국가의 책임이라는 인식이 확산되어야 한다. 그리하여 특별한 주의가 필요한 저소득층은 물론이고 방과후에 유해한 환경에 노출되어 있는 모든 아동에게 적절한 양육과 교육의 기회를 정부가 제도적으로 보장하여야 한다(손흥순, 2010).

이상을 종합해 볼 때, 저출산 · 고령화의 확산과 여성 노동력 수요의 증대, 자녀의 방과후 안녕을 걱정하는 근로자의 스트레스, 학령기 아동의 유해환경에의 노출 증가, 교육 격차의 양극화 심화 현상, 과도한 사교육비 부담 등 현대사회의 방과후 아동지도의 필요성과 제반 문제를 예방하고, 사회구성원 모두가 인간다운 생활을 누리는 복지사회 구현을 위하여 방과후 아동지도 정책의 공공성이 더욱 강조되고 있다.

2. 방과후 아동지도의 개념과 목적

1) 방과후 아동지도의 개념

방과후 아동지도는 현재 '방과후 아동보육', '방과후 돌봄교실', '방과후 아동지도', '방과후 학교(서울시 : 한울타리 교육, 경기도 : 꿈나무 안심학교)' 등 다양한 용어로 사용되고 있어 방과후를 담당하는 기관의 운영주체에 따라 다르게 사용하고 있다. 아동을 안전하게 보호하는 복지적 의미가 더 우선인지, 또는 교육적 의미가 더 강한지에 따라 기관에 맞는 용어를 선택하게 된다(김매희 외, 2008). '방과후 학교'는 일반적으로 초 · 중등학교 정규교육과정을 마친 후, 아동의 선택에 따라 해당시간 동안 교육한다는 의미가 더 강하게 반영될 수 있다. 따라서 이 용어를 제외하고 '방과후 아동보육', '방과후 돌봄 교실', '방과후 아동지도'는 복지적 기능을 강조하는 관점과 교육적인 기능을 보완하고 있다고 볼 수 있다.

따라서 방과후 아동지도란 어떻게 개념을 정의하는가에 따라 여러 가지 의미를 생각할 수 있는데, 일반적으로 초등학교에 다니는 아동을 대상으로 학교에서 수업을 마친 후, 부모를 만날 때까지 아동과 그 가족을 위해 의도적으로 제공되는 모든 프로그램을 뜻한다.

이런 의미를 광의의 개념 또는 협의의 개념으로 나누어 설명할 수 있는데, 대체로 광의의 개념은 초등학교 정규 수업활동 외에 이루어지는 각종 프로그램으로 학교에서 방과후에 원하는 아동은 누구나 참여할 수 있는 특별활동이나 학교 밖에서 주로 열리는 캠프나 취미활동, 학원 등 다양한 기관에서 학령기 아동을 위한 교육적 프로그램에 참여하는 활동을 말한다. 협의의 개념은 아동이 학교 수업이 끝난 후 집에 갔을 때 가정에서 성인의 적절한 보호를 받을 수 없는 아동을 대상으로 돌봄 서비스가 일차적인 목적으로 하는 것을 말한다.

맞벌이 부모를 둔 아동의 경우, 가정에서의 보살핌이 가능하지 않으므로 안전한 장소에서 보살핌을 받으면서 학업이나 취미활동 등을 위해 여러 유형의 방과후 활동에 참여하고 있으며, 그 장소는 학교 안팎의 다양한 공간에서 이루어지고 있는 실정이다. 특히 주무부처에 따라 방과후 아동지도를 운영하는 기관의 위치는 다르다. 그러므로 방과후 아동지도를 협의의 개념이나 광의의 개념으로 구분하는 것이 그리 간단한 것은 아니다. 특히 초등학교 저학년 아동들은 대체로 학교 수업이 일찍 끝나 오후 시간에는 적절한 성인의 보호를 받아야 하므로 방과후 아동지도가 그들의 성장과 발달에 긍정적인 영향을 주는 종합적인 보호와 교육, 즉 보육(educare) 프로그램이 제공되어야 할 것이다(서영숙 외, 2010).

이상을 종합해 보면, 방과후 아동지도의 개념은 부모가 직장을 가지고 있거나 다른 이유로 아동을 돌보지 못하는 방과 전후나 방학 때와 같은 시간 동안 아동이 건강하고 행복하게 생활할 수 있도록 방과후 전문가가 정규적으로 일정시간을 인정받은 기관이나 장소에서 아동을 보호하고 교육하는 것을 말한다. 즉 학교 교육제도와 구별되는 자발적이고, 자율적인, 그리고 가정과 같은 휴식을 제공할 수 있는 기능과 학교의 보완기능으로 사회적 · 정서적 · 교육적 지원을 함으로써 아동의 성장과 발달에 적합하고 긍정적인 영향을 주는 통합적인 아동지도라고 할 수 있다.

2) 방과후 아동지도의 목적

아동은 어떠한 가정환경에 있더라도 건강하고 부모의 따뜻한 보살핌을 받으며 행복한 생활을 누릴 수 있는 권리를 가지고 있다.

방과후 아동지도의 목적을 학령기 아동의 안전한 보호에 일차적인 목적을 가질 것인지, 성인의 보호가 필요한 학령기 아동의 가족지원을 위한 아동복지의 차원인지, 학령기 자녀를 둔 여성의 사회적 역할과 지위를 향상시키고자 하는 여성복지의 차원인지, 학교교육을 보완하여 아동의 흥미와 욕구를 충족시키는 학업성취 능력의 향상의 기회를 제공할 것인지에 따라 방과후 아동지도 프로그램에 대한 철학과 목적이 달라질 수 있을 것이다.

여기서 두 가지 측면으로 나누어 볼 수 있는데 첫째, 부모로부터 보호받지 못하는 동안 위험으로부터 보호를 받으며 가정의 경제생활에 조력한다는 의미를 가진 복지적 측면과 둘째, 아동의 전인적인 발달을 돕기 위해 방과후 아동지도기관에서 생활지도를 포함한 아동의 건전한 사회적 · 정서적 발달을 도모하고, 학교교육을 보완한다는 교육적 측면을 강조하고 있다.

(1) 복지적 측면

경제 성장으로 인한 가족구성원들의 함께 공유하는 시간이 부족하고, 여성의 사회 참여 기회가 확대되고, 다양한 욕구를 가진 가족형성 등은 방과후 성인의 보호 없이 지내는 아동의 증가를 가져왔다. 또한 맞벌이 가정의 아동뿐만 아니라 방과후 부모와 만날 때까지 학원을 전전하며 대부분의 시간을 보내고 있는 아동들의 올바른 보호와 교육을 위해 학령기 아동을 위한 방과후 아동지도 프로그램에 대한 필요성이 강조되고 있다. 복지적인 측면으로 아동복지, 여성복지, 가족복지에 대한 설명은 다음과 같다.

① 아동복지

아동복지는 모든 아동과 그들의 가족이 지닌 욕구와 문제를 해결하고 행복한 생활을 할 수 있도록 공공 · 사적인 단체 및 국가에서 이루어지는 일련의 계획적이고 조직적인 활동을 포함한 제도를 총칭한다(한성심 외, 2004). 아동들은 방과후에 즐겁고 재미있는 다양한 활동을 할 수 있어야 하며, 안전하게 보호받아야 할 뿐 아니라 적절한 영양을 공급받고 휴식을 취할 수 있어야 한다. 부모의 보살핌을 받지 못하는 아동의 증가는 아동의 정서 및 행동 장애를 유발할 수 있으며, 아동 및 청소년 비행문제로까지 이어져 안정된 사회분위기를 파괴하는 결과를 초래할 것으로 우려되고 있다(김정아, 2010, 재인용). 따라서 모든 아동들은 안전한 환경에서 행복하게 지낼 수 있어야 하며, 적절한 휴식을 통해 심신의 건강을 향상시킬 권리가 있다.

② 여성복지

여성복지로서의 방과후 아동지도는 아동양육의 사회적 책임과 이를 통한 여성의 사회적 지위향상과 자아실현을 도모할 수 있도록 함에 있다.

학령기 아동들은 영유아들보다 자기보호 기술이 발달되어 있지만 여전히 성인의 보호가 필요하다. 기혼여성의 취업과 아동발달의 관계에 대한 연구들을 살펴보면, 어머니의 취업 자체가 아동발달에 부정적이라기보다는 취업에 따른 자녀양육의 문제가 적절하게 해결되지 못했을 때 자녀의 발달에 문제가 일어난다고 볼 수 있다.

우리나라의 맞벌이 가족의 경우, 과거에는 자녀를 친인척에게 하루의 일정시간 동안 맡기는 대리양육이 어느 정도 가능했지만 최근에는 핵가족화되면서 친인척에게 자녀를 맡기는 경우가 줄어들고 있어 개별가족 차원에서의 대리양육자를 찾는 것은 매우 어려운 실정이다(김정아, 2010). 따라서 방과후 아동지도는 여성의 경제활동 뿐만 아니라 자원봉사활동, 취미생활, 학업 등 다양한 여가활동을 보장하고 자아실현의 욕구충족을 통한 사회적 지위향상을 도모하려는 여성들의 아동보육의 부담을 공유하는 서비스이다.

③ 가족복지

가족문제는 가족과 관련된 다양한 현상으로서, 가족의 경제적 부양의 문제, 가족 간의 빈부 차이에 의한 상대적인 박탈감, 가족보호 기능과 가족공동체로서의 사회화와 정서적 지지의 약화, 가족의 통제기능의 약화나 상실에서 오는 가족관계와 가치관의 문제로서 부부갈등, 배우자 부정, 가정폭력, 아동학대와 방임 등이 여기에 해당된다.

따라서 현대사회의 가족기능의 약화는 부모의 역할을 대신할 수 있는 대리모의 부재로 아동지도가 방치될 가능성이 높으며, 특히 학령기 아동들은 부모의 세심한 배려가 필요한 시기이기 때문에 방과후 아동보육 서비스는 가족복지에 기여한다.

(2) 교육적 측면

방과후 교육활동은 1997년 6월 2일 발간된 제5차 대통령보고서에서 “과외 대책을 통한 사교육비 경감 방안”이라는 개혁 과제의 6개 방안에 포함된 “방과후 교육활동의 확대 제공"으로 제안되었다. 방과후 아동지도 프로그램을 통해 학교교육과 가정교육을 보완하는 차원을 넘어서서 제도권 교육과는 구별된다는 평생교육적 관점을 유지할 필요가 있다

구체적으로 살펴보면, 첫째, 방과후 아동지도는 평생교육의 기능을 한다. 방과후 아동지도기관을 이용하는 아동뿐만 아니라 방과후 보육에 참여하는 성인의 관점에서도 평생 교육적이다. 우리나라의 평생교육법 제2조 1항에 의하면, 평생교육이란 '다른 법률에 의한 학교교육을 제외하고 국민의 평생교육을 위한 조직적인 교육활동'이라고 규정하고 있다. 즉 평생교육은 학교교육을 제외한 아동, 청소년, 성인들을 대상으로 이루어지고 있는 모든 조직적인 교육활동을 말한다(유정은 외, 2006).

둘째, 방과후 아동지도는 학교교육과 가정교육의 보완적 역할을 담당한다. 방과후 성인의 보호가 필요한 학령기 아동을 안전하게 보호하고 교육함으로써 아동의 전인적 발달을 도모하고 나아가 학교와 가정에서 자녀를 안전하게 보호 및 교육의 기능을 보완하고 지원을 도모함으로써 학교와 가정과 아동을 효율적으로 연계할 수 있다. 또한 초등학교 아동일 경우, 혼자서 숙제를 하거나 준비물을 챙기는 것이 어렵고, 올바른 생활습관 형성과 인간관계 형성을 위해 가정교육의 중요성이 부각되고 있는 시기이지만 맞벌이 경우 이러한 가정교육이 원활하게 이루어지기 어렵기 때문에 이를 보완할 수 있는 방과후 적절한 활동들을 제시해 주어 보다 밝고 건전하며 즐거운 생활을 도모하고 올바른 가치관과 사고를 형성할 수 있도록 해야 한다.

셋째, 비형식적인 학습 스타일을 제공한다. 즉 아동의 개별적인 요구와 관련되는 정의적 혹은 탐구적 학습보다는 방과후 프로그램은 어디까지나 아동의 흥미에 따른 선택이므로 아동의 흥미를 존중하는 방향으로 프로그램을 다양하게 마련되어야 할 것이다.

넷째, 지역사회의 자원을 활용한다. 평생교육은 지역사회 자원을 충분히 활용할 수 있어야 하는데, 방과후 프로그램도 마찬가지이다. 지역사회 자원의 활용을 통하여 아동들은 자신이 속해 있는 지역사회에 대한 자긍심을 기를 수 있을 뿐만 아니라 나아가 자존감의 향상에도 도움을 주며, 프로그램의 경제적 효율성도 높일 수 있다(유정은 외, 2006).

이상을 종합해 보면, 방과후 아동지도의 목적은 다음과 같다. 첫째, 방과후 적절한 성인의 보호를 받지 못하는 아동들은 안전하게 보호하고 정서적인 안정감을 제공할 수 있어야 한다. 둘째, 학교교육을 보완하여 아동의 흥미와 욕구를 충족시키는 활동이나 생활지도를 통하여 아동의 전인적인 발달을 도모할 수 있어야 한다. 셋째, 취업부모의 자녀에 대한 불안감을 덜어 주고 안심하고 일할 수 있도록 가족생활지원 서비스의 역할을 담당할 수 있어야 한다. 넷째, 지역사회 공동체 의식과 생활경험의 공유를 통하여 개인 및 사회에 대한 긍정적인 시각을 형성하는 기회를 제공할 수 있어야 한다.

이러한 목적을 지닌 방과후 아동지도는 가정의 편안함과 개인의 권리를 최대한 반영한 자유로운 분위기가 조성됨으로써, 아동의 자질을 계발할 수 있는 교육의 장을 마련해 주는 복지적 기능과 교육적 기능을 포함한 포괄적이고 종합적인 목적을 가지고 있어야 하는 것이다.

생각해 보기

1. 방과후 아동지도와 관련하여 각 단체에서 실시하고 있는 방과후 프로그램의 명칭에 대해 조사해 보자.

2. 다양한 사회적 변화에 따른 방과후 아동지도의 필요성에 대해 토론해 봅시다.

제 2 장

방과후 아동지도의 사회적 요구

1. 부모역할 인식변화와 부모교육 프로그램
2. 가족지원 프로그램
3. 지역사회 요구와 자원 파악

오늘날의 아동들은 일상생활에 있어서 과거의 아동보다 전자매체의 사용과 학원에 다니는데 많은 시간을 할애하고 있는 변화된 생활구조를 보여주고 있다. 이러한 생활변화를 살펴봄으로써 학령기 아동들에 대한 이해와 가정 및 사회의 더 적극적인 협조가 필요함을 인식하게 된다.

방과후 아동지도에서 가족지원 프로그램은 아동의 건강한 발달을 도모하기 위한 중요한 것이다. 가족지원 프로그램은 가족과 연계되어 보육을 해야 필요한 서비스를 할 수 있고, 동시에 아동의 가족과 나아가 지역사회 구성원들간에 아동을 모두 함께 키운다는 생각을 제공해 줄 수 있다. 그러므로 이 장에서는 방과후 아동지도 프로그램과 가족지원의 관계와 나아가 지역사회의 관계를 다룰 것이다.

1. 부모역할 인식변화와 부모교육 프로그램

1) 부모됨의 의미와 동기

현대사회는 다양한 가족 형태의 시대로서 핵가족의 증대, 가족기능의 축소 내지 변화, 부부 권력구조의 평등화, 가족역할의 대체기능 증대, 가족생활주기 변화, 가족가치체계의 다양화 등 일련의 변화는 가족 구조의 변화를 가져왔고 이로 인한 가족문제는 더욱 심각해지고 있다. 특히 예전에는 부모가 된다는 것은 결혼한 부부에게만 주어지는 특권이자 필연적인 결과였으나 현대에 와서 부모됨은 여러 형태로 나타날 수 있는 선택적 결정이 되고 있다. 가족의 형태가 다양해짐에 따라 합법적인 결혼 이외에 미혼모, 인공수정, 동성애 부부가정의 입양, 심지어는 대리모를 통해서라도 부모가 되고자 하는 노력을 하는 경우도 있지만, 무자녀 가정이 차츰 늘고 있는 추세이다. 자녀(특히 아들)가 많다는 것이 풍부한 노동력을 의미했던 전통사회와는 달리, 현대사회에서 자녀는 경제적인 부담을 주는 존재라고 할 수 있다.

한국보건사회연구원(2010)의 보고에 의하면 2010년 현재 우리나라 가정에서 자녀 1명을 낳아 대학졸업까지 만 22년간 자녀 한 명에게 지출되는 총 양육비가 2억 6204만원(2009년 기준)으로 나타났다. 연령기간별 양육비용을 살펴보면 영아기(1~3세) 2466만원, 유아기(4~6세) 2937만원, 초등학교(7~12세) 6300만원, 중학교(13~15세) 3535만원, 고등학교(16~18세) 4145만원, 4년제 대학교(19~22세) 6811만원으로 산출됐다. 육아비 부담은 젊은 부부들이 출산을 기피하는 주된 이유 중 하나이다. 최근 국내에서도 출간되어 화제가 된 「무자녀혁명」의 저자 매들린케인은 "아이없이 살려는 움직임은 이 사회에 그 어떤 운동보다도 훨씬 깊고 넓은 파장을 일으킬 것"이라고 말했다. 조선일보 · 한국갤럽 공동 조사에서 미혼여성들이 생각하는 '이상적인 자녀 수'는 평균 1.14명에 불과해서 2010년 현재의 출산율 (1.22명)이 앞으로 더 낮아질 가능성을 나타내 주었다(통계청 2010년).

그렇다면 부모-자녀 관계는 부모에게 그리고 자녀에게 어떤 의미가 있는지 살펴보면 다음과 같다(이숙 외, 2002).

먼저 부모의 입장에서 부모-자녀 관계는 어떤 의미일 것인가?

첫째, 자아확장의 의미이다. 부모는 자녀를 통하여 자기 연장감 내지는 자기 지속감을 느낄 수 있다. 부모는 자녀가 가문을 계승하고, 자신의 행동이나 태도들을 배워서 자신과 유사한 특성을 소유하는 것을 보면서 자녀를 통해 자신의 일부가 연장된다는 감정을 갖게 되고 만족감을 얻게 된다. 그러나 지나치게 자녀를 자기와 동일시하거나 자신의 연장으로서 또는 분신으로 생각하고 부모의 생각이나 견해만을 자녀에게 강요할 때, 자녀가 독립된 한 개체로서 기능하기 어렵게 되고 결국 부모-자녀 관계를 위협하는 요인이 될 수 있다. 따라서 부모는 자녀를 통하여 자신이 확장된다는 점에 지나치게 몰두하는 것을 피해야 할 것이다.

둘째, 부모가 된다는 것은 부모 자신의 인지적, 정서적 발달을 촉진시켜 준다(Newmen & Newmen, 1988). 부모가 됨으로써 개인의 성장과 발달기회를 갖는 것이다. 부모는 자녀를 양육하면서 새로운 분야에 대한 흥미와 관심을 확대시켜 나갈 수 있다. 더불어 부모가 된다는 것은 개인이 성장할 수 있는 기회이다. 자녀를 키우면서 부모는 자녀의 모델로서 기능하기 때문에 부모는 항상 자신을 돌아보고 생활을 반성하며, 좀 더 성숙한 성인으로서의 태도와 행동을 해야 할 필요가 증대된다. 이에 끊임없는 자기 성찰과 발전의 기회를 갖게 되는 것이다.

셋째, 부모가 됨으로써 사회적 지위를 획득할 수 있다(유영주, 1988). 부모가 됨으로써 여러 가지 어려운 경제적, 교육적 책임과 의무가 생김에도 불구하고 누구나 부모가 되기를 원하는 것은 부모가 됨으로써 사회적으로 인정받는 새로운 지위를 얻게 되기 때문이다. 특히 우리나라의 경우 결혼을 하고 부모가 되어야 비로소 한 성인으로서 인정해 주며 정상적인 가족으로 보는 경향이 강하다. 이는 사회적 인정과 지위를 획득하는데 도움을 준다. 반면, 부모가 되는 것을 사회적으로 중대한 책임과 의무를 수반한다는 사실을 잊어서는 안 될 것이다. 자녀는 내가 낳은 나의 자손이기도 하지만 장차 자라서 한 나라의 구성원으로서 적절히 기능하고 기여하는 인간으로 성장하여야 한다. 이러한 성장에 중요한 요인이 바로 부모의 교육과 태도라고 볼 때, 부모가 수행해야 할 임무는 막중하다고 하겠다.

넷째, 부모는 자녀를 키우면서 궁극적으로는 삶의 진정한 의미를 경험하게 된다. 즉 개인의 역할, 봉사, 책임 등을 수행함으로써 인생의 진리를 채득할 수 있다(유영주 외, 1996).

한편 자녀의 입장에서 부모-자녀 관계는 어떤 의미일 것인가?

첫째, 자녀는 출생초기에 부모로부터 성격과 인성의 측면에서 너무나 많은 영향을 받는다. 어떤 부모를 만나고 어떤 가족 분위기에서 성장하는가는 개인에게 있어서 인생을 좌우하고 삶을 지배하게 되는 중요한 요인이다. 자율성을 인정해 주는 부모 밑에서 자란 아동은 스스로를 존중하는 아동이 되고 스스로 성장할 힘을 가지고 자라게 되어, 사회구성원으로서 사회에 공헌하는 성인이 된다. 반면 자녀의 자아를 인정하지 않고 모든 것을 부모 마음대로 하며 과잉보호하는 부모를 만나면 자신이 삶의 주인이 되지 못하고 어떠한 성황에서도 선택과 결정을 제대로 하지 못하는 힘없는 인간으로 자라게 되는 것이다. 따라서 인생초기에 부모-자녀 관계는 한 개인의 발달에 중요한 핵심적인 역할을 한다.

둘째, 부모-자녀 관계는 다른 어떤 관계보다도 오래 지속되는 관계라는 점이다. 생후 초기에는 부모로부터 전적으로 도움과 양육을 받는 관계로 지내다가, 점차 성장해서 심리적, 사회적으로 독립을 하게 되면 서로 간에 정서적 지지를 주고받는 협력자로서의 관계를 맺게 됨으로 성숙한 성인으로서 대등한 관계를 유지해 간다. 따라서 부모-자녀와의 관계는 여러 형태로 진행되지만 평생토록 지속되는 관계이다.

셋째, 자녀는 부모로부터 사회적 지위를 부여받는다. 부모의 사회, 경제적 신분

과 지위는 자녀가 태어나자마자 자녀의 객관적 신분이 된다. 물론 현대는 귀속적 지위보다는 성취적 지위가 중요시되고 있기는 하지만 독립된 성인이 되기까지는 부모로부터 부여받는 귀속적 지위가 자녀에게 중요한 요인으로 작용한다.

넷째, 부모는 자녀와 가장 밀접한 관계를 맺으면서 자녀의 문제해결방법, 사회적 관계를 유지하는 방법, 성 역할 등에 많은 영향을 미친다.

다섯째, 부모와 자녀는 다양한 삶의 경험을 같이 나누는 관계이다. 생의 초기에는 어머니와 자녀가 대부분의 시간과 활동을 함께 나누고 서로에게 영향을 준다. 성장하여서도 역시 가족은 하나의 체계로서 움직이며 부부관계와 가족관계의 특성은 개인의 사회, 정서적 발달에 영향을 준다. 따라서 부모와 자녀의 관계는 밀접하고도 중요한 관계로서 부모는 자녀의 모든 성장의 영역에 영향을 준다. 이렇듯 부모는 자녀에게 중요한 환경적 요소임에 분명하다(이숙 외 2002).

이상에서와 같이 부모-자녀 관계에서 부모는 자녀를 키우면서 자아확장과 인지적 · 정서적 발달을 촉진시켜 주며 궁극적으로는 삶의 진정한 의미를 경험하게 된다. 또 자녀는 부모와 가장 밀접한 관계를 맺으며 다양한 삶의 경험을 배우게 된다. 이와 같이 부모-자녀 관계는 밀접하고도 중요한 관계임을 알 수 있다.

2) 부모역할 변화

아동이 태어나서 최초로 접하는 사회는 가정과 가족이다. 특히 부모는 가족 구성원의 핵심을 이루며 아동과 가장 많은 상호작용을 하는 대상이라고 할 수 있다. 현대사회의 가족은 과거처럼 서로에게 구속되거나 영향력을 미치지 못하지만 그럼에도 불구하고 아동의 사회성 발달과 정서발달 등 모든 발달에 중요한 역할을 한다.

과거의 아버지는 도구적 · 수단적 역할을 담당하고 가정의 경제를 책임지는 가계부양자(bread winner) 역할을 하였다. 따라서 돈을 벌기 위해 항상 집 밖에서 생활하게 되므로 가정에 대해서는 간접적, 소극적 성격을 띄었었다. 그러나 가족구조가 변화하여 대가족이 핵가족화되어감에 따라 자녀의 행동발달에 미치는 부모의 책임이 증가되었고 부모가 자녀 문제를 공동 관심으로 나누게 되었다.

1970년대 초반 유아들을 대상으로 아버지의 행동 특성 및 아버지-자녀 관계에 대한 연구들이 진행되어 왔으며 현대를 '아버지 역할의 재발견 시대'라고 표현할 만큼 아버지에 대한 관심이 급증하게 되었다(Lamb, 1987). 현대의 아버지는 도구적, 수단적 역할 이외에도 자녀와의 애착관계 형성, 사회성 발달, 인지 발달, 성취동기, 성 역할 학습에 결정적인 표현적 역할(expressive role)을 한다는 것이 많은 연구에서 보고되고 있다. 가계부양자(bread winner), 아동 양육자(care giver)와 같은 양성적인 역할을 하는 아버지는 고정적인 성 역할을 강조하지 않으며 자녀와 매일매일 상호 작용하는 것으로 나타났다.

전통적인 개념의 어머니 역할은 요리, 청소, 빨래 등의 가사를 전담하고 자녀의 신체적 욕구 및 습관 형성, 도덕교육 등을 행하는 것으로 보았으나 현대의 어머니 역할은 이외에도 경제적 독립에 의한 확대된 의사결정권을 갖게 되고 지역사회 활동에 적극적으로 참여하게 되었다. 이처럼 현대사회는 부모의 역할에 있어서도 변화를 가져왔고 따라서 그에 적절한 부모교육의 요구가 증대되고 있다. 이기숙(1992)은 현대사회의 급속한 산업 · 경제 성장과 과학시대로서 지식과 정보의 급증 등 일련의 변화는 가족 구조 및 사회 구조에 변화를 가져왔고 이로 인한 가정-부모의 교육적 역할 기능 약화, 가치문화 전달자로서의 부모의 가치체계 혼란과 같은 복잡한 문제들은 부모교육의 필요성을 더욱 절실히 요청하고 있다고 주장하였다.

따라서, 학교 및 기관 중심의 부모교육은 부모의 기능을 활성화하여 그들 자녀를 바람직하게 양육하도록 돕는 것은 물론 부모 자신들의 긍정적 자아 개념을 고취시켜 그 효과가 가정에서 시작하여 학교나 기관으로 확장되도록 노력해야 한다. 즉 부모가 어린이집, 유치원, 방과후 아동지도기관 학교에 나와서 단순히 교육을 받는다는 차원을 벗어나 학교나 기관의 운영에 직접 참여하는 것까지 포함한다.

3) 바람직한 자녀지도를 위한 부모교육

(1) 부모교육의 목적

부모-자녀 관계 증진 및 상호 이해를 도모하고, 부모와 방과후 아동지도기관과의 협조 및 상호 이해가 필요하며 이를 위해 적절한 지식과 능력을 갖도록 정보를

나누고 기술을 훈련시키며, 부모 자신의 자기 인식 증진과 가족 간의 문제해결을 위한 방법을 가르치도록 하는 것이라 할 수 있다.

① 부모교육을 위한 효과적인 전략

- 부모의 생활 환경을 인정한다. 대부분의 저소득 가족들은 의미있는 가족지원 프로그램 참여를 막는 어려운 생활 환경에 직면해 있다. 긴급한 개인적 · 가정적 문제들이 크게 나타날 때 부모가 전적으로 참여한다는 것은 불가능할 것이다. 부모의 상황을 즉각적으로 다투어 도움을 제공함으로써 현재 부모가 있는 그 상태에서 프로그램을 시작한다.
- 부모의 목표에 대하여 배운다. 새로운 신념과 관습을 자신의 신념과 행동에 통합시키려는 부모의 의지는 아동의 양육에 대한 그들의 방법을 존중할 때 증가한다. 프로그램들이 부모가 그들 자녀의 미래를 위해 원하는 것을 이해하고 그들 아동을 위한 부모들의 꿈을 수용함에 따라 프로그램의 주요한 생각이나 정보를 조직하는 것이 최상이다.
- 부모와의 관계에서 전문적인 자질이 매우 중요하다. 이러한 본질적인 요소 없이는 부모들이 전문가를 존경하고 전문가의 제안과 정보에 진지한 주의를 기울이지 않을 것이다. 그렇다면 가족지원 프로그램의 시발점은 부모와 교사(전문가)의 관계에 대한 확신과 신뢰를 형성하는 것이다.

② 오리엔테이션하는 방법

일반적으로 어린이집에서는 입학식에 맞추어 부모 오리엔테이션을 하게 된다. 방과후 어린이집도 예외는 아니다. 이 때의 오리엔테이션은 전반적인 시설의 교육철학, 다른 시설과 다른 교육방법, 담당교사, 시설에서의 생활 소개 등이 이어진다. 자연스럽게 프로그램의 내용과 종류를 알려주고, 부모가 도움을 줄 수 있는 방안도 함께 안내한다면 훨씬 더 효과적인 교육이 이루어질 것이다.

③ 부모교육 프로그램 중에 전반적인 것

한 달에 한 번 정기적으로 부모교육이 실시되는 기관이라면 한두 번 정도는 현장학습 활용교육이라는 다른 시설과 차별되는 주제로 준비하는 것 또한 교육내용으로서 손색이 없다. 일반적인 오리엔테이션이나 가정통신문과 달리 부모교육을 실시하려 할 때는 시청각 자료를 준비/실시해 보는 것이 훌륭한 부모교육이 된다. 아동들과 방문한 현장학습에서의 사진자료, 현장학습에 가기 전과 후에 실시한 프로그램에서 나온 아이들의 작품, 교사가 아이들과 상호작용하면서 느낀 점 등으로 꾸민다. 물론 비디오 작품이나 OHP, Slide 자료가 뒷받침된다면 더욱 좋다. 외국에서 실시하는 현장학습 내용을 보고 서로 의견을 교환하는 것도 한 방법이다.

(2) 방과후 아동지도기관에서 가정과 연계하는 방법

방과후 아동지도 아동들이 생활하는 국가의 교육정책과 교육받고 있는 아동보육기관의 철학 및 교사의 교육, 그리고 가정이 삼박자가 맞아야 한다. 아무리 좋은 방과후 아동지도기관에 아동을 맡겼더라도 가정에서 관심이 없다면 그 효과는 줄어들 수밖에 없다. 교사들만의 외로운 교육이 아닌 함께 인식하고 지지받을 수 있는 교육으로 자리하는데 부모들의 지원은 필수이며 이를 실천할 수 있도록 방안을 마련해 보는 것도 큰 의미가 있다.

첫째, 아동 발달에 대한 정보와 지식을 제공함으로써 자녀에 대한 이해 수준을 높인다.

둘째, 효과적인 부모역할에 필요한 관찰 기술과 자녀양육 기술을 익히게 함으로써 자녀의 건강을 도모한다.

셋째, 자녀양육 및 교육뿐 아니라 건강, 영양, 안전관리 등 다양한 정보를 제공함으로써 가족생활의 복지를 증진시키며 결과적으로 아동에게 풍부한 자원을 제공한다.

넷째, 부모의 중요성을 인식시켜서 부모가 아동에게 중요한 모델이 되며 부모의 영향이 지대함을 인식하게 한다.

다섯째, 실제로 보육 프로그램에 참여하고 자원의 역할을 함으로써 아동의 교육적 경험을 확대한다.

(3) 부모-자녀 관계 증진을 위한 프로그램의 예

① 자녀의 힘을 북돋우는 대화

- 나에게 온 관심이 쏠려 있구나. (관심)
- 내 얘기에 귀를 기울이는구나. (경청)
- 내 심정을 이해하고 있구나. (공감)
- 나를 대하는 태도가 거짓이 없구나. (솔직함)
- 나를 어리다고 혹은 잘 모른다고 무시하거나 함부로 가르치려 하지 않는구나. (존중)
- 자신이 살아온 경험을 마구 적용하지 않고 신중한 태도를 취하는구나. (진지함)
- 내 얘기를 그대로 받아들이는구나. (수용)
- 함께 대화를 하는 것이 편안한 느낌이 드는구나. (안정감)
- 내가 믿고 얘기한 것에 대해 함부로 발설하지 않을거야. (사적인 보호의식 또는 비밀보장)
- 대화에 빠져들게 만드는 매력과 태도를 갖고 있구나. (매력과 몰입)
- 내게 해 주는 조언이 신중하고 적절하구나. (조언이나 충고의 적절성)

② 자녀와의 효과적인 대화에 도움이 되는 태도

- 자녀의 특징에 주목한다. (관심)
- 이야기를 끊지 않고 일단 들어본다. (경청)
- 쉽게 반응할 수 없는 문제에 대해서는 심사숙고하는 시간 여유를 갖는다. (심사숙고)
- 자녀의 관점과 취향을 인정한다. (존중)
- 사고뿐 아니라 감정적 상호작용이 일어나는 대화를 연습한다. (완전한 수용)
- 잔소리, 주문, 비난이 지금까지 효과가 없었다는 사실에 주목한다. (조언이나 충고의 부적절성 인정)
- 내 의견을 말하기 전에 자녀의 의견을 물어 준다. (의견 존중)
- 내 감정이나 의견을 말할 때 나-전달법(I-Message)을 사용한다. (I-Message)

2. 가족지원 프로그램

1) 가족지원 프로그램의 개념 및 필요성

일반적으로 가족지원이라는 용어는 가족의 기능을 향상시키기 위해 필요한 자원을 제공하는 모든 복지서비스 프로그램을 지칭하는데 사용된다(양옥승 외, 1999). 즉 양육의 일차적 기반인 부모와 가족의 자녀양육 기능의 취약화 경향에 대하여 이차적 기반인 사회가 사적 및 공적으로 그 기능을 보완하고 관여하는 일을 말한다.

지금까지 가족지원 프로그램의 서비스는 아동 또는 성인의 삶에 가족지원이 특별히 문제가 되었을 때에만 가족이 관심의 대상이 되었다. 이처럼 가족이 서비스의 대상으로 결정되었을 때는 이미 그 가족에 특수한 문제가 발생했을 때이므로 가족지원 프로그램의 내용은 사후 치료적 활동에 국한되었다.

또 다른 관점에서의 가족지원 프로그램은 가족중심 프로그램을 의미한다. 그리고 치료적 지원보다는 가족의 발달을 지원하고 가족의 위기를 미리 예방하기 위한 자원의 제공에 더 중점을 둔다. 이처럼 가족지원 프로그램은 프로그램 활동을 주관하는 서비스기관 또는 사회가 개인의 목표를 달성하도록 돕기 위해서 이에 필요한 모든 지역사회 자원을 동원해야 하며, 개인에게 가장 중요하고 효과적이며 이용 가능한 자원 중에서 기본이 되는 것이 바로 가족이라는 신념에 기초하고 있다. 가족지원 프로그램을 가족자원 프로그램과 동의어로 사용하는 것도 이 때문이다. 이와 같이 현대의 가족지원 프로그램은 개인에 대한 가족의 영향력을 충분히 인식하면서 개인의 복지를 위해 필요한 모든 자원체계(가족, 보육시설, 학교, 지역사회)의 협력관계를 발달시키기 위한 노력을 중시한다. 또한 이를 위해 보육사업에 필요한 모든 자원을 가족, 보육시설과 지역사회로부터 활용하기 위해 이들 간의 긴밀한 협력 관계를 맺기 위한 각종 프로그램을 마련해야 한다.

가족지원 프로그램의 필요성은 방과후 지도아동의 건강한 발달을 도모하기 위해 양질의 경험을 제공하는 것이다. 즉 방과후 지도아동에게 양질의 서비스를 전달하려면 가족과 관련된 지원서비스를 활성화하지 않는다면 무의미하다고 볼 수 있다. 이처럼 서비스 제공자들의 자격과 특성의 차이점들로 인해 한동안 방과후 아동지도 프로그램과 가족지원 프로그램은 일반인은 물론 각 프로그램 관련자들 조차 별개의 프로그램으로 인식하여 왔는데 이것은 방과후 아동지도사업에서 개선해야 할 중요한 문제이다.

방과후 아동지도에 있어서 부모의 역할은 매우 중요하며, 방과후 아동지도의 보조자 혹은 의사결정자로서의 부모에게 보육시설의 조직과 목표 철학 등을 이해시키는 것은 보육 효과를 높이기 위한 필수적인 조건이다. 생태학적 측면에서 부모 자신을 지원하고 부모-자녀간의 관계를 증진시키며, 부모-교사간의 관계를 밀접하게 해 주어 아동을 위해 함께 돕도록 한다는 의미에서 중요하다. 부모들이 아동지도 프로그램에 참여하게 되면 방과후 아동지도기관의 운영을 이해할 수 있을 뿐만 아니라, 교사가 그들 자녀를 어떻게 가르치는지 그리고 교사가 문제사항을 어떻게 긍정적으로 처리하는지 볼 수 있으며, 보조교사나 자원봉사자의 경험을 바탕으로 하여 가정 내에서 아동의 학습을 보강할 수 있다. 그러므로 바람직한 아동지도를 위해 필요한 지식을 부모에게 제공하고 부모 자신의 개발을 위해 교육을 받고 보육 프로그램에 직접 참여하고 물질적, 정신적으로 후원이 가능하도록 해야 한다. 또한 방과후 아동지도시설의 목표와 철학을 이해시키는 과정은 부모의 역할을 수행함으로써 보육효과를 높이는 방법이 될 수 있다(유가효 외, 1991).

지금까지의 가족지원 프로그램들은 대체로 부모를 위한 자녀양육 방법의 교육 프로그램들이다. 또한 아동지도를 통한 가족지원 프로그램 운영의 필요성을 인식하고 있는 방과후 교사들이라 하더라도 가족지원 프로그램 운영계획과 방법에 대한 정보의 부족으로 가족지원 프로그램 활동을 활발하게 전개할 수 없었을 것이다. 따라서 앞으로는 광범위한 가족지원 프로그램의 개발 및 적용이 지속적으로 이루어져야 할 것이다.

2) 가족지원 프로그램의 기본원칙

지역사회 보육 차원에서 가족지원 프로그램은 서비스기관이 속해 있는 다양한 지역사회와 보육서비스기관 자체의 특수한 성격에 따라서 보육 프로그램 활동이 독특한 특징을 가지고 다양하게 운영될 수 있다. 가족지원 프로그램이 다양하게 운영된다 하더라도 이들 프로그램들이 성공적인 결과를 낳기 위해서 일반적으로 고려해야 할 기본 원칙이 있는데 가족지원 프로그램의 기본 원칙은 다음과 같이 설명되어질 수 있다(양옥승 외, 1999).

첫째, 가족지원 프로그램과 가족의 관계는 평등과 상호존중의 관계여야 한다. 가족의 성장과 변화는 바로 양자의 평등과 상호존중의 관계를 통해 일어나므로 프로그램 활동의 실제에서 이러한 관계를 수립하고 유지하는 일은 가족지원 프로그램의 가장 우선적인 과제이어야 한다. 따라서 프로그램 운영자들과 가족(특히 부모) 사이에 온정적이며 상호 반응적 관계를 발달시키고, 프로그램을 찾는 사람들에게 항상 격려와 지원을 할 수 있도록 운영자들이 훈련되어 있어야 한다.

둘째, 프로그램 참여자들 자신이 중요한 자원이다. 프로그램 활동은 참여자들이 서로에게 중요한 자원이 되고 프로그램 운영과 관련된 의사결정 과정에 참여하도록 격려해야 한다. 나아가 참여자 스스로 보다 넓은 지역사회를 대표할 수 있도록 도와야 한다.

셋째, 가족지원 프로그램은 지역사회 서비스 프로그램이다. 따라서 그 활동들이 지역사회의 가족들에게 문화적, 사회적으로 적절히 부합해야 한다. 이를 위해 프로그램 스탭들은 가족이 속한 지역사회의 요구와 관심, 문제들에 대한 깊은 이해가 필요하며 가족과 지역사회의 문화와 전통, 가치관, 생활양식을 이해하고 존중해야 한다. 가능하다면 스탭들이 프로그램 활동 참여 가족들과 지역사회를 직접 대표할 수 있어야 한다.

넷째, 어떠한 가족지원 프로그램을 막론하고 부모교육과 부모를 대상으로 한 인간 발달교육, 각종 생활 기술훈련은 가족지원 서비스 활동의 핵심 요소이다. 따라서 부모들의 특별한 관심과 흥미 문제 등에 부응하는 활동들이 계획되어야 하며 이 과정에 반드시 부모들이 참여하도록 노력해야 한다.

다섯째, 모든 프로그램 활동은 자발적 참여가 강조된다. 가족이 도움을 청하고 정보를 찾는 행동을 그 가족의 어려움이나 문제를 나타내는 것이 아니라 그 가족의 강점으로 이해되어야 한다.

여섯째, 가족지원 프로그램은 해당 프로그램의 활동 범위 밖에 있는 활동을 제공하고 지역사회의 다른 서비스 프로그램과 가족들을 연결시키는 교량 역할을 할 수 있어야 한다. 가족들에게 필요한 자원을 최대로 조정하고 활용하기 위해서는 지역사회의 기관, 단체들과 우호적이며 실질적인 협력 관계를 수립, 유지해야 한다. 이러한 활동을 통해 가족지원 프로그램은 가족들에게 중요한 자원을 보다 많이 제공할 수 있는 것이다.

3) 가족지원 프로그램의 내용

방과후 아동지도 프로그램은 아동의 성별, 연령별, 계층별, 지역별, 장애 정도에 차별을 두지 않고 아동 발달과 동시에 가족을 지원할 수 있는 종합적이 서비스가 되어야 함을 강조하고 있다. 이러한 사회적 변화 속에서 아동지도는 교육, 영양, 건강, 안전, 부모에 대한 서비스, 지역사회와의 교류 등의 내용이 포함되어 있는 보호와 교육의 통합적 개념으로 접근하고 있다.

가족지원 서비스 프로그램은 1970년대 초반부터 서서히 시작되어 지금은 전 세계적으로 널리 파급되고 있다. 그러나 아직 우리나라의 아동지도기관에서는 가족지원 서비스 프로그램을 실시하고 있기는 하지만 그 유형이나 방법이 극히 획일적이고 제한적이다. 이처럼 아동지도 프로그램이 아동 개인의 전인적 발달뿐만 아니라 가족의 발달을 촉진시킬 수 있는 종합적인 서비스 체계로 발전되어 가야 할 필요성에 비추어 볼 때 이 분야에 대한 연구는 매우 미흡한 실정이다.

양옥승 외(1999)에 의하면 보육기관에서 방과후 아동지도 프로그램과 가족지원 프로그램을 동시에 제공하거나 두 프로그램을 연결하는 작업은 어렵기 때문에 우선 가족지원 프로그램 활동의 확대에 따른 인력 문제와 재정적 자원의 문제가 해결되어야 하며 프로그램 확대에 따른 법적, 제도적 문제도 용이하지 않을 것으로 보았다. 방과후 아동지도시설을 통하여 개발되어야 할 가족지원 프로그램은 다음과 같다.

첫째, 가족에 대한 개별사회사업 서비스의 실시로서 보육기관에서 해결할 수 없는 문제에 대해서는 사회 복지적 자문을 주어서 가족문제해결에 도움을 주어야 한다.

둘째, 가족 활동의 장려를 위해 부모들이 자녀와 함께 활동하는 시간을 마련하고 가족들이 건강하게 즐길 수 있는 놀이 방법을 교육한다. 부모와 자녀간의 친밀한

관계를 격려하기 위한 활동들을 준비하여 제공한다.

셋째, 방과후 아동지도기관의 공개와 방문 기회를 제공하여 아동과 부모들이 다른 부모나 교사들과 자유롭게 대화할 수 있는 공간과 시간을 제공한다.

넷째, 특별 보육서비스 프로그램을 통하여 부모들이 각종 가족지원 프로그램 활동에 참여하고 있는 동안 자녀들을 보호하고 교육하는 서비스를 제공한다.

다섯째, 전문적인 가족상담 서비스를 제공하여 가족문제를 해결하기 위하여 전문적인 가족상담 서비스를 제공한다. 가족상담의 개념은 사회적, 가족 내·외적 변화에 의해 긴장상태에 있거나 압박을 받고 있는 가족을 대상으로 그들의 욕구에 대해 지원해 주거나 방향을 제시해 주어 가족 전체가 각자의 역할과 기능을 수행하도록 하여 각 가족성원과 가족전체가 성장하도록 돕는 것이다. 특히 최근 맞벌이 가족, 한부모가족, 미혼·독신가구 등 다양한 가족 형태의 등장으로 인하여 가족관련 문제는 더욱더 다양한 양상을 보이고 있기 때문에 가족상담의 필요성이 그 어느 때보다도 커지고 있다.

여섯째, 특수아동과 가족을 위한 지원 활동을 통하여 장애를 가지고 있는 아동 및 그 가족을 도울 수 있는 교육기관, 상담기관, 치료기관 등을 안내하고 장애아동의 적응과 발달을 위한 교육을 아동과 가족을 대상으로 직접 실시한다.

일곱째, 지역사회 활용을 통한 방과후 아동지도기관을 이용하는 전체 가족과 지역사회의 주민들을 대상으로 각종 전시회, 벼룩시장, 체육대회와 친목 활동을 주선한다. 활동 참여에 소극적인 가족들이 능동적으로 각종 활동을 계획하도록 권장하며, 부모들 간에 동료 관계를 수립할 수 있도록 정규적인 모임을 계획하고 상호 심리적·기술적 지원자가 되도록 격려한다.

여덟째, 아동과 가족의 권리를 위한 대표·대변해 줄 수 있는 활동을 통하여 아동의 권리와 가족의 복지를 위한 사회적 지원을 획득하기 위해 필요한 제도적인 개혁 운동을 주도하고 참여하는 활동으로 보육기관의 교사는 물론 가족과 지역사회 주민들이 그들의 권익을 위하여 적극적으로 참여하고 대표자 역할을 할 수 있도록 격려하고 교육한다.

마지막으로 자원봉사자 교육과 방과후 아동지도 프로그램 운영을 포함하여 각종 가족지원 프로그램 활동을 위해 필요한 인적 자원을 확보하고 주민들을 대상으로 자원봉사자 교육을 실시한다.

3. 지역사회 요구와 자원 파악

1) 방과후 아동지도에 대한 지역사회 요구의 중요성

방과후 아동지도 문제의 원인이나 해결의 방향에 있어 지역적인 특성이나 차이를 강조하기 때문에 최근에 지역사회 보육의 중요성이 강조되고 있다. 그래서 방과후 아동지도 문제를 지역적으로 파악하는 것은 방과후 아동지도의 현실적인 과제와 역할이 명백해질 것이고, 이를 토대로 방과후 아동지도 관련제도와 방과후 아동지도사업을 구체적으로 실시될 수 있는 것이다.

가족지원 서비스 프로그램에서는 아동 발달을 촉진시키는 서비스뿐만 아니라 가정이나 지역환경에서 야기될 수 있는 갈등적인 상황을 줄이고 가족과 지역사회 복지를 실현시키기 위해서는 가족과 지역사회를 개발할 수 있는 서비스가 제공되어야 한다.

방과후 아동지도에 대한 지역사회 요구 반영의 예

『세계 제2차 대전 중 미국의 방과후 프로그램(ESS)』 [1)]

제2차 대전 중 미국의 방과후 프로그램인 방과후 학교(Extended School Services)는 전쟁 중이었단 1942년 당시 루즈벨트(Roosevelt) 대통령이 군수공장에서 일하는 취업모의 학령기 자녀의 보호프로그램인 ESS의 확산을 위해서 40만 달러를 교육청과 노동부의 아동국에 지원했다. 맞벌이 가정의 자녀인 6~12/13세 학령아동(latchkey children)에게 지도자 있는 환경(supervised environment)을 제공하는 방과후 프로그램이었다. 실제 연방정부 재정지원 40만 달러는 약소해서 행정비용에 불과했고 프로그램의 운영비, 인건비에는 미치지 못했으나 이 지원이 방과후 프로그램의 전국적인 확산효과를 가져오는 자극제가 되었다.

1) W. M. Tuttle, Jr.(1996), "Latchkey Children : What Americans Can Learn About Child Day Care from the Second World War" : (99. 83-105).

ESS프로그램은 일반적으로 개별지역사회가 주도했다. 연방정부의 기능은 프로그램 개설시 재정지원과 행정지도에 한정되었다. 그러나 교육청은 자체 기금을 마련하기 시작했고 주 정부의 교육국은 사회복지 전문요원을 고용해서 지방 지역사회가 ESS를 설립하는 것을 도왔다. 1년 후 33개주의 지역사회기관에서 ESS를 개설했고 교육청은 32만 아동을 보호 · 지도하고 있음을 발표했다. 나아가 방학기간 중의 학교 시설 개방도 이루어졌다. ESS의 활용을 부모에게 알리기 위해 다양한 홍보방법들이 동원되었다.

아동을 통한 가정통신, 공무원의 홍보 차 방문, 전차와 버스에 광고, 직업안내소와 노동조합 사무실 및 여성직업훈련반 교실에 포스터 부착, 지역 라디오 방송 및 신문을 통한 홍보 등이 동원되었다. 그 결과 근처 대학에 있는 대학생들은 아이들을 ESS프로그램이 있는 학교까지 데려다 주는 일, 게임과 댄스, 노래, 드라마, 공작, 정원 가꾸기, 시장보기, 음식준비, 설거지하기 등을 도우며 참여했다. 오하이오에서는 공공도서관에서 책을 공급해서 이야기 듣고 말하기, 리듬놀이, 핑거페인팅을 하는 보조교사를 지도했다. 보조교사는 고등학교 여학생이 지원하기도 했다.

영스타운(Youngstown)에서는 아동보육 프로그램과 ESS가 정규학교 프로그램에 통합됨으로써 이들 센터들이 공립학교 빌딩 내에 자리했고, 고등학교 가정학과 학생들이 보조교사로 활용되었다.

1943년 6월 ESS를 위한 연방정부 재정지원은 종식되었다. 일부 프로그램은 중단되었으나 많은 지역사회에서는 그 때까지 자립기반이 마련되어 계속 유지될 수 있었다. 클리브랜드(Cleveland)의 예를 들면 방과후 프로그램 토요일과 방학 중의 전일제 프로그램은 다양한 영역에서 재정지원을 받았다. 부모부담, 시민단체로부터의 지원, 학교이사회, 지역사회 모금으로부터 지원 등 다양했다.

* 출처 : 김정자(1996). 방과후 아동지도의 과제와 전망. 아동연구 제10권.

2) 지역사회의 요구와 자원 파악의 중요성

방과후 아동지도는 아동과 가정 및 지역사회의 복지를 추구하는 포괄적인 사회복지 서비스여야 한다. 현재 보육사업은 저소득 가정, 한부모 가정, 맞벌이 가정 등과 같이 아동의 보호와 양육에 어려움을 겪고 있는 가정을 우선적인 대상으로 하여 이들 가정의 문제와 욕구를 해결함으로써 궁극적으로는 방과후 아동지도의 건전한 발달과 복지를 도모하는 역할을 수행해야 한다. 그러나 아직 방과후 아동지도의 구체적 요구에 부응하는 방과후 아동지도 프로그램은 개발되지 못하고 있는 실정이다. 따라서 방과후 아동지도 중에서 심리, 사회, 경제적인 문제로 인해 보육기관에 적응하지 못하거나 발달상의 어려움을 겪고 있는 아동들을 일차적인 대상으로 하여 이들의 문제와 욕구에 적절하게 대응하는 프로그램의 개발이 우선되어야 한다.

또한 방과후 아동지도기관은 자신의 기관에 다니는 보육아동만을 대상으로 하는 소극적 기능에서 벗어나서 지역사회의 모든 아동을 대상으로 하는 지역사회의 공공보육센터 역할을 적극적으로 수행할 수 있도록 정책적 지원이 필요하다. 따라서 지역사회의 요구와 자원을 파악하기 위해서는 가족지원 프로그램의 서비스 대상인 가족과 그들이 살고 있는 지역사회의 전체적인 면모와 특성을 이해하는 것부터 시작된다. 구체적인 내용은 다음과 같다.

① 지역사회의 일반적 정보 : 지리적 특성과 인구분포, 소득수준, 저소득층 인구, 이주관련 정보, 정부 또는 복지 단체로부터 생계비 지원을 받는 가족의 파악, 직업 분포

② 보육 관련 정보 : 방과후 아동지도 대상 아동의 수 · 비율, 기존 방과후기관, 주변 지역사회의 초등학교 지역사회의 교육 수준별 인구분포, 퇴학, 자퇴 등 여러 가지 이유로 등교하지 않는 아동 · 청소년 수와 비율

③ 지역사회 주민들의 영양과 건강 관련 정보 : 아동들의 영양, 건강 상태, 질병 관련 정보, 특수교육 대상 아동 현황, 의료지원 서비스 대상 현황

④ 기타 아동복지관련 정보 : 아동학대 사례와 이들에 대한 지원 활동, 취업모 아동 현황

이러한 정보들은 가족지원 프로그램을 계획하는 과정에서 가족과 지역사회에 대한 전반적인 이해를 위해 중요할 뿐 아니라 가족지원 프로그램의 성과를 평가할 때 평가의 기준 자료가 될 수 있으므로 반드시 파악해 두어야 할 지역사회 정보라고 할 수 있다. 지역사회의 일반적인 정보를 수집한 후에 지역사회의 요구와 문제를 이해해야 한다. 가족지원을 위한 자원이 지역사회의 문제를 해결하기 위해 적절히 투자되려면 지역사회의 문제와 그 문제를 낳고 있는 조건을 잘 파악하는 것이 필요하다. 결론적으로 말해 가족지원 프로그램을 확대하려면 가족이 위치하고 있는 지역사회와 밀접한 관계를 가지고 접근해야 한다.

대부분의 지역사회에서는 어떤 형태로든 지역주민의 욕구를 반영하는 프로그램을 고안하고 지역사회 교육활동에 관심을 두고 실천하고 있다. 지역사회 주민들의 참여, 지역사회 자원의 활용 및 기관간의 협동을 중시하는 교육적 접근을 통하여 주민들은 지역사회 발전을 위한 민주적인 절차와 공동체적 문제해결 능력을 습득할 수 있게 된다. 지역사회 교육은 사회교육 활동의 차원을 넘어서서 지역사회의 문제해결에까지 그 영역이 확대된 개념이라는 특징을 갖는다.

따라서 지역사회의 교육은 방과후 아동지도기관을 통해서도 가능하다. 지역사회교육을 통한 개입은 특히 가정폭력 문제, 학대가족, 장애인가족 등의 문제해결을 위해서도 필수적이다.

3) 지역사회 자원활용 프로그램

(1) 도입방향

방과후 아동지도 프로그램은 아동과 가족뿐만 아니라 지역사회 전체의 복지를 위해서 필수적이며 가정의 복지를 지향하는 방향으로 구성되어야 한다. 이러한 측면에서 가족지원 프로그램의 기본방향은 지금까지 강조되어 왔던 소극적 형태의 부모교육 참여 프로그램에 한정하지 않고 급변하는 사회에서 발생할 수 있는 폭넓은 가족의 문제를 다룰 수 있어야 가족 욕구에 부응할 수 있다. 방과후 아동기관에서 욕구를 충족시킬 수 없을 경우에는 지역사회에 있는 가족관련 기관에 의뢰할 수 있는 프로그램이 되어야 할 것이다.

방과후 아동지도는 기관과 가정과의 연계성이 있을 때 더욱 효과적이 된다. 부모에게 적절한 정보와 지식을 주어 효과적인 부모 기술을 습득하게 하고, 가족의 장점 및 자원을 활용하여 건강한 가족생활을 구축하도록 지원하는 것이 현대에 요구되는 부모교육 및 참여라고 하겠다.

(2) 지역사회와의 포괄적 프로그램의 개발

행정적인 차원에서 지역사회 내의 병원, 보건소 등과 소규모의 시설연합회와의 연계 및 협조체제를 구축하여 보육아동의 영양과 건강관리 프로그램의 실시를 정기적으로 지원 · 지도해 줄 수 있도록 한다. 그리고 지역사회 내에서 아동지도시설이 주민의 자립기반을 형성시켜 주기 위한 복지기관으로서의 기능을 수행할 수 있도록 시설연합회 단위로 지역사회의 인적 자원과 물적 자원 등과 공동으로 참여하는 자원봉사체계를 마련하여 지역사회에서 통합적 차원에서 아동지도 프로그램이 개발되어야 한다.

(3) 체계적인 프로그램의 개발

지역사회 차원에서의 프로그램의 개발은 체계적으로 단 · 중 · 장기적인 정책추진의 방향에서 실시되어야 한다. 먼저 유형별, 특성별 지원프로그램 개발을 위한 유형별, 특성별 기초조사로서 지역사회 보육욕구에 대한 광범위한 조사가 이루어져야 한다. 그리고 프로그램을 기발하고, 개발된 프로그램의 모형을 현장 활용을 통해 평가해야 한다. 이러한 과정에는 방과후 아동지도교사, 학부모, 보육관련 전문가의 다양한 의견들이 수렴되어야 한다.

학령기 아동을 위한 방과후 아동지도 프로그램이 여러 곳에서 진행되고 있다. 하지만 학교 숙제지도 및 특별활동 등을 중심으로 진행하고 있는 곳이 대부분이며, 다양한 방과후 프로그램을 활용하는 곳은 여전히 소수에 지나지 않는다.

방과후 아동지도 프로그램은 일반가정에서의 교육을 보충하고 지원하는 프로그램이면서 아동의 적응과 최선의 발달을 위하여 가정과 학교를 연결하는 프로그램으로 규정하여야 한다(이옥, 2001). 즉 부모에 의한 보살핌과 교육을 일부 보충해 주는 활동을 통해 아동의 건강한 성장과 발달을 지원하는 프로그램이어야 한다.

따라서 학령기 아동들의 발달적 특성과 발달과업들을 충분히 고려하여 이들의 건강한 성장과 발달을 지원하는 치료놀이 아동지도 프로그램을 소개하고자 한다.

본 프로그램은 치료놀이의 이론, 즉 애착이론, 자아심리학, 대상관계이론을 토대로 한 구조, 개입, 도전, 양육 그리고 재미라는 기본적인 원리에 의해 학령기 아동의 제반 특성에 따른 보육의 필요(need)를 충족시킬 수 있는 프로그램을 제공하게 된다.

생각해 보기

1. 부모-자녀관계는 부모에게 그리고 자녀에게 어떤 의미가 있는지 생각해 보자.

2. 방과후 아동지도기관과 가정과 연계하는 방법에는 어떤 것들이 있는지 생각해 보자.

3. 가족지원 프로그램으로는 어떤 것들이 있는지 생각해 보자.

제 3 장

우리나라 방과후 아동지도정책

1. 방과후 아동지도의 현황
2. 방과후 아동지도와 관련법
3. 방과후 아동지도의 발전과정

급격한 사회 변화와 가족구조 및 기능의 변화로 인해 발생하게 된 방과후 아동양육은 특히 맞벌이 가정에서의 자녀양육과 여성의 경제활동 참여가 가능하도록 지원하는 기능을 수행한다고 볼 수 있다. 전통적인 가족 내 여성의 역할, 즉 아동, 노인, 장애인에 대한 돌봄 노동의 공백을 유발하고 있다. 게다가 2인 세대의 증가나 한부모 가정 등은 돌봄에 대한 노동이 점차 사회적으로 해결되어야 할 필요성이 제기되고 있다. 따라서 이 장에서는 방과후 아동지도의 현황과 관련법 및 발전과정을 살펴보고자 한다.

1. 방과후 아동지도의 현황

우리나라에서 방과후 아동을 돌보기 위한 노력은 1970년 중반 저소득층 자녀 대상의 소규모 청소년 공부방 설립운동에서 비롯되었다. 본격적인 것은 1980년대 지역사회 민간 공부방으로부터 출발했으며 1990년대 들어와서 정책적 관심을 받기 시작하였다. 방과후 아동지도 사업은 〈표 3-1〉과 같이 지역아동센터, 보육시설에서의 방과후 보육, 청소년방과후아카데미, 초등학교 돌봄교실 등의 형태로 이루어지고 있다. 이를 구체적으로 살펴보면 다음과 같다.

표 3-1 우리나라 방과후 아동지도 사업 비교

구분	지역아동센터	방과후 보육	청소년방과후아카데미	초등학교 돌봄교실
주무부처	보건복지부	여성가족부	여성가족부	교육과학기술부
근거법	아동복지법	영유아보육법	청소년보호법	교육법
담당자	사회복지사	보육교사	청소년지도사	유 · 초 · 중등교사/보육교사(전문학사)

구분	지역아동센터	방과후 보육	청소년방과후아카데미	초등학교 돌봄교실
대상	18세 미만	6세~12세	초등 4~중등 2	6세~12세 (저학년 중심)
이용시간	8시간 이상	4시간 이상	5시간 이상	5시간 이상
주요기능	보호, 상담, 학습지도, 급식, 지역사회 연계 등 종합적인 서비스	보육 및 학습 지도	기술, 적성교육, 보충학습, 급식 등 종합적인 서비스	보육 및 보충학습

1) 지역아동센터

지역아동센터는 1984년에 설립된 상계동의 '산돌공부방'을 비롯한 전국의 빈민 지역, 공단지역을 중심으로 설립 · 운영된 공부방으로부터 시작된다. 특히 1997년 IMF 금융위기로 결식아동이 증가하게 되고, 이들에 대한 급식 사업을 공부방이 주도적으로 하면서 더욱 그 중요성이 부각되었다.

1997년 "전국민간비영리공부방 연대모임"을 결성하고 2000년 "배고픈 아이들을 위한 평화의 거리행진"을 계기로 결식아동에 대한 국민적 관심이 고조되고 여론화 되어 참여정부는 '결식아동을 위한 긴급 지시' 및 학교급식법의 개정으로 결식아동 급식 지원을 하기 시작하였다. IMF 금융위기 기간에 실업대책인 공공근로 사업 중 '저소득 가정 생활지도 보조교사'가 각 공부방에 인력지원이 되어 공부방이 양적으로 확산하게 된 계기가 되었다(서영숙 외, 2010).

2003년 12월 '아동복지법' 개정으로 '아동복지법' 제16조 11항 "지역아동센터"가 저소득층 아동들 대상으로 지역사회 안에서 개별적인 보호와 교육을 통하여 건전한 인격형성을 목적으로 하는 아동복지시설의 하나로 추가되었다. 즉 아동의 보호 · 교육, 건전한 놀이와 오락의 제공, 보호자와 지역사회의 연계 등 아동의 건전육성을 위하여 종합적인 아동복지서비스를 제공하는 시설인 것이다. 또한 '아동복지법'에서 아동의 연령을 18세 미만으로 정하고 있어 지역아동센터도 18세 미만의 아동을 대상으로 하는데 학교에 다니지 않는 아동도 포함하고 있다. 그동안 공부방이 주로 빈민지역, 공단지역, 농어산촌지역 등 주로 사회 경제적으로 불리한 입장에 있는 아동을 주요 대상으로 보호와 교육을 해 왔으며, 지역아동센터의 실질적인 대상 아동도 빈곤가정 아동이 대부분이다.

2011년 5월 기준으로, 전국의 지역아동센터의 수는 3,802개소, 이용아동은 102,089명으로 조사되었으며, 이에 대한 연도별 추이 사항을 살펴보면 다음과 같다.

조사방법

1) 조사시기 : 2011년 05월 30일(월)~06월 30일(목)
2) 조사대상 : 2011년 5월말 현재 전국 지역아동센터
3) 조사방법 : 전국 지역아동센터 담당공무원을 통한 전수조사

(1) 시설 현황

2010년 3,690개소였던 지역아동센터가 2011년 5월말 기준 현재 3,802개소로 112개소(3.0%) 증가하였다.

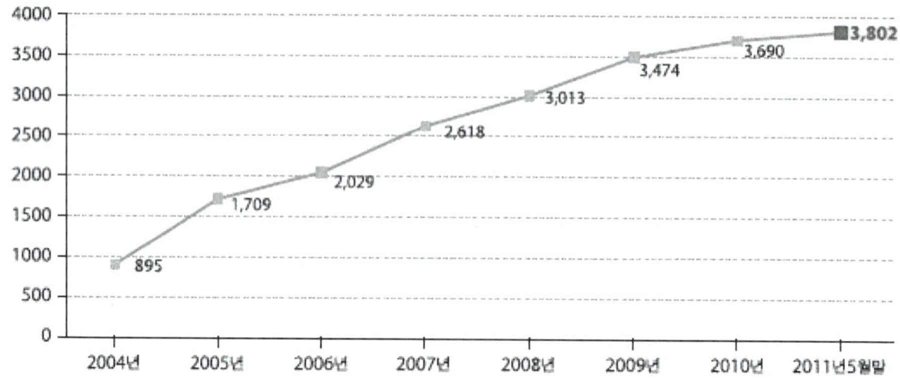

(2) 이용아동 현황

지역아동센터 이용아동수는 2010년 100,233명에서 2011년 5월말 기준 현재 102,089명으로 2010년에 비해 1,856명(1.9%) 증가하였다.

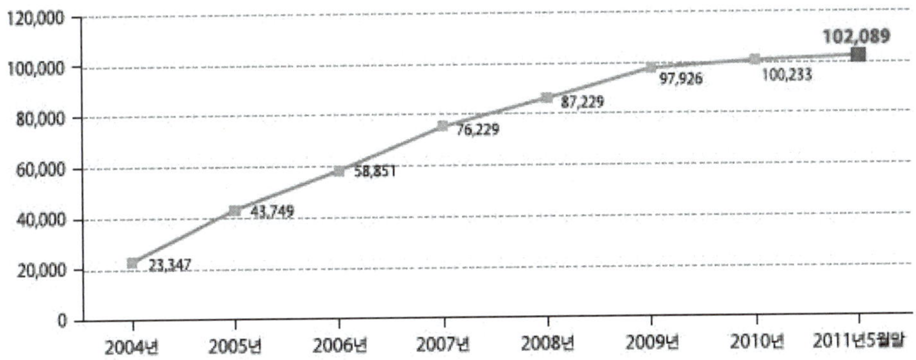

(3) 특별관리 아동 현황

장애아동은 2010년 2829명에서 2011년 5월말 기준 2,659명으로 170명(6.0%) 감소하였다. 다문화가정 아동은 2010년 4,327명에서 2011년 5월말 기준 4,946명으로 619명(14.3%) 증가하였다.

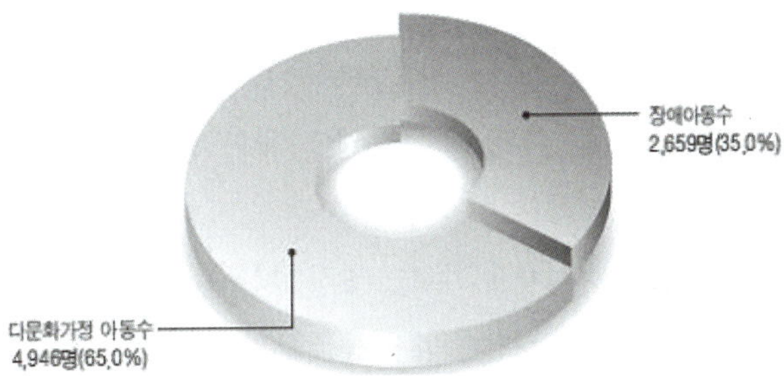

(4) 경제적 상황별 아동 현황

지역아동센터 이용 아동 중 차상위(저소득) 아동이 38.8%(39,612명)로 가장 높은 비율을 차지하는 것으로 나타났으며, 국민기초생활보장수급권 아동이 25.7%(26,241명), 기타 승인아동 21.8%(22,262명), 일반아동이 13.7%(13,974명) 순으로 조사되었다.

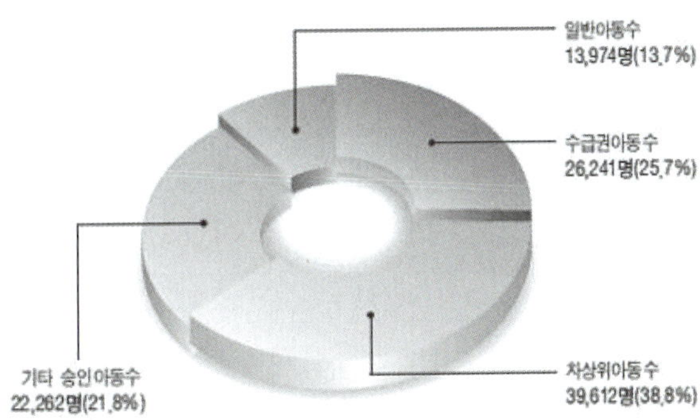

2) 방과후 보육

방과후 보육은 학령기 아동의 방과후 보육에 대한 사회적 요구를 수용하기 위해 실시되었다. '영유아보육법' 제27조에 근거하여, 보육시설의 이용 대상자는 보육을 필요로 한 영유아가 원칙이지만 필요한 경우 '보육시설의 장은 만 12세까지 연장하여 보육할 수 있다'라는 조항을 넣어 방과후 아동지도의 법적 근거를 가장 먼저 설정하였다. 그 대상은 초등학교 저학년 및 맞벌이 부부 등 방과후에 자녀를 맡길 수 없는 가정을 우선으로 시설정원의 20%를 초과할 수 없다.

방과후 보육시설은 맞벌이 부부의 자녀 등 방과후 보호가 필요한 초등학교 아동을 중심으로 보육서비스를 제공하여 여성의 사회적 참여를 지원하고자 추진되었으며, 방과후 아동보육은 2004년 대통령자문기구인 고령화 및 미래사회위원회가 2004년 6월 육아지원 정책의 업무에 대한 청사진을 제시하면서 보육업무가 보건복지부에서 여성부로 이관되고 여성가족부로 개편되면서 영유아 보육업무와 통합한 가족정책을 수립, 조정, 지원하는 역할을 수행하게 되었다. 이에 따라 방과후 아동보육 정책도 여성가족부가 보육정책의 일환으로 수행하였으나 방과후 보육사업 업무는 확대하지 않는 것으로 업무조정을 하여 사실상 여성가족부의 방과후 아동지도는 점차 소극적으로 다루어지고 있는 실정이다.

표 3-2 방과후 아동지도시설의 현황

구분	합계	국 · 공립	법인	민간		가정보육	직장보육
				법인 외	민간개인		
시설수	1,007	163	105	149	524	65	1
아동정원	75,530	12,302	11,291	7,852	42,556	1,362	167
방과후 아동수	17,699	3,012	1,884	3,510	8,836	435	22
종사자수	1,513	280	206	265	696	65	1

자료출처 : 보건복지가족부보육지원과, 보육통계, 2007.

3) 청소년방과후아카데미

청소년방과후아카데미는 2005년 2월, 청소년보호위원회에서 기존의 방과후 관련 국가대책을 검토하는 과정에서 '방과후 청소년 생활지원 종합대책'을 제시하면서 본격적으로 진행되었다. 이 계획을 추진하기 위해서 청소년위원회에서는 '청소년의 방과후 생활실태 조사'를 2004년, 2005년 2차례 실시하였고, 그 결과 2005년 4월 청소년위원회 발족 시에 청소년 방과후 활동이 4대 핵심과제의 하나로 선정되었다. 그 후 2005년 7월 청소년위원회 내부 직원 팀과 외부전문가 집단으로 구성된 자문위원회를 구성하여 운영모형을 만들어 검정결과를 거쳤으며, 청소년방과후아카데미의 시행계획이 확정되면서 2005년 9월부터 12월까지 청소년방과후아카데미가 1차, 2차 46개 지역에서 2,350명의 청소년을 대상으로 실시하게 되었다.

2006년은 청소년방과후아카데미의 운영효과가 지역사회 주민들에게 매우 긍정적이며 청소년들에게 꼭 필요하다는 평가결과에 힘입어 청소년방과후아카데미를 100개소로 확대하였고, 청소년방과후아카데미 운영지원단을 발족하면서 컨설팅, 운영관리, 지원 등의 체계적인 운영기반을 마련하게 되었다.

2007년에는 151개소, 2008년 190개소, 2009년도에는 180개소를 운영하고 있으며 2010년 이후에는 전국 시 · 군 · 구에 1개소 이상씩 설치 운영하여 200개소까지 확대 운영할 계획을 가지고 있었다(여성가족부, 2009). 2005년부터 2009년까지 추진된 추진경과를 연도별로 요약하면 다음과 같다.

표 3-3 청소년방과후아카데미 추진경과

연도	사 업 내 용
2005	· 시범실시 46개소 · 시범운영 평가를 통한 사업의 효과성 분석 및 발전방향(모델개발) 제시
2006	· 실시지역 확대(46→100개소) · 지자체 매칭 펀드방식 · 운영지역 확대에 따른 지역별 · 대상별 운영 매뉴얼 보완 발전시킴

연도	사 업 내 용
2007	· 실시지역 확대(100→150개소) · 지자체 매칭 펀드방식 · 설치대상 시설의 확대(수련시설, 청소년 공부방, 청소년 단체시설, 학교) · 2007년 학교연계 시범아카데미 2개소 운영(부산시교육청 연계)
2008	· 실시지역 확대(150→190개소) · 지자체 매칭 펀드방식 · 2008년 시범아카데미, 2007년 2개소의 연장운영(부산시교육청 연계)
2009	· 실시지역 확대(190→200개소) · 지자체 매칭 펀드방식
2010	· 아카데미 운영개소 수는 200개를 유지하면서, 매년 사업평가를 통한 부실운영 아카데미 폐쇄조치를 실시하고, 이에 따른 여분에 한하여 신규신청을 받아 선정·운영함

자료출처 : 최상선, 2010, p. 42-43.

4) 초등학교 돌봄교실

초등학교 돌봄교실은 방과후 학교의 프로그램 중의 하나로 맞벌이 가정, 한부모 가족, 저소득층 자녀를 위한 방과후 보육과 교육의 필요성이 증가함에 따라 초등학교 아동을 위한 방과후 보육과 교육 서비스를 제공하여 학부모의 사회 참여활동을 적극적으로 지원하고자 초등학교 내에 설치되어 운영하는 방과후 아동지도 프로그램이다.

방과후 학교의 시작은 1995년 5월 31일에 교육개혁 과제 중 하나로 "방과후 교육활동 활성화"라는 항목이 제안되면서, 학생들이 학교에서 정규 교육활동을 마치고 가정의 부모 품으로 돌아가는 과정까지 인성 및 창의성 함양을 위해 개인의 다양성을 살리는 교육적인 모든 활동으로 방과후 학교란 용어를 통일하여 사용하였다(서영숙, 2010).

초등학교 돌봄교실은 초등학교 교육과정을 근간으로 숙제지도 및 교내 방과후 학교 특기적성 프로그램과 연계하여 운영하고 있으며, 교육뿐만 아니라 보육 기능을 통합하여 제공하고 있다. 또한 초등학교 빈 교실을 활용한 지정 교실을 설치하고 초등학교의 기존 시설을 활용하거나 지역사회 실정에 따라 모든 학년을 운영하기도 한다(손흥순, 2010).

초등학교 돌봄교실 운영상황을 살펴보면, 전체 학교 5,800개소 중, 2,960개소에서 운영되고 있으며, 1개 학교에 1~2개의 돌봄교실을 운영하고 있다(池本美香, 2009, p. 145).

교육과학기술부는 저소득층 및 맞벌이 가정을 위한 돌봄 서비스를 하는 '엄마품 온종일 돌봄교실'을 운영할 학교(유치원) 536개(원)를 선정 · 발표하였다. 특히 도시 저소득층 및 맞벌이 가정 밀집지역으로 타 지역과 경제적 격차가 발생하는 지역의 학교를 우선하여 선정하였고, 운영모델로 유치원 및 초등학교, 유 · 초등 연계 운영 등 다양한 모형을 제시하였다(교육과학기술부, 2010).

표 3-4 '엄마품 온종일 돌봄교실' 시 · 도별 선정 현황

시 · 도	교육지원청명	시 · 군 · 구수	참여학교 현황				희망아동 현황				비고
			유치원	초등학교	유 · 초 연계	계	유치원	초등학교	유 · 초 연계	계	
서울	8	18	23	191	0	214	522	4,493	0	5,015	
부산	5	16	16	87	1	104	209	3,087	29	3,325	
대구	3	6	0	13	5	18	0	274	83	357	
인천	4	7	10	12	2	24	291	262	42	595	
광주	2	5	10	2	0	12	143	25	0	168	
대전	1	2	0	4	0	4	0	149	0	149	
울산	2	4	5	2	1	8	77	31	10	118	
강원	8	12	5	20	4	29	128	643	101	872	
경기	2	2	0	2	0	2	0	27	0	27	
충북	5	5	3	19	3	25	48	457	64	569	
충남	2	2	3	2	0	5	10	45	0	85	
전북	1	1	5	2	1	8	100	58	40	198	
전남	16	16	5	38	8	51	100	931	192	1,223	
경북	9	9	14	11	7	32	189	218	342	749	
총계	68	101	99	405	32	536	1,847	10,700	903	13,450	

자료출처 : 교육과학기술부, 2010. 12. 13. 보도자료.

2. 방과후 아동지도와 관련법

방과후 아동보육에 대한 법이 독립적으로 존재하지 않기 때문에 관련법을 토대로 방과후 아동지도에 적합한 법적 조치를 모색해 보기로 한다. 방과후 아동지도와 관련되는 법적 근거는 헌법, 아동권리에 관한 국제협약, 아동복지법, 영유아보육법, 여성발전기본법, 청소년보호법 등에 기초한다. 헌법, 아동권리에 관한 국제협약, 아동복지법, 영유아보육법은 서영숙 외(2010)를 요약하여 살펴보면 다음과 같다.

1) 헌법

우리나라 「헌법」은 아동도 성인과 마찬가지로 "인간으로서의 존엄과 가치를 가지며 행복을 추구할 권리"(제2장 국민의 권리와 의무)를 갖는다고 명시하고 있다. 그리고 아동도 모든 기본권의 주체가 된다고 규정하는 "모든 국민은 인간다운 생활을 할 권리를 갖는다."(제34조)와 "가족생활의 보장, 모성의 보호, 보건에 관하여 국가의 보호를 받는다."(제36조)가 있다.

이와 더불어 아동의 복지권은 아동이 인간다운 생활을 영위하고 건전하게 양육될 권리를 말한다. 아동도 국민의 한 사람이므로 헌법 제34조 '인간다운 생활을 할 권리'의 주체가 된다고 볼 수 있다. 나아가 아동의 특성에 비추어 볼 때 아동의 복지권은 성인에 비하여 특별한 보호를 받아야 한다. 아동은 미성숙한 존재이다. 아동이 성숙될 때까지 부모는 아동을 보호하고, 지도할 책임이 있다. 아동이 행복하고 건전하게 양육될 수 있도록 건전한 가정, 보건, 교육, 환경, 노동의 보호 등이 주어져야 한다. 건전한 양육이란 아동의 생계만을 의미하는 것이 아니라 아동의 휴식, 여가, 놀이, 오락 활동, 문화 활동, 예술 활동까지 포함하는 것이다. 아동의 양육은 아동을 어떻게 건전하게 교육하느냐의 문제와도 밀접하게 관련되어 있다.

특히 아동양육의 주된 책임을 맡았던 가정에서의 여성의 법적 보호문제와도 밀접하게 관련되어 있다(박균성, 1993).

방과후 아동지도는 이런 국민의 기본권이나 보호권 뿐 아니라 아동의 교육권과 복지권을 실현시키기 위한 하나의 방법으로도 볼 수 있다. 헌법의 교육 조항은 "모든 국민은 능력에 따라 균등하게 교육을 받을 권리를 가진다."고 규정하고 있다. 교육에 관한 모든 권리는 근원적으로 '교육을 받을 권리'에서 시작되며, 아동의 교육받을 권리는 제 교육권의 중핵적인 위치에 있다(강인수, 1993). 이러한 의미에서 국가와 지방자치단체는 아동의 방과후 생활을 안전하게 보호함은 물론, 지도받을 수 있도록 할 의무가 있다.

2) 아동권리에 관한 국제협약

아동권리협약은 1989년 11월 20일 국제연합 총회에서 만장일치로 채택된 조약이며, 1990년 아동권리에 관한 국제협약이 96개국의 조인과 22개국의 비준절차를 마치고 공식 발효되었다. 아동의 권리 보호만을 목적으로 한 국제사회의 조약인 본 협약은 1979년 이래 국제연합에서 진행된 10년 노력의 결실로 아동권리에 관하여 대단히 포괄적인 내용을 갖고 있다(윤매자, 2010). 이 아동권리협약에 우리나라도 1991년 비준 · 가입하였다. 그러므로 이 아동권리협약은 국내법과 동일한 효력을 가진다. 모두 54조로 구성된 이 협약에는 8대 기본 원칙, 즉 4 · 3 · 1원칙이 있다. 아동은 생존권, 보호권, 발달권, 참여권 등 4대 기본권을 보장하도록 한 것으로 제6조에서는 아동이 고유의 생명권을 가지고 있음을 인정한다. 또한 3대 기본원칙은 첫째, 차별 금지(제2조), 둘째, 아동 최선의 이익(제3조), 셋째, 참여권 보장(제12조, 제13조)에서 잘 드러나 있다. 이 3가지 기본 원칙들 중 무차별의 원칙과 아동 최선의 이익 원칙은 '세계인권선언(1948)'과 '아동권리선언(1959)'에서 이미 천명된 바가 있다.

협약 제2조 무차별의 원칙은 모든 권리가 예외 없이 모든 아동에게 적용된다는 원리로서 국가는 어떤 차별의 형태에서든 아동을 보호할 책임이 있다는 내용이다(Alston, 1992; Doek, 2003; Hodgkin & Newell, 1998). 그리고 제3조 최선의 이익은 아동과 관련된 모든 행위는 최상의 이익을 완전히 추구하는 것이어야 한다는 내용을 담고

있다(윤매자, 2010). 국가, 부모, 그리고 모든 관계자는 어떤 활동이든지 그것이 최선의 이익이 되도록 조치를 취할 이행 의무가 있다(김정래, 1999). 그리고 모든 '아동'은 출생으로부터 18세까지로 정하고 있으므로 방과후 아동지도는 6~12세 아동을 대상으로 하기 때문에 이에 포함된다.

이 협약은 아동을 보호하는 1차적 책임과 권리를 국가가 아닌 부모에 부여하고, 가정의 중요성을 강조하고 있다. 또한 제18조와 제19조에서는 아동이 적절하게 양육될 수 있도록 배려하는 의무를 국가에게 부여하고 있다. 당사국은 아동의 양육 책임자인 부모 등에게 적절한 지원을 제공하여야 한다. 이러한 의미에서 국가는 방과후 아동의 권리가 보장되도록 가정의 방과후 아동지도를 지원하고 공적인 방과후 아동지도 서비스를 제공해야 한다.

3) 아동복지법

'아동복지법'은 법의 명칭에서 볼 때, 아동복지에 관한 일반법이라고 여겨지지만 그 내용에서는 요보호아동의 양육에 관한 것이 주된 내용으로 하고 있으며, 아동(18세 미만자)의 보호 및 지도와 관련한 구체적인 사항을 보면 다음과 같다.

제1조	아동이 건전하게 출생하여 행복하고 건강하게 육성되도록 그 복지를 보장함을 목적으로 한다.
제3조	① 모든 국민은 아동을 보호 · 양육하고, 사회생활에 적응되도록 육성할 책임을 진다. ② 국가와 지방자치단체는 보호자와 더불어 아동을 건전하게 육성할 책임을 진다.
제6조	① 아동복지에 관한 사항을 상담, 지도하기 위하여 아동상담소에 아동복지 지도원을 둘 수 있다. ② 아동복지 지도원은 별정직 공무원으로 하고, 그 자격과 직무에 관하여 필요한 사항은 대통령령으로 정한다.
제10조	국가와 지방자치단체는 아동이 항상 이용할 수 있는 어린이 공원, 어린이 놀이터, 아동회관, 체육 · 연극 · 영화 · 과학실험 전시시설 등 아동전용시설을 설치하도록 노력하여야 한다.

4) 영유아보육법

방과후 아동지도시설의 설치 및 운영과 직접적인 관련이 있는 '영유아보육법'은 보호자가 있으나 보호자가 직장을 다니거나 질병, 기타 사정으로 인해 양육하기 어려운 영유아(6세 미만의 취학전 아동)의 보호와 교육을 통하여 영유아의 건전한 육성과 보호자의 사회적 · 경제적 활동을 원활하게 할 것을 목적으로 제정되어 어린이집의 설치, 운영, 재정지원을 규율하고 있다. 그러나 동법 제16조에서는 어린이집 입소 보육대상을 12세까지 연장할 수 있도록 하고 있어, 초등학교 아동들이 방과 전과 후, 방학 중에도 보호와 지도를 받을 수 있도록 하고 있다. 즉, 국가와 지방자치단체에게 영유아의 보호와 건전한 교육을 위하여 필요한 조치를 취하여야 할 책무를 부과하고 있는 것이다.

5) 여성발전기본법

여성발전기본법의 제23조 2항에 의하면 "국가 및 지방자치단체는 방과후 아동의 보호와 건전한 생활을 위한 시책을 강구하여야 한다". 고 명시하고 있다. 세계화추진위원회(1995)가 여성발전과 남녀평등을 실현하기 위한 방안의 하나로 "여성을 가사노동에서 풀어 주기 위한 사회적 여건을 조성하기 위한 방안"(여성 참여 확대 10대 과제)으로서 영유아보육과 방과후 아동지도의 중요성을 제시하고 있다.

6) 청소년보호법

청소년보호법은 청소년에게 유해한 매체물과 약물 등이 청소년에게 유통되는 것과 청소년이 유해한 업소에 출입하는 것 등을 규제하고, 청소년을 청소년 폭력 · 학대 등 청소년 유해 행위를 포함한 각종 유해한 환경으로부터 보호 · 구제함으로써 청소년이 건전한 인격체로 성장할 수 있도록 함을 목적으로 한다. 이 법에서는 "청소년"이라 함은 만 19세 미만의 자를 말한다. 이 법은 가정의 역할과 책임(제3

조), 사회의 책임(제4조), 국가와 지방자치단체의 책임(제5조)을 정하고, 청소년을 방과후 유해환경으로 보호하기 위해 관련된 법으로 시설종사자의 자격으로 청소년지도사의 배치를 명기하고 있다.

이상의 방과후 아동지도와 관련된 법적 근거를 종합해 보면, 그동안 소외되어 왔던 아동권리와 보호에 대한 제반 사항이 1991년 유엔아동권리협약에 우리나라도 비준 · 가입하여, 국내법과 동일한 효력을 발생하게 되었다. 이후 '영유아보육법'에서 방과후 아동지도에 관한 내용이 처음으로 언급되어 '영유아보육법'에 의거하여 방과후 아동보육기관이 설치 및 운영되고 있다. 특히 방과후 아동지도는 '여성발전기본법'에 제시된 바와 같이 여성의 노동을 사회에 적극 참여하고자 하는데 있어 아동의 중요한 사회화 담당 기능을 가지며, 아동의 복지권과 교육권을 실현시키기 위한 여러 조건들을 만족시키기에 적합한 대책으로서의 의미가 있다.

3. 방과후 아동지도의 발전과정

방과후 아동지도는 산업화 이후 직장을 찾아 도시로 이주한 저소득층 가족의 방치되어 있는 아동을 보호하고 가족지원 서비스를 제공한다는 목적 아래 1980년대 소규모로 운영되어 온 공부방이 시작이라고 할 수 있다. 초기의 공부방은 저소득층을 위한 구빈적인 목적으로 시작되었지만 일부에서 요구되던 방과후 아동지도의 필요성이 기혼 여성의 취업증가와 아동의 방과후 생활에 대한 관심의 증가로 다양한 계층에서 요구되면서 제도권 내에서 논의되기 시작하였다(노성향, 2002). 방과후 아동지도의 발달과정을 초기도입기(1990년 이전), 정책도입기(1990~1995년), 활성화 시기(1996~1999년), 종합대책 수립기(2000년 이후)로 나누어 볼 수 있다(노성향, 2002; 양성희, 2006; 전영희, 2007). 구체적인 설명은 다음과 같다.

1) 초기도입기(1990년 이전)

1980년대 도시빈민 지역에서는 부모의 맞벌이로 인해 방치된 아동을 위한 공부방이 형성되었다. 대학생이나 종교단체 등 민간의 주도하에 생겨난 공부방은 초·중·고등학생을 위해 학습지도, 생활지도 등의 프로그램을 제공하여 방과후 아동지도의 단초를 마련하였다. 그러나 이 시기는 아직까지 방과후 아동지도에 대한 논의가 제도권 내에서 이루어지지 않았고 일부 지역에서만 부분적으로 방과후 아동지도가 이루어졌다(표 3-5 참조).

표 3-5 초기도입기(1990년 이전)

연도	근 거	정 책
1970년	· 방과후 아동지도에 대한 제도적 논의 없음 · 민간의 주도 하에 자생적으로 형성됨	저소득층 아동을 대상으로 하는 민간이 주도하는 공부방 형성
1980년		도시빈민지역에 '공부방'이 형성되어 일부지역에서 방과후 아동지도 실시

자료출처 : 전영희, 2007. p. 47, 양성희 외, 2006.

2) 정책도입기(1990~1995년)

1991년 '영유아보육법'이 제정되면서 어린이집 입소대상을 영유아를 원칙으로 하되 중앙 또는 지방보육위원회의 의결을 거쳐 대상아동을 12세까지로 연장할 수 있도록 하였다(제16조). 또한 가출청소년의 생활지도와 선도, 가정 및 사회로의 복귀를 지원하기 위해 1992년 청소년 쉼터를 운영하게 되었고, 1993~1994년 한국여성개발원에서 '방과후 아동지도사 교육 프로그램 개발'을 통해 방과후 아동지도의 필요성을 부각시키고 가시화되기 시작하였고, 시범운영을 실시하여 방과후 아동지도사 66명을 배출하였다. 1995년 세계화추진위원회의 "여성 참여확대 10대

과제" 중의 하나로 "방과후 아동지도 제도의 도입"이 정책으로 채택되었다. 이로써 한국여성개발원에서 배출된 교사가 개발된 프로그램을 가지고 서울 소재 2개의 초등학교(안산, 상암)에서 방과후 아동지도 프로그램을 시범운영하여 방과후 아동지도 제도도입 및 운영방안을 마련하였다.

여성개발원이 개발한 프로그램을 근거로 YWCA(여성인력개발센터), 걸 스카우트, 덕성여대 평생교육원 등에서 방과후 아동지도사 과정(150시간)을 운영하였고, 이외에 각 대학부설평생교육원에서 방과후 아동지도사 과정을 운영하기 시작하였다.

1995년 5월 31일 교육인적자원부의 '5.31 교육개혁안'의 일환으로 초 · 중등학교에서의 특기적성교육 등 방과후 교육활동이 운영되기 시작하였다(표 3-6 참조).

표 3-6 정책도입기(1990~1995년)

연도	근 거	정 책
1991년	영유아보육법 (제16조 입소대상) 보건복지부	보육입소 대상은 입소대상을 영유아를 원칙으로 하되 중아 또는 지방보육위원회의 의결을 거쳐 연장 가능함
1993~1994년	한국여성개발원	방과후 아동지도사 교육프로그램 개발, 방과후 아동지도사 66명을 배출함
1994년	부산시 보육위원회	부산시 보육시설 입소대상 연령 12세 연장 의결 및 방과후 아동보육비 지원 시작됨
1995년	영유아 보육사업 지침	저소득층 아동을 위한 방과후 보육사업 권장함
	세계화추진위원회	여성 참여확대 10대 과제 중의 하나로 방과후 아동지도 제도의 도입이 정책으로 채택됨
	한국여성개발원	안산, 상암초등학교 방과후 아동지도 프로그램 시범 운영함(서울 소재)
	여성발전기본법 제정 (제23조 영유아보육법 등)	국가와 지방자치단체는 방과후 아동의 보호와 건전한 생활을 위한 시책으로 강구됨
	중앙보육위원회의 입소대상 연장 의결	영유아보육법 제16조(입소대상)에 의거하여 보육시설 입소대상 연령을 12세까지의 아동으로 연장 조치함

자료출처 : 전영희, 2007. p. 47, 양성희 외, 2006.

3) 활성화 시기(1996~1999년)

1996년 교육인적자원부의 제7차 교육과정을 전환의 기점으로 특기적성교육과 보충자율학습의 의미로 초·중등학교에서 방과후 교육활동이 본격화되기 시작하였다.

주무부처인 보건복지부에서 영유아보육법(제16조에 근거) 시행규칙을 개정하여 보육교사가 방과후 아동지도를 담당할 수 있게 하고, 보육교사 양성과정과 재교육 과정에 교과로 삽입하고, '방과후 아동지도시설 설치 규정'을 마련하였고, '방과후 아동지도 활성화 방안'을 발표·시행하였다. 이에 3년에 걸쳐 2000개소(공립 600개소, 사립 1400개소) 설치 계획과 서울시 사회복지관의 약 70%가 방과후 아동 교실을 설치 및 운영을 하였다.

각 시도에서는(서울특별시, 경기도)에서는 보건복지부의 대책에 근거하여 '방과후 아동지도시설 운영기준(1996. 10)'과 '초등학교 내 방과후 보육시설 설치 요령' 세부 지침을 제시하였고, 경기도청 주최 '농촌지역 방과후 아동지도 활성화 방안'이 마련되었다.

한편 1997년 한국아동학회는 '방과후 아동지도사' 관련 강의를 20시간 시킨 후 수료증을 부여하였다. 1998년 서울시에서는 '시민복지 5개년 계획' 중 '아동복지 5개년 계획'의 일환으로 초등학교 교실을 개방하여 방과후 아동지도를 실시할 계획을 마련하였다. 보건복지부는 '방과후 아동지도 설치 및 운영기준'과 '초등학교 내 방과후 보육시설 설치 요령' 세부지침 제시와 '영유아보육법' 시행규칙 개정으로 보육교사 양성 과정에서 방과후 아동지도 교과의 시간을 16~20으로 증가하였다. 또한 여러 대학과 평생교육원에서 방과후 아동지도를 지도하는 교수와 현장에서 방과후 아동지도를 담당하는 교사, 연구원들이 모여 방과후 아동지도에 대한 연구와 현장에서 활용할 수 있는 프로그램을 다각적으로 개발하고 연구하여 방과후 아동지도에 보다 나은 전문성 양성을 도모하였다. 한편 교육부는 1999년부터 방과후 특별활동을 '특기적성교육'이라 칭하고 교육부가 주관하여 방과후 아동지도와는 별도로 운영하기 시작하였다(노성향, 2002, 표 3-7 참조).

표 3-7 활성화 시기(1996~1999년)

연도	근 거	정 책
1996년	영유아보육법 시행규칙 개정(보건복지부)	보육교사 양성과정에 방과후 아동지도 관련 교과 배정(16시간) 보육교사 재교육과정 마련(40시간)
	방과후 아동지도 활성화 방안발표((보건복지부)	방과후 아동지도시설 운영기준 제시 초등학교 내 방과후 보육시설 설치요령 세부지침 제시
	영유아보육사업 지침	보육교사 자격, 배치기준, 보육료에 대한 지침
	중앙보육위원회	방과후 아동보육사업 활성화 대책 수립
1997년	한국담배인삼공사 공익사업단	전국 76개 사회복지관에 3년(1995~1997)에 걸쳐 7억 여원의 설치비 제공
	한국여성개발원 (삼성복지재단 후원)	방과후 아동지도 프로그램을 개발하여 방과후 아동지도의 지표가 되게 함
	한국여성개발원 (경기도청 의뢰)	농촌지역의 방과후 아동지도 활성화 방안
1998년	여성단체연합회	저소득층 아동생활지도 보조교사 500명 배출, 방과후 교실 운영지원
	서울특별시	시민복지 5개년계획 중 아동복지 5개년 계획의 일환으로 초등학교 교실 개방, 방과후 아동지도 실시 계획
	보건복지부	방과후 아동지도시설 설치 운영기준과 초등학교 내 방과후 아동지도시설 설치요령 세부지침 제시
	영유아보육법 시행규칙 개정(보건복지부)	보육교사 양성과정에 '방과후 아동지도' 교과 시간이 16~20시간으로 증가
	한국여성개발원 삼성복지재단	방과후 아동지도 프로그램을 교재를 개발하여 교사 양성 및 아동교실에서 교재로 활용
	서울특별시 후원 한양대학교, 중앙일보 등 컨소시움 형성	방과후 아동지도 보조 자원 활동자 프로그램 개발 500명의 특별활동 지도교사 배출 및 배치
	한국여성개발원	농촌지역 방과후 아동지도 프로그램 시범적용연구 농촌지역 방과후 아동지도 도입 및 운영 활성화 방안 마련
1999년	보건복지부	제1회 방과후 아동지도사 보수교육 실시
	여성단체연합회	저소득층 아동생활지도 보조교사 배출 방과후 교실 운영
	인천 교육청	30개 초등학교 개방하여 방과후 아동교실 운영

연도	근 거	정 책
1999년	서울특별시	147개소 방과후 아동교실 지원
	서울특별시 보육정보센터	방과후 교실 운영 및 지원 지침을 제시
	대통령직속 여성특별위원회	유망여성직종자격증 개발(한국직업능력개발원) 연구의 일환으로 방과후 아동지도사 자격증 개발 연구

자료출처 : 전영희, 2007. p. 47, 양성희 외, 2006.

4) 종합대책 수립기(2000년 이후)

2000년 이후는 방과후 아동지도의 정착화를 위한 시기로 정부차원에서 여러 가지 연구와 교육이 진행되었다. 한국여성개발원과 대통령직속여성특별위원회가 공동 연구한 '방과후 아동보육 실태분석과 종합대책 연구'와 한국여성개발원과 산업인력공단에서 공동 연구한 '방과후 아동지도사 국가자격 종목 개발에 대한 연구'가 있다. 이들 연구들은 방과후 아동지도의 현황을 파악하여 방과후 아동지도의 질적 수준 향상을 위한 여러 가지 제언을 하고 있다. 그러나 방과후 아동지도 국가자격제도에 대한 연구는 2001년 이후 지금까지 연구의 차원에 머물러 있고 이를 위한 행정부서의 제도적 제안은 전무하다.

2004년 교육인적자원부의' 사교육비 경감 대책'의 일환으로 '수준별 보충학습'과 '특기적성교육', '방과후 아동보육' 중심의 관심과 지원이 시작되었다. 같은 해 보육 업무가 여성부로 이관되었고, 학령기 아동지도는 2005년 보건복지부에서 저소득층의 초 · 중등학생을 대상으로 '지역아동센터'에 대한 지원정책이 실시되었고, 2006년에는 지역사회 아동복지 서비스를 확대하여 지원하였다. 한편 한국 방과후 아동지도학회는 2002년부터 시작한 방과후아동지도연구회 활동을 기반으로 하여 2004년 창립되어 방과후 관련 연구와 방과후 교사를 위한 방과후 프로그램 워크숍, 방과후 시설 운영사례 소개 등의 워크숍 및 학술대회를 통해 방과후 아동지도에 대한 학문적, 사회적 관심을 넓히는데 기여하고 있다. 또한 2007년부터 학회주관의 방과후 교사자격인증 업무를 시작하여 방과후 교사가 갖추어야 할 지식을 배우는 기초 및 필수 과목을 정하고 방과후 아동지도 실습을 필한 전문학사 이상의 학력을 가진 사람에게 시험을 통해 방과후 교사자격인증서를 발급하고 있다(서영숙 외, 2010).

표 3-8 종합대책 수립기(2000년 이후)

연도	근 거	정 책
2000년	한국여성개발원 한국산업인력공단	방과후 아동지도사 1, 2급 국가기술자격 종목개발 연구
	한국여성개발원 대통령직속여성특별위원회	방과후 아동보육 실태분석과 종합대책 수립을 위한 연구
2001년	한국대학부설평생교육협의회	제1회 방과후 아동지도사 민간자격시험 실시 (연 2회 : 4월과 10월 실시)
2004년	한국방과후아동지도학회	방과후 관련 연구와 방과후 교사를 위한 워크숍, 방과후 시설 운영사례 소개 및 학술대회를 통해 방과후 아동지도에 대한 학문적, 사회적 관심을 높이는데 기여함
2005년	학령기 아동의 보호와 교육지원 위원회(국무조정실 산하)	어린이집, 초등학교, 사회복지관, 지역아동센터, 공부방 등에서 방과후 아동지도 운영함
2007년	한국방과후아동지도학회	제1회 방과후 교사 학회 민간자격시험 실시함 (연 2회 : 7월과 12월 실시)
2008년	정부 개편에 따른 방과후 아동지도 업무조정	정부부처의 통·폐합이 이루어져 국가청소년위원회와 여성부에서 다루던 청소년방과후아카테미 사업과 공부방 사업, 방과후 보육사업이 보건복지부가족부 소관
2010년	아동·청소년보호법 개정	아동·청소년관련 방과후 사업 여성가족부로 다시 이관됨

자료출처 : 전영희, 2007. p. 47, 양성희 외, 2006, 재구성함

이상을 종합해 볼 때, 방과후 아동지도 발전과정은 민간 공부방에서 출발하여 사회적 관심과 시대적 요구에 부응하여 정부조직 개편과 더불어 아동 관련 법률도 재정비되고 있어 방과후 아동지도에 대한 법적·제도적 근거가 좀 더 구체적으로 마련될 것으로 기대된다.

생각해 보기

1. '방과후 아동지도'와 '방과후 학교'의 차이점을 설명해 보세요.

2. 방과후 아동지도와 관련하여 각 담당 주무부처의 이동에 대한 장 · 단점을 토론해 봅시다.

3. '방과후 교사'의 민간자격제도의 효율성을 검토하고, 국가자격제도 도입의 필요성에 대해 토론해 봅시다.

제 4 장

외국의 방과후 아동지도

최근 초등학생의 방과후 아동보육에 대한 사회적 요구가 점점 높아지고 있다. 맞벌이 가정이 증가하고 지나치게 많이 지출되고 있는 사교육비에 대한 대안으로서 방과후 아동지도의 필요성에 대한 인식이 높아지고 있는 현시점에서 사회 · 문화적 특성이 다른 외국의 방과후 아동보육 프로그램을 탐색해 보는 것이 필요하다. 따라서 이 장에서는 외국의 방과후 아동지도의 현황과 법적 근거, 프로그램 등을 파악하여 우리나라 방과후 아동지도제도의 정착에서의 시사점을 찾아 방과후 아동지도의 발전을 도모하고자 한다. 특히 방과후학교 활성화 방안모색을 위한 국제세미나(교육인적자원부, 2007)에서 발표된 내용과 『아동의 방과후를 생각한다』(池本美香, 2009)를 토대로 요약 정리하고자 한다.

1. 미국

1) 발전 배경 및 환경의 변화

세계대전 당시 아동보육 프로그램을 정부지원으로 시작하게 되었다. 1912년에 아동국이 설립되었고, 가족수당제도를 통해 자녀를 둔 모든 가정에 모성연금이 제공되었다. 20세기 중반부터 한 부모에 의한 보살핌이 부족한 아동과 저소득층 아동만을 대상으로 하는 보육시설이 운영되었다. 1960년대 이루어진 아동발달에 대한 다양한 연구들은 국가에서 유아보육정책을 지지해 주는 근거가 되었으며, 여성의 사회참여, 이혼율 급상승, 핵가족화, 출산율 저하 등의 사회적 변화는 아동보육의 확대를 위한 제정 확보에 있어서 정부의 역할을 요구하는 계기가 되었다. 따라서 여성교육복지부에 아동발달국을 설치하여 많은 아동보육 서비스를 제공토록 하였다. 이후 1980년대에 이르러 주목할 만한 사회적 지원책이 마련되었는데 이는 16개주에서 학령기 아동을 위한 방과 전과 후의 보육지원을 법제화하였다(서영숙 외, 2010).

또한 클린턴 정부에 들어서 21세기 지역사회학습센터를 통해 방과후 아동보육

활동을 중점적으로 추진하였다. 방과후 프로그램에 자금을 제공해 주는 주요한 재원에는 부모의 부담 비용과 연방 주 · 지방 정부로부터의 공적기금, 주로 재단으로부터 민간기금, 그리고 현물로 주는 기부가 있다(김지민, 2010).

환경의 변화를 살펴보면, 어머니가 일하는 가정, 이혼가정과 미혼모가 증가하면서 한부모 가정이 증가하였고, 아동들이 부모 이외의 사람들에 의해 보호되거나 보호없이 지내는 아동들이 증가한 것은 우리나라의 사회적 변화와 비슷하다.

현재는 「No Child Left Behind Act」의 핵심 사업으로 CCLC(The 21st Century Community Learning Centers)와 SES(Supplemental Educational Service)를 중점으로 추진하고 있다. 이는 저소득층 자녀의 보호와 학습부진아의 학습능력 형상이 주된 목적이고, 주요 프로그램은 학령기 아동보호, 청소년개발, 보충심화학습, 특기적성개발 등으로 구분된다. 다양한 지역사회기관의 활발한 참여와 협력을 강조하며, 지역별로 다양하고, 학교 외 다른 기관에서도 방과후 교육활동이 활발히 이루어지는 것이 특징이다(김지민, 2010).

또한 방과후 프로그램이 아동을 안전하게 보호하고, 일하는 부모들을 도우며 아동의 학업성적 향상과 행동개선에 도움이 된다는 인식 아래 2010년까지 모든 아동이 적절한 방과후 프로그램을 접하도록 하자는 '2010 프로젝트'를 사회적 운동으로 실시하고 있다(http : //www.afterschoolalliance.org).

2) 개념 및 목적

미국에서는 '방과후 교육활동이 자녀들을 안전하게 보호하고 현명하게 만들어 준다(After-School Programs : Children Safe and Smart)'는 이미지를 가지고 있으며, 많은 부모들이 방과후 교육활동을 필수적이라고 생각하고 있다. 이에 따라 차츰 프로그램 수와 참가자 수가 늘어나고 있다(권상철, 2003). 또한 방과후 아동보육(After-School Child Care)을 학령기 아동보육(School-Age Child Care : SACC), 학교 외 보육(Out-of-School Education)이라는 개념으로 많이 사용하고 있으며(김재인 외, 2004), 방과후 아동보육의 목적은 학령기 아동을 학교와 학부모가 보호할 수 없는 시간 동안 보호하고, 그들의 학업향상 및 긍정적인 아동발달, 사회적 기술 개발을 돕는 것 등을 포함하고 있다.

3) 관련법 및 정책

방과후 보육 관련법으로는 21세기 지역사회학습센터를 규정하고 있는 초 · 중등 교육법(Elementary and Secondary Education Act)이 있으며, 프로그램은 각 주에 의해 허가를 받고 실행되고 있다. 또한 방과후 아동보육과 교육은 주로 교육부(Department of Education)와 보건인적서비스부(Department of Health and Human Services)에서 권장하고 있으며, 연방정부와 주정부 및 자치단체 간 역할을 구분하고 있다(김재인 외, 2004).

행정체계는 연방정부가 프로그램을 제시하고, 주 교육기관과 민간기관 등에게 예산을 부여하며, 공식적인 예산은 주 교육기관에서 제시해 주고 있다. 관련시설은 크게 공립과 사립유형으로 나누게 되는데 미국의 방과후 프로그램의 대다수는 민간단체에 의해 설립이 되었으며, 공립 초등학교가 지원하여 운영되는 것은 전체의 23% 정도이고, 나머지 프로그램들은 주로 비영리 민간단체의 지원(66%)으로 운영된다. 프로그램의 평가는 다면적 방법의 접근을 하고 있으며, 학부모들은 항상 프로그램에 대한 평가에 참여하고 있다(서영숙 외, 2010).

4) 프로그램

방과후 아동지도 프로그램이 별도로 주어지고 있는 것은 아니지만 각 기관이 프로그램 지침을 가지고 있다. 대다수의 프로그램이 방과 전과 후에 아동에게 성인의 감독과 보호로 안전한 환경을 제공하는데 가장 중요한 목적을 두고 있다. 또한 프로그램을 계획할 때, 아동을 참여시키고 있으며, 집단구성 형태는 연령별(61%), 흥미별(28%), 발달 능력별(11%), 활동 내용별(8%), 성별(4%)의 순으로 이루어진다. 프로그램 계획 시 가장 영향을 미치는 요인은 리더십, 학교 · 부모 · 지역사회 파트너와 스태프와의 관계이며, 프로그램 운영 시 가장 영향을 미치는 요인은 교사 채용기준과 활동의 질이다.

부모가 방과후 프로그램의 계획과 평가에 참여하는 경우가 62%이며, 공립학교 프로그램일수록 높다(76%). 프로그램 운영시간은 78%의 센터가 매일 운영되거나 하루에 두 번 운영되며, 22%의 센터는 '특별행사'만을 제공한다. 센터 중 1/3은 학교가 쉬는 날에도 운영하고 있다. 수업 전과 방과후 프로그램을 동시에 운영하는 방과후 시설은 약 73% 정도, 26%는 방과후에만 서비스가 제공된다. 방학, 휴일 등의 방과후 서비스기관 중 82%는 여름방학 기간 중에 종일반 서비스를 하는 프로그램이며, 95% 이상은 방학과 학교의 휴일 등에도 서비스를 제공한다. 이는 사설이나 영리단체가 운영하는 방과후 프로그램이다.

유형별 방과후 프로그램 중 아동보육(child care) 또는 주간보호기관(daycare)은 레크리에이션과 문화적 활동에 중점을 두고, 부모가 직장에 나가 있는 오후 3시부터 6시까지 안전한 장소를 제공해 주고, 유치원부터 3학년까지의 아동이 이용한다. 방과후 프로그램은 5~11세의 아동이 이용하며 특별활동 뿐만 아니라 교과공부와 관련된 활동에도 중점을 두고 있다. 중요한 것은 아동이 방과후 자유시간을 창조적으로 이용하도록 돕는 것이며, 발레, 댄스, 힙합, 운동, 체스와 같은 활동이 이루어지고, 전문 강사와 지역사회의 유능한 자원봉사자들이 지도를 한다.

교과 보충 프로그램은 전적으로 학업성취에 초점을 두고 있으며, 학업, 레크리에이션과 관련된 다양한 활동도 제공되고 있으나, 학교 교육과정에 기초하여 운영되고 학교교사를 채용하는 것이 일반적이다. 과제 탐구모임, 소규모 보충수업, 일대일 과외 등이 진행되고, 교사는 외국어나 과학실험과 같은 심화활동을 제공하기도 한다.

21세기 지역사회학습센터 프로그램은 학교에 다니기 어려운 곳에 있는 학생들을 위해 다양한 학문적 기회를 넓혀 주도록 하기 위해 제공되고 있다. 개별학습 서비스와 학문적인 활동으로는 읽기나 수학과 같은 주제에서 지역적(local) 그리고 주(state)의 학문적인 기준에 대처하도록 학생들을 돕도록 계획되어 있다. 모든 프로그램은 아동을 대상으로 문화활동, 레크리에이션과 급식기회 등이 주어지고 있다. 읽기, 수학, 과학과목을 보충하며, 전체 센터 중 72%는 미술과 음악 특별활동을, 64%는 사회과 활동을, 70%는 기술관련 활동을, 76%는 다른 형식의 특별활동을 제공한다.

교사는 시설장, 보육교사, 그 밖에 보조교사, 자원봉사 교사, 상담자나 특별활동 지도자, 조리사 등이 근무를 하며, 시설장은 방과후 프로그램 시설 운영을 총괄하게 되며, 관장하는 사람은 주당 26시간을 근무한다. 보육교사는 아동들을 지도하면서 프로그램을 제공하는 사람으로 약 25시간 정도 일을 하고, 전임보육교사는 대학 또는 아동발달 전문과정을 이수하였고 고졸은 21% 정도이다. 그 외의 보육참여종사자들의 학력은 대학 이상이 62%, 고졸이 29%이다(서영숙 외, 2010).

5) 시사점

첫째, 방과후 아동지도의 대상을 청소년까지 확대하여 운영하고 있다. 우리나라에서도 방과후 아동지도 대상을 청소년까지 확대하고 있어 이에 적합한 다양한 프로그램을 개발하여 실시한다면 학교에 다니거나 다니지 않는 청소년 모두가 건강한 삶을 영위하는 데 도움이 될 것이다(김정원 외, 2006).

둘째, 방과후 아동지도 프로그램을 개발하고 보급하며, 평가하는 다양한 기관과 단체들이 있다. 이를 통해 다양한 프로그램이 개발될 수 있는 경쟁력을 가질 수 있게 된다.

셋째, 미국은 교사의 질은 매우 높으나 이직률 또한 35%로 상당히 높다. 높은 이직률은 아동이 가정적 분위기의 방과후 시설에서 생활하는데 방해가 되며, 아동발달에 부정적인 영향을 미치는 요소가 된다(서영숙 외, 2010).

6) 사례

시카고 청소년 지원 단체의 방과후 프로그램

- 도시 빈민지역의 학령기 아동을 위한 방과후 프로그램 -

○ **프로그램의 목적** : 대도시 소외계층 아동들의 건전한 발달을 지원하는 것, 즉 아동들을 방과후에 안전하게 보호하고, 빈곤층 아동들에게 긍정적인 모델을 제시하며, 학업능력을 길러 주고 자신에 대한 긍정적인 감정을 갖게 하는 것이다.

○ **대상** : 6~12세까지 약 500명의 아동이 연령별로 적게는 15~20명, 크게는 40~50명이 한 집단으로 구성된다.

○ 프로그램

- 학습능력을 향상시키기 위한 교육과정 및 그 외 특별활동
  특별활동은 요일별로 이루어진다(레크리에이션, 체육활동, 공작과 그림, 사회문제나 자신의 느낌과 사고에 대한 발표와 그룹토의, 영화감상, 신문과 잡지 만들기 등)
  이외에 지역 사회전문가의 지원을 받아 연극과 무용, 스케이팅, 캠핑 등의 활동도 제공한다.
- 자아개념 발달을 위한 프로그램
  사람들 앞에서 말하는 활동 프로그램을 개발하여 자신에 대한 느낌, 타인이 보는 자신에 대한 표현, 자신의 삶에서 중요한 인물에 대해 말하기, 자신이 걱정하는 바와 타인의 말을 건설적으로 비평하는 것, 집단 내 친구들의 걱정을 이해하기 위한 질문을 통해 자아개념과 사회성 및 정서발달을 돕는 데 주력한다.

○ 지도교사

- 대학 이상의 학위를 가진 사람들이지만 아동학과 교육을 전공한 석사학위 소지자 몇 명을 제외하고는 전공과는 무관한 사람들이 대부분이다.
- 아동의 흥미와 요구에 맞는 프로그램을 개발하여 활용하며, 전체 프로그램 운영의 감독자가 있어 프로그램의 방향이 결정된다. 프로그램 운영자들이 스스로 지적하는 가장 큰 문제는 교사의 훈련 부족과 자신들이 아동들과 경험하면서 부딪치는 문제를 자문해 줄 인적 자원이 부족하다.

이러한 문제점에도 불구하고 이 프로그램이 아동의 안전한 보호와 학업능력의 향상, 사회성과 긍정적 자아개념의 발달에 효과적인 활동을 제공하고 있다.

2. 독일

1) 발전 배경 및 환경의 변화

독일은 130년 전부터 "호르트(Hort)"라는 공적인 방과후 보육제도를 시행해 왔으며, 19세기 말, 교육개혁으로 많은 교육기구들이 생겨나고, 독일 전역에 1000여 개의 실용적인 교육을 위한 단체들이 창설되었다. 1920~1932년까지 '학령기 아동

의 보호'라는 취지로 다양한 호르트 프로그램의 기초를 다졌으며, 주간 호르트(주간 보호시설)와 오후 호르트(방과후 집에서 점심식사를 한 후 잠깐 이용하는 곳) 유형이 있다. 1950년대 말부터 1960년대에 주 5일 근무제의 정착과 연관되어 주 5일 수업제 및 주 6일 수업제의 결정권한이 궁극적으로 학교운영위원회(Schulkonferenz)에서 정하는 것으로, 학교법을 정비하였다. 독일의 학교운영위원회는 교장 · 교사 · 학부모 · 학생이 기본구성원이며, 학교운영위원회가 토요일에 근무하는 학부모가 적은 학교를 주 5일 수업제가 도입하기 시작하였다(권미연, 2006).

방과후 아동보육은 영유아보육과 마찬가지로, 구동독과 구서독은 전혀 다르다. 여성의 노동력이 사회에 영향을 끼치는 구동독은 여성이 일하는 것은 당연한 것이며, 정부가 교육 · 위탁 시설로서 인정하여 모든 아동이 이용할 수 있도록 되어 있다. 한편 구서독은 아이는 부모가 양육해야 한다는 보수적인 관념이 오랫동안 지속해 왔고, 양육에 정부가 관여하지 않았다. 그래서 이러한 점도 함께 정비를 진행하고 있다. 그러나 특히 3세 미만아의 보육과 방과후 아동보육은 어디까지나 긴급 시에 지원하는 것으로 일부 시설만 정비하는데 그쳤다. 그 결과는 유럽의 모든 국가들과 비교했을 때, 낮은 수준의 정비였다. 그 동안 사회구조가 크게 변화하였으며, 라이프스타일도 크게 변화하였고, 구서독의 여성들도 일하게 되면서 보육의 요구는 높아졌다. 또한 일을 그만두게 되면 소득수준이 낮아지기 때문에 아이를 출산하지 않는 여성도 늘어났다. 이러한 배경에는 현재의 방과후 아동보육은 여성의 직장 복귀와 출생률을 높이기 위해 여러 가지 정책 중에 하나로 자리매김하게 되었다(長谷川有紀子, 2009).

2) 개념 및 목적

방과후 아동지도는 '학교에 다니는 12세까지의 아동을 부모가 일을 하거나 학업을 하는 동안 제공하는 교육적 집단 활동'이며 전인교육을 지향하기 위한 것이다. 방과후 아동지도 프로그램은 가정과 학교를 보충해 주는 곳으로써 호르트에 있는 아동들은 기쁨을 느껴야 하고, 가족적인 분위기를 제공해야 하며 편안하고 안정감을 제공해 주는 것이 목적이다. 또한 아동에게 소속감을 제공해 주고 교사와 좋은 관계가 형성되어야 한다.

구체적인 목표는 타인과의 긍정적인 인간관계를 지도하여 주위 환경과 협상할 수 있어야 하고, 판단능력, 비판능력, 결정능력을 촉진하며, 자유 시간을 주고, 아동의 흥미 또는 욕구와 창의력을 신장시킨다. 그리고 아동의 불안감을 극복할 수 있도록 지도하며 자신감을 갖게 한다.

독일의 의무교육은 6세부터 시작하여, 취학 후 12세(주에 따라 14세)까지 방과후 아동보육을 할 수 있다. 방과후 아동보육의 장소로서, 방과후(Hort) 보육시설과 영유아를 주로 돌보는 가정보육 · 주간보호기관(Tagesmutter/vater=Tagespflege)이 있다.

3) 관련법 및 정책

아동이 입소할 수 있는 방과후 보육시설은 최근에는 유치원이 연령대를 확대하여 보육과 방과후 아동보육을 하고 있는 경우가 있으며 연령구분은 없다(영유아보육을 포함). 이것을 아동 주간보호시설(Kindertageseinrichtungen)이라고 총칭하고 있다.

방과후 아동보육 · 영유아보육을 포함하여 보육 전체에 관한 것은 아동 · 청소년 지원법(Kinder-und Jugendhilfegesetz)에 의해 규정되어 있다. 정부의 관리는 복지를 담당하는 연방가족부(정식명칭 : 연방가족 · 고령자 · 여성 · 청소년부)이지만, 실제 권한은 각 주에 있다. 그렇기 때문에 연방법에서는 큰 방침이나 대략적인 방향을 제시하는데 있다. 각 주는 담당부처와 복지담당부가 있으며, 교육담당부에 있기도 하지만 각 주에 따라 조금씩 차이가 있다.

한편 동법에서 정의되고 있는 아동이란 14세 미만을 말하고, 동법 24조에 '의무교육의 연령(14세 미만)에 해당하는 아동은 아동의 요구에 맞게 신청하여, 데이시설 또는 주간보호기관을 이용할 수 있다'고 정해져 있다. 여기서 아동은 보육을 보장받을 수 있다(長谷川有紀子, 2009).

행정체계를 보면, 청소년 · 가족 · 여성 · 보건부는 유아원과 호르트(주간보호)는 전반적인 것을 담당하고, 보건사회정책 영역에서는 유아원과 호르트(주간보호)의 보육관련 업무를 담당하며, 교육과학부에서는 3~6세 아동들을 위한 유치원을 담당하고 있다. 관련시설로는 가정교육기관, 대학 등의 시설, 열린 문 등이 있다(교육인적자원부, 2007). 방과후 아동보육은 원래 학교수업 시간 외에 아동을 보육하는 정책으로, 보육(복지)의 범주이지만 최근에는 학교수업 시간 연장(종일제)으로 교육의 범주에 포함해야 한다는 논의가 되고 있다(서영숙 외, 2010). 그리고 최근 들어 온종일 학교 운영의 필요성이 대두되었다.

온종일학교는 제1차 PISA(Programme for International Student Assessment : 국제학생평가프로그램) 발표 이후, 독일 학생들의 학력 향상을 위해 사회적으로 합의된 교육개혁안의 하나로서 본격적으로 도입되기 시작하였으며, 의무교육이 끝난 청소년에 대한 후원 프로그램까지 포괄하고 있다. 2002년 당시 사민당과 녹색당 연방정부는 40억 유로의 재원을 통해 전체 약 30,700개 학교 중 약 10,000개의 학교를 온종일 학교로 전환하고자 계획하였다.

표 4-1 독일의 방과후 아동지도 관련 시설

기 관	활 동
가정교육기관 (부모교육기관)	가족구성원 모두가 수요자가 될 수 있으며, 덕분에 호르트에서는 이 기관에서 열리는 취학아동 프로그램에 아동을 보낼 수도 있음.
대학 등의 시설	대학, 음악학교, 수영장, 대형 운동장, “열린 문” 등의 시설들과 인력들은 호르트의 오후 활동을 도와줌.
열린 문	14~21세의 청소년들이 놀이, 악기, 운동기구, 작업기구 등을 사용할 수 있으며, 개방 시간과 특성에 따라 ‘전체 열린 문’, ‘부분 열린 문’, ‘주말 열린 문’ 등이 있음.

4) 프로그램

(1) 호르트

호르트란 학교외부에서 이루어지는 초등학교 입학생부터 14세까지의 청소년이 이용할 수 있는 아동보육 및 교육기관이다(교육인적자원부 외, 2007).

호르트의 기본 생활은 크게 ‘점심식사’, ‘자유 시간’ 그리고 ‘학습시간’의 세 부분으로 나누어진다. 아침 7~8시부터 저녁 4~5시까지, 혼합연령 20명, 개인당 최소한 공간이 법으로 규정되어 있다(2.5㎡)(맹영임 외, 2004). ‘자유 시간’은 점심식사 후 2~3

시까지이며, 요일과 상황에 따라 다양한 프로그램이 제공된다. 주요 내용은 만들기, 그리기, 스포츠(수영, 축구), 요리, 컴퓨터, 문화 활동(영화, 연극관람, 박물관, 동물원, 식물원 견학 등) 등이다.

'학습시간'은 주로 학교 과제를 도와주는 시간으로, 교사의 도움 아래 집단별 또는 개인별로 학교 과제를 한다. 호르트에서 학교 과제를 도와주는 것은 직장생활에 지친 부모의 스트레스를 줄여 주고, 저녁시간에 집에서 아동이 부모와 함께 즐겁게 보낼 수 있도록 하기 위한 것이다(정기섭, 2001).

학교 호르트는 학교 안에 설치하여 운영하며 학교시설을 이용하고 학교와 협조적인 관계를 유지하지만 학교와는 별도의 전문 인력과 독자적인 운영권을 가지고 있다. 호르트 교사와 학교 교사가 아동의 학교생활에 대해 대화하고, 학교와 공동으로 축제와 프로젝트를 수행한다(맹영임 외, 2004). 방과후 아동지도 프로그램으로 공동작업과 개방화작업이 있다.

① 공동작업

공동작업은 호르트에서 가장 중요한 것으로 '모든 아동들의 건전한 발달'이라는 목표를 두고, 독일정부에서는 주 정부, 시, 공립학교, 사회복지시설 등이 모두 힘을 합하여 공적인 차원에서 초등학교 아동들의 방과후 아동지도가 이루어질 수 있도록 노력하고 있다.

가장 긴밀하게 공동작업을 해야 할 기관은 학교와 호르트로, 이 두 기관의 공동작업은 1987년 5월 독일 연방 정부의 청소년부 장관과 의원들이 '호르트와 학교의 공동작업'이라는 테마로 결의를 함으로써 진전되었다. 최고연방 청소년청의 작업공동체 중 하나인 '아동보호기관위원회'가 제출한 보고서에 따르면, 방과후 아동보육기관인 호르트의 교사, 학부모, 학교 교사 간의 연계작업을 다음과 같이 강조하고 있다. 공동작업은 방과후 보육기관의 교사, 학부모, 학교 교사 간의 연계작업을 하는 것으로 내용으로는 첫째, 호르트 직원들끼리의 공동작업, 둘째, 호르트 교사와 부모들 간의 공동작업, 셋째, 호르트 교사와 학교 교사 간의 공동 작업이 있다.

학교의 일상생활과 수업내용 및 방법에 관하여 정보를 얻는 것은 호르트 교사들의 과제이다. 호르트 아동에 대해 숙제 시간에 도움을 주고, 학교생활 경험에 대해 듣고 이해하는 청취자로서 그리고 대화 대상자로서의 역할을 한다. 호르트 교사들은 아동들에게 평생 교육적으로 도움을 준다. 학교 교사들이 호르트의 과제에 관해 정보를 얻는 것도 중요하다(서영숙 외, 2010).

② 개방화 작업

현재 독일의 호르트에서 좀 더 바람직한 방향으로 나아가기 위해 새롭게 추진하고 있는 프로그램은 "개방화 작업"이다. 개방화 작업은 호르트의 원장이나 상부기관 대표자 및 모든 구성원들의 과제이다. 체계적인 외부로의 개방화 작업은 내부적인 개방화 작업을 전제하고 구성원들은 정보 교환이 내부에서 외부로, 그리고 외부에서 내부로 이루어질 때 가능하다.

개방화 작업시행을 위한 필수 조건은 목표, 내용, 가치관, 방법에 대한 확신이 필요하고 과업영역에 관한 폭넓은 지식과 개방화 작업의 가능성과 방법을 알아야 하고 활동의 효과를 계속적으로 점검해야 한다. 개방화 작업의 내용은 거리축제, 이웃축제, 호르트 개방의 날, 길거리 활동, 강의 및 세미나, 작업그룹과 주동 그룹형성, 협력작업(지역 신문기자들과 청소년 및 학교 신문 담당자와의 협력 작업 필요), 순회공연 등이 있다.

호르트 교사들은 양성과정과 실습과정을 통해 훈련이 이루어지며, 호르트 교사가 되기 위해 이수해야 하는 과목들을 보면 교육학, 심리학, 사회학, 교수법 및 사회교육 실습 방법, 종교학, 정치교육, 문학 및 어학, 청소년 문학, 매체교육, 청소년 원조, 청소년의 권리, 행정학, 사회위생, 생물학, 놀이, 음악교육, 예술교육, 체육교육 등이 있다.

호르트에서 평일은 점심식사를 제공하는 것 외에 방과후 돌봐 주는 것은 주로 학교 숙제를 도와 준다. 또한 친구들과 노는 장소로서 제공된다. 그밖에 수영, 스포츠, 야외활동 등에 데리고 가는 것도 있다(표 4-2 참조).

표 4-2 호르트(주간보호시설)의 개요

대상연령	· 기존형 방과후 보육(Hort)은 6~12세(주에 따라 14세)의 아동을 대상 · 최근 연령 제한 없는 데이시설(대상연령을 확대한 아동보육시설)이 증가하고 있음
운영주체	· 공립(지역형, 광역형, 주립형, 시읍면형) · 사립(주로 공익단체)

이용률 (6~14세)	· 6~14세(12.3%) · 6~7세 (55.5%) · 구동독과 구서독은 크게 차이가 있음
개원시간	· 개원과 종료시간 : 등교 전, 수업시간 중에 틈(여유시간), 식사시간, 방과 후에 이용
시설기준	· 직원배치기준, 면적, 실비 등, 각 주에 따라 기준이 다름
서비스 내용	· 돌봄 서비스 · 점심식사와 간식제공 · 숙제 지원 · 놀이 장소 제공(스포츠, 취미활동) · 시설 외 활동(수영, 야외스포츠, 연극관람 등)을 제공
이용료	지역이나 운영주체에 따라 다르고 그밖에 부모의 수입 · 자녀수 · 보육시간 등에 따라 다르다. 지자체에 의한 공동요금표를 만드는 곳도 있으며, 저소득 가정은 무료로 이용할 수 있는 곳도 있다. ·

자료출처 : 長谷川有紀子(2009). 독일의 공적보조에 따른 다양한 방과후 활동과 연령 확대형 방과후 보육의 증가. p. 47. 독일연방통계국자료, 2008.

(2) 온종일학교

온종일학교는 독일 초 · 중등학교가 오후 시간까지 교육과정을 운영하는 것이며, 온종일학교는 공교육의 서비스 기능을 강화하여 부모의 사회 경제적 지위와 무관하게 모든 학생들에게 개별적으로 더 나은 학습의 기회를 제공하는데 목적이 있다.

독일의 온종일학교 참여 학교 수는 2002년 4,951교, 2004년 6,810교, 2006년 9,688교이며, 독일연방정부가 55억 달러를 투자하고 있다. 학교에서 실시하는 온종일학교 프로그램에 대해 학생들은 수강료를 내지 않는다. 보육 프로그램에 참여하는 학생은 한 끼에 3유로의 점심식사비를 내는데, 어려운 학생은 시가 보조해 준다. 교사는 법정시간만을 근무하기 때문에, 지자체나 지역사회 단체에서 지원하는 전문 인력들이 학교에 와서 온종일학교의 프로그램을 계획하고 지도한다. 대게 온종일학교 업무를 전담하는 인력이 1명이 있으며, 학부모가 지원을 하기도 한다. 온종일학교 프로그램 대해 80~90%의 만족도를 나타내고 있으며, 이는 온종일학교의 중요성을 확인하여 주는 것이다(교육인적자원부 외, 2007).

5) 시사점

독일에서는 2000년 OECD「학생 학습성취도 조사(PISA)」에서 결과가 나쁘게 나온 것이 문제가 제기되어, 성적이 나쁜 원인을 분석해 보니 독일어를 모국어로 하지 않는 아동, 다시 말하면 이민을 온 아동들이 성적이 나쁘다는 것을 알게 되었다. 이러한 아동들은 독일어를 모르기 때문에 성적이 나쁜 것이 아니라, 등교거부를 하거나 혹은 부모가 저소득으로 인해 학교에 보내지 않는 경우도 많아 점점 학력이 저하되는 악순환을 하고 있다. 또한 취학전에도 유치원 · 어린이집에 다닌 경험이 적고, 조기교육도 불충분하였다. 이러한 분석의 결과를 토대로 하여 독일에서는 이주 자녀에 대한 교육과 지원을 특별히 중점적으로 하고 있으며, 부모-자녀 양쪽으로 무료 어학교실을 열거나 저소득층에게 어린이집 이용료를 면제해 주는 지원을 하고 있다(長谷川有紀子, 2009). 또한 다양한 방과후 프로그램의 시사점은 다음과 같다(서영숙 외, 2010).

첫째, 호르트의 특성화 프로그램인 '공동작업'과 '개방화작업'을 통해, 아동 간, 교사 간, 아동과 교사 간, 기관과 학부모 간, 기관과 지역사회 간의 다양한 파트너십을 강조하고 있다. 이렇게 프로그램을 통한 연계 구축은 우리나라에서도 매우 중요한 모델이 될 것이다.

둘째, 호르트에서는 학교 교과와 관련한 내용은 숙제지도 정도이며, 나머지 활동은 휴식과 놀이, 문화 활동 등이 있다. 이와 같은 방과후 프로그램은 입시위주의 교육현실에서 학교의 학습을 보충하는 측면에 치중되어 있는 우리나라 방과후 아동지도에 시사하는 바가 크다.

셋째, 청소년기관 활용이 잘 되고 있는데 시가 재정지원, 부모의 수입에 따라 차등 지원하고 있으며, 시설기관도 운영기준을 충족하는 경우 시에서 재정을 지원해 주고 있다.

넷째, 교육적 측면이 경시되고 있는 현실에 대한 우려가 많고, 이를 극복하기 위해 호르트와 관련한 독립법을 제정하려는 노력이 진행 중에 있다. 이렇게 하나의 부처에서 일관성 있게 추진하고자 하는 노력은 방과후 아동지도를 보건복지부, 교육과학기술부, 여성가족부에서 각각 다른 부처에서 관할하고 있는 우리나라에

시사하는 바가 크다고 할 수 있겠다.

다섯째, 온종일학교의 경우, 공교육의 서비스 강화를 통해 사회계층의 통합을 꾀하고자 한다는 점에서 우리나라의 교육 복지적 차원에서 운영되고 있는 학교중심 방과후 학교와 유사하다. 우리나라에서도 보다 적극적인 교육복지를 위해 개별적 후원 및 학습활동, 협동적 문화 활동 기회의 제공 등이 주어져야 할 것이다.

6) 사례

온종일학교 : 프랑크푸르트의 Musterschule Grammar School(종합학교)

이 학교는 200년이 된 학교로 건물은 100년 전에 신축되었다. 이 학교는 음악에 특별한 재능을 가진 학생을 교육하기 위해 설립되었으며, 음악대학에서 학생들을 후원하고 있다. 이 학교에는 학생 1,000명과 교사 70명이 함께 생활하고 있으며, 5학년부터 13학년까지 학년당 90명, 학년당 4개 학급으로 구성되어 있다. 온종일학교 프로그램의 내용은 다음과 같다.

○ **운영 시간** : 정규수업은 1시에 모두 끝난다. 점심시간 이후에는 온종일학교 프로그램이 운영되며 온종일학교는 점심시간과 오후시간 동안 사회복지관련 협회 소속으로 파견된 전공자가 담당한다. 담당자는 월~금요일까지 오전 9시30분부터 오후 5시까지 학교에 근무하며, 오전에는 프로그램 운영 계획 등을 준비한다.

○ **참여 학생** : 온종일학교에는 5학년부터 10학년까지 220여 명이 참여하고, 11학년~13학년 학생은 아비투어 때문에 참여하지 않는다. 학생의 수업 종료 시간이 다르기 때문에 수업 종료 후에는 학부모가 자녀를 책임진다. 학교에는 스쿨버스가 없기 때문에 지하철을 많이 이용한다. 5학년, 6학년 학생들은 의무적으로 1개 프로그램에, 7학년~9학년 학생들은 의무적으로 2~3개 프로그램에 참여한다.

○ **운영 현황** : 5개 그룹으로 나누어 수학, 숙제 돌봄, 창의력 수업, 탐구수업, 외국어 수업이 진행된다. 오후 놀이 및 숙제 돌봄 프로그램이 운영된 지는 5년 정도이며, 오후 음악지도는 20년 정도 된다. 이러한 형태가 도입한지 3년 정도인 온종일학교 운영 방식이 되고 있다. 숙제 돌봄은 학생들이 묻는 것에 대답하는 식으로 지식을 전달하는 협회에 소속된 사람과 협회에는 소속되어 있지 않지만 영어, 독일어가 가능한 사람, 주로 대학생들이 맡는다. 대학생들은 1시간 45분 수업을 진행하며, 시간당 9유로를 지급받는다. 방문한 시간에는 7명(5학년

5명, 6학년 2명)의 학생들이 숙제 돌봄과 함께 방과후 학교에 참여하고 있다.

○ **학부모 부담** : 온종일학교 프로그램은 원칙적으로 무상이지만 숙제 돌봄 프로그램은 수익자 부담이며, 형편이 어려운 가정의 자녀들에게는 시에서 지원한다.

○ **온종일학교의 성과** : 학생들은 음악에 관한 지원을 많이 받을 수 있다. 오후 프로그램이 잘 조직되어 체계화되어 있다. 학생 안전사고의 경우 주관청이 안전사고에 대한 보험을 주정부에서 처리해 준다.

자료출처 : 교육인적자원부 · 부산광역시교육청 · 한국교육개발원(2007). 방과후 학교 활성화 방안 모색을 위한 국제세미나.

3. 영국

영국의 방과후는 池本美香(2009b)의 '학교와 학교 외 활동연계로 교육과 복지의 충실을 목표로 한다'를 토대로 요약 정리하고자 한다.

1) 발전 배경 및 환경의 변화

1997년 취임한 블레어 총리는 교육을 가장 중요시하였으며, 취임 직후에 아동의 빈곤문제를 20년 이내에 해결할 것을 선언하는 등 아동대책에 충실하게 힘써 왔다. 그 배경에는 여성의 사회진출, 이혼증가, 빈곤아동 증가, 그리고 2000년에 발생한 아동학대사건(Victoria Climbié)도 아동에 대한 정책추진의 계기가 되었다.

영국에서는 과거부터 방과후 학교활동을 수행되어 왔으나 이러한 활동을 보다 효과적으로 수행하기 위하여 2005년부터 국가적으로 ES(Extended School)사업 계획을 수립, 추진하고 있다(손흥순, 2010). 특히, 교육적 효과를 의식한 활동을 '학습지원(study support, out school learning)'이라는 개념으로 활발하게 논의가 되어 왔다. 또한

'확대학교(Extended School)'라는 의미로, 학교에서 방과후 아동지도와 학습지원 기능을 갖추는 방향으로 추진되고 있다. 또한 영국 정부는 모든 젊은이들이 그들의 잠재력을 최대한 실현하도록 하는 정부 프로그램(ECM-Every Child Matters and School)을 가지고 있다.

2) 개념 및 목적

학교 수업시간 이외에 보호자의 노동 등으로 가정을 대신하여 아동을 돌보는 장소는 일반적으로 학교 외 돌봄을 말하며, 방과후 아동보육도 영유아기의 보육서비스와 함께 논의되고 있다. 보육서비스에 관한 정부의 기준은 8세 미만을 대상으로 하고 ① 전일보육시설(Full Daycare), ② 반일보육시설(Sessional Daycare), ③ 보육원(Creches), ④ 방과후 보육(Out of School Care), ⑤ 가정보육(3세 미만의 보호자가 가정에서 아동을 돌보는 방법, Childminding) 등 5가지가 있다. 여기서 방과후 보육은 "8세 미만의 아동에 대해서 학교 시작과 끝난 후, 학교 휴일 중에 보육을 제공하는 것"으로 정의되고 있으며, 조건은 '1일 2시간 이상, 연 5일 이상'으로 되어 있다.

구체적인 사례로서는 방과후 클럽(after school clubs, 15 : 30~18 : 00), 여름 캠프, 휴일 놀이 모임(holiday play schemes, 8 : 30~18 : 00), 아침식사클럽 등이 있다. 또한 등록제가 아니고 자유롭게 이용할 수 있는 시설(open access scheme)을 포함하여 단기간 이용할 수 있는 방과후 보육도 방과후 보육기준의 일부를 변경하여 이용하고 있다. 또한 캠프 등 야간보육을 포함한 활동은 별도 추가적인 기준이 정해져 있다.

방과후 아동보육의 대상연령은 보통 초등학교에 다니는 5~11세 아동이다. 영국의 법률(Children and Young Person's Act, 1933)에 의하면, 아동이 고통을 느끼거나 건강하지 않는 상태로 혼자 지내게 할 때는 그 부모가 처벌받을 가능성이 있으며, 3~14세 해당하는 자는 방과후 아동보육으로 대처하게 되어 있다.

방과후 보육 이용자 중에 가정보육 이용자는 5~7세가 24%, 5세 미만 13%로 매우 높으며, 방과후 보육에서 가정보육을 많이 이용하는 것이 특징이다. 또한 방과후 보육 장소는 대부분 학교 안에서 70%, 학교 밖이 30%가 된다(Kazimirski, 2008). 그 밖에 영유아와 가족에게 종합적인 서비스를 제공하는 아동센터(Children's

Centre)에서 방과후 보육을 제공하고 있다.

3) 관련법 및 정책

2003년 9월에는 『모든 아동을 소중하게』라고 하는 책자(국회심의용 정책 제안을 발표한 간행물)가 발표되었다. 2004년에는 '아동법(Child Act, 2004)'의 규정과 아동에 관한 정부의 방침 『모든 아동을 소중하게 : 아동을 위한 개혁』(ECM : Every Child Matters : Change for Children)을 발표하였다. 또한 2005년 3월에는 아동의 현재 상황 개선을 위한 아동의 대변자로서 정부가 권한이 있는 영국 최초의 Child Commissioner가 도입되었고, 2006년에는 '보육법(Childcare Act, 2006)'도 제정되었다. 2007년은 블레어 정권에서 다음 정권으로 교대함에 따라, 1997년부터 아동에 관한 정책평가를 포함하여 아동플랜(Children's Pian)이 만들어졌다. 이것은 빈곤의 감소, 학력 향상, 보육서비스의 충실 등, 지난 10년간 다양하게 발전이 있었던 것을 기반으로 '영국 아동들이 세계에서 가장 좋은 환경'에 있다 것을 목표로 2020년까지 그 목표를 달성하기 위한 방향성을 나타낸 것이다. 또한 교육과 복지가 종적인 관계를 개선하려는 관점에서 2007년 7월에는 아동 · 학교 · 가족부(DCSF : Department for Children, Schools and Families)가 설치되었다.

방과후 아동보육을 담당하는 부처는 아동 · 학교 · 가족부, 0~17세 아동을 대상으로 한 서비스이며, 규칙과 감독의 법적인 근거는 2006년 '보육법'에 규정되어 있다.

8세 미만의 방과후 보육에 대해서는 국가가 14항목 30페이지에 해당하는 기준(DfES, 2003)이 정해진 것 이외에도 2008년 9월부터 8세 미만의 아동을 1일 2시간 이상 이용하는 시설의 서비스는 원칙적으로 모두 교육수준국(Ofsted)에 등록해야 하는 의무가 있다. 교육수준국은 모든 학교의 질을 체크하는 감독기관으로써, 1992년 설치되었고, 2001년부터는 영유아 보육시설과 방과후 아동보육도 감독대상이 되었다.

교육수준국은 매년 연차보고서를 발행하고 있으며, 다양한 시설의 전반적인 경향 등을 발표하고 있다. 또한 개인시설에 대해서는 감독과 모든 홈페이지에서 열람할 수 있도록 되어 있다.

등록 및 감독의 대상은 가정에서 돌보는 양육자(다만 아동이 집에서 베이비시트와 같은 서비스는 노력 의무), 여름방학의 놀이 프로그램을 포함하여 지자체 운영, 민간단체 운영도 모두 감독대상이 된다.

방과후 보육에 대한 정부의 기준(DfES, 2003)은 아동 1인당 면적은 2.3m^2 이상, 아동과 관계를 맺는 방법, 안전에 관한 것, 위생에 관한 것, 식사에 관한 것, 보호자와의 관계, 장애가 있는 아동에 대한 대처, 학대가 의심되는 아동에 대한 대처, 이지메(왕따)에 대한 대처, 시설과 비품에 관한 것, 기록에 관한 것 등 방과후 아동보육의 질에 관한 기준이 마련되어 있다. 또한 모든 방과후 보육은 교육수준국의 감독을 받고, 그 감독 내용이 홈페이지(http : //www.ofsted.gov.uk)에서 관람할 수 있도록 되어 있다.

교육수준국은 시설에 관한 불편함을 부모로부터 적극적으로 받아들여, 그것을 보육서비스의 질 향상과 연결되도록 하고 있다. 또한 부모를 위한 전단지(Information for parents and cares using childcare services)에서는 상담을 해 주기 위해 전화번호, 부모의 의견을 듣는 메시지가 게재되어 있다. 그리고 각 시설의 감독 보고서는 ① 지난번과 비교해서 개선되었는지? ② 지난번 감독 이후에 생겨난 문제점은 무엇인지? ③ 앞으로 개선을 해야 하는 것은 어떤 것인지? 등이 기록되어 있다.

4) 프로그램

영국의 방과후 프로그램은 학교 내에서 이루어지는 학습지원(study support)과 방과후 활동의 충실을 도모하기 위해 확대학교(Extended School)가 있으며, 학교 외 활동의 내용으로서는 아동에게 음악, 스포츠에 충실하도록 힘을 실어 주고, 부모에게 지원을 해 주고 있다.

정부의 아동대책의 기본 방침(ECM : Every Child Matters)으로서 5가지 목표는 모든 아동이 건강할 것(being healthy), 안전할 것(staying safe), 즐기면서 자기능력을 키울 것(enjoying and achieving), 사회에 공헌할 수 있을 것(making a positive contribution), 경제적으로 안정되어 있을 것(achieving economic well-being)이다(DfES, 2006, Study Support : a national framework for extending learning opportunities. p. 45).

(1) 학습지원(study support)

1998년 학습지원에 관한 기준(DfES, 1998)이 마련되었고, 2006년에는 개정판(Study Support : a national framework for extending learning opportunities)이 나왔다. 이것은 좁은 범위의 활동을 말하는 것이 아니라 '수업시간 외에 배우는 것'(out of school hours learning)으로 표현되고 있으며, 아동에게 체험을 풍부하게 해 주기 위한 다양한 활동이 포함된 개념이다. 숙제 클럽, 학습부진을 도와주는 활동 이외에 스포츠, 음악, 춤, 드라마, 미술, 수공예, 응급구조 강습, 미술관이나 박물관 견학, 외국어 학습, 자원봉사활동, 기업에서 직장체험 등이 포함되어 있다.

학습지원의 영역은 학업성적, 학교에 대한 태도, 출석률 등 이 3가지가 좋은 영향을 미쳤다고 하는데 주목하고 있다. 예를 들며, 수업에 자신감이 없는 아동이 방과후 활동을 통해서 자기긍정감이 높아지고, 하기 힘든 과목을 극복할 수 있는 가능성을 가지게 되었다

(2) 확대학교(Extended School)

2005년 6월에는 그 내용을 소개하는 문서(Extended Schools : Access to opportunities and services for all)가 나와, 학교에서 학습지원과 방과후 보육 등, 다양한 서비스를 제공하는 것을 목적으로, 아동의 교육효과를 높이고, 교사의 일과 삶의 균형을 촉진한다고 하였다. 서비스 제공은 학교의 교사에 의해서가 아니라 민간단체와 제휴하여 이루어지고 교사는 학교 수업에 전념할 수 있도록 되어 있다. 이 확대학교는 2008년에는 반 수 이상의 학교에서 실시되고 있으며, 정부는 2010년까지 모든 학교에서 실시하도록 목표로 하고 있다. 확대학교가 제시한 서비스는 오전 8시부터 오후 6시까지 방과후 보육 외에 아동의 학습지원, 스포츠, 음악 등의 클럽 활동, 부모지원, 전문가의 서비스, 지역주민에게 시설개방, 성인교육 등 지역의 요구에 맞게 폭넓게 대처하는 것이다. 2007년의 확대학교에 관한 평가(evaluation of the full-service extended schools initiative)에 의하면, 단순히 다양한 서비스를 제공하는 것이 아니라 아동의 성적이 올라가거나 가정의 안정성이 좋아지거나 지역주민

의 생활이 향상되거나 하는 등 경제적으로도 이익이 있다고 평가하였다.

(3) 학교 외 활동의 내용

학교 외 활동의 내용으로서는 아동에게 음악, 스포츠에 충실하도록 힘을 주고, 부모에게 지원을 도와주는 것이다.

음악은 18세까지 아동의 음악활동의 발전을 목적으로 자선단체(Youth Music)가 1999년에 창설하여, 주로 방과 후에 하는 비영리 음악활동을 보조하고 있다. 또한 2004년 7월에는 교육 · 지능부(DfES=Department for Education and Skill)와 미디어 · 스포츠부(DfCMS=Department for Culture, Media and Sport)가 중심이 되어, 음악 및 음악교육 관련단체 · 기업과 함께 '음악교육진흥선언'(Music Manifesto)을 발표하여 모든 아동들에게 질 높은 음악교육을 받을 수 있도록 하는 움직임이 있다.

스포츠는 2003년에 교육 · 기술성과 문화 · 미디어 · 스포츠부가 방침을 제시하는 「운동 · 스포츠의 의한 배움」을 간행하여 교육에 충실하기 위해 스포츠가 주목받고 있다. 비만을 없애는 등 건강 면에서 효과뿐만 아니라 즐겁다는 아동의 복지향상에 효과가 있으며, 집중력, 긍정적 사고, 도전 정신, 향상심, 자신감, 창의력, 자기억제력, 자기결정력, 체력 등 학습 면에도 효과가 있다.

정부는 2010년까지 5~16세 아동에게 주 4시간 스포츠를 할 기회를 주는 것을 목표로 하고 있으며, 그 밖에 확대학교의 일환으로써, 가족 · 배움(family learning)이라는 부모-자녀가 함께 배우는 프로그램이 있다. 학교 외 활동에 부모-자녀가 함께 참여하는 것으로, 부모가 자녀 공부에 어떻게 돌봐 주어야 하는지 혹은 부모 자신이 배울 수 있는 기회가 되기도 하고, 학교에 보조교사가 되는 등 좋은 사례들도 소개하고 있다.

5) 시사점

영국에서는 학교를 중심으로 방과후 보육의 정비를 추진하는 방향성은 한국과 공통하고 있으나 아직 한국에서는 논의되고 있지 않은 정책들도 많이 있다. 주목해야 하는 점을 정리해 보면 다음과 같다.

첫째, 교육정책 또는 아동복지 정책으로써 논의되고 있다. 영국의 방과후 대책은 소자화 대책으로서가 아니라 일련의 교육정책 · 아동복지정책을 중시하는 흐름의 영향을 받았다. 부모가 일을 하고 집에 없는 아동에게는 특별한 배려가 필요한 것으로, 부모의 직업에 관계없이 모든 아동이 능력을 키울 수 있고, 아동 자신이 행복하도록 하는데 초점을 두고 있다. 방과후 보육을 포함한 학교 외 활동 전체를 충실하게 할 수 있도록 힘을 실어 주고 있다. 또한 교육생활의 충실을 학교 공부만을 두는 것이 아니라, 방과후 대책에 충실하게 실현해야 한다는 의지가 강하다.

둘째, 방과후 대책의 질 향상을 위한 다양한 프로그램을 제공하고 있다. 방과후 보육에 대한 국가의 기준에 따라, 방과후 활동은 교육수준국의 등록 · 감사를 의무적으로 하고 있다. 그 감사결과에 대해서는 공개하고 있다. 더욱이 자주적인 서비스의 인정제도가 있으며, 방과후 교사의 범죄력 등의 체크체제를 강화할 움직임을 보이고 있다.

셋째, 다양한 아동에게 배려하는 사회적 통합의 시스템이다. 방과후 보육의 이용료에 관한 저소득 가정의 부담이 경감되고 있으며, 부모의 소득과 상관없이 함께 이용할 수 있는 등 방과후 대책에 있어 사회적 통합으로 향한 배려가 포함되어 있다. 모든 아동에게 만족하는 방과후를 보장하고, 아동들의 능력을 최대한으로 신장할 기회를 주는 방향성은 단순히 인도적인 관점에서가 아니라 국가로서의 최소한의 보장과 자립할 수 있는 사람을 늘리는 것이 장래 사회보장 부담을 줄이는 것이라고 하였다. 2009년에 정부가 제공한 아동정책에 관한 보고서(The Protection of Children in England : A Progress Report)에서는 '아동은 가장 중요한 천연(Children are our most valuable natural resource)자원이다'이라고 인용하고 있다.

넷째, 영국의 방과후 활동은 정규수업과 밀접한 관계를 가지고 이루어진다. 우리나라의 경우에도 정규 교육과정과의 연계를 도모하여 학교에서 경험하지 못하는 다양하고 풍부한 경험의 장을 방과후 프로그램을 통해서 탐색할 수 있도록 하는 방안이 요구된다.

4. 일본

1) 발전 배경 및 환경의 변화

1948년 열쇠아동에 대한 대책으로 민간사회복지시설 혹은 보육원에서 최초의 방과후 보육이 실시되어 일하는 부모들을 위한 자발적 주민운동으로 확대되었다. 1965년 동경도에서 학동보육사업 운영요강을 발표하여 도내 초등학교 저학년을 대상으로 학동보육에 대한 기준을 정하였고, 1966년 문부성에서 빈집아동 대책사업을 실시하여 동년 '아동관'의 설치, 운영을 법제화하여 아동관에 직원을 두어 유아클럽, 놀이클럽, 학동클럽 등의 활동을 하며, 일반아동도 사용하게 하였다. 그 후 1976년 '도시아동건전육상사업'을 실시, 1991년 방과후 아동대책사업, 1994년 12월 긴급보육대책 등 5개년사업 책정, 1997년 '아동복지법'과 '사회복지법'을 개정하여 방과후 아동대책사업을 방과후 아동건전육성사업으로 법제화하는 등의 변화를 시도하였다(서영숙, 2010).

급변하는 사회변화에 따라 학동보육은 최근 시설 수, 이용자 수가 급증하고 있다. 1998년~2008년의 변화를 살펴보면 시설 수 1.8배, 이용 아동수 2.3배로 나타났다. 초등학생이 차지하는 수는 1학년 24.3%, 2학년 21.1%, 3학년 15.%4가 이용하고 있다. 시설 · 운영형태를 살펴보면, 시설주체는 공립이 80%를 차지하고 있지만, 민간 운영주체가 60%로 점차 민간 운영이 많아지고 있다.

민간내역을 살펴보면(전국학동보육연락협의회의 실태조사), 법인 등이 32.5%, 그 다음으로 지역운영협의회가 31.9%, 공사 · 사회복지협의회 18.8%, 학부모 · 보호자회 13.3%로 나타났다. 법인 등의 내역은 사립보육원 약 950개소, 보호자 등이 만든 NPO법인 약 830개소, 보육원을 제외한 사회복지법인 약 630개소, 사립유치원 약 200개소, 민간기업 140개소가 있다(2009년 5월 1일 현재).

학동보육실시 장소에 대해서는 가장 많은 학교의 여유교실 28.5%, 다음으로 학교 부지 내 전용시설이 19.8%, 아동관 · 아동센터가 14.9%로 나타났다. 그 밖에 보육소, 유치원, 다른 공동 시설, 민가, 아파트 등에서 실시되고 있다(池本美香, 2009a).

2) 개념 및 목적

방과후 아동보육을 학동보육이라는 개념으로 가장 많이 사용하고 있으며, 학교 외 교육으로도 제시하고 있다. 보호자가 주간에 가정을 비우는 경우, 초등학교에 다니는 10세 미만의 아동의 수업이 끝난 후에 아동후생시설 등을 이용하여 적절한 놀이 등의 생활 장소를 부여하는 것으로 아동의 건전한 육성을 도모하기 위한 목적이 있다.

3) 관련법 및 정책

일본은 '방과후 아동클럽'(학동보육)이라는 명칭으로 후생노동성에서 소관하고 있다. 과거에는 문부성이 부모부재 가정의 아동보조사업으로 해 왔다.

1965년 동경도에서 학동보육사업(방과후 아동보육) 운영요강을 발표하여 도내 초등학교 저학년을 대상으로 학동보육에 대한 기준을 정하였다.

1976년 이후 후생성은 '도시아동건전육성'사업으로 학동보육에 대한 국고보조가 시작되었다. 또한 1998년 4월 '아동복지법' 개정, '사회복지사업법'(사회복지법)에 의해, 제2종 사회복지사업으로서 자리매김하게 되었다. '아동복지법'에서는 '방과후 아동건전육성사업'을 '초등학교에 다니는 10세 미만 아동으로, 그 보호자가 노동 등으로 주간에 가정에 없는 아동을 대상으로 학교수업이 끝난 후 아동후생시설 등을 이용하여 적절한 놀이와 생활의 장소를 제공하여 아동의 건전한 육성을 도모하는 사업'(제6조 2)으로 정해져 있다.

최근 급변하는 사회변화에 따라 학동보육의 필요성과 그 수요가 급증하고 있어, 정부는 2008년 2월에 희망하는 모든 아동을 수용할 수 있도록 '신대기아제로작전'을 발표하여, 2001년 보육관련 '대기아동제로작전'에 포함하지 않았던 학동보육을 새로운 대책의 대상으로써 수용하게 되었다. 앞으로 10년간 학동보육을 현 16%에서 60%가 되도록 그 양적인 증가에 목표를 두고 있다. 하지만 구체적인 학동보육의 정비 및 대책에 대해서는 충분한 논의가 되어 있지 않다고 볼 수 있다(池本美香, 2009a).

행정체계는 일본의 방과후 아동보육을 총괄하는 중앙정부는 후생노동성이며, 시 · 정 · 촌 등이 실시하고 있으며 후생노동성의 아동복지가정국, 도 · 도 · 부 · 현, 시 · 정 · 촌의 체계로 이루어지고 있다. 아동복지가정국은 예산작성, 집행 및 지도, 감독의 역할을 하며, 도 · 도 · 부 · 현은 보육소의 인가, 지도, 감독, 지도원 시험관련 업무를 맡고 있고, 시 · 정 · 촌은 보육소의 일선 행정을 담당하고 있다. 일본의 방과후 보육은 후생노동성의 아동가정국에서 관장하고 있다.

4) 프로그램

방과후 아동보육기관에서 사용하는 프로그램은 아동의 건강관리, 안전이 확보되는 활동에 대한 것으로 이는 후생노동성이 각 시 · 정 · 촌에 통지하고 있으며, 방과후 아동보육 프로그램으로 행사관련 활동과 숙제활동 등이 있다. 행사관련 활동으로는 극놀이, 팽이돌리기, 생일 축하, 축제참가, 영화나 연극 등의 감상회 및 체험학습 등이며, 숙제활동으로는 부모의 요청에 의해서 공부에 실패한 아동 등을 개별적으로 지도한다. 일본은 '방과후 아동건전육성사업'을 실시하면서 현격한 변화를 시도하고 있다.

프로그램 활동은 놀이, 숙제, 간식, 낮잠, 일기쓰기, 책읽기, 듣기, 청소 등으로 운영되며, 아동들이 간식을 직접 만들기도 하고 당번을 정하여 하는 경우도 있다. 또한 동식물을 키우는 시간을 두기도 하며, 가끔 학원을 가기 위해 도중에 외출을 하기도 한다. 오전 중에 하교하는 경우에는 학동보육에서 점심을 먹으면서 생활을 시작한다.

프로그램 운영시간은 개별적으로 아동들이 하교하면서부터 시작되며, 학년이나 요일, 그 외 학교의 사정에 따라 등원시간은 다르고, 방과 전과 후, 방학 중 프로그램도 운영한다. 교사는 방과후 아동클럽에서는 보육교사나 초등학교 또는 중학교의 교원자격을 가진 사람을 배치하는 것이 바람직하다고 하고 있다(池本美香, 2009a).

5) 시사점

일본 학동보육 문제는 최근 몇 년간 일본의 학동보육 이용아동 수가 증가하고 이에 따라 시설 수가 증가하였음에도 불구하고 학동보육의 대기 아동 수도 증가하고 있다. 이러한 이유는 첫째, 학동보육의 정비현황이 지자체마다 다르기 때문에 국가에서 예산이 확보되어 있어도 사업비용을 지자체가 일부 부담해야 하는 지자체의 재정난으로 학동보육의 정비가 어려운 상황이다. 이러한 점을 볼 때, 우리나라는 중앙정부와 지자체와 연계된 목적 추구마저 아직 미흡한 편이다.

둘째, 학동보육의 질과 관련하여 국가차원의 설치 및 운영 기준이 없다. 이에 '방과후 아동클럽 가이드라인'을 책정하였으나 구속력이 없어 학동보육 내의 안전대책이나 지도원의 자격, 프로그램 등에 있어서의 질을 보장하기 어렵다는 점이 문제점으로 지적되고 있어 법적인 조치를 강구하고 있다.

셋째, 일본은 아동의 다양한 학습과 경험을 제공하는 프로그램, 아동의 사회성, 독립성, 창의성을 함양하는 프로그램, 지역사회의 교육 능력을 확충하는 프로그램 등 다양한 프로그램을 실시하고 있다. 우리나라도 학습지도와 특기적성 지도 등 다양한 프로그램을 운영하고 있으나, 체험학습이 부족한 편이다. 특히 지역사회와 연계된 현장 체험학습이 다양하게 이루어져야 할 것이다.

6) 사례

동경도 아동회관

○ 동경도 아동회관은 소화 39년(1964년) 3월에 설립된 대형 아동관이다. 관내에는 운동, 도서와 정보, 조형과 음악, 목공예 장소 등이 있으며, 아동들의 건전한 육성을 위하여 다양한 놀이 프로그램을 제공하고 있다. 주로 낮에 보호자가 노동 등으로 방과후 가정에서 돌봐줄 성인이 없는 아동을 대상으로 방과후 적절한 놀이와 생활의 장소를 제공하고 있다.

○ 프로그램의 목적은 주변 환경의 변화에 대응할 수 있도록 아동의 자립심과 사회성 발달을 도모하기 위하여 놀이지도, 생활지도, 안전지도 프로그램을 실시하고 있다.

○ 시설은 지하 1층에서 5층까지로 각층마다 지도원이 배치되어 있어 아동을 안전하게 지도하

며, 아동들은 자유롭게 각 층을 사용할 수 있다.

○ 아동 수 : 자유 왕래(다수)
○ 종사자 : 관장 1명, 지도원(후생노동성 지도원 3명, 자원봉사자 다수)
○ 활동시간 : 오전 9시~오후 5시까지(여름 : 6시까지)
토, 일, 휴일(9시~오후) 4시까지
○ 입장료 : 무료
○ 환경 : 옥상(넓은 운동장)

(자료 : http : //www.jidokaikan.metro.tokyo.jp)

5. 스웨덴

1) 발전 배경 및 환경의 변화

1836년 유아학교(infant school)의 도입으로 보육이 시작되었고, 1854년 최초의 탁아소가 설립되었으며, 1944년 보육시설(day care centre)로 개칭되었다. 1890년 유치원이 도입되었고, 1968년 아동보육위원회는 선별성의 원칙에서 보편성의 원칙(1~12세)으로 전환하였으며, 1996년 아동보육 관련 업무를 보건사회부에서 교육과학부로 이관되었다(서영숙 외, 2010).

스웨덴은 교육과 보호를 결합한 질 높은 아동보호활동을 공적으로 제공하는 나라로 사회복지와 교육복지가 매우 잘된 나라이다. 스웨덴의 방과후 아동보육은 전체 학령기 아동의 58%가 방과후 아동보육 프로그램에 참여하고 있으며, 유아학교반과 초등학교에 다니는 아동의 91%가 이 프로그램에 참여하고 있다(경기도교육청, 2009).

2) 개념 및 목적

방과후 아동보육은 학교에 다니는 12세까지의 아동을 부모가 일을 하거나 학업을 하는 동안 제공하는 교육적 집단 활동으로 정의하였다. 스웨덴의 보육정책은 주로 두 가지 목적을 가지고 있다. 하나는 부모가 노동, 취학, 그 밖에 활동을 하면서 유아를 돌보는 것과 다른 하나는 자녀의 행복을 촉진시키기 위하여 아동의 성장과 학습을 돕는 것이 목적이다(三枝麻由美, 2009).

3) 관련법 및 정책

'교육법' 제2장 유아교육과 학령기 아동을 위한 복지에 명시되어 있으며, 행정체계를 보면, 중앙정부와 지방정부, 국립교육원, 지방의회가 있는데 중앙정부에서는 아동보육에 대한 전반적인 목적 규정, 지방정부에 기금배분의 일을 담당하고, 지방정부에서는 아동보육 실행의 책임을 담당하고, 국립교육원에서는 중앙정부와 지방정부를 감독, 교육과정 개발 및 평가를 통해 국가수준의 목적을 성취 보장하고, 아동보육과 관련하여 부모의 발달을 도모하는 것을 담당하고 있다. 방과후 아동보육이 전반적 평가 책임은 스웨덴 국립교육원(the National Agency for Education)에서 이루어지고 있다(서영숙, 2010).

1974년 육아휴가제와 아동수당을 '양친보험'이라는 명칭으로 보육을 위하여 대규모 프로그램들이 도입되었다. 그리고 이후에도 '양친보험'이 다양하게 개정이 되었고, 1990년 후반에는 부모가 양육을 하면서 직장이나 학교에 다닐 수 있도록 하는 첫 번째 목적을 거의 달성하였다. 그 후 계속해서 보육 및 유아교육에 있어서 개혁이 추진되어 현재는 제2의 목적인 아동의 행복을 추구하는 아동권리에 초점을 두고 정책을 이행하고 있다. 부모의 권리와 아동의 권리를 보장한다는 목적을 달성함에 있어 스웨덴에서는 보편주의 이념을 추구하고 있다(Ministry of Health and Social Affairs, 2003).

1998년 이전에는 1~5세 유치원 교육은 사회복지청에서 담당하였으나 1998년 이후 평생교육의 차원에서 교육청으로 이전하였다(손흥순, 2010). 스웨덴의 최근 방과후 학교 활동 정책방향은 다음과 같다(경기도교육청, 2009).

첫째, 학교법(School Act)에 '초기 유아교육 및 보호(ECEC : Early Childhood Education & Care)'에 관한 규정이 포함되었고, 둘째, 공동의 목적에 대한 이해 제고와 교원의 리더십과 전문성 향상이며, 셋째, 교원확충 및 학급의 크기 조절, 넷째, 다문화 사회 및 평등성과 관련된 교육적 문제해결, 다섯째, 학부모 참여제고, 여섯째, 체계적인 질 평가체제 확립 등이다.

4) 프로그램

방과후 여가센터의 커리큘럼은 국가에서 정해 주지만 구체적인 프로그램은 각자의 센터의 재량에 맡기고 있다. 룬도 시의 방과후 여가센터는 주 1회 하는 교원회의에서 다음 주의 프로그램을 정한다. 예를 들면 다음 주에 서커스 관람이나 체조, 만들기, 춤 등 하고 싶은 것을 각자의 상황에 맡게 선택하여 연습한다(三枝麻由美, 2009).

스웨덴에서는 적절한 보육을 아동이 행복한 만족을 느끼게 하는 조건이며, 동시에 지식을 흡수하여 인생을 풍요롭게 하기 위한 조건이라고 하였다(The Ministry of Education and Science in Sweden, 2001). 그러므로 스웨덴에서의 학령기 아동지도 프로그램의 목적은 아동의 발달과 학습적 욕구를 충족시키는 것을 기본으로 한다.

또한 1988년 이래 방과후 아동지도 프로그램이 개발되어 보급되었고 프로그램은 아동들이 처한 환경을 배려하여 활동들이 마련되므로 각 지역의 특성에 맞추어 개발되고, 문화활동(언어, 극놀이, 음악, 미술), 자연활동(자연관찰, 학습), 지역사회활동 책임과 과제 협력활동을 포함하고 있다. 특히 놀이와 작업을 통한 학습을 강조하는 특징이 있으며, 교육적 활동을 강조하는 경향도 있기는 하나 방과후 프로그램에서 중요하게 다루어지는 것은 학교에서의 교과를 벗어나 휴식과 놀이 시간을 충분히 제공하는 것이다. 학교, 레저센터 등에서 일하는 다양한 인력집단 사이에 이루어지는 적극적인 협동은 방과후 아동지도 프로그램의 수준을 향상시키는 방안으로 간주되고 있다(三枝麻由美, 2009).

유형별로는 6~12세 아동을 대상으로 한 스웨덴의 방과후 보육(Out-School Childcare)은 방과후 여가센터(fritidshem: leisure-time centre), 가족 · 데이케어(familjedaghem; family daycare home), 및 개방형 방과후 여가센터(open leisure-time activity) 등 3종류가 있다(EFILWC, 2006). 자세히 설명하면 다음과 같다(서영숙 외, 2010).

(1) 방과후 여가센터(fritidshem; leisure-time centre)

방과후 여가센터는 의무교육학교가 아동을 대상으로 서비스를 제공하지 않는 시간대 및 기간(학교 등교 전, 학교 후의 저녁, 학교가 쉬는 날)에 보육서비스를 제공하는 시설이다.

방과후 여가센터는 여름 4주간을 제외하고 1년 내내 오픈하고 있다. 아동을 맡기는 부모의 스케줄에 맞추어 시작 시간과 끝나는 시간이 정해진다. 평균적으로 아침 7시에서 저녁 6시까지 운영하고 있다.

(2) 가족 · 데이케어(familjedaghem; family daycare home)

가족 · 데이케어란 지방지자체에 등록한 사람(아이를 맡아보는 사람 : 지방지자체에 등록하고, 유료로 유아들을 자택에서 맡아 돌보는 사람)이 자택에서 4~5세 유아를 맡아서 돌보는 보육시설이다. 가족 · 데이케어는 방과후 여가센터가 적절하지 않는 경우나 유아에게 소규모 인원으로 보육받는 것이 바람직하다고 생각하는 경우에 이용하고 있다. 도시보다 농촌에서 이용률이 높다.

(3) 개방형 방과후 여가센터(open leisure-time activity)

개방형 방과후 여가센터는 1998년 '교육법'이 도입되어 10~12세 아동을 대상으로 방과후 여가센터 및 가족 · 데이케어를 대신한 보육시설로 정해져 있다. 방과후 여가센터 및 가족 · 데이케어와 다르게 개방형 방과후 여가센터의 이용에는 등록이 필요 없다. 그러나 이 시설을 많이 이용하지 않고 있으며, 스웨덴의 지방지자체의 4분의 3이 이 시설을 운영하고 있지 않다. 개방형 방과후 여가센터의 74%는 주 16시간 개방하고 있다(Skolverket, 2006).

표 4-3 스웨덴 한 초등학교의 방과후 활동 현황

연령 및 학년	수업시간	방과후 활동시간
6세	3시간 실습	이후 방과후 활동을 6시까지 수행
1학년	1시경 수업종료	
2학년	2시경 수업종료	
3학년	3시 또는 2시 30분경 수업종료	

자료출처 : 경기도 교육청(2009). 외부강사 연수프로그램. 외국의 방과후학교.

5) 시사점

스웨덴의 방과후 아동보육의 제도에 대한 시사점(三枝麻由美, 2009)은 첫째, 방과후 아동보육에 대한 정책이 아동의 권리로서 생각하고 있는 점이다. 스웨덴에서는 아동보육을 초등교육이나 생애교육으로 전환하여 부모의 권리가 아닌 아동의 권리로서 보육을 하는 것이 주류이다. 그러나 우리나라는 부모를 중심으로 하기 때문에 부모의 여건에 따라 예를 들면, 저소득층, 맞벌이가정, 한부모가정 등에 따라 입소 순위가 정해지는 차별화정책으로 하고 있다. 부모의 직장 등의 상태에 관계없이 모든 아동에게 보육서비스를 받을 기회를 제공해야 한다.

둘째, 방과후 보육의 중요성이다. 의무교육학교가 아동의 학습 향상에 중점을 두었고, 방과후 아동보육은 놀이나 다양한 창작활동을 통해서 아동의 정서적인 면에 힘을 쏟고 있다. 아동의 성장에는 인지적인 면과 정서적인 면의 발달이 필요하기 때문에 스웨덴처럼 부모의 취업상황에 관계없이 모든 아동에게 방과후 보육서비스를 받을 기회를 주어야 한다.

셋째, 스웨덴은 일하는 여성의 증가로 보육서비스의 충실과 향상에 노력해 왔다. 이 점에서 우리나라는 아직까지 방과후 아동보육에 대한 인식과 각오가 부족하다는 것을 알 수 있다. 좀 더 근본적인 육아지원과 아동의 방과후 대책이 필요하다.

6) 사례

An open afternoon-school-activity on Solna
(레저타임센터)

Solna시에는 문화와 레저 조직국이 있으며, 아래에 체육조직분과, 도서관 및 그림 관련 분과, 어린이 자유 시간 분과, 문화학교 분과 등이 있다. 방과후 프로그램은 어린이 레저 분과에서 담당하고 있다.

○ 레저타임센터의 주요 임무 : 어린이 레저분과가 감당하고 있는 여러 임무들 중에서 가장 중요한 임무는 열린 여가센터를 운영하는 것이다. 여기에서는 10~12세 어린이의 방과후 활동과 지체부자유 학생들의 활동도 관여한다. 여가센터에서는 10대들이 언제든지 만날 수 있는 장소를 제공하고 있으며, 방학과 주말에도 좋은 활동을 제공하고 있다.

○ 레저타임센터의 운영 : 여름캠프와 주말 프로그램도 운영한다. 방과후 활동에 참여하는 학생은 주로 4~6학년에 해당하는 10세~12세의 학생들이다. 방과후 활동의 주요 임무는 학교교육을 보완하는 것이며, 센터는 평일에는 오후 1시에서 6시까지 열려 있으며, 휴가기간이나 방학 중에는 8시에서 오후 6시까지 열려 있다. 평일에는 간식을 제공하고, 방학이나 휴가기간에는 점심과 간식을 제공하고 있다.

6. 프랑스

프랑스는 유치원에서부터 대학교육까지 국가가 책임지는 프랑스의 방과후 특별활동 운영은 자발성을 중시하는 전통에 따라 민간이 주체가 되어도 관민이 협동·협력하여 운영하는 것이 특징이다. 여기서 '집단적 여가에 의한 인간형성의 활성화를 추구하는 방과후 아동보육'(松村祥子, 2009)을 토대로 요약 정리하고자 한다.

1) 발전 배경 및 환경의 변화

19세기 후반부터 교회가 아동들의 단체적 여가센터를 기획하고 실시하였다. 배경에는 급격한 도시화가 동반된 노동자계급의 출현과 그 자녀들에 대한 위생과 문화적인 문제가 생겨났다. 이후 종교단체에서 독립된 여가활동이 많아졌다(학교시스템과 여가시스템에 의해 아동들의 성장을 촉진). 첫 번째 배경은 스위스로부터 단체 집단 바캉스가 보급되었다. 그리고 1909년 보이스카우트가 도입되었다. 두 번째는 대중교육 운동과 연관되어 사회주의와 공산주의 기반이 강한 지역에서 활발하게 생겨났다. 1937년에 장기휴가단체를 지도하는 직원을 위한 양성센터가 설립되어 연수가 시작되었다. 1938년에는 처음으로 여가센터 소장의 연수도 실시되었다.

제2차 세계대전 후, 정부의 역할은 확대되었고, 동시에 장기여가센터 건설에 정부가 90%를 투자하였다. 1954년에 여가센터 소장과 여가센터 지도원의 자격요강이 만들어졌고, 활동내용은 단순한 산책, 식사, 휴식뿐만 아니라 새로운 생활 · 문화체험으로 확장되었다. 80년대 들어와서 장기여가센터의 이용자는 감소하는 반면에 여가센터에 등록하는 아동들이 오히려 늘어났다. 이러한 현상은 현재까지 계속되고 있으며, 여가센터는 일상적인 여가를 보내는 곳으로서 중요성이 높아가고 있다. 처음에는 소규모의 여가센터, 그리고 수요일과 토요일을 위한 센터로서, 그리고 현재는 학교 수업 전과 후의 과외교육활동도 시작하고 있다. 또한 장애가 있는 아동이나 나이가 많은 17세 이상의 청소년을 보살피는 여가센터가 창설되는 등 다양한 요구에 대처하고 있다(松村祥子, 2009).

2) 개념 및 목적

프랑스의 방과후 프로그램의 목적은 아동이 학교 방과후 시간을 잘 활용하여 그의 학업 향상과 인성을 꽃피우고, 사회적 생활을 효율적으로 배우도록 하는데 있다. 특히 문화적으로 어려움을 가진 아동들에게 우선권을 주며, 적절하게 시간을 활용하여 그들의 조화로운 발달을 돕고자 하는데 있다.

또한 취학아동들의 건전한 발달을 위하여 각종 협회, 사회문화센터, 각 지역의 공공기관에서 여가활동을 제공하거나 학교생활에 어려움이 있는 아동들을 돕기 위한 목적으로 활성화 작업을 제공하고 있다(정미리, 1996).

3) 관련법 및 정책

프랑스의 방과후는 '여가센터(centre de loisirs)'에서 실시하고 있으며, 여가센터는 여가정책 · 여가교육의 일환으로써 자리매김하고 있다. 프랑스의 아동들은 학교에서 교과교육을 받을 권리가 있는 동시에 여가센터에서 단체로 생활하고 자연 · 사회 · 문화에 관한 모든 활동을 통해서 조직화된 여가를 지낼 수 있는 권리를 가지고 있다.

아동들(18세 미만)을 위한 과외활동 지원은 3가지로 실시되고 있다.

첫째, 학교의 휴일(수요일과 토요일 오전 중)과 장기방학(봄, 여름, 겨울)에 다양한 여가활동을 실시하는 여가센터(centre de loisirs : accueils de loisirs)이다. 기본적으로 숙박하지 않는 데이케어센터의 활동을 말한다.

둘째, 학교 수업시간 전후(시작하기 전과 방과 후) 및 점심시간의 돌봄 서비스, 레크리에이션(스포츠, 음악 등) 및 보충학습(독서, 외국서적에 대한 프랑스어 지도 등)을 하는 과외 교육활동(accueil periscolaire)이다.

셋째, 방학 중에 자연환경 속에서 단체로 집단생활을 하는 장기휴가센터(centre de vacances : sejour de vacances)가 있다.

이렇게 프랑스는 아동들의 집단적 여가를 지원하는 정책에 관한 법률로서는 사회복지 및 가족법전(Code L'action sociale et des familles)의 227조 1항에 있다. 이 법률은 '미성년자는 공적인 권한과 보호 아래, 부모로부터 떨어진 곳에서 교육활동 이외의 단체로 여가를 지낼 수 있다'고 명시되어 있다. 게다가 장기여가센터 및 여가센터의 규칙을 개정한 법령(le decret du 26 juillet, 2006)에는 시대의 변화에 따라 명칭과 내용이 변경되었다(松村祥子, 2009) 또한 유치원에서 대학까지 방과후 특별활동을 국가가 책임지고 있다. 교육의 균등을 내세우고 있는 정부는 사회 경제적 환경 및 개인의 능력 차이로 인하여 생기는 학력 격차 및 문화적 격차를 학교 밖이 아니라 학교 내에서 해결하려는 적극적인 의지를 보이고 있다(이연숙, 2008).

여가센터는 영유아(2년 6개월)에서 17세까지 학교에 다니고 있는 아동들에게 일상적인 여가를 제공하는 장소이다. 그리고 청소년스포츠국에서 총괄 감독을 하고 있다. 6살 이하의 유아에 대해서는 모자건강복지제도(PMI)에 따르고 있다.

여가센터의 운영주체는 지자체 운영(40%), 비영리조직(50%), 기업위원회(2%) 및

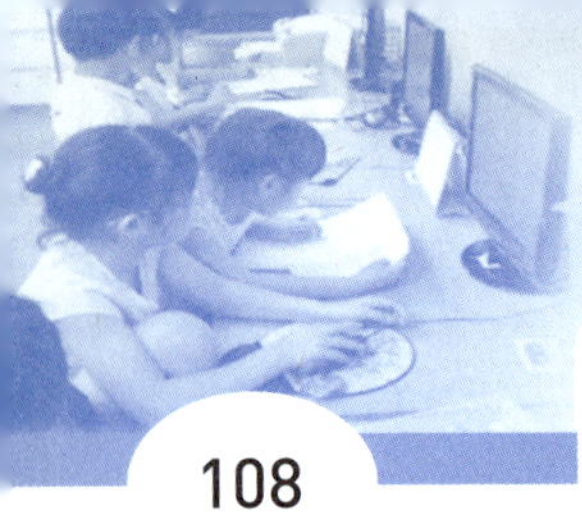

가족수당 금고의 직영과 개인운영 등이 있다.

여가센터를 개설할 때에는 공적인 허가가 반드시 필요하다. 일반적으로 상업센터와 비영리조직과는 세금의 차이가 크다. 청소년스포츠국의 허가는 조직을 유지하는 품질보증서(JEP)가 나온다. 또한 청소년 및 시민교육을 하는 조직 가운데 청소년스포츠국의 허가를 받게 되면 조성금을 받을 수 있다. JEP허가를 위해서는 신청조직이 적어도 3년간의 활동을 증명하지 않으면 안 된다. 허가는 도지사가 하고 청소년 · 시민교육심의회에서 심의를 거쳐 받게 된다.

여가센터의 운영은 조직구성원 전원을 대상으로, 매년 총회를 열어 결정사항을 심의하고, 한 사람이 가지고 있는 권력을 제한하고, 16세 이상의 청소년을 참가하도록 하고, 조직 내에서 차별(국적도 포함)을 금지하고, 관리를 투명(회계 등)하게 하는 것 등의 규칙에 있다.

인가신청은 시설 · 설비의 조건, 지도원의 구성, 활동계획 등을 제출해야 한다. JPE인가의 장점은 청소년스포츠국에서 조성금을 받는 것과 사회 보험료의 일부를 면제받을 수 있다.

인가된 모든 조직은 매년, 청소년스포츠국으로부터 감독을 받지 않으면 안 된다. 또한 허가 취소는 수익자가 갖추어야 할 요건이 부족한 경우에 실시된다.

4) 프로그램

몇 년 전까지만 해도 프랑스의 방과후 프로그램은 인력 면이나 활동 면에서 아동보호 수준을 넘지 못했다. 이에 대한 반성으로 C.L.S.H(Les Center de Loisirs Sans Hebergment)가 탄생하였다. C.L.S.H는 4세부터 14세까지의 아동들에게 방과후 시간에 체육활동, 예술활동, 미니캠프, 놀이전시, 연극 등의 프로그램을 제공하는 기관으로서, 자격증을 소지한 원장과 한 그룹의 지도자들로 구성된다(아동 12명 : 성인 1명).

숙제지도는 아동들의 숙제를 체계적으로 할 수 있도록 돕는 프로그램이다. 그날 학습한 것을 다시 복습하기, 잘못 이해한 것을 다시 설명하기 혹은 좀 더 폭넓게 학업의 어려움을 돕기 등이 포함된다. 이 숙제지도는 교사, 대학생, 자원봉사자에 의해 기관에서 행해지기도 하고 혹은 가까운 협력관계의 장소를 이용하기도 한다.

A.E.P.S.(Les Animationas Educatives Periscolaires) 작업은 아동 및 청소년들의 포괄적인 발달을 촉진시키기 위해서 학교활동에 보충적으로 제공된다. 학교생활의 어려움에 대한 지원책이며 자기 자신에 대한 신념을 되찾도록 도와주는 작업이다. 주로 동화쓰기, 책쓰기, 연극, 육체적 표현놀이 등 구체적인 활동으로서 제공되고 가족수당부(F.A.S)에 의해서 경제적 지원을 받으며, 사회문화센터와 사회문화협회들에 의해 운영된다. 이 활동들은 일반적으로 교육적 활동과 숙제원조의 기간을 포함하고 있고 학교, 부모, 협회들에 의해 공동으로 구성된다.

스트라스부르(Strasbourg)에서 운영되고 있는 방과후 프로그램은 현재 40개소의 초등학교 아동을 위한 방과후 아동보육기관, 그리고 15개소의 중학생을 위한 기관이 있다. 그 중 4개소는 시립기관이고, 6~12세 아동을 대상으로 하는 이 시립기관은 시립 "어린이 회관(Foyers d'Enfants)"이라는 명칭으로 운영되다가 1992년 10월 1일부터 Periscolaries 여가센터(Les Center de Loisirs Periscolaries)라고 개칭하여 청소년 체육 및 가족수당부(F.A.S)의 지원금을 받기 시작했다(류현수 외, 2007).

5) 시사점

프랑스의 방과후 아동지도는 위에서 말한 것처럼 포괄적이며, 역동적인 가족생활정책으로 중요한 역할을 가지고 수행하고 있다. 방과후 아동보육의 장소로서 여가센터가 프랑스 사회에서 중시되고 있는 것은 다음과 같은 특징이 있기 때문이다.

첫째, 단체 생활 속에서 각자의 개성과 특성을 계발하기 위하여 자유로운 방법으로 개설되었다.

둘째, 학교교육과 가정교육과의 서로 다른 공적인 공간으로서의 의의(교과편성을 회피하는 전인적인 시민교육, 가정의 재생산을 뛰어넘는 기회의 제공 등)를 가진다.

셋째, 자연환경을 중시한 생활공간의 정비(개별가정에서 할 수 없는 아동 성장에 필요한 생활환경)이다.

넷째, 여가지도를 전문으로 하는 사람과 조직에 의해서 인간형성의 활성화를 도모하기 위한 목적과 수단을 철저하게 하고 있다.

다섯째, 아동에게 풍부한 체험을 제공하여 '자립과 사회연계(공생)'의 활성화를 목표로 한다는 점이 우리나라에 커다란 시사점을 제공하고 있다. 또한 우리나라는 아동의 인간형성에 있어 중요한 여가에 대해서는 개인가정에 맡겨온 경향이 있다. 가족형태의 변화, 부모의 고용문제, 학교와 지역사회의 변화 속에서 방과후에 기대는 높아지고 있지만, 방과후 질적인 개선은 늦어지고 있다. 무엇보다도 중요한 것은 방과후 이념과 목적을 명확하게 하여 매력적인 활동 프로그램을 제공하도록 체계가 구축되지 않으면 안 된다.

6) 사례

파리시의 여가센터

파리시는 625개소의 여가센터(centre de loisir)가 있으며, 283개소가 초등학생(elementaire)을 대상으로 하고 있다. 각 초등학교에는 여가센터가 있다. 중학교의 경우는 형태가 다양하게 있다(2008년).

- 이용자 : 파리시에 주거증명이 있는 가정 및 파리에서 학교를 다니고 있는 가정의 아동들이 이용한다.
- 연령 : 3~14세(ecole maternelle elementaire, collehe)로 크게 3~6세, 7~14세로 나누어져 있다. 유치원과 초등학생이 가장 많다. 이용률은 3~6세가 55%, 7~14세(elementaire)는 45%이다. 특히 수요일은 26,000명이 등록되어 있다.
- 요금 : 1일 한 사람 0.52~10.72 유로까지 보호자의 소득에 따라 이용료가 부가된다.
- 장애아동 : 3~14세 대상이며, 2008~2009년도 장애아동의 등록 수는 432명(수요일)과 422명(단기휴일)으로, 그 가운데 초등학생은 296명이 등록되어 있다. 교사는 특별자격을 갖춘 사람이다.
- 시간 : 초등학교 하교 이후부터 오후 6시까지, 방학 중 : 오전 8~12시, 오후 2시~6시
- 프로그램의 특징

● 초등학생 이하의 경우에는 몇 가지 프로그램 중에서 유아들이 좋아하는 프로그램을 선택할 수 있는 것이 특징이다. 1주일간 매일 센터의 스케줄이 정해서 있어, 부모들은 그 내용을 알 수 있고 대부분 선택은 아동들이 한다.

● 프로그램 종류 : PC, 음악, 예술, 미식학(gastronomie), 과학 등이 있다. 이러한 프로그램은 파리시 직영의 테마별 워크숍(center de resource)에 아동들을 데리고 가서 각 전문가의 지도에 따라 각각의 활동분야에 참여할 수 있다.

● 센터 밖에서는 파리의 명소, 미술관 방문, 영화감상, 날씨가 좋을 때는 식물원이나 동물원에 소풍을 간다. 수요일과 축제는 교외의 농촌이나 고궁(châtacirc)을 견학하기 위해 대형버스를 이용하는 경우도 있다. 예를 들면, 독서와 표현력을 키우기(연극, 그림), 과학 원리를 배우고 문화연구(미술관 방문과 워크숍)하기, 관찰력을 키우기(사진, 영화), 환경에 대해서

배우기, 스포츠 등 다양한 프로그램이 준비되어 있다.

- 여름방학 6월말~8월말까지 3~13세 아동들을 대상으로 파리 시내 260개소의 센터와 5개소의 파리 근교 야외시설이 여가센터로서 오픈한다.
- 봄·가을의 단기휴가일 때 또는 여름·겨울의 장기휴가일 때에는 교외로 당일치기 소풍을 가지만 센터 내에서 단기간(2~5일) 해변, 캠프, 민박도 종종 있다.
- 식사는 간식과 주식, 디저트 등으로 센터의 식당에 먹는다. 간식(과자나 빵 종류 그리고 음료수)을 제공하고 있다. 소풍이나 센터 외 활동을 할 때에는 도시락이 지급되고 이때 식사는 모든 영양을 고려한다.

파리시의 방과후 교육현장

1. 아동의 발달을 지원한다(풍성한 인격을 위해 아동의 재능을 발견하도록 지도한다).
2. 아동의 자율을 촉진한다(아동의 권리를 자각하고, 단체를 존중하도록 원조한다).
3. 위의 1, 2의 실현을 위하여 남녀, 혼합연령으로 단체생활을 제공한다.
4. 모든 아동이 참가할 수 있도록 요금을 설정한다.
5. 문화, 과학, 스포츠, 자연 등 아동에게 다양한 기회를 여가활동에 포함한다.
6. 여가센터의 교사는 유자격자이어야 한다.
7. 여가센터의 교사는 아동의 가정과 관계를 존중한다.
   (활동상황을 전하고, 가정에서의 질문에 대답을 한다)
8. 여가센터의 교사는 위험을 예방하고, 발생한 사고에 대해 적절하게 대처하며, 다른 관련 직과 연계한다.

자료출처 : Marie de Paris Charte educative des activites periscolaires.

생각해 보기

1. 특별활동에 참여하는 '영국 방과후 아동보육의 무상교육제도'에 대해 토론해 봅시다.

2. 독일 이주 자녀에 대한 방과후 특별지원으로, 부모-자녀 모두 무료 어학교실 이용과 기초학력 향상을 위한 대책을 살펴보고, 우리나라의 다문화가정 지원에 대한 논의를 해 보자.

3. 미국, 독일, 일본, 영국, 스웨덴, 프랑스 등 외국의 방과후 아동지도에서 우리에게 주는 시사점은 무엇인지 토론해 봅시다.

제5장

학령기 아동의 발달특성

1. 학령기 아동과 발달이론
2. 학령기 아동의 생활변화 및 연구동향
3. 학령기 아동의 발달특성 및 발달과업

1. 학령기 아동과 발달이론

1) 정신분석 이론

정신분석 접근은 프로이드(Freud)의 심리성적 이론에 의해 창시되었고 이후에 에릭슨(Erikson)에 의해서 보다 확장되었다. 정신분석학자들은 인간의 행동을 성격과 마음에 근거를 두고 이해하고자 하였고, 인간의 성격은 생의 초기 경험에 의해서 형성된다고 하였다. 즉, 인간의 기본욕구를 충족시키고 억압하는 갈등 극복과정을 통해서 나타나는 성격구조를 중시하였다.

(1) 프로이드(Freud)의 심리성적 이론

프로이드는 인간의 행동은 무의식적 동기에 의해서 영향을 받는다고 하고, 의식, 무의식, 전의식에 관한 행동의 동기를 성적인 욕구로 설명하였다. 또한 인간의 초기 발달과정이 성격형성에 가장 중요한 영향을 미친다고 하였고, 아동초기의 발달경험이 성인이 된 후의 학습, 사회적 적응 및 불안에 대처하는 방법 등에 결정적인 영향을 미친다고 보았다. 이러한 과정을 프로이드는 심리성적 발달과정으로 설명하고 있으며, 성적 본능인 리비도(libido)가 집중되는 신체부위의 변화로 발달단계를 나누고 있다.

① 성격의 구조

프로이드는 인간 성격을 원초아(id), 자아(ego), 그리고 초자아(superego)로 구성되어 있다고 보고, 이 세 가지 요인들간의 역동적인 상호작용을 통해 성격이 형성된다고 하였다.

원초아는 기본적인 생물학적 본능인 먹고, 마시고, 배설하고, 성적 쾌감을 얻으려는 욕구 등으로 구성되어 있다. 원초아는 외부세계와는 전혀 접촉이 없고, 고통은 최소로 하여 쾌락을 얻으려고 노력하는 쾌락원리에 의해 지배된다.

자아는 의식적이며 합리적인 성격요소로 현실 세계와의 갈등해결을 통해 만족감을 얻도록 성격의 결정자 역할을 수행한다. 따라서 쾌락원리 대신 현실판단을 통해 욕구를 충족시키고, 적절한 해결책을 찾으려는 현실원리에 의해 지배되는 성격부분이다.

초자아는 현실적이기보다는 이상적인 부분이며, 도덕적 가치, 사회적 가치, 문화적 규범 등을 부모나 타인과의 동일시를 통해 내면화되는 표상으로 학습에 의해 획득되어지는 의식이다. 초자아는 잘못된 행위에 대해 죄책감을 느끼는 양심과 잘한 행위에 대해 자부심을 느끼는 자아이상(self-ideal)으로 구성된다. 초자아는 쾌락을 추구하는 원초아와 현실을 추구하는 자아 사이의 갈등을 조절해 주는 중재자 역할을 한다.

② 심리성적 발달단계

심리성적 발달단계는 성적 본능인 리비도(libido)가 집중되는 신체부위가 변화하는 것에 따라 나누고 있다. 각 단계에서 어떤 경험을 하느냐에 따라 성격형성이 결정되며, 욕구가 충족되지 못하거나 지나치게 몰두하면 고착되어 다음 단계로의 발달이 순조롭지 못하다고 본다.

심리성적 발달단계는 구강을 통해서 욕구를 충족하는 구강기(출생 ~ 1세), 항문적 활동을 통해서 쾌락을 얻는 항문기(1 ~ 3세), 리비도가 성기로 집중하는 남근기(3 ~ 6세), 잠복기(6 ~ 12세), 남근기와 같이 성적 욕망이 일어나는 성기기(12 ~ 18세)로 구분되어진다.

• 구강기(출생 ~ 1세)

구강기의 영아들은 리비도가 입에 집중되어 빨기, 씹기, 물기와 같은 활동 경험을 통하여 쾌락 또는 고통을 알게 된다. 이 시기에 충분한 충족이 되지 않거나 반대로 과잉충족이 될 경우 구강기에 고착되어 성인이 되어서도 구강기적 특성이 나타난다. 이 단계에 고착되면 손가락 빨기, 손톱 물어뜯기, 연필 깨물기 등의 습관이 나타나고 이후에는 흡연과 폭음, 과식 등의 강박적인 습관으로 나타날 수 있다.

• **항문기**(1 ~ 3세)

항문기 아동들은 리비도가 항문에 집중되어 배설물을 내보내거나 배설물을 참고 있을 때에 괄약근을 수축하고 이완하는 과정을 통해 성적 만족감을 얻는다. 이러한 배변훈련을 통해서 자신의 욕구를 통제하는 경험을 하게 되는데, 이 시기에 부모가 적절한 배변훈련을 하지 못하거나 지나치게 강조하면, 성인이 되어서도 불안감이 강해지고 지나치게 자기를 억제하는 항문기적 성격특성이 나타날 수 있다. 이 단계에 고착되면 결벽증적 성격이나 지나치게 수전노와 같이 인색하거나 무절제한 성격특성이 나타날 수 있게 된다.

• **남근기**(3 ~ 6세)

남근기의 아동들은 리비도가 성기로 집중하여 성기에 대한 호기심과 관심이 증가하고, 성기의 자극을 통해 쾌감을 얻으려고 한다. 이 단계에서 남아는 오이디푸스 콤플렉스(Oedipus complex)를, 여아는 엘렉트라 콤플렉스(Electra complex)를 경험하게 된다. 남아의 경우 어머니에 대한 욕망 때문에 아버지로부터 남근이 거세당할지도 모른다는 거세불안을 갖게 되며, 이 불안을 감소시키기 위해서 아버지를 동일시 대상으로 삼게 된다. 여아는 남근에 대한 선망을 하고 아버지를 애정의 대상으로 생각하여 갈등을 경험하고, 갈등으로 인한 불안에서 벗어나기 위해 어머니를 동일시하게 된다. 이 시기의 아동들은 동성부모에 대한 동일시를 통해 가치관, 사고, 행동, 태도, 성역할 등을 내면화하게 된다. 이러한 내면화 과정을 통해 아동의 양심과 자아 이상의 초자아가 형성된다. 따라서 남근기 아동에게 부모는 아동의 성격형성에 가장 중요한 역할을 하게 된다. 남근기적 성격특성으로는 이성부모에 대한 애정이 만족스럽지 않거나 지나치면 겸손하면서도 거만하고, 공격적이며 과시적인 성격이 되기 쉽다.

• **잠복기**(6 ~ 12세)

잠복기 아동들은 비교적 평온한 시기로 부모와의 동일시가 강력해지고 이로 인한 초자아의 계속적인 발달이 이루어진다. 또한 부모에 대한 관심이 가족 이외의 성인이나 동성 친구와의 사회적 유대를 확립시키는데 집중하게 된다. 잠복기의 아동들은 학교 교육의 기본적인 사회적 기술을 습득하고 운동능력, 사회적으로 수용되는 놀이, 게임 등 지적 활동에 에너지를 쏟게 된다. 이 단계에 고착되면 잠복기에는 과도한 성욕의 억압에서 생기는 수치감, 혐오감에 쉽게 빠질 수 있으며, 이성과의 관계가 원만하지 못하게 된다.

- 성기기(12 ~ 18세)

성기기 아동들은 신체적으로 성숙되면서 성적 관심이 높아진다. 성적 만족의 1차적 영역은 여전히 성기 부근이나 이성과의 성적 욕구를 충족시킬 수 있는 생리적인 기능도 갖추게 되고, 이성과의 접촉에 최대 관심을 둔다. 이성에 대한 거부로부터 관심으로의 전이는 일종의 심리적 도전이다. 이 전이가 성공적으로 이루어진다면 성적 본능을 성숙된 방법으로 만족시킬 뿐 아니라, 이성에 대한 건전한 애정으로 발전되고 자아 중심적인 사고로부터 세계를 객관적으로 보는 능력을 갖게 된다.

(2) 에릭슨(Erikson)의 심리 사회적 발달이론

에릭슨과 프로이드는 아동의 인성발달을 중요시하였지만 프로이드가 무의식적 욕구나 본능적이고 충동적인 면을 강조하였다면, 에릭슨은 사회 · 문화적 요구나 내적 발달 수준간의 상호작용을 통한 자아성장을 강조하였다.

에릭슨은 자아정체감의 발달을 중요하게 여기고, 자아정체감을 확립하기 위해서는 일생을 통해서 여덟 가지 발달과업과 위기를 성공적으로 수행해야 한다고 하였다. 각 단계마다 갈등상황은 긍정적, 부정적인 결과를 초래할 수 있는데, 성공적인 해결이 반드시 긍정적인 측면만을 의미하는 것은 아니다. 즉 긍정적, 부정적 두 측면이 균형을 이루는 것이 최상의 해결책이 되는 것이다.

에릭슨의 발달단계는 신뢰감 대 불신감(출생 ~ 1세), 자율성 대 수치심(1 ~ 3세), 주도성 대 죄의식(3 ~ 6세), 근면성 대 열등감(6 ~ 12세), 자아정체감 대 역할혼미(12 ~ 18세), 친밀성 대 고립감(성인초기), 생산성 대 침체감(성인중기), 자아통합 대 절망감(노년기)으로 나누어진다. 학령기 아동의 경우 근면성 대 열등감 단계에 해당된다.

• **신뢰감 대 불신감**(출생 ~ 1세)

이 시기의 영아는 신체적 · 심리적 욕구를 충족시켜 주면 신뢰감이 형성되고, 욕구가 충족되지 않으면 불신감이 형성되는 시기이다. 영아는 일차적인 양육자와 사회적 관계를 맺게 되며, 이들의 양육방식이나 태도에 의해 신뢰감이나 불신감 형성에 영향을 받는다. 따라서 일관성 있는 상호작용은 자신에 대한 긍정적인 신뢰감이 형성될 뿐만 아니라 타인과의 관계에서도 신뢰감이 형성될 수 있다. 에릭슨은 이 시기를 인생 초기단계에서 가장 중요한 시기로 보았고, 이 시기의 기본적인 신뢰감은 인생 후기의 성공적인 삶을 가능케 한다고 하였다.

• **자율성 대 수치심**(1 ~ 3세)

이 시기의 유아는 새로운 것에 대한 탐색과 운동능력의 발달, 자아의식의 발달이 이루어진다. 배변훈련 과정을 통해 아동은 자율성을 발달시키기도 하지만 수치심이 형성되기도 한다. 아동에게 스스로 선택할 수 있는 기회를 제공하여 자율성을 발달시켜 주고, 행동을 스스로 통제할 수 있는 자기조절 능력을 향상시켜 주는 것이 바람직하다. 하지만 아동이 부모로부터 관심을 받지 못하고 적절한 행동에 대한 지도를 받지 못하면 자율성을 침해당하기 쉽다. 뿐만 아니라 자기부적절감이나 무기력, 성인기에 이르러서는 강박적 행동이나 피해망상에 사로잡힌 편집증적 성격특성을 보일 수 있다.

• **주도성 대 죄의식**(3 ~ 6세)

이 시기의 아동들은 탐색과 호기심 등으로 세상을 향해 나가는 시기이다. 목적의식이 생겨 스스로 목표나 계획을 세워 아동 자신이 성취할 수 있다는 것을 발견하기 위해 노력하는 시기이기도 하다. 또, 언어가 급격히 발달하여 질문을 통해 새로운 것에 대해 탐색하고 호기심이 증가한다. 아동의 호기심과 탐색 활동을 제한하거나 부모의 요구가 너무 지나친 경우와 주도적인 행동에 대해 잦은 체벌과 실패를 경험하게 된다면 아동은 죄의식을 느끼게 된다. 이 시기의 부모는 아동에게 놀이 활동을 통해 보다 성장하게 함으로써 자유롭고 공격적으로 움직여 행동반경이 확대되도록 돕는다.

• **근면성 대 열등감**(6 ~ 12세)

이 시기의 아동들은 가장 역동적이며 자아성장의 결정적인 시기이다. 이 단계의 아동은 읽기, 쓰기, 셈하기 등의 기초적인 인지능력과 또래 · 성인과의 성공적으로 기능하고 경쟁하는데 필요한 사회적 기술을 습득하게 된다. 아동은 이러한 다양한 능력을 향상시키는 과정에서 근면성이 발달하게 되는 것이다. 만약 아동이 이 시기에 인정을 받고자 하는 과업에서 실패하면 근면성 대신 열등감이나 부적절감을 느끼게 된다. 즉, 기초적 인지기능, 사회적 기능, 신체기능 등 각종 능력을 습득하지 못하고 놀이에서 실수하게 되면 열등감을 갖게 된다.

• **자아정체감 대 역할혼미**(12 ~ 18세)

이 시기의 아동들은 '나는 누구인가' 라는 자아에 대한 고민을 하게 되고 점차 자아정체감을 형성해 나가는 중요한 발달단계이다. 자아정체감은 사회와의 관계 속에서 특정 역할, 가치관의 달성을 통해 형성된다. 자아정체감이 형성되면 자신의 역할, 책임, 진로에 대해 분명히 알고 이에 대한 선택과 결정을 스스로 할 수 있게 된다. 반면 '자아'에 대한 고민으로 방황과 혼란이 지속되어 자아정체감이 확립되지 않으면 미성숙, 자신의 존재에 대한 혼란, 청소년기의 역할에 대한 혼란, 과대동일시 등의 역할혼미로 나타나게 된다.

• **친밀성 대 고립감**(성인초기)

이 시기에는 타인과의 친밀한 관계를 형성하고, 타인을 이해하고 공감하는 능력이 발달하며 이성과의 관계에서도 성적 · 지적으로 건전한 관계를 이룰 수 있게 된다. 이 시기에 친밀감이 형성되지 못하면 타인과의 긴밀한 관계를 형성하지 못할 뿐만 아니라 대인관계에서 위축되거나 자기몰두에 빠져 고립감을 느끼게 된다.

• **생산성 대 침체감**(성인중기)

이 시기에는 자녀를 출산하고, 교육하며, 가족을 부양하거나 기타 생산적인 활동에 참여하게 된다. 성인초기에 친밀감이 형성되면 사회 속에서 자신의 위치를 확립하고, 타인과의 사회적 관계를 확대할 수 있다. 반면에 이 시기에 다양한 생산성을 발휘하지 못하다면 타인에게는 관심이 없고 오로지 자신의 욕구에만 몰두하게 되어 침체감을 느끼게 된다.

• 자아통합 대 절망감(노년기)

이 시기는 전 생애를 통한 완성적 노력과 성취에 대하여 반성하는 시기로 노년기에 해당하며, 체력이나 건강상태, 수입, 가족구조의 변화 등 다양하게 일어나는 주변변화에 적응해야 하는 시기이다. 지금까지의 발달과정에 대한 최종적인 통합을 하며 인생의 가치를 평가하게 된다. 자신의 인생에 대한 무의미함과 무력감을 느끼고 죽음에 대한 두려움 때문에 절망할 수 있다.

표 5-1 프로이드와 에릭슨의 발달단계

연령	프로이드	에릭슨
출생~1세	구강기	신뢰감 대 불신감
1~3세	항문기	자율성 대 수치심
3~6세	남근기	주도성 대 죄의식
6~12세	잠복기	근면성 대 열등감
12~18세	성기기	자아정체감 대 역할혼미
성인초기		친밀감 대 고립감
성인중기		생산성 대 침체감
노년기		자아통합 대 절망감

2) 학습 이론

학습이론가들은 인간의 행동은 외부로부터의 자극과 자극에 대한 반응의 연합이며 이는 학습에 의해서 이루어진다고 보았다. 발달은 새로운 학습경험을 통하여 변화를 가져올 수 있는 환경적 요인을 강조하였다. 또한 사고, 의식, 감정과 같은 내부적인 행동보다 직접 관찰하고 측정할 수 있는 외형적 행동만을 중요시하여 행동주의라고도 한다.

다음에서는 스키너(Skinner)의 조작적 조건형성이론, 반두라(Bandura)의 인지적 사회학습 이론에 대해 살펴보기로 한다.

(1) 스키너(Skinner)의 조작적 조건형성이론

스키너의 조작적 조건형성이론은 행동 뒤에 이어지는 결과에 의해서 모든 행동이 학습될 수 있다고 본다. 긍정적인 결과일 경우 행동을 계속하게 되며, 부정적인 결과일 경우 행동을 다시 하지 않는다고 보았다. 스키너는 '스키너 상자'를 이용하여 쥐가 우연히 지렛대를 눌렀을 때 먹이와 물이 나오자 그 이후 먹이를 먹기 위해서 지렛대를 누르는 횟수가 증가하는 것을 관찰하였다. 이와 마찬가지로 인간의 행동도 결과가 긍정적인 경우 그 행동을 할 확률이 높아지고, 부정적인 결과가 발생하면 그 반대의 결과를 초래한다고 보았다. 스키너는 이러한 인간행동을 조작적 행동이라 정의하였고, 조작적 행동은 학습에 의해서 이루어지며 결과에 대해 통제될 수 있다고 하였다.

이렇게 특정 행동 뒤에 긍정적인 결과나 부정적인 결과가 주어짐으로 행동의 반복 가능성을 증가시키거나 감소시키는 과정을 '강화'라고 하고, 이때 주어지는 정적인 강화나 부적인 강화를 '강화인'이라고 한다. 정적 강화인은 행동을 다시 할 확률을 증가시키는 자극으로, 예를 들면 심부름을 한 아동에게 용돈을 주어 심부름 행동을 증가시켰다면 용돈이 정적 강화인이 된다. 부적 강화인은 불쾌하거나 혐오스러운 자극을 제거함으로써 행동을 강화시켜 주지만 처벌과는 다르다. 예를 들어 청소를 하기 싫어하는 아동에게 심부름을 하고 난 다음 청소를 면제해 주면 청소가 부적 강화인이 된다. 부적 강화는 바람직한 행동을 강화하는데 비하여 처벌은 바람직하지 못한 행동을 억누른다. 즉, 처벌은 혐오스럽거나 불쾌한 자극을 제시함으로써 반응이 감소하는 것을 말한다.

스키너의 조작적 조건형성의 이론에 의하면 인간의 행동은 주위환경에서 주어지는 강화작용에 의해 영향을 받으며, 강화 양상을 달리함으로써 행동은 수정될 수 있다.

(2) 반두라(Bandura)의 인지적 사회학습이론

반두라의 인지적 사회학습이론은 인간의 개인적 요인과 사회 · 환경적인 요인과의 상호작용이라는 측면에서 이해될 수 있다. 인지적 사회학습이론에 의하면 인간의 행동은 학습과 타인 행동의 모방을 통하여 형성된다.

인지적 사회학습이론에서 아동발달은 아동과 환경간의 상호작용에 의해 이루어진다고 주장한다. 즉, 아동이 경험하는 환경이 아동의 행동에 영향을 미치고, 아동의 행동 또한 환경에 영향을 주게 되는 것이다. 이렇게 아동은 자신의 성장과 발달에 영향을 미치는 환경조성에 적극적으로 참여하게 된다(그림 5-1 참조).

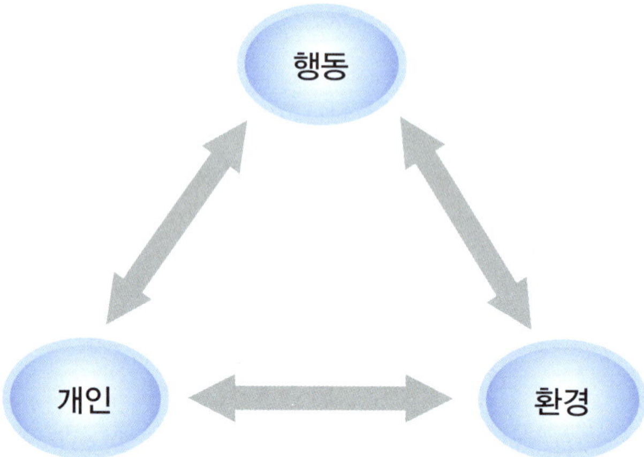

[그림 5-1] Bandura의 상호결정론 모형

인간의 행동은 사회적 상황에서 타인들의 행동을 단순히 관찰하는 것만으로도 행동을 학습할 수 있다고 보았다. 인간은 비교적 높은 지적 능력을 가졌기 때문에 직접적인 경험에 의존하지 않고도 관찰하는 것만으로도 학습이 가능하고, 자신의 행동, 사고, 감정을 습득하고, 행동을 변화시키고 응용할 수 있다. 이렇게 타인을 관찰하는 것은 발달에 중요한 역할을 하는 것이다. 반두라는 이를 관찰학습이라 설명하였고, 학습은 일상적인 사회적 학습에서 이루어지기 때문에 인지적 사회학습이론이라 하였다.

3) 인지 이론

인지 이론은 인간을 능동적으로 환경에 적응하고, 스스로 사고하고, 새로운 표상

과 지식을 저장하고 구성하며 창조해 나가는 적극적인 존재로 본다. 인지론적 접근에서 아동의 발달은 객관적인 환경적인 요인에 의해 결정되는 것이 아니라 환경적 요인들을 받아들이고 처리하는 주관적인 경험에 의해 발달이 결정되는 것으로 보고 있다.

다음에서는 피아제(Piaget)의 인지발달이론, 비고츠키(Vygotsky)의 사회문화적 이론에 관해서 살펴보기로 한다.

(1) 피아제(Piaget)의 인지발달이론

피아제는 인간의 성장에 따른 정신과정을 이해하는 것이 곧 인간발달 과정을 이해하는 것이 된다고 보았다. 피아제에 의하면 정신구조는 자신이 가진 기존의 구조에 새로운 정보를 받아들이는 동화(assimilation)와 외부의 새로운 정보에 맞추어 자신의 구조를 바꾸어 가는 조절(accommodation)의 두 과정에 의해 발달한다(이경화 외, 2001).

① 인지발달이론의 주요개념

- 도식(scheme)

도식은 사물을 처리하는데 사용하는 행동이나 사고의 경향을 말하는 것으로 반복적인 경험을 통해서 분화되고 통합과정을 통해 발달하게 된다.

- 동화(assimilation)와 조절(accommodation)

동화는 이미 가지고 있던 도식이나 구조에 새로운 자극, 사건을 이해하도록 통합시키는 인지과정이다. 조절은 동화과정에서 도식을 수정하는 것을 의미한다. 즉, 새로운 자극이나 정보를 인식하기 위해서 동화를 거쳐 형성되어 있는 기존의 도식을 수정하려는 것이다.

- 평형(equilibration)

평형은 동화와 조절을 통하여 이루어지고, 기존의 도식과 새로운 도식간의 불균형을 줄이려고 노력하고 균형상태를 만드는 과정을 의미한다.

② 인지발달 단계

- **감각운동기**(출생 ~ 2세)

언어가 발달하기 이전 시기로 감각이나 운동능력에 초점을 두고 자극에 반응하여 감각운동기라 한다. 특히 이 시기의 아동은 사물이 보이지 않아도 존재한다는 대상영속성이 발달하고, 표상형성의 기초가 되는 대상개념을 발달시켜 나간다.

- **전조작기**(2 ~ 7세)

언어가 급격히 발달하고 상징적 사고력도 증가하지만 논리적인 사고가 가능하지 않아 전조작기라 한다. 사물이나 사건을 내재화할 수 있는 능력이 생기고, 보이지 않는 것에 대한 표상능력이 생기게 된다. 이 시기의 아동은 자기중심적 사고가 이루어지고, 물활론적 사고로 과학적 사고가 어려운 시기이다.

- **구체적 조작기**(7 ~ 12세)

이 시기의 아동은 논리적 조작이 가능하고 전조작기에 불가능했던 보존개념, 유목화, 분류화, 순서화 등의 개념이 형성된다. 이전 시기까지의 자기중심적 사고에서 벗어나는 탈중심적인 사고가 가능한 시기이다. 그러나 현재 보이는 세계에서만 논리적인 사고가 가능하고 가상의 세계에 대한 사고는 아직 어려운 시기이다. 학령기 아동의 경우 이 시기에 해당하여 점차 타인에게 관심이 많아지고, 타인을 이해하며 타인과의 관계가 많아지기 시작한다.

- **형식적 조작기**(12세 이후)

이 시기의 아동은 가상의 세계, 추상적인 사물에 대해서도 논리적인 사고가 가능해지는 시기이다. 문제를 해결하기 위해서 현재의 경험뿐만 아니라 과거 · 미래의 다양한 경험을 이용한다. 즉 시간을 초월하여 문제를 해결하려는 능력이 가능해지고 체계적인 과학적 사고를 할 수 있다.

(2) 비고츠키(Vygotsjy)의 사회 문화적 이론

비고츠키는 아동발달에 결정요인으로 문화와 사회적 관계의 중요성을 강조하였다. 사회적 상호작용과 문화적 활동에의 참여가 아동발달에 필수적이라고 보고하였으며, 학습을 위해서는 언어발달이 핵심적인 역할을 한다고 하였다. 언어를 자신들의 행동을 중재하기 위해 사용하는 기본적인 문화적 도구며, 정신을 재구조화하고 보다 높은 수준의 자기 조절이 이루어진 사고 과정을 형성하는 도구라 정의하고 인지발달에 있어서 언어의 중요성을 강조하였다.

비고츠키는 아동은 주위의 성인과 또래들로부터 영향을 받음과 동시에 아동 자신도 그들 주위의 성인과 또래에게 영향을 준다고 하였다. 특히 아동은 주위의 의미있는 사람들과 의사소통함으로써 인지적으로 성장한다고 보고, 이러한 아동의 지적 능력을 근접발달영역의 개념으로 설명하였다.

근접발달영역(ZPD : Zone of Proximal Development)은 아동이 혼자 수행하는 능력이 다른 사람의 도움을 받으면서 수행할 수 있는 능력간의 격차라고 할 수 있다. 즉 아동이 이미 성취한 발달수준과 도움을 받는 상호작용에 의해 새로이 나타나는 능력간의 간격을 의미하며 학습에 영향을 받는다.

비고츠키는 근접발달영역에서 유능한 협력자가 과제에 대한 상대방의 수행능력에 따라 도움을 조절해 가는 과정을 비계설정(scaffolding)으로 설명하였다.

비계설정(scaffolding)이란 성인이 도움을 줄 때 아동의 요구에 맞게 민감하게 조절함으로써 아동의 노력을 지원하는 하나의 체계를 의미한다. 즉 아동보다 유능한 수준의 성인(부모나 교사) 또는 또래의 안내 및 도움이 학습을 도와주어 인지적 향상을 가능하게 해 주는 발판 역할을 만들어 주는 것이다. 따라서 사회환경은 아동의 인지적 발달과 새로운 능력을 구축하게 하는 필수적 지원체계라 할 수 있다.

4) 생태학적 이론

브론펜브레너(Bronfenbrenner)는 아동의 발달이 아동을 둘러싼 여러 환경에 영향을 받고 상호작용하는데 이루어진다고 보았으며, 생태환경이 발달과 밀접한 관계가 있다고 설명하였다.

첫째, 유기체로서 개인은 단순히 환경의 영향을 받는 백지상태가 아니라 성장하는 역동적 실체이며 자기가 살고 있는 환경을 재구성하는 존재이다.

둘째, 환경도 상호조절 과정을 요구하면서 영향력을 발휘하기 때문에, 개인과 환경간의 상호작용은 상호호혜성의 특징을 가진다. 즉 환경이 개인의 발달에 영향을 줄 뿐만 아니라 개인이 환경에 영향을 주기도 하고 그 결과가 다시 개인에게 영향을 미치게 된다.

셋째, 발달과 관련되는 환경의 개념은 단일하고 즉각적인 장면으로 국한되는 것이 아니라 더 확장되어 그러한 장면들 간의 통합된 상호 연결은 물론 더 넓은 환경에서 전달되는 외적 영향까지도 포함한다.

이러한 생태학적 환경을 미시체계(micro system), 중간체계(meso system), 외체계(exo system), 거시체계(macro system) 등의 구조로 개념화하였다.

(1) 미시체계

미시체계는 아동과 직접 상호작용하거나 아동이 직접 활동하는 환경을 의미하며, 아동발달에 강력한 영향력을 행사한다. 아동이 접하고 있는 집, 운동장, 근처의 시설물 등 물리적 특성과 아동을 포함하고 있는 가정, 또래, 보육시설 등이 이 체계에 포함된다.

(2) 중간체계

중간체계는 가정, 학교, 또래집단과 같은 개인이 적극적으로 참여하는 둘 이상의 미시체계들 간의 연결이나 상호관계를 나타낸다. 예를 들면 방과후 보육시설에서 제공하는 학과지도와 부모-자녀 관계를 증진시키기 위한 부모교육을 실시하는 것이 중간체계 내에서의 발달을 지원하는 것이다.

아동이 다니는 학교와 아동의 또래집단의 특성, 그리고 가정변인은 상호관계를 가지며 아동의 중간체계를 형성한다. 따라서 아동의 학업성취는 학교에서의 활동과 교우관계 및 부모의 참여와 가정에서의 학습지도 등이 상호작용함으로 이루어

진다는 것이다. 그러므로 가정과 중간체계의 각종 기관들은 상호 연계되어 밀접한 관계를 이루어야만이 바람직한 아동발달을 도모할 수 있을 것이다(이경화 외, 2001).

(3) 외체계

외체계는 직접적인 개입을 하지는 않지만 아동발달에 영향을 미치는 환경을 의미하는 것으로 지역사회, 사회복지서비스, 직장, 대중매체 등이 여기에 포함된다. 특히 사회가 변화함에 따라 대중매체, 인터넷이 중요한 외체계 요소로 포함되고 있다. 아동은 외체계에 참여하지 않지만 외체계 환경들 역시 아동의 행동에 영향을 미친다. 예를 들어 국가에서 방과후 보육시설을 제공해 주는 것은 맞벌이 부부의 양육 스트레스를 감소시켜 주고 부모역할을 도와 주게 되어 간접적으로 아동발달에 긍정적인 영향을 미칠 수 있다.

(4) 거시체계

미시체계, 중간체계, 외체계를 포함하고 그 외 모든 문화적 환경까지 포함되는 환경이 거시체계이다. 각 문화권의 고유한 가치관, 태도, 신념, 관습, 이데올로기, 법 등이 포함된다. 예를 들어 사회적 배경에 따라 부모의 양육태도가 영향을 받게 되고 결국 아동에게 영향을 주게 된다. 또한 금융위기 체제에서 가정해체나 부모상실로 인해 아동의 심리적, 신체적 영향을 받게 되었다.

거시체계는 아동의 삶에 직접적으로 개입하지 않으나 많은 강력한 영향력을 발휘한다.

브론펜브레너에 따르면 환경은 아동에게 항상 일정하게 영향을 주는 정체된 상태가 아니고 역동적이며 늘 변화한다. 동생의 출생, 학교입학, 이사 또는 부모의 이혼 등 중요한 사건들이 아동과 환경과의 관계를 변화시키고 발달에 영향을 미치는 새로운 환경을 조성하게 된다. 이러한 환경변화의 시기는 중요한 영향요인이 된다. 브론펜브레너는 이러한 시간적 차원을 시간체계라고 하였다.

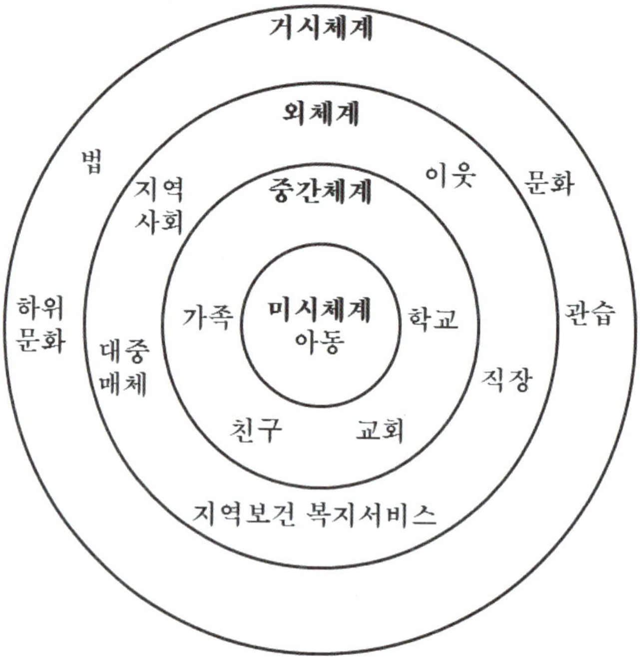

[그림 5-2] 생태학적 접근에 따른 인간환경
(Kopp & Krakiw; 1982; 최경숙, 2000, 재인용)

5) 치료놀이(Theraplay : TP) 이론

치료놀이(Theraplay : TP)는 부모-자녀 관계에 중점을 두면서 인간발달을 대인관계이론에 기초하여 다루고 있다. 애착이론, 대상관계이론, 자아심리학 이론에 기초하여 관계에 대한 인간의 기본적인 욕구를 다루고, 생의 초기 단계에서 이루지 못했던 모-자 애착관계를 다시 형성하고자 하는 접근 방법이다. 치료놀이의 접근 방법은 성인인 치료자가 주도권을 가지면서 '재미'있고 절대 '상처'받지 않도록 하면서 신체적 접촉을 통해 성인과 아동이 함께 진행해 가는 방법이다.

치료놀이는 재미있고 매력적이고 친숙하며 신체적 · 대인관계적인 활동을 이용한 중점적이고 단기간의 개입방법이다.

전버그(Jernberg)는 데스 로리어스(Des Lauriers)와 발달놀이치료의 창시자인 브로디(Brody)의 새로운 접근 방법과 내용을 도입하여 '건강한 부모-영아 상호작용 프로그램'을 창안하였다. 이후 미국 시카고에서 헤드 스타트(Head Start) 프로그램에서

'건강한 부모-영아 상호작용 프로그램'을 바탕으로 새로운 접근의 효과를 입증하고 인정받게 되었다. 1970년에 '치료놀이(Theraplay)'라 칭하게 되었고 치료놀이는 정서장애, 조절장애, 행동장애, 전반적 발달장애 등의 모든 유형의 아동문제를 부모-아동간의 관계 형성에 초점을 두고 치료해 나갔으며, 치료대상 연령도 아동부터 성인까지로 삼고 있다(성영혜, 2000).

치료놀이는 초기 자아의 경험이 신체에 대한 인식으로부터 시작되고, 신체에 대한 인식은 믿을만한 성인과의 신체적 접촉을 통해 이루어진다고 본다. 신체에 대한 인식은 어머니가 해 주는 신체적 접촉 그리고 놀이와 애정표현을 통해 이루어진다. 예를 들면, 아기를 안고 흔들어 주고, 젖먹이고, 기저귀를 갈아주고, 눈맞춤 등을 통해 나타난다. 따라서 치료놀이는 놀잇감이나 장난감이 전혀 필요 없으며, 신체적 접촉을 통해서 신체적 자아에 대한 인식을 높여주는 것이다. 아동의 신체적 자아에 대한 인식을 높여줌에 따라 자신을 긍정적으로 인식하고, 성인과의 애착관계가 재형성되며, 사회성을 증진시켜 줄 수 있는 것이다.

치료놀이에서는 아동에게 애착, 자기존중, 신뢰, 흥미로운 참여를 증진시키고 건강한 상호작용을 하도록 격려하는 것이다. 즉 아동의 부적합한 해결방식과 행동을 건강하고, 창조적이고, 연령에 적합한 내용으로 바꾸도록 돕고, 자기 존중감을 향상시키며, 아동과 양육자 간의 관계를 향상시키는 것을 목적으로 하고 있다. 또한 치료놀이는 현재 시점인 '지금-여기'에서 무슨 일이 일어나는지에 초점을 두고 있다. 매 세션마다 항상 재미있고 흥미로워야 하며 상처를 주어서는 안 되는 것을 바탕으로 한다. 만약 상처가 있다면 치유되어야 하고 공동으로 함께 참여해야 하는 것이 바로 치료놀이라 할 수 있다(성영혜, 2000).

2. 학령기 아동의 생활변화 및 연구동향

1) 학령기 아동의 의미

가정에서의 부모 역할이 강조되는 영아기, 유아기를 거치면 누구나 6세에서 12

세까지의 아동기를 시작하게 되는데 이 시기를 학령기(school age)라고 한다. 학령기에는 부모의 영향보다는 또래의 영향을 더 많이 받게 되는 사회화의 특성을 보인다. 흔히 학령기가 되면 혼자서 모든 것을 다 할 수 있는 독립의 시기로 간주하게 된다. 초등학교에 입학하는 순간부터 독립적이어야 한다는 성인들의 이러한 생각이 학령기 아동들의 새로운 생활에 적응을 더욱 힘겹게 할 수도 있다. 학교에 입학한 첫해부터 성인의 보호 안에서 벗어나 열쇠를 목에 걸고 다니는 아동들이 늘고 있는 현실이 그 예라고 하겠다.

이 시기에는 생활적응에 필요한 기초능력을 습득하게 되는데 특히 근면성의 발달과 더불어 유능감을 경험함으로써 아동이 가족과의 관계를 벗어나 더 넓은 사회에서의 다양한 기능들을 익히게 된다. 즉 부모에게 전적으로 의존적이던 영유아기를 벗어나 외적인 사회 환경과의 관계가 형성되며, 많은 발달적인 변화를 가져오는 학령기는 책임감 있는 사회인으로 성숙하도록 도움을 받는 중요한 시기이므로 인간발달의 전 생애를 볼 때 역시 중요한 의미를 갖는다고 하겠다.

아동들은 계속해서 발달하는 미성숙한 존재임에도 불구하고 방과후에 혼자 남겨지는 학령기 아동에 대한 관심과 노력이 영유아기의 보육만큼 적극적이지 못하다는 현실은 현대사회의 중요한 과제로 인식해야 한다.

2) 학령기 아동의 생활변화

학령기 아동의 생활이라고 하면 오전부터 시작되는 학교생활과 그 외의 시간에 보내는 활동들을 포함한다. 물론 여기에는 가정에서의 생활도 포함이 되지만 유아기와는 다르게 대부분 혼자서 해야 되는 일들을 경험하게 된다. 그러한 경험에는 아침에 일찍 일어나기부터 학교에서 귀가하기까지 아동이 책임져야 하는 일들이 포함된다.

부모의 도움을 많이 받던 유아기의 생활에서 학령기가 되면서 점차 독립적이며 자발적인 생활로 바뀌게 된다는 것이다. 이 외에도 아동들이 경험하는 생활의 변화를 살펴보면 다음과 같다.

1991년 한국갤럽조사연구소에 의하면, 아동의 여가시간을 보내는 방법으로 TV 시청(69.4%), 운동 · 게임하기(51.3%), 독서하기(47.8%), 이야기 · 실내놀이하기(38.0%),

잡지 · 만화보기(34.9%)의 순으로 나타났으며 이외에도 애완동물과 놀기 등으로 일상생활의 구조를 나타냈다.

한편 초등학생의 방과후 실태에 관한 최근 연구에서(장혜자 외, 2001) 나타난 학년에 따른 방과후 활동의 유형을 보면 저학년의 경우 우선 순위가 숙제였고, 다음으로 TV시청, 학원다니기, 컴퓨터 오락, 운동 등의 순서였다. 반면에 고학년의 경우는 TV시청, 학원다니기, 컴퓨터 오락, 취미활동 등의 순서로 나타났다. 또한 학원에 다니는 여부에 있어서 저학년의 경우 69.8%, 고학년의 경우 66.5%를 보였다.

「통계로 본 한국아동상황 2001」 보고서에서도 전체 초등학생의 67.2%가 학원에 가는 것으로 나타났다. 뿐만 아니라 학령기 아동의 일상생활에서 학원에 가는 시간, 독서하는 시간이 평균 2.2시간, TV시청 시간이 평균 2.0시간, 친구와 노는 시간, 집에서 인터넷/컴퓨터를 하는 시간이 평균 1.7시간으로 나타났다.

한편, 오늘날의 학령기 아동들은 CD-ROM, 인터넷을 이용하여 가정에서 숙제를 해야 하므로 컴퓨터 사용에 익숙하다. 컴퓨터 채팅 친구가 있는 경우도 있으며, 이동전화를 소유하고 있는 아동도 많이 생겨나고 있는 추세이다. 즉 과거 아동들이 경험하지 못했던 정보매체의 경험이 일상생활 가운데 많은 부분을 포함하고 있음을 알 수 있다.

이와 같이 정보화의 추세에 따라 아동들의 생활환경이 달라지고 있으며, 이는 아동들의 생활지도가 더욱 어려워지는 이유가 되고 있다. 학원을 다니는 일이 보편화되어 가고 있다는 측면에서도 아동기에 주된 일상생활이 학업에만 맞춰지고 있다는 점에서 아쉬움을 갖게 한다.

이 시기의 아동들은 또래관계를 포함한 학교생활에서 많은 만족도를 얻을 수 있다. 저학년의 경우는 가족과 함께 놀이하는 시간이 즐거운 일로 간주될 수 있으며 짧은 시간이지만 가족과 함께하는 시간이 아동들의 일상생활 구조에 포함되어 있다.

소아정신과 전문의에 의하면 아동들은 어떤 상황이 익숙하지 않거나 두렵거나 고통스러울 때 또는 자신이 없거나 싫은 것을 해야 할 때 스트레스를 느낀다고 한다. 이러한 관점에서 볼 때 과거에 비해 줄어들고 있는 신체활동(운동, 게임 등)이 이 시기의 정신 · 신체건강을 위해 필수요소임을 간과해서는 안 될 것이며, 아동의 여가활용의 문제점을 찾아내어 아동들의 여가생활에 대한 보완적인 노력이 요구된다.

3) 학령기 아동에 대한 연구동향

학령기 아동과 관련된 최근 연구들 특히 국내연구들을 살펴봄으로써 이 시기에 나타나는 다양한 변화들에 관심을 갖도록 하려고 한다. 여기서는 아동의 신체적, 지적, 정의적 발달특성으로 구분하여 제시하고자 한다.

(1) 신체적 발달특성

일반적으로 완만한 상승곡선을 보이는 이 시기의 신체발달 특성과 관련된 최근 연구들을 보면 신체발육의 측면보다는 주로 건강에 관심이 모아지고 있음을 알 수 있다. 이는 아동들의 신체적 조건이 과거에 비해 좋아지기는 했지만 외형적인 요인에 불과하며 건강, 민첩성, 지구력, 활동성 등이 떨어졌기 때문일 것이다.

과거 우리나라에서의 영양문제는 영양결핍증에 초점을 맞추었으나, 경제성장과 함께 영양과잉으로 인한 비만이 과거에 비해 우리나라 아동의 비만 발병률이 증가하면서 이와 관련된 연구가 점점 늘어나고 있다. 소아비만이 오늘날에는 새로운 건강문제로 대두되고 있다.

초등학생의 비만과 관련된 스트레스, 우울 또는 자아존중감 및 체력을 살펴보는 연구 등이 주를 이루고 있다. 이 외에도 비만도를 중심으로 한 영양태도나 영양섭취상태 등에 대한 비교연구(승정자 외, 1998)라든가 비만과 체력에 관계된 연구 등이 있다.

또한 과거에는 볼 수 없었던 아동들의 흡연에 관한 연구가 되고 있다는 것은 놀라운 일이다. 물론 아직까지는 고학년을 대상으로 한 연구들이 대부분이지만 그 가운데에도 흡연의 초기 경험이 3학년 이전에 있었음을 나타내는 연구(이윤재 2001)가 있으며, 초등학생의 흡연에 대한 지식과 태도를 높이는 흡연예방교육에 관한 연구(서교순, 2001)도 있다.

아동의 신체적 조건은 영양이 풍부한 음식만으로 보충되어질 수 없으며 반드시 규칙적인 운동이나 다양한 신체활동을 적절히 병행해야 한다. 따라서 성장기에 있는 학령기 아동의 건강 및 신체발달을 위해 가정과 사회가 적극적인 관심을 갖고 예방할 수 있는 프로그램을 제공하는 노력이 요구된다.

(2) 지적 발달특성

학령기 아동들은 구체적 조작이 가능해지고 유창한 언어구사와 상징적인 형태의 표상능력이 생겨나는 고등한 인지과정으로 발달한다. 이러한 시기의 아동이 성취해야 할 과업 중 하나가 학업성취이며, 이는 자신감과 학교 적응과도 관련되기 때문에 학령기 아동을 둔 부모나 교사들은 아동의 지적 발달에 많은 관심을 갖게 된다.

피아제는 인지발달이 단계 의존적이며 가설을 세우고 그것을 검증하는 능력은 형식적 조작기에 이르러서야 생겨난다고 하였다. 그러나 인지발달의 분야에서의 최근 연구를 보면, 초등학교 저학년 아동들이 피아제의 주장보다 더 풍부한 논리적 사고능력을 가지고 있다고 밝혀졌다(Broke, 19751; Garey, 1985; 서봉임, 1988; 이문남 외, 2001, 재인용). 또한 인지발달을 보는 관점도 단계의존적 관점에서 벗어나 습득된 구체적 지식개념들 사이의 통합 정도에 의존하는 관점으로 변화하고 있다.

한편 아동의 인지발달에 대한 사회적 맥락의 영향에 관심이 있는 연구자들은 아동이 공동의 문제해결을 위하여 다른 사람들과 상호작용하는 동안 인지적 능력의 향상에 관심을 두었다(Ellis & Gauvain, 1992). 이와 같은 관심은 또래 협력학습 경험과 관련된 문제해결 능력에 관한 국내 연구들(김정섭, 1994; 조희숙 외, 1995; 김민화 외, 2001)을 통해서 보여지고 있다.

이 시기의 아동들이 일상생활에서 자주 접하는 컴퓨터 게임은 아동의 공간기술 및 기억능력에 영향을 미친다고 밝혀지고 있다. 또한 유현숙 외(1999)에 의하면 지식기반 사회에서 요구되는 일반능력은 컴퓨터 활용 등 정보처리 기술과 정보활용 능력이 가장 중요한 능력이 될 것으로 전망하였고, 문제해결 능력과 의사소통 및 대화능력이 2, 3 위의 순으로 나타났다.

도덕성의 인지적인 측면과 관련된 연구는 규칙준수에 대한 신념, 연령이 많아질수록 도덕 판단 수준이 높아짐을 밝히고 있는 연구, 도덕 자아, 정체성에 관한 연구들이 많이 이루어지고 있다.

학업에 관한 연구들을 보면 스트레스, 자아존중감, 자아정체감 등 정의적 발달특성과 연관된 연구들이 주를 이루고 있음을 알 수 있다.

따라서, 이 시기의 아동들이 다양한 매체에 대한 경험과 관심을 갖도록 할 뿐만 아니라 상황에 따른 다양한 문제해결 능력을 기르도록 격려해 주고 지원해 주는 노력이 요구된다.

(3) 정의적 발달특성

부모와 친구를 포함하여 다양한 사람들과 관계를 경험하게 되는데 이러한 경험은 학령기 아동의 정의적 발달특성에 영향을 미친다. 특히 가족은 사회화의 역할을 돕는 중요한 대상이 된다. 아동은 가족 간의 관계와 경제적 지위 그리고 가족을 둘러싼 근접환경은 아동의 발달에 영향을 미친다. 이러한 가족과 관련된 연구들을 보면 부모의 양육행동, 어머니 관련변인 등은 아동의 자아개념과 사회적 능력과의 관련성을 밝히고 있다. 또한 자녀양육에 있어서 아버지가 효과적인 역할 수행을 할 때 자녀의 사회적 적응력이 높아진다는 연구(윤서영, 1999)가 있으며, 공격행동, 과잉행동, 위축행동 등과 같은 아동의 문제행동의 원인으로서 부부갈등의 역할을 다양하게 설명할 수 있음을 시사하는 연구(권영옥 외, 1999)도 있다.

한편, 또래관계는 성공적인 사회적 상호작용을 위해 기본적으로 요구되는 사회적 기술을 훈련시키며, 아동에게 사회적 지원과 안전감을 느끼게 한다. 또래집단은 연령과 흥미 등이 비슷한 아동끼리 구성되며, 특히 이 시기에 중요한 사회화 역할을 하는 대상 집단이기도 하다. 또래관계에 관한 연구를 보면, 학교생활에 대한 영향을 밝힌 연구(이호선, 2001; 이은해 외, 2001)가 있으며 대인관계, 사회적 기술, 자아개념, 친사회적 행동에 관한 연구(심희옥, 2000; 심희옥, 2002) 등이 있다. 이외에도 또래관계와 더불어 부모와의 관계 중요성을 시사하는 연구들도 있다.

최근들어 입시경쟁의 상향화로 초등학생의 과열학원, 교육관계 문제가 도출되고 있다. 이와 관련되어 학교폭력, 왕따 등의 신조어가 생성되고 있으며 더불어 고립아동 문제가 생활지도의 문제로 대두되고 있다. 즉 인간관계에서 소외되어 고립생활을 하는 아동들이 늘어나는 추세이다. 이러한 고립아동들의 특성은 사회적 조망능력, 사회적 문제해결력 및 도덕적 추리력의 발달 수준이 뒤떨어지기 때문이며(허승희, 1992; 이종락, 2000 재인용), 사회적 문제해결 능력은 인성의 기초가 형성되

는 학령기에 중요한 과제가 된다. 이와 같은 문제는 결국 학교생활 적응과 근면성 발달에 영향을 미치게 되며, 이에 대한 연구도 초등학생들의 인간관계와 그 과정에서 형성되는 고립아동의 인간관계를 관찰하여 그 행동특성에 따른 고립의 과정과 원인을 밝히고자 하는 연구(이종락, 2000)도 있으며 이외에도 고립아동과 관련된 연구들(김수미, 1997; 박정숙, 2000)이 계속 늘어나고 있다.

아동의 정서발달은 아동이 점차 건전한 성으로 성장하는데 중요한 특성이 된다. 하지만 입시의 열풍이 상향화되고 있으며 부모의 주 관심이 학업성취가 됨에 따라 아동의 정서나 성격 발달이 부정적인 영향을 받고 있다는 점은 부정할 수 없는 현실이다. 이와 같은 이유로 학령기 아동들의 스트레스에 관한 관심이 높아지고 있으며 이에 관한 연구도 활발해지고 있다. 스트레스에 관한 연구들을 보면 아동들의 다양한 요인들, 예컨대 여가생활, 외모, 학업성적 등에 관한 고민유형과 스트레스 정도와의 관계(신수미, 2002)에 관한 연구가 있으며, 스트레스 대처행동에 관한 연구(박진아 외, 2001; 홍강의, 1998) 등이 있다.

이 시기의 스트레스 경험은 아동들의 입장에서는 매우 중요할 수 있으며 학교생활 적응에는 심각한 장애가 될 수 있다. 이 시기에 두드러지는 또 다른 정서문제 가운데는 분노나 우울 양상과 관련된 연구들(백미진, 2002; 정길정, 1995; 윤명화, 1997)도 있다. 정체성 및 독립심을 추구하는 시기의 아동들에게 있어서 분노의 표현법을 배우는 건 매우 중요한데 프리버그(Freeberg, 1982)에 의하면 분노의 적절한 표현방법을 배운 적이 없는 아동들은 자신이 환경에 비효율적으로 대처한다고 지각하며 이들에게 있어서 분노는 좌절, 우울, 의존성과 특히 강한 연관성을 가져서 결국 사회적으로 바람직하지 않은 방식으로 표출되기 쉽다고 한다(백미진, 2002).

이외에도 지금까지의 연구들과는 다른 관점에서의 연구로서 아동기는 물리적 환경보다 심리적 환경의 영향이 더 크며, 사후 치료적인 접근보다는 사전 예방적인 접근에 의할 때 아동의 복지증진에 기여할 수 있다는 점을 시사하는 아동의 심리적 복지척도 개발에 관한 연구(최진원 외, 2002)도 있다. 따라서 이 시기의 정의적 발달특성은 신체적, 지적 발달 특성보다 새로운 현상들이 계속해서 도출되며, 이는 곧 연구의 주 관심 분야가 됨을 알 수 있다.

종합하여 볼 때, 학령기 아동의 신체적, 지적, 정의적 발달 특성에 대한 최근 연구들의 동향을 살펴봄으로써 우리나라의 사회·환경변화에 따라 아동들의 발달특성을 알 수 있다. 특히 정의적 발달특성에 나타난 연구들은 다른 영역과는 다른 다양한 양상을 보이는 만큼 그에 따른 과제를 제시한다고 하겠다. 아동의 정서발달과 정신적인 건강을 위해 성인들의 관심과 적극적인 실천적 노력이 필요함을 알 수 있다. 따라서 학령기 아동에 대해 간과하고 있는 중요한 의미와 현 상황을 숙고해야 한다. 왜냐하면 이들은 전 생애주기로 볼 때 단 한번 뿐인 중요한 시기를 살아가고 있기 때문이다.

3. 학령기 아동의 발달특성 및 발달과업

1) 학령기 아동의 발달특성

학령기의 아동들은 신체적으로나 지적·정의적으로나 많은 변화를 가져오는 시기이다. 다음에 제시되는 아동의 특성은 발달이론에 근거하여 이 시기가 인생에서 얼마나 중요한 시기인가를 이해하도록 돕는다고 하겠다.

(1) 신체적 발달특성

아동기의 신체발달은 이전 시기에 비해 느린 속도로 발달하는 완만한 상승곡선을 나타내지만, 신장과 체중은 크게 증가하며 신체적인 성숙에 있어서 같은 연령대의 아동이라도 신장이나 체중, 신체균형에 있어서 개인차가 현저하게 나타난다.

이 시기에는 점차 힘도 세어지고 지구력이 길러지며, 특히 고학년이 되면 성적발달에서도 두드러진 변화가 나타난다. 이러한 성적발달에 있어서는 여아들이 남아들보다 더 빠른 성숙을 나타낸다. 교육통계연보(2002)에 나타난 초등학생들의 표준신장과 체중은 〈표 5-2〉와 같다.

표 5-2 초등학생들의 표준 신장과 체중

구분	키 (cm)		몸무게 (kg)	
	남	여	남	여
6세	120.3	118.8	23.5	22.4
7세	126.2	124.8	26.9	25.5
8세	131.4	130.3	30.3	28.7
9세	136.8	136.2	34.1	32.5
10세	142.2	142.65	38.1	36.8
11세	148.2	149.1	42.7	41.8

* 출처 : 교육통계연보(2002). 「학생표본신체(체격) 검사현황(2001)」

이 시기의 운동능력 발달을 보면, 이미 가지고 있던 기술이 더 정교해지며 협응력이 향상된다. 갈러휴(Gallahue)의 연령별 운동발달단계(오연주 외, 2001)에 의하면, 초등학교 저학년(6~9세) 시기에는 일반적인 운동(general movement) 능력이 발달하게 되며, 기초적인 동작발달 단계보다 각종 동작을 정확하게 할 수 있게 된다. 초등학교 고학년(9~11세)이 되면 보다 세분화된 운동(specific movement) 능력이 발달하며 복합된 동작기술이 나타난다.

또한 이 시기에는 대상의 위치나 움직임을 정확하게 예측하고, 자신의 몸을 지각한대로 빨리 움직이는 능력이 발달된다. 따라서 야구, 축구, 발야구 등과 같이 순간의 판단력과 재빠른 몸놀림을 요구하는 운동경기가 가능하다.

이와 같이 이 시기의 신체적 발달특성은 신체균형에 있어서의 현저한 개인차와 세분화된 운동능력이 발달한다는 것을 알 수 있다.

(2) 지적 발달특성

이 시기의 지적 발달에서 지각의 정확성은 연령이 증가함에 따라 객관적인 인지력이 향상된다. 읽기, 쓰기, 셈하기는 물론 논리적이고 과학적인 사고가 가능하며, 학업에 열중하게 된다. 피아제는 이러한 시기를 구체적 조작기(concrete operational stage)라고 하였으며, 또래와의 상호작용이 증가하면서 자기중심적 사고가 감소하는 시기로 보았다.

이 때는 보존개념이 획득되며 가역적 조작의 획득과 더불어 논리적으로 문제해결이 가능하게 된다. 뿐만 아니라 아동의 연령이 증가하면서 지각하는 정보를 분류하는 능력, 기억전략법, 기억된 자료의 목록을 만들어 조직화하는 능력 등의 상위기억에 대한 이해력이 점차 향상된다. 즉 자신의 기억과정을 이해하고, 어떤 요인들이 기억에 영향을 주며, 기억하기 위해 어떤 상황에서 의식적 노력을 해야 하는가를 아는 상위기억에 대한 발달적 진보를 보인다(Yussen & Levy, 1977; 이재분 외, 2000, 재인용)는 것이다.

피아제가 가역성이라는 논리적 개념에 의해 아동의 지적 발달과 과제 해결능력을 이해하고자 하는데 대해 최근의 정보처리이론가들 사이에서는 비판이 제기되고 있다. 이들은 실제로 과제를 해결해 나가는 과정에서 아동이 보여주는 지적 역량에 의해 구체적 조작기 아동의 지적 능력의 발달을 고려해야 한다고 주장하고 있다(송명자, 2001).

학령기의 지적 발달의 대표적인 특징의 하나는 자신의 의사소통 및 학습의 도구로 인식할 정도로 언어능력이 현저하게 발달된다는 점이다. 즉 다른 사람들의 입장이나 사고를 이해할 수 있는 조망수용 능력이 생기면서 보다 효율적으로 의사소통을 할 수 있게 된다.

콜버그(Kohlberg)는 인습수준(conventional level)이라 하여 이 시기를 조화로운 대인관계지향 단계와 법과 질서지향의 단계로 보았다. 즉 학령기 아동은 다른 사람들과 보낼 시간이 많아짐에 따라 도덕적으로 그들을 만족시키는 일과 칭찬받는 경험을 하게 되며 점차 법과 절서의 권위 및 책임을 존중하는 도덕적 성숙의 과정을 경험하게 된다. 이와 같이 피아제도 이 시기를 객관적 결과를 중시하는 타율적 도덕성 단계(5~10세)와 자신의 도덕적 판단을 중시하는 자율적 도덕성 단계(10~11세)로 구분하였다. 환경의 영향과 인지적 발달의 개인차로 사람들이 이 단계를 거치는 시기는 각각 다르나 순서는 항상 고정불변이라는 것이 이들의 주장이기도 하다.

(3) 정의적 발달특성

학령기는 유아기에 비하여 조용하고 정서발달이 안정되므로 무관심하기 쉬운 시기여서 잊혀진 시기라고도 한다(김진영 외, 2000). 이러한 시기를 프로이드는 아동의 욕구갈등이 비교적 조용히 억압되는 잠복기(latency stage)의 단계로서 이 시기 아동은 운동이나 게임 등과 같은 또래 아동들과의 사회적인 활동에 에너지를 발산한다고 보았다.

한편, 마틴(Martin)과 레이게루스(Reigeluth)(1999)는 학교학습을 통해서 길러야 할 정의적 특성의 발달을 6개의 영역으로 구분하고, 각각의 영역에서 가르쳐야 할 교육의 요소로 지식, 기능, 태도를 제안하였는데 이 가운데 감정적 발달은 자신과 타인의 감정과 정의적인 평가를 이해하고 그러한 감정을 처리하는 것을 배우고 원하는 것을 말한다(이재분 외, 2000). 예컨대, 다른 사람들도 나처럼 기쁨과 분노를 느낀다는 것을 아는 것은 지식의 예가 된다.

이 시기의 아동은 자기의 다양한 감정들을 적절한 방법으로 표현하면서 때로는 다른 사람에게 전달할 수 있게 되며, 다른 사람의 생각이나 감정의 표현을 수용할 수 있기도 하다. 물론 이처럼 다른 사람의 입장을 이해하고 공감하는 능력은 학령기에 교육 및 다양한 경험을 통하여 터득되어질 수 있는 것이다.

에릭슨의 이론에 따르면, 이 시기는 자아성장의 결정적인 단계로서 근면성 대 열등감의 위기를 극복하기 위한 인지적, 사회적 기술을 요구하게 된다. 아동들은 가정과 학교생활에서 자신에게 주어진 과업을 수행하는 과정을 통해 근면성을 획득하게 되지만, 열등감 또한 아동기의 성격발달에 필요하다는 것이다.

이 시기에는 부모보다 또래집단과 함께 지내는 것을 더 좋아하게 되며, 많은 연구들의 결과를 통해서 또래집단이 부모 이상으로 중요한 영향을 미친다는 것을 알 수 있다. 또한 또래집단은 사회 · 정서발달에 있어 중요한 역할을 하여 아동의 건전한 성격발달에 공헌하게 된다.

이 시기의 또래관계는 연령발달에 따라 변화하는데, 아동은 초등학교 중기에 또래집단으로부터 가장 민감하게 영향을 받으며 사춘기에 접어들면서는 또래에 덜 따르게 된다고 한다(Constanzo & Shaw, 19661; 이재분 외, 2000, 재인용).

한편, 이 시기에는 신체적 · 정신적 성숙으로 인한 많은 심리적 갈등과 적응상의 문제를 안고 있는 시기로서 아동들의 스트레스가 높아질 수 있으며 특히 고학년이 될수록 신체적 외모, 또래집단의 수용여부, 학업성취와 관련된 자신감 등 자아개념과 관련된 요인들로 인해 이러한 가능성은 높아진다고 볼 수 있다.

학령기의 아동은 건강한 자아개념을 형성해야 한다. 그러기 위해서는 아동 자신이 속한 집단의 소속감, 자신을 가치 있는 사람으로 느끼는 가치감, 그리고 성취감을 가지도록 해야 되는데 이는 학교생활을 통해 자긍심과 자아개념이 발달하게 된다.

인간은 사회적 존재이며 타인과의 관계 속에서 삶의 활력을 얻는다. 그렇기 때문에 조화로운 삶을 살아가기 위한 적응력을 필요로 하는 것이며 이는 학령기의 건전한 정의적 발달특성에서 중요한 의미를 갖는다고 하겠다.

2) 학령기 아동의 발달과업

학교가 생활이 중심이 되는 이 시기에는 아동들의 전인적 성장과 발달을 도모하기 위해 발달 전반에 이들이 성취해야 할 과업들이 있다.

건강한 신체발달을 위해 바른 식습관 및 규칙적인 운동이 수반되어야 하며, 학업(7차 교육과정에 따른 각 과목별 내용학습)을 통한 자신감 및 창의적인 능력을 기르도록 학습이나 놀이에 즐겁고 적극적인 참여가 이루어져야 한다. 또한, 자신이 흥미로워하는 분야에 대해 탐구하고 구체적인 활동으로 연계시키는 노력을 해야 한다. 뿐만 아니라 타인과의 긍정적인 상호작용을 위해 자신의 정서표현을 조절해야 하며, 자신에 대한 가치감 및 근면성을 형성해야 하는 것 등이 이 시기에 꼭 성취해야 될 과업이다.

아동의 발달특성에 근거한 학령기 아동의 발달과업의 내용은 다음과 같이 제시되고 있다(서영숙 외, 2001, 재인용).

- 학령기 아동은 건강한 자아개념을 형성해야 한다.
- 학교 급우 및 또래와의 관계를 원활하게 맺고, 또래집단의 일원으로서 인정받고 신뢰하는 관계를 형성해야 한다.
- 학교생활 환경에 익숙해져야 하며, 교사와 원활한 관계를 형성해야 한다.
- 금전 사용에 관한 기술을 터득해야 한다.
- 아동 자신의 감정과 충동을 억제하고 타인의 입장에 서서 사태를 이해하고 판단하는 능력을 키워야 한다.

한편, 헤비거스트(Havighurst)는 초등학교 시기(6-12세)의 발달과업을 다음과 같이 제시하고 있다(교육학대백과사전, 1998).

- 일상적인 활동에 필요한 신체적 기술을 습득한다.
- 성장하는 자기 자신에 대한 건전한 태도를 형성한다.
- 같은 연령의 친구와 사귀는 법을 배운다.
- 읽기, 쓰기, 셈하기의 기본 기술이 발달한다.
- 일상생활에 필요한 개념을 발달시킨다.
- 양심, 도덕가치 척도가 발달한다.
- 남녀간의 적절한 성역할을 학습해 나간다.
- 독자적인 행동습관을 형성한다.
- 사회집단과 제도에 대한 태도가 발달된다.

이와 같은 발달과업의 내용을 정리해 보면 다음과 같다.

신체 · 운동능력의 발달 측면에서는, 활발한 신체활동과 올바른 식습관을 통해 건강한 신체발달 및 운동능력을 기른다. 인지적 발달 측면에서는, 구체적 조작기에 요구되는 인지적 과제를 수행하며 자신만의 독자적인 행동습관을 형성한다. 사회 · 정서적 발달 측면에서는 자신과 가족 또는 또래관계를 통해 긍정적인 자아개념을 발달시킨다. 또한 또래와의 관계, 학업 수행 등을 통해 근면성을 발달시키며 학교생활 적응과 학업성취에 관한 자신감을 기른다.

이상에서와 같이 학령기 아동들이 성취해야 할 발달과업들은 학교에서나 방과 후 보육의 장에서나 교육의 목표가 되어야 하며, 실천이 될 때 전인적인 성장의 기반 위에 개성을 추구하는 사람이 될 수 있으며, 창의적인 능력을 가진 사람으로 이 사회에 긍정적인 기여를 할 수 있게 될 것이다.

생각해 보기

1. 학령기 아동을 이해할 수 있는 발달이론은 어떤 것들이 있는지 생각해 보자.

2. 학령기 아동의 발달 특성에 대해 생각해 보자.

3. 학령기 아동의 발달과업에 대해 생각해 보자.

제 6 장

초등학교 교육과정의 이해

1. 초등학교 교육과정의 기본방향
2. 초등학교 교육과정의 편제와 시간
3. 초등학교 교육과정 편성 및 운영
4. 교과별 교육과정 편성

국가 교육과정은 학교교육의 방향을 제시하고, 초 · 중등교육의 경쟁력을 강화하기 위한 것이다. 교육과정이 보다 포괄적이며, 실효성 있는 기준으로서 학교교육 전반을 이끌기 위해서는 교육과정 전반에 대한 진단과 함께 교육과정 개선에 대한 공감대 형성이 중요하다. 이를 위해 2007년 개정 교육과정의 고시를 전후로 하여 2007년 10월부터 2009년 2월에 걸쳐 두 차례의 '국가교육과정포럼'을 추진하였다. 두 차례의 국가교육과정 포럼과 교육과정 선진화 개혁방안연구를 발판으로 대통령직속 국가교육과학기술자문회의의 교육과정 특별위원회는 초 · 중등학교 교육과정의 미래 적합성을 제고하기 위하여 '미래형교육과정'을 구상하면서 '글로벌창의인'을 학교교육이 추구하는 인간상으로 설정하였다.

미래형 교육과정 구상의 주안점은 교육과정 적합성 제고, 교육과정의 적정화, 교육과정의 다양화, 교육과정의 자율화, 교육과정의 책무성 강화이다. 이를 바탕으로 초 · 중등학교 교육과정 개선에서는 첫째, 과잉규제완화 학교교육과정편성 · 운영의 자율성 확대, 둘째, 공통교육과정과 선택교육과정의 합리적 범위설정, 셋째, 학습자 지식 사회측면에서 교육내용의 적합성 확보, 넷째, 학년군간 · 학교급간 · 교과간 계열성과 통합성 제고에 중점을 두었다.

1. 초등학교 교육과정의 기본방향

우리나라의 교육은 초 · 중등학교 교육과정 총론에 의하면, 홍익인간의 이념 아래 모든 국민으로 하여금 인격을 도야하고, 자주적 생활 능력과 민주 시민으로서 필요한 자질을 갖추게 하여 인간다운 삶을 영위하게 하고, 민주 국가의 발전과 인류 공영의 이상을 실현하는 데 이바지하게 함을 목적으로 하고 있다.

이러한 교육 이념을 바탕으로, 2009 개정 교육과정의 방향은 학생의 지나친 학습부담을 경감하고, 학습흥미를 유발하며, 단편적 지식 · 이해교육이 아닌 학습하는 능력을 기르도록 하고 지나친 암기 중심교육에서 배려와 나눔을 실천하는 창의인재를 육성하는 교육으로의 변화를 추구하는 것이다.

2009 개정 교육과정에서도 이러한 틀을 유지하면서 미래사회에서 요구하는 핵심 역량 등을 강조하여 인간상을 새롭게 제시하였다. 그 구체적인 내용은 아래와 같다. 이는 교육기본법(제2조)에 제시된 교육 이념을 바탕으로 2009 개정 교육과정이 추구하는 인간상을 구체화하여 제시한 것이다.

개정 교육과정에서 추구하는 인간상으로는 첫째, 전인적 성장의 기반 위에 개성의 발달과 진로를 개척하는 인간상, 둘째, 기초 능력의 바탕 위에 새로운 발상과 도전으로 창의성을 발휘하는 인간상, 셋째, 문화적 소양과 다원적 가치에 대한 이해를 바탕으로 품격있는 삶을 영위하는 인간상, 넷째, 세계와 소통하는 시민으로서 배려와 나눔의 정신으로 공동체 발전에 참여하는 인간상에 중점을 두고 있다.

개정 교육과정에서 추구하는 인간상을 구현하기 위한 교육과정 구성 방침은 다음과 같다.

첫째, 배려와 나눔을 실천하는 창의적인 인재를 기를 수 있도록 교육과정을 구성한다.

둘째, 이 교육과정은 초등학교 1학년부터 중학교 3학년까지의 공통 교육과정과 고등학교 1학년부터 3학년까지의 선택 교육과정으로 편성한다.

셋째, 교육과정 편성 · 운영의 경직성을 탈피하고, 학년 간 상호 연계와 협력을 통한 학교 교육과정 편성 · 운영의 유연성을 부여하기 위하여 학년군을 설정한다.

넷째, 공통 교육과정의 교과는 교육 목적상의 근접성, 학문 탐구 대상 또는 방법상의 인접성, 생활양식에서의 연관성 등을 고려하여 교과군으로 재분류한다.

다섯째, 선택 교육과정에서는 학생들의 기초영역 학습 강화와 진로 및 적성 등을 감안한 적정 학습이 가능하도록 4개의 교과 영역으로 구분하고, 필수이수단위를 제시한다.

여섯째, 학기당 이수 교과목 수 축소를 통한 학습부담의 적정화와 의미 있는 학습활동이 전개될 수 있도록 집중이수를 확대한다.

일곱째, 기존의 재량활동과 특별활동을 통합하여 배려와 나눔의 실천을 위한 '창의적 체험활동'을 신설한다.

여덟째, 학교 교육과정 평가, 교과 평가의 개선, 국가 수준의 학업성취도 평가 실시 등을 통해 교육과정 질 관리 체제를 강화한다.

개정 교육과정에서 초등학교의 교육은 학생의 학습과 일상생활에 필요한 기초 능력 배양과 기본생활습관을 형성하는 데 중점을 두고 있다. 초등학교 교육내용을 자세히 살펴보면 다음과 같다.

첫째, 풍부한 학습 경험을 통해 몸과 마음이 건강하고 균형 있게 자랄 수 있도록 하며, 다양한 일의 세계에 대한 기초적인 이해를 한다.

둘째, 학습과 생활에서 문제를 인식하고 해결하는 기초 능력을 기르고, 이를 새롭게 경험할 수 있는 상상력을 키운다.

셋째, 우리 문화에 대해 이해하고, 문화를 향유하는 올바른 태도를 기른다.

넷째, 자신의 경험과 생각을 다양하게 표현하며 타인과 공감하고 협동하는 태도를 기른다.

2. 초등학교 교육과정의 편제와 시간

1) 교육과정 편제

2009 개정 교육과정에서는 이전 교육과정과는 달리 일부 교과를 교육 목적이나 학문의 성격에 따라 '교과군'으로 묶어 제시하고 있다. 예로는 사회/도덕교과군, 과학/실과교과군, 예술(음악/미술)이 있다. 또한 학년 운영에 있어서도 초등학교 1학년부터 6학년을 각각의 독립된 6개 학년으로 분리하지 않고 1~2학년, 3~4학년, 5~6학년의 2개 학년씩 묶어 운영하는 '학년군'을 제시하고 있다. '교과군' 접근은 교과 편제와 수업시수 배정에 있어 교육과정 편성과 운영의 경직성과 폐쇄성을 탈피하여 교과 간 소통을 촉진하며 학생의 진로와 적성에 따라 탄력 있게 교육과정을 구성 · 운영할 수 있도록 하기 위한 것이다. '학년군' 접근은 학년 간 상호연계와

협력을 통하여 교육과정 편성 · 운영의 유연성을 부여하기 위한 것이다.

또한 기존의 창의적 재량활동과 특별활동을 통합하여 '창의적 체험활동'으로 편성하였는데, 이는 현행 교과 지식위주의 학교교육의 관행을 개선하고 전인적 성장이 가능한 학교교육을 구현하기 위한 것이다.

2009 개정 교육과정에서 초등학교 교육과정 편제의 내용은 교과(군)와 창의적 체험활동으로 편성하였으며, 교과(군)는 국어, 사회/도덕, 수학, 과학/실과, 체육, 예술(음악/미술), 영어로 한다. 다만, 초등학교 1, 2학년의 교과는 국어, 수학, 바른 생활, 슬기로운 생활, 즐거운 생활로 한다.

창의적 체험활동은 자율활동, 동아리활동, 봉사활동, 진로활동으로 한다.

2) 시간 배당기준

초등학교 교육과정에서 시간 배당기준은 다음과 같은 의미를 갖고 있다.

첫째, 초등학교에서 수업은 '시수제'로 운영되며 1시간 수업은 40분을 원칙으로 한다. 하지만 기후 및 계절, 학생의 발달 정도, 학습내용의 성격 및 학교실정 등을 고려하여 수업시간을 재구성하거나 블록타임제로 운영하는 등 융통성 있게 구성할 수 있다.

둘째, 2009 개정 초등학교 교육과정의 시간 배당기준에 제시된 수업시수는 기존 교육과정의 최소수업 시수와는 다른 방식을 취하고 있다. 즉, 기존 교육과정에서 교과 및 학년별 수업시수와 연간 총 수업 시간수는 모두 최소수업시수를 제시한 것이다. 그런데 2009 개정 교육과정에서 학년군 및 교과(군)별 시간과 학년군별 총 수업시간의 개념적 의미가 다르므로 시간 배당기준을 이원적으로 제시하고 있다. 말하자면 각 학년군별 총 수업시간 수는 '최소수업시수'를 의미하지만 학년군 및 교과(군)별 시간 배당은 연간 34주를 기준으로 한 2년간의 '기준수업시수'를 나타낸다. 예컨대 종전에 3학년 국어 교과의 238시간, 3학년 연간 총 수업시간수인 952시간은 각각 연간 최소수업시수를 나타낸 것이지만, 2009 개정 교육과정에서는 3~4학년 국어 408시간은 일정 범위 내 증감이 가능한 기준 수업시수이며, 학년군별 총 수업시간수인 1,972시간은 최소수업시수인 것이다.

즉, 학년군별 총 수업 시간 수는 '최소수업시수'이므로 단위학교에서는 반드시 그 이상 이수해야 하며, 수업시수 확보는 계획과 실적이 일치되도록 체계적으로 관리하여야 한다. 이에 비해 '기준수업시수'는 학년군별로 운영해야 할 각 교과군의 연간시수로, 이 시수를 기준으로 학생의 요구, 지역사회의 요구 등에 따라 수업시수를 조정하여 운영할 수 있도록 한 것이다. 이러한 '기준수업시수'의 제시는 단위학교에서 교과(군)별 수업시수의 20% 범위 내 증감운영을 가능하게 하여 학교교육과정 편성 · 운영의 자율성을 확보할 수 있는 기저가 되고 있다.

셋째, 3~4학년에 배당된 국어교과의 수업시수는 408시간이다. 이 수업시수는 주일 수업제 월 2회 실시에 따라 감축된 시간 수를 제시한 것이다. 이와 같은 시간 배당을 단위학교 교육과정에서 실현할 수 있는 방안은 3학년의 국어과 교육과정운영기준 수업시수를 204시간으로 하고, 학교 실정에 따라 교과서의 내용을 압축 · 재구성하여 운영하는 방법이나 기준수업시수를 238시간으로 하여 교육과정 운영상 적정하게 조정하여 운영하는 방법이 있다. 3 ~ 4학년 국어의 경우에만 기준수업시수가 408시간 또는 442시간이 된다.

넷째, 교과군의 설정으로 과학/실과 교과군이 제시되었는데, 3~4학년에서는 과학을 5~6학년에서는 과학/실과 교과군을 지도하게 된다. 즉 5~6학년군의 340시간에는 실과의 수업시수가 포함된 것이다. 이는 초등학교 고학년 단계의 학생들에게 실습노작을 할 수 있는 교육경험을 제공하는 것으로, 단위학교에서는 교과군 운영

시 교육과정 편성 · 운영시수를 고려하여 시간배당을 해야 할 것이다.

다섯째, 1~2학년군에 제시된 창의적 체험활동 수업시수 272시간에는 기존교육과정에서 입학 초기 적응 프로그램으로 1학년 학생들에게 지도하던 '우리들은 1학년'을 학교 자율적으로 운영할 수 있는 시수를 포함하고 있다. 이전까지는 초등학교 1학년 학생들의 입학 초기 적응교육을 위하여 3월 한 달 간 '우리들은 1학년' 교과를 80시간 운영하였으나 2009 개정 교육과정에서는 별도의 교과를 두지 않고 학생의 요구, 지역사회의 여건 등을 고려하여 창의적 체험활동 시간에 학교 특성에 맞는 자율적인 프로그램을 적정시수로 운영할 수 있도록 하고 있다.

표 6-1 초등학교 시간 배당기준

<table>
<tr><th colspan="2">구분</th><th>1~2학년</th><th>3~4학년</th><th>5~6학년</th></tr>
<tr><td rowspan="7">교과(군)</td><td>국어</td><td>국 어
448</td><td>408</td><td>408</td></tr>
<tr><td>사회/도덕</td><td rowspan="2">수 학
256</td><td>272</td><td>272</td></tr>
<tr><td>수학</td><td>272</td><td>272</td></tr>
<tr><td>과학/실과</td><td>바른 생활
128</td><td>204</td><td>340</td></tr>
<tr><td>체육</td><td rowspan="2">슬기로운 생활
192</td><td>204</td><td>204</td></tr>
<tr><td>예술(음악/미술)</td><td>272</td><td>272</td></tr>
<tr><td>영어</td><td>즐거운 생활
384</td><td>136</td><td>204</td></tr>
<tr><td colspan="2">창의적 체험활동</td><td>272</td><td>204</td><td>204</td></tr>
<tr><td colspan="2">학년군별 총 수업시간 수</td><td>1,680</td><td>1,972</td><td>2,176</td></tr>
</table>

출처 : 교육과학기술부, 2009 개정 교육과정.

① 각 과목의 1시간 수업은 40분을 원칙으로 하되, 기후 및 계절, 학생의 발달 정도, 학습 내용의 성격 등과 학교 실정을 고려하여 탄력적으로 편성 · 운영할 수 있다.

② 학년군 및 교과(군)별 시간 배당은 연간 34주를 기준으로 한 2년간의 기준수업

시수를 나타낸 것이다.

③ 학년군별 총 수업시간 수는 최소수업시수를 나타낸 것이다.

④ 3~4학년의 국어과 기준수업시수는 주 5일 수업에 따라 감축된 시간 수이므로 학교에서는 442시간을 기준수업시수로 운영할 수 있다

⑤ 실과의 수업 시간은 5~6학년 과학/실과의 수업시수에만 포함된 것이다.

3. 초등학교 교육과정 편성 및 운영

초등학교 교육과정의 편성 내용을 자세히 살펴보면 다음과 같다.

첫째, 학교는 1학년 학생들의 입학 초기 적응교육을 위해 창의적 체험활동의 시수를 활용하여 자율적으로 입학 초기 적응프로그램 등을 편성 · 운영할 수 있다.

2007년 개정 교육과정까지 초등학교 1학년의 교육과정 편제에는 교과 영역에 '우리들은 1학년'이라는 교과가 제시되었으나 2009 개정 교육과정에서는 '입학 초기 적응프로그램'을 학교 자체적으로 '창의적 체험활동'을 통해서 편성 · 운영하도록 하였다. 이는 '우리들은 1학년' 교과 자체가 새로운 환경에의 원만한 적응을 목적으로 하는데 취학전 교육기관 및 교육기회의 확대로 인해 특정교과로 제시할 필요성이 줄어들었기 때문이다. 그러나 지역 또는 개별학습자에 따라 취학전 교육이 충분하지 못한 경우도 있다. 그러므로 지역특성이나 학생들의 요구에 적절하게 입학 초기 적응프로그램의 내용 구성과 운영은 융통성을 가져야 한다. 즉 창의적 체험활동 시수를 활용한 '입학 초기 적응프로그램'은 의무교육에 입문하는 모든 학습자로 하여금 학습의 출발점을 같게 하여 이후의 학습활동이 원활하게 이루어지도록 하기 위한 조치라고 볼 수 있다.

둘째, 학교는 모든 교육활동을 통해 학생의 인성과 기본생활습관을 형성할 수 있도록 교육과정을 편성 · 운영한다.

초등학교 교육은 기본적인 언어능력, 수리적 사고능력, 기초체력 탐구 능력 및

창의성 등과 같은 기초적이고 기본적인 교육을 충실히 하는데 중점을 두지만 또한 다른 사람과 더불어 살며 민주시민으로서의 자질을 갖추도록 하는 기본생활 습관의 형성 역시 중요하게 여긴다. 이러한 태도는 어린시절부터 습관화하도록 구체적인 체험과 실천을 통해 강조되어야 한다. 이를 위해 일상생활 속에서 기본생활습관과 예절 형성을 위한 반복적, 지속적 교육이 되도록 학교교육과정을 편성 · 운영하여야 하며, 학교에서의 교육이 가정 및 사회와 연계되도록 적절한 실천방안을 마련하여야 한다. 특히 2009 개정 교육과정에서는 체험중심의 창의적 체험활동을 도입하였는데, 이는 다양한 체험 봉사 진로교육에 기초하여 학생 상호간에 배려와 나눔을 실천하는 창의인재를 양성한다는 교육과정의 기본 취지를 살리고자 하는 것이다.

셋째, 각 교과의 기초적, 기본적 요소들이 체계적으로 학습되도록 계획하고, 정확한 국어사용 능력을 신장할 수 있도록 배려한다. 특히, 기초적 국어사용 능력과 수리력이 부족한 학생들을 위해 별도의 프로그램을 편성 · 운영할 수 있다.

초등학교 단계의 교과 측면에서 '기초'란 읽기, 쓰기, 셈하기 등과 같이 여러 교과를 터득하기 위하여 학습의 초기 또는 이전단계에 습득이 요구되는 밑바탕을 말하며 '기본'이란 각 학년 내에서 학습자가 도달해야 할 내용수준의 성취기준을 의미한다고 볼 수 있다. 1학년부터 9학년까지 9년 간의 공통교육과정은 국민 생활에 필요한 기초적이고 기본적인 교육내용을 동일 기간에 가르치기 위한 것이다. 특히 초등학교에서는 '학생의 학습과 일상생활에 필요한 기초적인 능력과 태도를 육성'하는데 중점을 두고 있으므로 기초 · 기본교육의 충실과 기본생활습관 형성에 역점을 두고 교육과정을 편성 · 운영하도록 하였다.

넷째, 학교의 특성, 학생 · 교사 · 학부모의 요구 및 필요에 따라 학교가 자율적으로 교과(군)별 20% 범위 내에서 시수를 증감하여 운영할 수 있다.

제3차 교육과정 이후 국가 교육과정에서는 학년별 · 교과별 수업시수를 연간 최소시수로 설정하여 왔다. 그런데 연간 최소시수는 학교교육과정에서는 연간 최소시수 위주로 이수하면 된다고 해석되는 등 학교교육의 성과관리와 학교교육과정의 자율적 편성 · 운영에 한계를 드러냈다. 이에 따라 2009 개정 교육과정에서는 '연간 최소수업시수'에서 벗어나 필요시 증감이 가능한 '기준수업시수'로 전환하였으며, 학교의 특성, 학생 · 교사 · 학부모의 요구 및 필요에 따라 학교가 자율적으로 교과군별 수업시수를 20% 범위 내에서 증감하여 운영할 수 있도록 하였다. 즉 교과군별 수업시수의 자율적 증감운영을 통하여 단위학교에서 보다 특색있는 교육과정을 편성 · 운영할 수 있게 되었다. 예를 들어 과제로 부과하던 내용을 학교에서 수업시간에 다룰 수 있다. 또한 민원 사항이나 실태조사, 진단평가 결과 학생들이 학습의 곤란을 느끼는 단원을 검토하여 충분한 이해와 학습이 가능하도록 해당 교과군의 시수를 증배하는 것도 하나의 방안이 될 수 있다.

다섯째, 초등학교에서는 학교의 여건과 교과(군)별 특성을 고려하여 학년, 학기별로 집중 이수를 통해 학기당 이수 교과 수를 감축하여 편성 · 운영할 수 있다.

2007년 개정 교육과정까지의 국가 교육과정에서는 초등학교 고학년의 경우 한 학기당 10개 교과를 학습하는 다교과 분산 이수제를 특징으로 하지만 이는 학생들의 학습부담 과중과 흥미 저하로 연결될 수 있다는 한계를 지니고 있다. 2009 개정 교육과정에서는 학습경험의 질을 높이고 학습 부담을 줄이기 위하여 교육과정의 효율성을 도모하였다. 구체적으로 학교의 여건과 교과군별 특성을 고려하여 교과의 이수시기를 특정 학년, 학기에 집중 편성 · 운영을 허용하는 교과집중 이수제를 도입하여 학기당, 주당, 일당 이수 교과수를 적정화할 수 있도록 하였다. 여기서 중등학교와 달리 초등학교에서는 집중 이수를 통한 학기당 이수 교과수를 강제하지는 않고 있다. 따라서 각 학교에서는 교사, 학생 및 학부모의 요구, 학교의 여건 등에 대한 충분한 실태파악과 논의를 통해 교과 집중이수 실시여부에 대해 합리적으로 결정해야 할 것이다. 또한 교과 집중이수에 따른 교육과정 편성시 각 교과군별로 계절적 특성 등이 나타나는 교육내용이나 학습소재 등에 유의하여 교육과정을 재구성하여 운영하여야 한다.

여섯째, 정보통신 활용교육, 보건교육, 한자교육 등은 관련 교과(군)와 창의적 체험활동 시간을 활용하여 체계적인 지도가 이루어질 수 있도록 한다.

2009 개정 초등학교 교육과정에서는 정보통신 활용교육, 보건교육, 한자교육 등을 학교에 따라서 관련 교과(군)시간 또는 창의적 체험활동 시간을 활용하여 지도하거나 관련 교과(군)시간과 창의적 체험활동 시간 모두를 활용하여 체계적인 지도가 이루어질 수 있도록 규정하고 있다.

정보통신 활용교육, 보건교육, 한자교육 등은 범교과 학습영역으로 설정되어 있는 것으로서 초등학교급의 특성을 고려하여 지도의 중요성이 부각된 것이다. 따라서 초등학교에서는 정보통신 활용교육, 보건교육, 한자교육 등이 관련 교과(군)와 창의적 체험활동 시간을 통해 의미있는 학습이 이루어질 수 있도록 한다. 따라서 교육과정에 제시된 정보통신 활용교육, 보건교육, 한자교육 등을 학교교육과정 편성 · 운영시 각 관련 교과 및 배려와 나눔의 창의적 인재를 기르기 위한 창의적 체험활동의 편성 · 운영과 조화를 이룰 수 있도록 노력한다. 학교에서는 정보통신 활용교육, 보건교육, 한자교육 등을 교육내용의 특성, 학교의 여건, 학생의 수준, 학교공동체의 요구를 반영하여 특정 학년군에 집중적으로 편성 · 운영하는 방안도 고려할 수 있다.

일곱째, 전입 학생이 특정 교과목을 이수하지 못할 경우, 교육청과 학교에서는 '보충학습 과정' 등을 통해 학습 결손이 발생하지 않도록 한다.

2009 개정 교육과정에는 학년군, 교과군 및 교과집중 이수제의 도입에 따라 교과목의 이수 시기, 학년이나 학기당 이수하는 교과목의 분량이나 내용 등이 학교마다 다소 달라질 수 있을 것이며, 이에 따라 일부 전입학생들이 교과미이수나 중복이수를 하게 되는 경우가 발생할 수 있다. 2009 개정 교육과정에서는 다음의 두 가지 방법을 통하여 이 문제를 해소할 수 있는 방안을 제시하였다.

① 학교는 학생이 학년군별로 이수해야 할 학년별, 학기별 교과목을 편성하여 안내한다. 학생과 학부모는 이를 고려하여 전출 학교의 교육과정과 전입학교의 교육과정 간의 차이로 인하여 발생하는 교과미이수나 중복이수의 여부를 확인할 수 있다.

② 관할 교육청과 학교는 교과집중이수로 인해 해당교과를 이수하지 못하는 경우에는 '학업성적관리지침' 등을 참고로 하여 해당 학생의 학습 결손이 생기지 않도록 교육방송이나 전자학습(e-learning), 보충학습과정 등을 통해 반드시 이수할 수 있도록 특별한 배려를 제공한다. 이때 보충학습과정은 학기 중이나 방학 중에 학생이 이수할 수 있는 시간에 제공하며, 관할 교육청과 학교에서는 적절한 방법을 통해 학생의 성취 수준 등을 확인하여 이수할 수 있는 방안을 강구하여야 한다. 또한 전학 등으로 교과중복수업을 받게 되는 경우에는 학생의 선택에 의해 이수교과를 면제하고 다른 교과 수업을 이수할 수 있도록 하는 방안 등을 강구해야 할 것이다.

여덟째, 학년을 달리하는 학생을 병합하여 복식 학급을 편성 · 운영하는 경우에는 교육내용의 학년별 순서를 조정하거나 공통 주제를 중심으로 교재를 재구성하여 활용할 수 있다.

소규모 학교에서는 2개 학년을 묶어 복식학급을 운영할 수 있으며, 복식학급의 수업운영을 위하여 학년 간 교육과정을 통합하여 운영할 수 있다. 즉 복식학급으로 묶여진 학년 간에 교육내용의 순서를 조정할 수 있으며, 공통의 주제나 공동의 과제를 선별하여 이를 수준별로 지도할 수 있도록 하는 주제통합형 교육과정을 편성할 수 있다. 이를 위하여 학교는 교재를 재구성하여 사용할 수 있다. 또한 소규모 학교에서는 교육시설 · 설비 인적 자원 등 교육여건과 환경이 충분하지 않다는 점을 고려하여 복식학급의 편성 · 운영을 위한 교육과정의 편성, 교재의 재구성, 교육자료의 개발 · 보급을 위해 교육지원청, 교과연구회 등의 지원이 적극적으로 이루어져야 할 것이다.

아홉째, 학교는 학생이 학년군별로 이수해야 할 학년별, 학기별 교과목을 편성하여 안내한다.

2009 개정 교육과정의 편제와 시간배당기준에서는 교과의 수업시수를 교과군별, 학년군별로 제시하였으며, 학교의 특성, 학생 · 교사 · 학부모의 요구 및 필요에 따라 학교가 자율적으로 교과군별 20%의 범위 내에서 시수를 증감하여 운영할 수 있도록 규정하였다. 이에 따라 각 학교는 학년군별로 이수해야 할 학년별, 학기별 교과목을 자율적으로 결정할 수 있게 되었다. 즉 교과목의 이수시기, 학년이나 학기당 이수하는 교과목의 분량이나 내용이 학교마다 다를 수 있다. 따라서 학교는 학교교육과정 문서 및 학교 홈페이지 등에 이를 안내하여 학생이나 학부모의 학습계획 설계를 돕고 전학 학생들의 편의를 도모하여야 할 것이다.

열째, 예술(음악/미술)은 음악과 미술 교과를 중심으로 편성 · 운영한다.

2009 개정 교육과정에서는 교과군을 도입함에 따라 음악, 미술교과를 교과군으로 제시하면서 그 명칭을 '예술(음악/미술)'로 하여 두 교과간 관련 성과 지향점을 '예술'에서 찾도록 하였다. 비록 음악과 미술이 모든 예술분야를 포괄하는 것은 아니지만 현재 초등학교 예술 교과의 경우 국가수준의 교육과정에는 음악과 미술교과가 제시되어 있으므로 이들 두 교과의 상호 보완적 교육을 통해 예술교육의 지향점에 도달하도록 노력해야 한다. 한편 예술교육 운영은 음악실이나 미술실 등 교과전용 교실에서 악기나 각종 교구를 사용하여 충분한 시간을 확보하면서 학생주도의

직접체험형으로 진행할 때 학생의 소질계발 등 성과를 높일 수 있을 것이다. 이를 위해 장학담당자는 교육과정을 충실히 운영해야 할 교사의 소양이 부족하지 않도록 교사능력별 필요에 따른 예술분야 연수가 학교차원에서 계획적으로 지원되도록 하여야 할 것이다. 한편 예술교과 내용의 연습 및 과제 등 학습활동에 있어서 불필요한 학부모의 부담이 없도록 관심을 가질 필요가 있다.

4. 교과별 교육과정 편성

초등학교 교육과정 가운데 초등학교 저학년 교과별 중심으로 편성내용을 살펴보면 다음과 같다.

1) 창의적 체험활동

2009 개정 창의적 체험활동 교육과정에서는 종래의 재량활동과 특별활동 영역을 학생의 체험활동에 초점을 두고 통합하여 학습자의 요구 및 시대 · 사회적 상황, 창의적 체험활동 편성 · 운영의 실효성을 고려하여 내용을 선정하였다. 2009 개정 창의적 체험활동 교육과정의 내용 체계는 학교급별로 구분하지 않고 초 · 중 · 고등학교의 내용을 묶어서 하나로 제시하였다. 창의적 체험활동의 내용 체계는 〈표 6-2〉와 같다.

표 6-2 창의적 체험활동의 내용 체계

영역	성격	활동
자율활동	학교는 학생중심의 자율적 활동을 추진하고, 학생은 다양한 교육 활동에 능동적으로 참여한다.	- 적응활동 - 자치활동 - 행사활동 - 창의적 특별활동 등

영역	성격	활동
동아리활동	학생은 자발적으로 집단활동에 참여하여 협동하는 태도를 기르고 각자의 취미와 특기를 신장한다.	- 학술활동 - 문화예술활동 - 스포츠활동 - 실습노작활동 - 청소년 단체활동 등
봉사활동	학생은 이웃과 지역사회를 위한 나눔과 배려의 활동을 실천하고 자연환경을 보존한다.	- 교내봉사활동 - 지역사회 봉사활동 - 자연환경 보호활동 - 캠페인활동 등
진로활동	학생은 자신의 흥미, 특기, 적성에 적합한 자기 계발활동을 통하여 진로를 탐색하고 설계한다.	- 자기이해활동 - 진로정보 탐색활동 - 진로계획활동 - 진로체험활동 등

〈표 6-2〉에서 보는 바와 같이 2009 개정 창의적 체험활동 교육과정에서는 4개의 영역인 자율활동, 동아리활동, 봉사활동, 진로활동을 구성하고 있다. 이러한 4개 영역은 창의적 체험활동의 기본적 특성을 제시한 것이라고 할 수 있다. 내용체계가 초 · 중 · 고등학교 구분없이 하나로 제시된 점을 감안할 때 단위 학교에서는 해당 학교급의 교육특성과 발달단계, 학교의 실정 등을 고려하여 창의적 체험활동 목표 달성에 적합한 활동내용을 선정하여 운영하는 것이 필요하다. 한편 〈표 6-2〉의 창의적 체험활동에 제시된 영역별 내용은 예시이므로 단위학교는 창의적 체험활동의 목표달성, 학교의 실정 또는 여건을 고려하여 국가수준 교육과정에 제시되지 않은 다양한 활동내용을 창의적으로 편성 · 운영할 수 있다.

2) 국어

(1) 성격

'국어' 교과는 한국인의 삶이 배어 있는 국어를 창조적으로 사용하는 능력과 태도를 길러 국어를 정확하고 효과적으로 사용하게 하고, 미래 지향의 민족의식과 건전한 국민 정서를 함양하게 하며, 국어 발전과 국어 문화 창달에 이바지하려는 뜻을 세우게 하기 위한 교과이다.

국어 교과에서 학습자는 국어 활동에 대한 지식을 바탕으로 담화 또는 글의 내용을 정확하고 비판적으로 이해하고, 사상과 정서를 효과적이고 창의적으로 표현하는 능력을 향상시킨다. 또 국어 현상을 탐구하여 국어를 깊이 있게 이해하고 국어에 대한 의식을 높인다. 그리고 문학에 대한 기본적인 지식을 바탕으로 문학 작품을 수용하거나 생산하면서 인간의 다양한 삶을 총체적으로 이해하는 능력을 기르고 심미적 정서를 함양한다. 이를 통해 국어 문화를 바르게 이해하고 존중하는 태도를 길러 성숙한 문화 시민의 소양을 기를 수 있다.

국어 교과의 교수 · 학습은 정확하고 효과적인 국어 활동, 국어의 발전, 그리고 국어 문화의 계승과 발전에 요구되는 능력과 자질을 기르는 데 필요한 지식과 기능이 유기적으로 통합되게 운용한다. 특히 국어 교과의 학습은 학습자가 국어 활동에 능동적으로 참여하여 국어의 가치를 체험할 수 있게 운용한다. '듣기', '말하기', '읽기', '쓰기' 학습은 실제 상황에서 주체적인 국어 활동을 강조함으로써 비판적이고 창의적인 국어 능력이 향상되게 한다. '문법' 학습은 언어 현상에서 규칙을 찾아내는 탐구 활동을 강조하고, 학습한 지식을 국어 사용 실제에 적용하는 활동을 강조한다. '문학' 학습은 문학 작품을 찾아 읽고 해석하며, 문학 작품을 생산하는 학습활동을 함으로써 작품에 나타난 인간의 삶을 총체적으로 이해하고 문학적 상상력이 향상되도록 한다.

초등학교에서는 국어를 정확하고 효과적으로 표현하고 이해하는 능력과 국어 활동을 통한 사고력과 상상력을 기르는 데 중점을 둔다. 또 국어에 대해 관심을 가지고, 국어 활동을 즐기며, 국어를 존중하는 태도를 강조한다.

(2) 목표

국어 활동과 국어와 문학의 본질을 총체적으로 이해하고, 국어 활동의 맥락을 고려하면서 국어를 정확하고 효과적으로 사용하며, 국어 문화를 바르게 이해하고, 국어의 발전과 민족의 국어 문화 창조에 이바지할 수 있는 능력과 태도를 기른다.

① 국어 활동과 국어와 문학에 대한 기본적인 지식을 익혀, 이를 다양한 국어

사용 상황에 활용하면서 자신의 언어를 창조적으로 사용한다.

② 담화와 글을 수용하고 생산하는 데 필요한 지식과 기능을 익혀, 다양한 유형의 담화와 글을 비판적이고 창의적으로 수용하고 생산한다.

③ 국어 세계에 흥미를 가지고 언어 현상을 계속적으로 탐구하여, 국어의 발전과 미래 지향의 국어 문화를 창조한다.

(3) 내용

〈1학년〉

❖듣기

담화의 수준과 범위

- 일상생활에서 들을 수 있고 어린이가 흉내낼 수 있는 여러 가지 소리
- 어린이의 일상생활을 소재로 한 짧은 이야기
- 운율이 두드러지게 나타나는 시나 노래
- 인물의 행동이나 모습이 뚜렷하게 나타나는 의인화된 동물 이야기, 위인전, 옛날 이야기

성취 기준	내용 요소의 예
(1) 여러 가지 소리를 구별하여 듣고 흉내낸다.	○ 소리 표현 인식하기 ○ 소리 흉내내기 ○ 즐겁게 참여하기
(2) 다른 사람의 말을 자연스러운 자세로 듣는다.	○ 듣기 자세의 중요성 이해하기 ○ 몸가짐을 바로 하면서 집중하기 ○ 적절한 반응 보이기
(3) 말의 재미를 느끼면서 시, 노래를 듣는다.	○ 재미있는 말 찾기 ○ 소리의 운율 느끼기 ○ 운율을 살려 시, 노래 따라 하기
(4) 인물의 모습을 상상하면서 이야기를 듣는다.	○ 이야기에 나오는 인물 파악하기 ○ 이야기에 나오는 인물의 모습 상상하기 ○ 상상한 모습을 그림으로 표현하기

❖ 말하기

담화의 수준과 범위

- 일상생활에서 간단하게 자신을 소개하는 말
- 일상생활에서 친구, 가족이나 친지, 교사 등과 주고받는 간단한 인사말
- 일상생활에서 자신의 감정을 표현하는 간단한 대화
- 사건의 순서가 분명하게 나타나는 간단한 이야기

성취 기준	내용 요소의 예
(1) 여러 사람 앞에서 분명한 목소리로 자신을 소개한다.	○ 자신을 소개할 때 사용하는 언어 표현 알기 ○ 말할 내용 선정하기 ○ 분명한 목소리로 자신 있게 말하기
(2) 일상생활에서 상대와 상황에 맞게 인사를 한다.	○ 여러 가지 인사말 알기 ○ 또렷한 목소리, 공손한 자세로 인사하기 ○ 인사가 관계 형성과 유지에 도움이 됨을 이해하기
(3) 감정을 나타내는 낱말을 알맞게 사용하면서 대화한다.	○ 감정을 나타내는 어휘 알기 ○ 상황별로 감정을 나타내는 말 고르기 ○ 감정을 나타내는 말을 상황에 알맞게 표현하기
(4) 일이 일어난 차례에 따라 이야기를 정리하여 말한다.	○ 일이 일어난 차례를 나타내는 표현 알기 ○ 이야기의 내용을 일이 일어난 차례대로 정리하기 ○ 이야기의 내용을 실감나게 말하기

❖ 읽기

글의 수준과 범위

- 우리말 자음과 모음의 짜임을 다양하게 보여주는 문장이나 짧은 글
- 띄어 읽기에 주의를 요하는 문장이나 짧은 글
- 일상생활에서 접할 수 있는 일이나 사물에 관한 내용을 담은 글
- 일상생활의 경험을 담은 일기나 동화

성취 기준	내용 요소의 예
(1) 낱말과 문장을 정확하게 소리 내어 읽는다.	○ 낱자 알기 ○ 글자의 짜임 알기 ○ 변하는 소리에 주의하면서 소리 내어 읽기
(2) 의미가 잘 드러나도록 글을 알맞게 띄어 읽는다.	○ 띄어 읽기의 방법 알기 ○ 의미가 잘 드러나도록 띄어 읽기 ○ 방법을 달리하여 띄어 읽고 비교하기
(3) 글을 읽고 대강의 내용을 이해한다.	○ 핵심어 찾기 ○ 중요한 내용 간추리기 ○ 글쓴이의 생각 이해하기
(4) 글의 내용을 자신의 경험과 연관지어 이해한다.	○ 경험을 담은 글의 특성 이해하기 ○ 글쓴이의 경험 파악하기 ○ 글쓴이의 경험과 자신의 경험을 비교하면서 읽는 태도 기르기

❖ 쓰기

글의 수준과 범위

- 친숙하고 쉬운 낱말이나 문장
- 자신이 잘 알고 있는 대상을 소개하는 글
- 주변에서 일어난 일에 대하여 자신의 생각을 제시하는 글
- 인상 깊었던 일을 표현한 그림일기

성취 기준	내용 요소의 예
(1) 글씨를 바르게 쓴다.	○ 연필을 바르게 잡기 ○ 바른 자세로 글씨 쓰기 ○ 낱자, 글자를 바르게 쓰기 ○ 낱말, 문장을 받아쓰기
(2) 대상의 특징이 잘 드러나게 소개하는 글을 쓴다.	○ 소개하는 글에 들어갈 적절한 내용 이해하기 ○ 자신, 가족, 학교 등에 대하여 소개할 내용 선정하기 ○ 대상의 특징이 잘 드러나게 쓰기

성취 기준	내용 요소의 예
(3) 주변에서 일어난 일에 대한 자신의 생각을 글로 쓴다.	○ 주변에서 일어난 일에 대해 자신의 생각 떠올리기 ○ 자신의 생각을 뒷받침하는 까닭 정리하기 ○ 생각과 까닭이 잘 드러나게 쓰기
(4) 인상 깊었던 일을 정리하여 그림일기를 쓴다.	○ 그림일기의 형식 알기 ○ 하루 중에서 있었던 일을 떠올리기 ○ 인상 깊었던 일을 구체적으로 쓰기 ○ 그림일기를 쓰는 태도 생활화하기

❖ 문법

언어 자료의 수준과 범위

- 한글 자음자와 모음자
- 간단한 글자와 낱말
- 문장 부호의 쓰임을 보여주는 간단한 문장

성취 기준	내용 요소의 예
(1) 한글 자모의 이름과 소리를 안다.	○ 글자가 자음자와 모음자로 이루어짐을 이해하기 ○ 한글 자모 정확하게 읽기 ○ 자음자와 모음자의 결합으로 이루어진 글자를 소리 내어 읽기 ○ 한글을 소중히 여기는 태도 기르기
(2) 소리와 표기가 다를 수 있음을 이해한다.	○ 소리 나는 대로 적었을 때와 어법에 맞게 적었을 때의 차이 이해하기 ○ 한글 자모, 낱말을 바르게 발음하기
(3) 문장 부호의 이름과 쓰임을 안다.	○ 문장에 쓰인 온점, 반점, 물음표, 느낌표의 쓰임 알기 ○ 온점, 반점, 물음표, 느낌표의 쓰임에 맞게 문장 읽기

❖ 문학

작품의 수준과 범위

- 운율이 잘 드러나는 짧은 표현이나 시
- 재미있는 표현이 드러나는 글이나 작품
- 상상이나 환상의 세계를 담은 작품

성취 기준	내용 요소의 예
(1) 반복적으로 나타나는 말의 재미를 느낀다.	○ 반복되는 말의 재미 느끼기 ○ 일상생활의 말에서 반복되는 말 찾기 ○ 단순한 운율 유형 접하기
(2) 문학 작품에서 재미있는 내용을 그림이나 말로 표현한다.	○ 작품의 인상적인 부분에 주목하기 ○ 작품에 등장하는 재미있는 말이나 구절 등을 활용하여 짧게 표현하기 ○ 재미있거나 인상적인 장면을 그림으로 그리기
(3) 그림 동화 속의 그림을 이야기와 관련지어 이해한다.	○ 글을 통해 알 수 있는 내용과 그림을 통해 알 수 있는 내용을 구분하여 말하기 ○ 그림에 나타난 주요 인물, 대상, 사건 파악하기 ○ 그림에 나타난 인물의 몸짓과 표정을 글의 내용과 관련하여 해석하기

3) 수학

(1) 성격

'수학' 교과는 수학적 개념, 원리, 법칙을 이해하고 논리적으로 사고하며, 여러 가지 현상을 수학적으로 관찰하고 해석하는 능력을 기르고, 여러 가지 문제를 수학적인 방법을 사용하여 합리적으로 해결하는 능력과 태도를 기르는 교과이다.

수학적 개념의 깊이 있는 이해와 활용, 합리적인 문제해결 능력과 태도는 모든 교과를 성공적으로 학습하는 데 필수적일 뿐만 아니라 개인의 전문적인 능력을

향상시키고 민주시민으로서 합리적 의사결정 방법을 습득하는 데에도 필요하다. 또한 수학적 지식과 사고 방법은 오랜 역사를 통해 인간 문명 발전의 지적인 동력의 역할을 해 왔으며, 미래의 지식 기반 정보화 사회를 살아가는 데 필수적이다.

초등학교 수학과 교육 내용은 '수와 연산', '도형', '측정', '확률과 통계', '규칙성과 문제해결'의 5개 영역으로 구성된다. '수와 연산' 영역에서는 자연수, 분수, 소수의 개념과 사칙계산을, '도형' 영역에서는 평면도형과 입체도형의 개념과 성질을, '측정' 영역에서는 길이, 시간, 들이, 무게, 각도, 넓이, 부피의 개념과 활용을, '확률과 통계' 영역에서는 자료의 정리와 해석, 경우의 수, 확률의 의미를, '규칙성과 문제해결' 영역에서는 규칙 찾기, 비와 비례, 문자의 사용, 간단한 방정식, 정비례와 반비례, 여러 가지 문제해결 방법을 다룬다.

수학의 교수 · 학습에서는 학생이 구체적인 경험에 근거하여 여러 가지 현상을 수학적으로 해석하고 조직하는 활동, 구체적인 사실에서 추상화 단계로 점진적으로 나가는 과정, 직관이나 구체적인 조작활동에 바탕을 둔 통찰 등의 수학적 경험을 통하여 형식이나 관계를 발견하고, 수학적 개념, 원리, 법칙 등을 이해할 수 있도록 한다. 또 수학적 문제를 해결하는 과정에서 문제를 명확히 이해하고 합리적인 해결 계획을 세워 실행하며, 반성을 통하여 풀이 과정을 점검하고 다양하게 활용하는 태도를 기르도록 한다. 수학적 지식과 기능을 활용하여 실생활의 여러 가지 문제를 해결해 봄으로써 수학의 필요성과 유용성을 인식하고, 수학 학습의 즐거움을 경험함으로써 수학에 대한 긍정적인 태도를 가지도록 한다.

(2) 목표

수학적 지식과 기능을 습득하고 수학적으로 사고하고 의사소통하는 능력을 길러, 여러 가지 현상과 문제를 수학적으로 고찰하고 합리적으로 해결하는 능력을 기르며, 수학에 대한 긍정적 태도를 기른다.

기초적인 수학적 지식과 기능을 습득하고 수학적으로 사고하고 의사소통하는 능력을 길러, 생활 주변에서 일어나는 현상과 문제를 합리적으로 해결하는 능력을 기르며, 수학에 대한 긍정적 태도를 기른다.

- 생활 주변에서 일어나는 현상을 수학적으로 관찰하고 조직하는 경험을 통하여

수학의 기초적인 개념, 원리, 법칙을 이해하는 능력을 기른다.

- 수학적으로 사고하고 의사소통하는 능력을 길러, 생활 주변에서 일어나는 문제를 합리적으로 해결하는 능력을 기른다.
- 수학에 대한 관심과 흥미를 가지고, 수학의 가치를 이해하며, 수학에 대한 긍정적 태도를 기른다.

(3) 내용

학교급 / 학년 / 영역	초등학교		
	1학년	2학년	3학년
수와 연산	○ 100까지의 수 ○ 간단한 수의 덧셈과 뺄셈 ○ 두 자리 수의 덧셈과 뺄셈	○ 1000까지의 수 ○ 두 자리 수의 덧셈과 뺄셈 ○ 세 자리 수의 덧셈과 뺄셈 ○ 곱셈 ○ 분수의 이해	○ 10000까지의 수 ○ 네 자리 수의 덧셈과 뺄셈 ○ 곱셈 ○ 나눗셈 ○ 분수 ○ 소수의 이해
도형	○ 입체도형의 모양 ○ 평면도형의 모양	○ 기본적인 평면도형 ○ 입체도형의 구성	○ 각과 평면도형 ○ 평면도형의 이동 ○ 원의 구성 요소
측정	○ 양의 비교 ○ 시각 읽기	○ 시각과 시간 ○ 길이 ○ 측정값 나타내기	○ 시간 ○ 길이 ○ 들이 ○ 무게
확률과 통계	○ 한 가지 기준으로 사물 분류하기	○ 표와 그래프 만들기	○ 자료의 정리, 자료의 특성(막대그래프, 간단한 그림 그래프)
규칙성과 문제해결	○ 규칙적인 배열에서 규칙 찾기 ○ 자신이 정한 규칙에 따라 배열하기 ○ 100까지의 수 배열표에서 규칙 찾고 말하기	○ 다양한 변화의 규칙 찾기 ○ 수 배열에서 규칙 찾고, 규칙에 따라 수 배열하기 ○ 곱셈표에서 여러 가지 규칙 찾기	○ 규칙에 따라 여러 가지 무늬 꾸미기 ○ 표 만들기, 예상과 확인 등으로 문제를 해결하기

학교급 / 학년 / 영역	초등학교		
	1학년	2학년	3학년
	○ □를 사용한 식 ○ 실제로 해보기, 그림 그리기, 식 만들기 등으로 문제를 해결하기	○ 미지수 구하기 ○ 식 만들기 ○ 규칙 찾기, 거꾸로 풀기 등으로 문제를 해결하기	

학교급 / 학년 / 영역	초등학교		
	4학년	5학년	6학년
수와 연산	○ 다섯 자리 이상의 수 ○ 자연수의 사칙 계산 ○ 여러 가지 분수 ○ 분모가 같은 분수의 덧셈과 뺄셈 ○ 소수 ○ 소수의 덧셈과 뺄셈	○ 약수와 배수 ○ 약분과 통분 ○ 소수와 분수 ○ 분모가 다른 분수의 덧셈과 뺄셈 ○ 분수의 곱셈과 나눗셈 ○ 소수의 곱셈과 나눗셈	○ 분수의 나눗셈 ○ 소수의 나눗셈 ○ 분수와 소수의 혼합 계산
도형	○ 각과 여러 가지 삼각형 ○ 다각형의 이해	○ 직육면체와 정육면체의 성질 ○ 합동 ○ 대칭	○ 각기둥과 각뿔의 성질 ○ 원기둥과 원뿔의 성질 ○ 여러 가지 입체도형
측정	○ 각도 ○ 평면도형의 둘레 ○ 직사각형과 정사각형의 넓이 ○ 어림하기(반올림, 올림, 버림) ○ 수의 범위(이상, 이하, 초과, 미만)	○ 평면도형의 넓이 ○ 무게와 넓이의 여러 가지 단위	○ 원주율과 원의 넓이 ○ 겉넓이와 부피 ○ 원기둥의 겉넓이와 부피
확률과 통계	○ 꺾은선 그래프 ○ 자료를 목적에 맞는 그래프로 나타내기	○ 줄기와 잎 그림, 그림그래프 ○ 평균	○ 비율 그래프(띠그래프, 원그래프) ○ 경우의 수와 확률

영역 \ 학교급 / 학년	초등학교		
	4학년	5학년	6학년
규칙성과 문제해결	○ 다양한 변화 규칙을 수로 나타내고 설명하기 ○ 규칙을 추측하고 말이나 글로 표현하기 ○ 규칙적인 무늬 만들기 ○ 규칙과 대응 ○ 단순화하기, 논리적 추론 등으로 문제를 해결하기 ○ 문제해결 과정 설명하기	○ 비와 비율 ○ 하나의 문제를 여러 가지 방법으로 해결하기 ○ 주어진 문제에서 필요 없는 정보, 부족한 정보 찾기 ○ 문제해결의 타당성 검토하기	○ 방정식 ○ 비례식 ○ 연비와 비례배분 ○ 정비례와 반비례 ○ 문제 해결 방법 비교하기 ○ 문제의 조건을 바꾸어 새로운 문제 만들기 ○ 문제해결 과정의 타당성 검토하기

4) 바른생활

(1) 성격

'바른 생활' 교과는 개인생활과 사회생활을 하는 데 필요한 기본적인 생활 습관, 예절, 규범을 알고 익히도록 하는 체험과 실천을 중심으로 구성된 통합 교과이다.

이를 위해 바른 생활과는 민주 시민의 자질을 함양하도록 일상생활에서 반드시 지켜야 할 기본적인 생활 습관, 예절, 규범을 학생의 생활 경험과 관련하여 학습 내용으로 선정하였다. 바른 생활과는 내 일 스스로 하기, 예절지키기, 다른 사람 생각하기, 질서지키기, 나라 사랑하기의 다섯 가지 대주제로 구성하였다. 아울러 교육과정 전반을 통해 강조하는 환경교육, 경제교육, 인권교육, 정보통신 교육, 윤리교육, 통일교육, 생명존중 교육, 교통안전 교육, 진로교육 등의 내용도 활동 주제에 반영하였다.

바른 생활과의 교수 · 학습은 초등학교 1, 2학년 학생의 발달 특성을 고려하여 기본적인 생활 습관, 예절, 규범을 익히고 바른 생활 태도가 내면화될 수 있도록 구체적인 체험과 실천을 강조한다.

기본적인 생활 습관을 익히고 예절, 규범을 실천하기 위해서는 일상생활에서 반복적, 지속적으로 지도하는 것이 효과적이므로 학교에서 지도하는 내용이 가정 및 사회와 연계되도록 적절한 방안을 강구하여 실천하도록 한다.

(2) 목표

개인생활과 사회생활을 하는 데 필요한 기본적인 생활 습관, 예절, 규범을 알고 꾸준히 실천하여 민주 시민의 자질을 형성한다.

① 일상생활에서 필요한 기본적인 생활 습관, 예절, 규범의 의미와 중요성을 이해하고 초보적인 가치 판단 능력을 기른다.
② 일상생활에서 기본적인 생활 습관, 예절, 규범을 지키려는 태도를 가진다.
③ 일상생활에서 기본적인 생활 습관, 예절, 규범을 꾸준히 실천한다.

(3) 내용

학년	대주제	활동 주제
1학년	내 일 스스로 하기	○ 몸 깨끗이 하기 ○ 자세 바르게 하기 ○ 스스로 준비하기
	예절지키기	○ 바르게 인사하기 ○ 바르게 식사하기
	다른 사람 생각하기	○ 친구와 사이좋게 지내기 ○ 여럿이 함께 쓰는 물건 소중히 다루기 ○ 환경을 보호하기
	질서지키기	○ 차례지키기 ○ 규칙지키기
	나라 사랑하기	○ 우리나라를 나타내는 것을 알고 사랑하기
2학년	내 일 스스로 하기	○ 몸차림 단정히 하기 ○ 물건을 아끼고 정리, 정돈하기 ○ 자기 일을 스스로 계획하고 실천하기
	예절지키기	○ 바르고 고운말 쓰기

학년	대주제	활동 주제
2학년		○ 가족끼리 서로 돕고 화목하게 지내기
	다른 사람 생각하기	○ 다른 사람을 배려하고 약속지키기 ○ 이웃과 다정하게 지내기 ○ 생명을 보호하기
	질서지키기	○ 교통 질서와 규칙지키기 ○ 공공장소에서 질서지키기
	나라 사랑하기	○ 우리나라의 자랑거리 소중히 하기 ○ 통일에 대하여 관심 가지기

5) 슬기로운 생활

(1) 성격

'슬기로운 생활' 교과는 자신과 주위의 구체적인 사회현상 및 자연현상을 서로 관련지어 이해하고, 일상생활에서 부딪히는 문제를 여러 가지 방법으로 해결하도록 하는 탐구활동 중심의 통합 교과이다.

초등학교 1, 2학년 학생들은 가정, 학교, 이웃, 마을 등 일상생활의 장에서 사회현상과 자연현상을 구분하지 않고 통합적으로 경험하게 된다. 그러므로 이 시기의 학생들이 사회현상이나 자연현상을 따로 학습하기보다는 통합하여 학습하는 것이 바람직하다.

슬기로운 생활과는 학생들이 구체적인 경험을 통하여 살펴보기, 무리짓기, 재어보기, 조사 · 발표하기, 만들기, 놀이하기 등의 기초 탐구활동을 할 수 있도록 내용을 구성하고, 자신과 자신을 둘러싸고 있는 사회현상 및 자연현상의 상호 관계를 통합적으로 이해하도록 돕는다. 그리고 일상생활에서 부딪히는 문제를 해결하기 위해 여러 가지 방법을 궁리하게 하며, 바르게 판단하고 슬기롭게 살아가는 기본 능력과 태도를 기르게 한다.

슬기로운 생활과는 초등학교 1, 2학년 수준에서 습득할 수 있다고 판단되는 사회현상과 자연현상의 기초 탐구활동을 통합적으로 다루어 3학년 이후의 교과 활동과 연계가 이루어질 수 있도록 지도해야 한다.

(2) 목표

사회현상과 자연현상에 대한 경험과 탐구활동을 통하여 자신과의 상호 관계를 이해하며 슬기롭게 사고하고 행동할 수 있는 능력과 태도를 기른다.

① 나와 다른 사람과의 관계를 이해하고 서로 어울려 살아갈 수 있는 능력과 태도를 기른다.
② 초보적인 탐구활동을 통하여 자신과 주위 현상과의 관계를 이해하고 일상생활에서 부딪히는 문제를 스스로 해결하는 능력을 기른다.
③ 생물의 자람을 살펴보고 생명을 존중하고 사랑하는 마음을 가진다.
④ 주위 현상에 대하여 호기심을 가지고 꾸준히 학습하려는 태도와 습관을 기른다.

(3) 내용

학년	대주제	활동 주제	기초 탐구활동					
			살펴보기	무리짓기	재어보기	조사·발표하기	만들기	놀이하기
1학년	나의 몸	○ 소중한 몸	◎	○		○		
		○ 건강한 몸				○		◎
	봄나들이	○ 봄맞이	◎	○				○
		○ 학교 주위 둘러 보기	◎			○	○	
	즐거운 여름	○ 여름철의 산과 들	○	◎		○		
		○ 여름철 건강과 안전	○			○		◎
	우리 가족	○ 우리 가족과 친척		○		◎		
		○ 서로 돕는 우리 가족				○		◎
	가을 마당	○ 가을의 산과 들	○	◎			○	
		○ 가을 환경 꾸미기	○		○		◎	
	신나는 겨울	○ 날씨와 우리 생활	◎		○			○
		○ 겨울철 건강과 안전		○		◎		
2학년	자라는 우리들	○ 커 가는 내 모습	○		◎	○		
		○ 자라면서 달라지는 역할	○	○		◎		

학년	대주제	활동 주제	기초 탐구활동					
			살펴보기	무리 짓기	재어 보기	조사·발표하기	만들기	놀이 하기
2학년	살기 좋은 집	○ 집의 모양 살펴보기	◎	○		○		
		○ 집 주위 환경 조사하기		○			◎	
	우리 마을	○ 소중한 우리 이웃	○	◎		○		○
		○ 우리 마을 살펴보기	○	○	○	◎		
	알찬 하루	○ 낮과 밤	○	○	◎			○
		○ 생활 계획 세우기	○		◎		○	
	가게놀이	○ 물건과 가게	○	◎		○		
		○ 가게놀이하기	○			○		◎
	우리들의 한 해	○ 아름다운 우리나라	○	○		◎		
		○ 한 해를 보내며		○		○		◎

* ◎ : 주된 활동, ○ : 보조적인 활동

6) 즐거운 생활

(1) 성격

'즐거운 생활' 교과는 건강한 몸과 마음을 기르며 창의적인 표현 능력과 감상 능력, 심미적인 태도를 함양하기 위해 다양하고 즐거운 놀이와 활동을 중심으로 구성된 통합교과이다.

이 교과는 초등학교 1, 2학년 학생들의 발달 특성을 고려하여 학생들이 즐겁고 명랑한 학교생활을 할 수 있도록 학생들의 경험을 바탕으로 신체활동과 표현활동 등을 통합하여 구성한 교과이다.

학생들은 즐거운 생활과에 제시된 놀이와 활동에 참여함으로써 신체적, 정서적 활동에 대한 왕성한 욕구를 충족하고, 창의적인 표현 능력과 감상 능력, 심미적인 태도를 습득할 수 있다.

즐거운 생활과는 학년별로 대주제와 활동 주제를 제시하였다. 1학년은 가족과 친구, 동물과 식물, 산과 들, 하늘과 바다를 대주제로 설정하고 14개의 활동 주제로

구성하였다. 2학년은 봄, 여름, 가을, 겨울을 대주제로 설정하고 16개의 활동 주제로 구성하였다.

즐거운 생활과는 학생의 흥미와 생활 경험을 바탕으로 신체활동과 표현활동 등을 통합하여 지도하되, 각 활동의 특성이나 지역 또는 학교 여건 등을 고려하여 융통성 있게 운영하도록 한다.

(2) 목표

다양하고 즐거운 놀이와 활동을 통하여 몸과 마음을 건강하게 하고 창의적인 표현 능력과 감상 능력, 심미적인 태도를 기른다.

① 놀이와 활동을 통하여 건강한 몸과 마음을 기른다.
② 놀이와 활동을 통하여 자신의 느낌과 생각을 창의적으로 표현한다.
③ 놀이와 활동을 통하여 다양한 작품과 생활문화에 관심과 흥미를 가지고 아름다움을 느낀다.

(3) 내용

학년	대주제	활동 주제
1학년	가족과 친구	○ 신체활동하기 ○ 얼굴 표정 나타내기 ○ 전래동요 부르기
	동물과 식물	○ 동식물의 모습을 다양하게 표현하기 ○ 동식물 가면 만들기 ○ 동물 음악회 열기
	산과 들	○ 색을 이용하여 놀이하기 ○ 산과 들의 느낌 표현하기 ○ 악기놀이하기 ○ 노래를 이용하여 놀이하기
	하늘과 바다	○ 날리거나 띄울 수 있는 것 만들기 ○ 민속놀이하기 ○ 가락에 맞추어 표현하기 ○ 시설물과 소도구를 이용하여 놀이하기

학년	대주제	활동 주제
2학년	봄	○ 봄 동산 표현하기 ○ 여러 가지 소리로 표현하기 ○ 여러 가지 방법으로 걷고 달리기 ○ 친구들과 꽃밭꾸미기
	여름	○ 시설물을 이용하여 놀이하기 ○ 강이나 바다 표현하기 ○ 여름 날씨 표현하기 ○ 색을 여러 가지 방법으로 표현하기
	가을	○ 동시를 여러 가지 방법으로 표현하기 ○ 민속춤추기 ○ 가을 소리 표현하기 ○ 여러 가지 재료로 가을 표현하기
	겨울	○ 겨울 세상 표현하기 ○ 겨울과 관련된 놀이하기 ○ 동화와 관련된 극놀이하기 ○ 애니메이션을 다양하게 표현하기

생각해 보기

1. 교육과정에서 추구하고자 하는 인간상에 대해서 생각해 보세요.

2. 초등학교 교육과정의 기본방향에 대해서 생각해 보세요.

3. 초등학교 교육과정의 편제에서 교과군과 창의적 체험활동은 어떻게 구분되는지 생각해 보세요.

제 7 장

방과후 아동지도의 운영관리

1. 방과후 아동지도의 시설운영
2. 방과후 아동지도의 설비
3. 방과후 아동지도의 환경구성

방과후 아동지도의 운영관리란 프로그램에 참여하는 초등학생의 안전한 보호와 발달적 특성에 적합한 교육이라는 목적을 능률적이고 효과적으로 달성하기 위하여 인적 · 물적 · 재정적 지원을 계획하고, 조직하고, 실행하고, 평가하는 과정이라고 볼 수 있다(김주건, 1997; 임재택, 1995; 이영자 · 권영애, 1997; 강문희 외, 1999).

방과후 아동지도 사업의 경우 보육시설, 지역아동센터, 초등학교 돌봄교실, 청소년 방과후 아카데미 등의 각 시설별 근거법이 다르기 때문에 이에 대한 시설의 운영도 다를 수 있다. 하지만 아동을 보호하고 건강하게 발달시킨다는 목적이 충분히 전달되는 것이 중요하다.

방과후 아동보육 시설을 운영하기 위해서는 장소 선정이 가장 우선적이며, 이후 방과후 아동지도 시설을 운영하기 위한 시설과 설비 기준을 갖춘 후 시 · 군 · 구청의 관련 행정부서에 신고하여 인가를 받는 것이다. 하지만 보육 시설을 제외한 일부 초등학교, 사회복지관 등에서 운영되고 있는 방과후 아동지도 시설은 신고절차를 거지치 않고 운영하고 있는 곳도 많이 있다. 정부로부터 인가받지 않은 시설의 경우는 시설 평가를 받지 못하기도 하고, 정부로부터 운영비를 지원을 받지 못하는 경우가 있으므로, 기존의 인가받지 않은 방과후 시설이나 새로운 방과후 시설의 경우 가능하면 정부의 인가를 받는 것이 바람직하다. 현행 법령에 의하면 방과후 아동지도에 관한 법은 영유아보육법이므로 보육시설로 신고하여야 된다.

1. 방과후 아동지도의 시설운영

방과후 아동지도의 효과적인 운영을 위해서는 철저한 준비가 요구되며, 시설운영에 대한 내용을 살펴보면 다음과 같다.

1) 방과후 아동지도 운영시간

방과후 아동지도 현장에서는 아동들이 학교를 마치는 시간부터 부모가 퇴근까지 전까지의 시간 동안 아동의 욕구를 충족시켜 주어야 한다.

먼저 방과후 보육시설의 경우 현행 영유아보육법상의 방과후 아동지도 운영시간을 살펴보면 다음과 같다.

- 보육 시간은 13 : 30 ~ 19 : 30(6시간을 원칙으로 하며, 아동의 귀가 시간에 따라 신축적으로 운영할 수 있으나 최소 4시간 이상 보육하여야 한다.)
- 2부제 시행 지역은 오전, 오후에 각각 방과후 아동지도를 실시할 수 있다.
- 방학 기간 중에는 종일제 운영을 할 수 있다.
- 방과후 아동 보육에 지장이 없는 오전 시간(13 : 30까지)에는 영유아를 대상으로 방과후 아동 정원 범위 내에서 시간제 보육을 할 수 있다.

※ 신고된 방과후 아동 정원 내에서만 시간제 보육 가능

지역아동센터는 아동복지법에 근거하여 지역사회 아동의 보호 · 교육, 건전한 놀이와 오락의 제공, 보호자와 지역사회의 연계 등 아동의 건전 육성을 위하여 종합적인 복지서비스를 제공해야 한다. 지역아동센터의 운영시간을 살펴보면 다음과 같다.

- 운영시간은 하루 8시간 이상 주 5일 이상을 원칙으로 함
- 학기 중 및 방학 · 공휴일의 기본운영 시간은 아래와 같이 하고, 센터별 여건 등에 따라 함
- 운영시간의 조정이 필요할 경우 지자체에 보고 후 변경 운영 가능

▶ 필수 운영시간 (기본 운영시간 8시간)
- 학기 중 : 14:00~19:00 (필수 운영 시간)
- 방학(단기방학 포함) 및 공휴일 : 12:00~17:00 (필수 운영시간)

※ 필수 운영시간을 포함하여 8시간 이상 운영하여야 함

- 토요일, 공휴일 등의 운영은 지역여건과 센터 실정에 따라 자율적으로 결정하되, 운영시에는 자원봉사자 등을 적극 활용하여 아동이 방임되지 않도록 조치

초등학교 돌봄교실은 1학급당 15~25명 내외로 운영되며 각 학교에서 보육강사

를 채용해 주말을 제외하고 오전 9시부터 오후 3시까지 영어 등 특기적성 수업으로 운영된다. 운영시간은 기존의 방과후 오후 돌봄시간에 아침돌봄, 저녁돌봄 시간을 연계하여 운영하도록 하고 있다.

- 아침돌봄 : 6:30 ~ 9:00
  조식제공, 아침돌봄 교실 참여
- 오후돌봄 : 방과후 ~ 17:00
- 저녁돌봄 : 17:00 ~ 22:00
  석식제공, 저녁돌봄 교실 참여

※ 등교 시간 및 귀가 시간은 부모의 출퇴근 시간을 고려하여 조정 가능함

2) 방과후 아동지도 인사관리

방과후 아동지도 시설의 종사자는 일정 자격을 갖춘 시설장 및 교사를 선발하여 이들의 근무태도부터 복지, 퇴직 등의 일련의 과정을 모두 포함한다.

보육시설에서의 방과후 아동지도는 아동 20명당 교사 1명이 담당한다. 영유아보육법 16조에 의해 영유아 보육시설에서 12세까지의 아동을 보육할 수 있고 이를 위해 1996년부터 보육교사 양성 과정에 방과후 아동지도 과목을 추가하였다.

방과후 보육시설의 시설장 자격은 다음과 같다.

- 영유아보육법에서 규정한 시설장 자격을 구비한 자이어야 한다.
- 어린이집, 복지관 등 부설 시설의 경우에는 기존 시설장이 겸임할 수 있다.

교사 배치 기준은 다음과 같다.

- 아동 20명당 교사 1명으로 한다.
- 방과후 교실 담당교사는 보육교사, 초등학교 교사로 한다.
- 오전에 시간제 보육을 실시할 경우에는 별도로 시간제 보육교사를 채용할 수 있다.

지역아동센터의 종사자는 시설장과 생활복지사로 구분되며, 다음과 같이 이용 아동수에 따라 차등을 두어 배치할 수 있다.

- 아동 30인 이상 : 시설장 1인, 생활복지사 2인(아동 50인 초과 시 1인 추가)
- 아동 30인 미만 10인 이상 : 시설장 1인, 생활복지사 1인
- 아동 10인 미만 : 시설장 1인

초등학교 돌봄교실의 경우에는 보육교사를 중심으로 하여 방과후에는 현직교사, 강사를 중심으로 배치가 이루어지고 있다. 하지만 초등보육에 대한 법적 근거가 없어 실질적으로 학교장의 재량에 따라 제각각 운영되고 있는 실정이다. 또한 초등보육의 정의와 범위, 교사들의 처우와 신분 등에 대한 제도적 법적 근거 마련이 시급한 것으로 나타나고 있다.

교사 채용은 보육정보센터의 구인 구직란, 사회복지사 구인 구직란, 교육청의 공고 등에 등록하거나 지역 신문, 인터넷 사이트와 타 시설장의 추천 등 다양한 방법을 이용한다. 교사 채용 시에 고려할 사항은 우선 인성과 성실성을 위주로 보고 교사의 출퇴근 시 이동 거리, 경력, 취득 자격증, 능력 등을 고려하며 방과후 프로그램 수행 능력을 관심을 가지고 고려한다.

교사의 건강 관리를 위해서 다음과 같은 사항을 준수해야 한다.

- 신규 채용 시 건강진단을 실시해야 한다.
- 매년 1회 이상 건강진단을 실시해야 한다.
- 건강진단 결과 전염성 질환으로 판명된 자는 완치 시까지 보육시설에서 종사할 수 없으며 휴직 등 조치를 하여야 한다.

  또한 교사의 경력 관리를 위해서는 다음 사항을 준수해야 된다.

- 보육시설종사자 경력증명서는 해당 시설장이 발급한다.
- 보육시설이 폐지 또는 휴원된 경우 구청에서 인사기록카드를 제출받아 경력증명서를 발급한다.
- 구청장은 보육시설에서 근무하였던 자로부터 경력증명서나 재직증명서 발급 요청이 있는 경우 종사자 관리대장 등을 근거로 경력증명서를 발급하여야 한다.

3) 방과후 아동지도 재정 및 사무

방과후 아동지도 사업은 대부분 국고 보조금으로 이루어지고 있기 때문에 운영 전반에 관한 효율성 평가와 관리자의 책임을 명확히 하기 위하여 구체적인 증빙 자료에 근거한 회계 보고서의 작성이 요구된다.

방과후 보육시설의 예산은 다음 회계연도에 하고자 하는 사업 계획을 재정적인 용어와 금액으로 표시한 예산안을 작성하는 것으로 아래의 사항을 검토해야 된다.

- 보육시설이 무엇을 원하는지 그리고 종사자와 보육 아동의 서비스 향상을 위해 어떤 사업에 우선 순위를 두어야 하는지 면밀히 검토하여 편성해야 한다.
- 예산 편성에는 뚜렷한 목적이 있어야 한다. 보육 사업을 수행하는 데 일괄된 계획 방향을 갖고 한정된 지원을 효율적으로 배분하여 성과를 달성하는 데 노력해야 할 것이다.
- 예산 편성은 미래의 사회변동(보육 환경 등)에 대응하기 위한 준비 과정이라 할 수 있다. 즉 다른 시설과의 정보를 교환하여 실태를 파악하며, 종사자 및 보육 아동의 학부모 의견을 들어 짜임새 있는 예산을 편성하여야 할 것이다.

예산 편성이 잘못되면 그 해의 회계 처리가 맞지 않고 시설 운영의 잘못으로 이어져 항상 행정기관의 지도 · 감독과 감사의 걱정 속에서 지내야 하기 때문에 아동 보육 서비스에도 좋지 않은 영향을 미치게 된다. 예산 편성은 다음과 같은 원칙이 있다.

① 공개의 원칙
② 회계연도 독립의 원칙
③ 건전 재정 운영의 원칙
④ 예산의 목적 외 사용 금지의 원칙
⑤ 총액수의 원칙
⑥ 예산 사전 의결의 원칙
⑦ 예산 한계성의 원칙
⑧ 사전 절차 이행의 원칙

방과후 보육시설의 보육료를 방과후 보육시설 유형에 따라 차이가 있으며 이를 구체적으로 살펴보면 다음과 같다.

- 방과후 교실 표준보육료는 3세 이상 유아 표준보육료의 50%로 한다.
- 보육료 면제 및 감면 기준은 일반 보육시설과 동일하게 적용한다.
- 현장 학습비, 학습지 구입비 등은 자치구 보육위원회 심의를 거쳐 수납할 수 있다.
- 모든 아동에게 오후 간식을 제공하고, 중식은 희망자에 한하여 제공하되 중식비는 구청장의 승인을 얻어 수납할 수 있다.
- 방학 기간 중 종일제 보육을 하는 경우에는 3세 이상 보육료에 준하여 수납할 수 있다.

방과후 아동지도 시설의 보육료 지원에 대한 내용을 살펴보면 다음과 같다.

- 법정 저소득층 아동에 대해서는 보육료 전액을 지원한다.
- 기타 저소득층, 두 자녀 보육 가정에 대해서는 보육료의 50%를 지원한다.
- 법정 저소득층 아동에 대해서는 초등학교 돌봄교실 이용료를 전액 지원하고 있으며, 저소득층 아동이 아닌 경우에는 식비 등의 부담이 있다.

지역아동센터는 지역사회의 저소득 아동과 가정 여건이 어려운 아동이 주로 이용하는 시설이므로 서비스 이용료는 무료를 원칙으로 한다. 지역 여건 및 센터별 사정 등에 의해 이용료 수납이 특별히 필요하다고 판단되는 경우, 시설장은 운영위원회와 보호자의 사전 동의를 거쳐 수납 가능하도록 하고 있다.

단, 이용료 한도는 월 5만원이며, 사이버 수업료, 개별 학습지, 교재비, 야외현장 체험비 등의 실비 이용료로 한정하고 있다. 이용료를 받는 경우에는 해당 아동의 소득 상태, 이용료 책정 근거, 월별 수납액을 운영비 신청시에 지자체에 보고하여야 한다.

지역아동센터의 이용료는 일반아동에게만 받을 수 있으며, ① 국민기초생활보장 수급권자, ② 차상위, 조손, 다문화, 장애, 한부모 아동, ③ 기타 승인아동에 대해서는 이용료 수납을 금지하고 있다.

방과후 아동시설의 운영비 지원의 경우 학교 부설, 사회복지관, 청소년회관, 동사무소, 가정복지관, 장애인복지관 등 공공시설 부설 또는 사회복지 시설부설, 종교 시설 및 비영리법인이 설치, 신고된 시설이 지원 대상이 된다.

초등학교 돌봄교실의 경우에는 돌봄교사 인건비, 운영비(저소득층 식비, 교통비 등 포함) 등을 전액 지원해 주고 있다.

방과후 시설의 문서관리는 시설의 업무가 효율적으로 수행될 수 있도록 자체와 이에 부수되는 제반 보조활동을 계획하고 조직하며 통제하는 행정활동을 의미한다(이영석, 1997). 따라서 방과후 아동지도 시설에서의 사무관리는 방과후 시설 운영에 필요한 여러 가지 서류를 작성, 비치하여 관리하는 것이다.

영유아보육법 시행규칙에 따른 보육시설에서 비치해야 할 장부와 서류는 다음과 같다.

- 시설의 연혁에 관한 기록부
- 재산목록과 그 소유를 증명하는 서류(임차인 경우 임대차계약서)
- 시설운영일지
- 시설의 장 및 직원의 인사기록 카드(이력서 및 사진 포함)
- 예산서 및 결산서
- 총계정원장 및 수입, 지출보조부
- 금전 및 물품출납부와 그 증빙서류
- 보고서철 및 관계 행정기관의 문서철
- 소속법인의 정관 및 관계 서류
- 입소신청자 명부 및 입소아동연명부
- 생활기록부, 영유아보육일지, 건강진단카드
- 직원의 인사, 복무, 시설 운영에 관한 규정 등
- 기타 보육시설 운영에 필요한 서류

단, 영유아 40인 미만 보육시설의 경우는 이와 같은 서류 중 시설의 장 및 직원의 인사기록 카드, 총계정원장 및 수입, 지출보조부, 입소신청자 명부 및 입소아동연

명부, 생활기록부, 영유아보육일지, 건강진단카드만을 비치하여도 무방하다.

지역아동센터는 운영일지, 공문철, 종사자 인적 관련 서류, 아동복지시설 신고증, 아동상담기록부, 사업계획서, 예산 · 결산서, 총계정원장, 재산대장, 비품대장 등 운영상 필요한 문서를 작성하여 보관하도록 하고 있다(보건복지부, 2011).

방과후 아동지도 현장의 경우 기관의 특성에 맞춰 근거법이나 관련법에 맞추어 서류를 구비해야 하며, 그 외 기관의 특성에 맞추어서 시설과 관련된 비용과 문서관리는 철저하고 투명하게 보관 · 관리해야 한다.

2. 방과후 아동지도의 설비

시설, 설비관리는 일정한 장소에 계속적으로 교육활동을 영유하기 위하여 설비되어 있는 물적 자원의 관리를 뜻한다(이영석, 1997). 방과후 시설을 운영하기 위해서는 적절한 장소를 선정하는 것이 선행되어야 한다. 방과후 시설에 적절한 장소는 우선 시설 설치에 관한 법령 기준에 적합해야 하며, 이용대상자들이 이용하기에 편리한 장소여야 하고 초등학교 아동들이 자신의 집처럼 쉴 수 있는 가정과 같은 분위기를 제공해야 하며 외부와 직접 통할 수 있는 출입구가 있어야 된다. 실내, 실외 환경도 각 영역별로 안전하고 적합하게 구성되어야 하며 초등학생들이 자유롭게 이용할 수 있는 교재 · 교구를 수납하기에 충분한 장소가 제공되어야 하며 아동 개인의 사물을 보관할 수 있는 개인용 수납장도 마련될 수 있으면 아동들에게 더욱더 친근감을 줄 수 있다.

1) 방과후 아동지도 기관설치

방과후 시설은 별도로 운영되기보다는 보육시설과 함께 운영되므로 영유아보육

법에 근거하여 기관을 설치하여야 하고, 지역아동센터는 보건복지부의 아동분야 사업안내 지침을 중심으로 설치하여야 한다.

(1) 신청 방법

방과후 보육시설은 보육시설의 소재지를 관할하는 구청 사회(가정)복지과에 설치, 신고서와 구비 서류를 첨부하여 신청하면 2일 이내에 처리된다.

지역아동센터는 2004년 895개소에서 2011년 3,802개로 증가하였고, 지역적 여건, 지역아동센터 설치기준 등에 관하여 관할시장 · 군수 · 구청장과 사전 협의 후 설치 · 검토한다. 신고서를 받은 시 · 군 · 구 담당 공무원은 신고심사를 하는 경우 지역적 특성, 아동 수요, 입지 조건, 관련규정 등을 충분히 고려하여 지역사회 내 센터의 균형 있는 설치 및 재원의 효율적인 배분 등을 모색하도록 하고 있다.

(2) 신고 절차

방과후 보육시설의 경우 신고서 작성(신고인) → 접수 → 검토 → 결재(구청) → 신고증을 작성한다.

① 시설 명칭은 "OO 어린이집"으로 하고, 자치구 내에서는 동일한 명칭을 사용할 수 없으며, 유치원, 학원 등 유사 기관으로 오인할 수 있는 명칭을 사용할 수 없다.

② 시설 종별은 민간, 직장, 가정으로 구분한다.

③ 소재지는 신청인의 주소와 관계없이 실제로 보육시설이 설치되는 위치의 번지, 층, 호수까지 자세히 기재한다.

④ 가정 보육시설의 경우 시설장은 실제 운영하는 자로 한다.

⑤ 보육 정원은 아동 연령별로 2세 미만, 2세, 3세 이상으로 구분한다.

⑥ 예산은 보육시설의 1년 총예산 규모를 기재하되, 수입액은 보육료와 기타 수입을 포함하여 계산하고, 지출액은 아동급식비, 교재 · 교구비, 운영비, 인건비 등을 포함하여 계산한다.

지역아동센터의 경우 아동복지시설 설치신고서와 관련 서류를 구비하여 관할 시 · 군 · 구청장에게 신고하며, 관할 시 · 군 · 구청장은 설치 신고를 받고 심사를 거쳐 신고수리 후 아동복지시설 신고증을 교부한다.

(3) 구비 서류 준비 요령

① 법인의 정관 1부 - 법인 자체 보관 정관 사본

② 법인 등기부등본 1부 - 등기소장 발급

③ 건축물 관리대장 1부 - 구청장 발급(임차인 경우에는 임대차계약서 첨부)

④ 시설 및 설비 목록 1부 - 신청인 작성

보육시설에 설치한 놀이 기구, 학습 교재 · 교구, 주방 설비 등을 기재한다.

⑤ 시설의 평면도 - 신청인 작성

- 보육시설로 사용할 시설의 설계도 또는 신청인이 작성한 도면을 제출한다.
- 신청인이 작성한 도면일 경우 실측한 면적을 cm로 표시한다.
- 보육실(영아반, 유아반 구분), 주방, 화장실, 사무실 등을 구분하여 표시한다.

⑥ 종사자의 자격을 증명하는 서류 - 학교 또는 보육교사 교육원 발급

시설장, 보육교사, 간호사, 영양사의 자격을 증명할 수 있는 서류를 종사자 명단과 함께 제출한다.

2) 방과후 아동지도 시설

(1) 시설 설비

방과후 아동지도 시설은 아동이 부모가 없는 시간 동안 편안하게 쉴 수 있으며, 다양한 아동의 욕구를 충족시켜 주는 공간이다. 따라서 각 시설에 따른 적절한 공간이 확보되는 것이 중요하다.

방과후 보육시설의 경우에는 어린이집과 동일한 환경으로 영유아보육법에 따라 시설을 확보해야 한다.

- 기본적으로 보육시설 설치 기준을 적용한다.

- 보육실을 포함한 시설 면적은 아동 1인당 $4.29m^2$로 늘리고
- 보육실 면적은 영유아 1인당 모두 $2.64m^2$로 변경(기존시설 제외) 하여야 한다.
- 보육실은 공동 생활 영역, 그룹 지도 영역, 학습 영역으로 구분하여야 한다.
- 보육실을 제외한 부대 시설은 동일 건물 내 다른 시설을 공동으로 사용할 수 있다.
- 화장실은 남녀로 구분하여 설치하되 대변기는 아동 5~6명당 1개 이상이어야 한다.
- 화장실과 급 · 수 시설은 보육실과 같은 층에 설치하여야 한다.
- 바닥 난방 설비가 설치되어야 한다.
- 영유아 보육시설에 부설하여 설치할 경우에는 사용층을 달리하고, 출입구를 분리된 구조로 설치하여야 한다.

지역아동센터는 2011년 아동분야사업안내 기준에 따라서 공간이 확보되어야 한다.

- 사무실 · 조리실 · 식당 및 집단지도실 각각 갖추되, 해당 시설을 모두 합한 면적이 전용 면적 82.5제곱미터 이상으로 함.
  다만, 지역아동센터를 이용하는 일일평균 아동의 수가 20인 미만의 시설은 전용면적 60제곱미터 이상
- 지역아동센터의 공간과 시설 및 설비는 센터 전용으로만 사용하여야 하며, 타 복지사업, 타 기관, 개인용도 등과 공동 사용 불가
- 1회 50인 이상(종사자 포함) 식사를 제공하는 시설은 시 · 군 · 구청 위생관련 부서에 집단급식소로 신고하여야 함

※ 신고를 하지 아니하거나 허위 신고를 한 경우 과태료 100만원 부과(식품위생법 제101조)

- 집단급식소를 설치하는 경우, 영양사 및 조리사 배치

방과후 아동지도 시설의 설치비 지원 내용은 다음과 같다.

- 초등학교 · 공공 시설에서 방과후 아동지도 시설 설치 시 우선 지원
- 사회복지관(노인복지관, 장애인복지관, 청소년회관, 가정복지관 등 포함) 중 어린이집이 설치되지 않은 시설에서 방과후 아동지도 시설을 설치하는 경우

- 사회복지관에서 설치 · 운영 중인 보육시설을 확장하여 부설 설치하고자 하는 경우

설치비 지원 금액은 시설당 3천만 원을 지원하며 개보수비, 장비비, 놀이 시설 설치비, 교재 · 교구비 등으로 활용할 수 있다.

(2) 보험 가입

방과후 보육시설의 경우 화재보험을 가입하고 그 비용은 설치자가 부담한다. 또한 상해보험을 가입하고 그 비용은 보호자가 부담하도록 하고 있다.

지역아동센터는 사회복지사업법에 따라 건물화재보험에 가입하여야 하며, 화재보험은 건물과 비품 등 지역아동센터 설비 모두를 대상으로 가입(미가입시 300만원 이하의 과태료 부과)하여야 한다. 지역아동센터를 이용하는 아동 전원을 대상으로 각종 사고에 대해 아동의 안전을 보장하는 보험 의무 가입을 원칙으로 하고 있다. 야외현장체험 프로그램시에는 만일의 사고에 대비하여 여행자 보험을 가입해야 하며, 보조금으로 가입하는 모든 보험은 소멸형(적립금이 없는 보험)으로 가입해야 한다.

(3) 정원 책정

방과후 보육시설의 정원은 다음과 같다.

- 1개 반의 정원은 20명으로 한다.
- 어린이집 부설 방과후 교실의 아동이 10명 미만인 경우는 유아반 정원에 포함되므로 별도로 신고하지 않고 운영할 수 있으며, 방과후 아동지도료를 수납한다.

(4) 교구

방과후 아동지도 시설에서 가장 기본이 되는 것은 숙제지도이다. 숙제지도와 그 외 다양한 프로그램들이 진행되므로 이러한 목적에 맞는 교구가 필요하다. 아동들이 학습할 수 있는 개인별 책상과 의자부터 개인사물함, 신발장, 교구를 정리할 수 있는 교구장, 교사의 자료 정리장, 칠판 등을 갖추고 있어야 하며, 아동의 흥미를

유발시키고, 창의력과 사고력을 증진시킬 수 있는 교구를 갖추고 있어야 한다. 이 외에 방과후 기관별 특성, 프로그램 등을 고려한 다양한 교구를 갖추고 있어야 한다.

- 의자 및 책상(초등하교 저학년용, 아동당 1개), 교사용 의자 및 책상, 책장(도서 100권 이상 비치용), 게시판, TV, VTR, 오디오 시설, 사물함, 구급함, 신발장(반당 1개), 프린터, 퍼즐, 컴퓨터(반당 3개) 등

학습에 필요한 교구뿐 아니라 아동이 가정에서처럼 편안하게 쉴 수 있도록 카펫, 안락의자, 쿠션 등의 휴식을 취할 수 있는 시설을 갖추어야 한다.

3) 방과후 아동지도 기관홍보

(1) 광고 및 홍보

방과후 아동지도시설을 효율적으로 운영하기 위해서는 기관에 대한 광고와 홍보를 통해서 대상을 충분히 모집하는 것이 중요하다. 특히 기관을 운영하는 초기에는 홍보가 가장 중요하다고 해도 과언이 아니다. 맞벌이 부모의 증가로 방과후 아동지도에 대한 관심이 증가하여 최근 수년 동안 방과후 아동지도에 대한 보도가 급증하고 있지만 아직까지 사람들이 방과후 아동지도를 알지 못하기 때문에 수시로 방과후 아동지도에 대한 적극적인 홍보가 필요하다. 기관의 홍보는 지역주민들의 관심과 욕구를 충분히 파악하여 기관의 교육철학 및 프로그램 소개, 부모의 교육적 욕구를 충족시키는 것이 아동 모집을 원활히 할 수 있다.

방과후 아동 교실은 학기가 시작되는 3월에 입학생을 모집하는 경우가 많기 때문에 인근 유치원이나 어린이집과 연계하여 홍보를 공동으로 하면 초등학교에 진학하는 부모에게 시설을 알리는 데 큰 도움을 얻을 수 있다. 보통 학년이 시작하기 전 1~2월이 가장 적당하며 장기적이고, 수시로 홍보가 진행되어야 한다.

홍보의 방법으로는 신문활용, 인터넷 활용, 차량 운행 활용, 전단지 활용 등 다양한 방법이 있다. 하지만 최근 기관 홍보가 기관 운영에도 중요한 영향을 미치므로 끊임없는 변화를 통해서 홍보를 진행하는 것이 중요하다. 대중 매체인 지역사회 텔레비전이나 라디오를 이용하는 방법이 있는데, 이 방법은 효과적이나 비용이

비싸서 활용이 용이하지 않기 때문에 인터뷰에 대응하거나 기사를 보내는 방법을 생각해 본 것도 효율적이다. 이외에도 인터넷 홈페이지를 이용한 광고, 지역사회 신문, 현수막, 전단, 차량 운행, 신문 사이에 끼워 넣는 DM(direct mail) 이용, 이벤트, 방과후 프로그램 설명회, 아파트 반상회, 주민의 홍보 같은 지역사회 자원 이용 등이 있을 수 있다.

홍보의 내용으로는 기관에 대한 소개인 이름, 주소, 연락처, 모집 대상, 방과후 아동지도 프로그램의 내용에 대한 소개, 기관의 운영 방침, 교사 소개, 입학 절차, 전문 단체 가입 여부, 주간 계획의 일부 공개 강의 일정 등을 포함해야 한다. 홍보의 내용에는 학부모들이 궁금해 하는 사항을 포함시키는 것이 효율적이라 할 수 있다.

(2) 아동 모집 절차

아동 모집을 위한 절차는 모집을 위한 준비 → 모집 광고 → 원서 교부 → 원서 접수 → 등록 → 부모 오리엔테이션 → 입학식 등의 순서에 의하여 진행된다. 이때 기관에서는 입소 원서, 입소신청서, 건강검진 카드, 생활기록부 등을 준비하고 부모는 주민등록등본, 도장, 원아 사진이 필요하고 기초 생활 수급 대상자의 경우 증빙서류가 필요하다.

방과후 아동지도 시설을 이용하는 부모는 직장을 가지고 있어 시간을 내기 용이하지 않으므로 부모를 대상으로 한 오리엔테이션을 실시하기가 쉽지 않다. 따라서 부모들에게 방과후 아동지도 프로그램을 알릴 수 있는 자료를 다양한 방법(이메일, 전화, 소식지 등)으로 제공하면 방과후 기관에 대한 신뢰감을 키울 수 있다.

표 7-1 지역아동센터 이용신청서

■ 등록날짜 : 년 월 일				■ 연번 :	
일반사항	성 명	(한글) (한자)			사진
	생년월일		성 별	남 / 여	
	학교/학년/반				
	건강상태	□ 양호 □ 보통 □ 허약			

주 소					
보호자	성 명		연락처	TEL) H.P)	
가족사항	성 명	관 계	연 령	직 업	특이사항
가정환경	주거형태	□ 단독주택 □ 다세대주택 □ 아파트 □ 기타( )			
	거주상태	□ 자가 □ 전세 □ 월세 □ 기타			
	특이사항	□ 수급권자 □ 저소득가정 □ 한부모가정 □ 맞벌이가정 □ 소년소녀가장 □ 기타( )			
기타 요청사항					

위 아동의 ____________지역아동센터 이용을 신청하며,
____________지역아동센터의 규칙을 준수하고 바른 몸가짐과 행동을 할 것을 약속합니다.

2011년 월 일
보호자 (인)

____________지역아동센터 귀하

* 출처 : 지역아동센터 중앙지원단 http://www.icareinfo.info

3. 방과후 아동지도의 환경구성

방과후기관은 대상 아동의 특성과 발달수준에 따라 적합한 환경을 갖추어야

한다. 아이들의 발달과업에 따라 요구되는 프로그램의 내용이 다르고 그에 따른 환경구성도 다른 특성을 가져야 한다. 그러나 공통적으로 방과후기관은 무엇보다 편안하고 집에 돌아온 것과 같은 안락함이 느껴져야 하는 것이 기본이다. 이를 위해 가정집처럼 이불을 깔거나 벽지를 바르고, 창문의 구조를 바꾸고 피곤할 때 휴식할 수 있는 쿠션 등을 마련해 놓을 수 있다. 만약 상가나 관공서 같은 건물이라면 일반 가정집보다는 천정이 높기 때문에 아늑한 느낌이 덜할 수 있으므로 부분적으로 커튼이나 천정에 캐노피, 발 등을 달아 천정을 낮춰 주는 노력도 필요하다.

- 건강과 안전, 정서적 안정이 우선 고려되어야 한다.
- 다양한 영역의 구성이 필요하다.
- 효율적인 설비와 공간배치가 필요하다.
- 방과후기관에는 각 아동들의 개인적인 공간이 필요하다.
- 대근육을 위한 넓은 공간이 필요하다.
- 방과후기관의 공간은 융통성이 있어야 한다.
- 방해받지 않는 혼자만의 공간이 필요하다.

1) 실내공간

방과후 아동지도 현장은 학기 중에는 아동들이 학교가 끝난 오후에 등원을 하기 때문에 프로그램이 실내에서 이루어지는 경우가 많이 있다. 따라서 아동들이 쉴 수 있고, 숙제지도와 같은 학습, 그 외 다양한 활동들이 이루어지는 공간이므로 아동의 활동에 적합하게 구성되어야 한다.

(1) 현관

현관은 한 시설의 첫인상을 판단하는 곳으로 전체적인 분위기와 특성이 표현되도록 구성되어야 한다. 현관은 또한 현재 이루어지고 있는 교육활동과 행사 등을 전시하여 학부모나 방문객들에게 알림으로써 계속적인 관심을 갖도록 하는 중요한 기능도 가지고 있다. 그리고 낯선 이들이 그곳을 방문하여 시설의 질을 처음으로 판단하는 곳도 현관이고, 그 기관의 전체적인 분위기를 처음으로 파악하는 곳도 현관이다(서영숙 외, 2010).

현관은 아동들이 기관에 대해서 편안하게 느낄 수 있도록 꾸밈과 동시에 기관을 소개하고, 기관의 행사나 일정에 대한 소개 등의 내용을 구성하여 정보를 얻을 수 있도록 하는 것도 필요하다.

(2) 교실

교실공간은 아동의 연령과 프로그램 유형을 고려하여 교실을 구성하여야 하며, 가정과 같은 따뜻하고 안락한 분위기를 조성하여야 한다. 또한 아동들이 정적인 활동과 동적인 활동을 하는데 방해가 되지 않도록 서로 분리되게 배치하는 것이 좋다. 활동영역별로 그 영역 내에서 활동하는 아동의 수, 영역의 특징 등을 고려하여 충분한 공간을 할당해야 한다.

교실공간은 주제와 아동의 발달단계에 따라 해당 활동영역의 교재와 교구를 첨가, 교체해 주어야 한다. 특히 교실의 각 영역에 사용되는 가구는 아동의 신체 크기에 알맞은 것으로 사용하고 자료는 아동의 키와 눈높이를 고려하여 배치하며, 아동이 가구로 인해서 안전사고가 나지 않도록 주의해야 한다.

교실을 구성하는데 고려해야 할 몇 가지 환경 구성 원리를 살펴보면 다음과 같다(서영숙 외, 2010).

- 채광이 좋고 환기가 잘 되어야 한다.
- 가정과 같은 따뜻하고 친밀감을 줄 수 있는 안락한 분위기를 제공해 준다.
- 아동의 발달연령에 맞게 탐색하고, 배우고 표현하도록 준비된 공간을 마련한다.
- 아동 나름의 생각과 표현에 몰두할 수 있는 공간을 마련해 준다.
- 아동 1인당 최소한의 실내 면적이 확보되어야 한다.
- 바깥 출입문과 쉽게 연결되는 공간이 있어야 한다.
- 영역별로 활동하는 아동의 수, 영역의 특징 등을 고려하여 충분한 공간을 제공한다.
- 실내 바닥은 탄력성이 좋고 안전한 재료로 만들어져야 한다.

교실은 일반적으로 학습중심 영역과 활동중심 영역으로 구분할 수 있다. 학습중심 영역의 경우에는 숙제지도와 같이 학교에서의 학습 보충에 대한 부분을 하는 공간으로 개인용 책상과 의자를 두어 학습분위기를 조성해 주어야 한다. 활동중심 영역은 독서, 미술활동, 컴퓨터 활동, 과학 등의 영역으로 구분할 수 있다. 각 영역은 활동에 필요한 교구를 둘 수 있도록 하며, 아동이 다양한 활동을 할 수 있도록 공간이 확보되는 것이 중요하다. 이러한 영역들은 활동이 진행될 때 서로 방해받지 않도록 배치하는 것이 필요하다.

(3) 기타 공간

기타 공간으로는 휴식공간, 사무실, 교사실, 조리실, 화장실 등이 포함된다.

휴식공간의 경우 아동이 편안하게 쉴 수 있도록 이불, 쿠션, 방석 등을 준비해 놓는 것이 좋다. 휴식공간에서 아동들은 텔레비전을 시청할 수 있고, 편안하게 친구나 교사와 이야기를 나눌 수 있다.

사무실과 교사실은 방과후 아동보육 시설의 전반적인 사무와 교사회의, 부모면담 등을 위한 공간이라고 할 수 있다.

조리실의 경우에는 급식을 위한 공간으로 개수대, 가열대, 냉장고 등을 구비하고 음식을 조리하거나 재료를 저장하는 공간으로 환기시설이 마련되어 있어야 하며 위생에 각별히 유의해야 한다.

화장실은 아동의 키에 맞추어 아동용 변기, 샤워기, 세면 시설이 구비되어 있어야 한다.

2) 실외공간

아동의 욕구에 맞게 잘 꾸며진 실외공간은 실내공간만큼 매우 중요하다. 실외공간은 신체발달, 사회성 발달에 매우 중요한 영향을 미치는 영역이라 할 수 있다.

실내공간 뿐만 아니라 아동들에게 중요한 공간으로 인식되는 실외놀이 공간은 다음과 같은 특성을 지니고 있다(Henniger, 1994).

첫째, 아동에게 위험하지 않는 모험활동을 할 기회를 주는 곳

둘째, 아동에게 점진적으로 도전할 수 있는 기회를 주는 곳

셋째, 아동에게 다양한 놀이를 해볼 수 있게 하는 곳

넷째, 아동이 조작해 볼 수 있는 여러 가지 물건이나 시설이 마련되어 있는 곳 등이 그것이다.

실외공간은 신체활동, 관찰, 휴식, 미술 등의 다양한 활동을 할 수 있도록 구성되는 것이 좋으며, 갈증을 해소하는데 도움을 줄 수 있고, 물놀이를 할 수 있도록 물을 사용할 수 있는 공간을 구성하는 것도 아동들에게 도움이 된다.

실외공간은 실내와 같이 영역별 활동을 할 수 있도록 구성되면 이상적이다. 대근육 활동을 위한 종합놀이 공간을 비롯하여 모래놀이터, 자전거길, 식물재배화단, 물감놀이 코너, 책읽기, 그늘벤치 등이 마련되어 신체활동이나 휴식, 관찰, 미술, 독서 등의 다양한 활동을 할 수 있게 하는 것이 이상적인 실외환경이다.

실외공간은 아동들의 움직임이 많으므로 환경구성 못지않게 중요한 것이 안전사고에 대한 예방이라 할 수 있다. 방과후 대상 아동들의 경우 에너지가 넘치고 활동량이 많아지는 시기이므로 실외환경에서는 안전사고에 대한 예방이 중요하다고 할 수 있다. 따라서 실내공간 뿐 아니라 실외공간에서 안전사고가 일어나지 않도록 세심한 주의를 기울여서 구성해야 한다. 예를 들어 놀이기구의 안전성 및 견고성, 테이블이나 의자의 모서리 돌출 부분, 바닥의 미끄럼 등을 사전에 점검하고 안전사고를 예방할 수 있는 재료를 도입하는 방법으로 시설을 배치하는 것이 좋다.

실외공간은 우천 시나 기타 사유로 인해 실외공간을 사용하지 못할 경우를 대비하여 실내놀이 공간을 확보해 두는 것도 아동발달에 도움이 된다.

방과후 아동지도 현장에는 다양한 공간들로 구성되고 있다. 특히 방과후 아동지도 교사들의 경우 시설을 항상 주의깊게 점검하고 제자리가 배치되어 있는지 확인함으로 아동들이 편안하고 안전하게 활동할 수 있는 환경을 제공해 줄 수 있는 것이다.

생각해 보기

1. 방과후 아동지도 현장 가운데 초등학교 돌봄교실의 운영시간에 대해서 생각해 보세요.

2. 지역아동센터 기관 홍보 방법에 대해서 생각해 보세요.

3. 방과후 실내공간을 구성할 때 고려해야 할 사항에 대해서 생각해 보세요.

4. 실외공간의 필요성 및 주의점에 대해서 생각해 보세요.

제 8 장

방과후 아동지도 유형

1. 보육시설의 방과후 아동지도
2. 초등학교의 방과후 아동지도
3. 지역아동센터의 방과후 지도
4. 종합사회복지관의 방과후 아동지도
5. 청소년 방과후 아카데미

방과후 아동지도는 방과후 아동들을 안전하게 보호하고 보육하기 위한 것으로 실시하는 기관은 정부부처와 해당 법안에 따라 다른 규정에 의해 운영되고 있다.

일반적으로는 방과후 아동지도의 유형은 기관의 형태별로 보육시설의 방과후 교실, 초등학교의 돌봄교실, 지역아동센터(공부방), 종합사회복지관의 방과후 교실, 청소년 방과후 아카데미로 구분되어질 수 있다.

1. 보육시설의 방과후 아동지도

보육시설의 방과후 아동지도는 부모의 요구로부터 시작되었는데, 맞벌이 부부의 자녀 등 방과후 보호가 필요한 초등학교 저학년(1~3학년) 아동을 중심으로 보육서비스를 제공하기 시작하였다.

보육시설의 방과후 교실은 1994년 영유아보육법에 의거하여 보육시설 입소대상 연령을 만 12세까지 연장하면서 운영이 가능해졌으며, 기존의 영유아 보육시설에 방과후 교실을 마련해서 실시하는 경우와 방과후 교실만을 전담으로 하는 전담시설이 설치되어 운영되기도 한다.

보육시설의 방과후 교실 운영의 장점은 기존의 보육시설을 활용함으로써 시설설치가 용이하며 아동이 새롭게 적응해야 하는 어려움을 덜어 주고 경제적인 것을 들 수 있다. 그러나 보육료가 너무 적고 별도의 공간이 있어야 하기 때문에 기존시설의 경우 아동의 정원만큼 시설을 확충하거나 보육아동의 정원을 축소해야 하는 어려움을 가지고 있다. 또한 초등학생을 위한 방과후 전담교사와 적절한 교재 · 교구, 적절한 프로그램의 마련도 요구되어져 원할한 운영이 어려운 점을 단점으로 들 수 있다.

보육시설의 방과후 아동지도는 6시간을 운영하는 것을 원칙으로 하나 아동의 귀가시간에 따라 신축적으로 운영이 가능하다. 일일 4시간 이상 운영하며 방학 중에는 종일제 보육을 실시할 수 있으며 학습지도, 인성교육, 특기교육 중심으로 운영되고 있다.

다음에 제시하는 보육시설의 방과후 아동지도 프로그램 사례는 2011년 현재 보육정보센터 홈페이지에 올라와 있는 보육시설의 방과후 사례이다.

방과후 지도 운영이 몇 년간 안정적으로 운영되고 있으며, 서울시 중랑구 면목동에 위치한 구립○○어린이집에서 실제 운영되었던 내용이다.

표 8-1 보육시설의 방과후 교실 연간교육계획안

월	주제	소주제	견학 및 행사
3월	우리들이 첫만남	-우리는 방과후 -방과후반의 약속 -안전한 생활	새학기 축하파티
4월	커가는 나 존중하는 우리	-신비한 나의 몸 -공통점과 차이점(성교육) -모두가 소중해요(반편견)	줄넘기대회①
5월	소중한 나의 가족 나의 이웃	-다양한 가족 -가족이 하는 일 -우리동네	
6월	우리들의 월드컵	-월드컵이란? -궁금해요 (참여 나라, 경기) -우리들만의 월드컵	도전! 골든벨
7월	상상 속의 세계 여름방학	-비오는 날 -갯벌이 좋아요 -여름방학을 계획해요	독서퀴즈대회①
8월	신기한 체험 속으로	-신나는 공연 -호기심 박물관	줄넘기대회② 한컴타자대회①
9월	얼쑤!! 우리의 것	-한글 -우리의 자랑 -즐거운 명절(한가위)	팔씨름대회
10월	자연 이야기	-곤충 -여러 가지 식물	독서퀴즈대회②
11월	우리가 살고있는 지구	-낮과 밤이 생겨요 -지구가 아파요(환경오염)	줄넘기대회③

월	주제	소주제	견학 및 행사
12월	함께 나누는 세상	-겨울 생활과 놀이 -메리 크리스마스 -따뜻한 겨울나기	
1월	새해 독서여행	-새해가 되었어요 -독서여행 떠나요	한컴타자대회② 도전! 골든벨
2월	새로운 시작을 준비해요	-우리가 함께 보낸 시간 -새 학년이 되면	우리들의 파티

8월 월간보육계획안

기 간	2010년 8월 2일 ~ 8월 28일	작 성	○○○ 교사
주 제	신기한 체험 속으로	감 수	○○○ 교수
목 표	여름 방학 동안 다양한 현장학습으로 경험의 폭을 넓히며, 몸과 마음이 크는 즐겁고 의미 있는 방학을 보낸다.		

		1주	2주	3주	4주
소주제		한컴타자대회	어린이 박물관 (신나는 동화 속 상상놀이터)	서울시립미술관 (로뎅전)	국립과천과학관
목 표		컴퓨터의 올바른 사용에 대해 알아보며 한컴 타자대회를 통하여 자판을 익혀 바르게 치는 습관을 갖는다.	친숙한 동화의 상상세계 놀이체험, 전통문화 체험을 통해 호기심과 상상력을 키운다.	미술관(로뎅전)에 대한 다양한 활동을 통해 생각과 느낀 것을 예술적으로 표현하고 감상하면서 심미적 태도와 창의적 표현력을 기른다.	과학관에 대한 다양한 활동을 통하여 과학에 대한 흥미와 호기심을 갖는다.
영역 활동	언어 영역	타자 기록장이란?	현장학습 일지 작성하기, 독서 기록장	미술관 약속 정하기, 무슨 생각을 했을까?	우리가 생각하는 과학이란? 2학기 교과서 살펴보기
	컴퓨터 영역	꿀맛닷컴, 한컴타자연습	어린이 박물관 사이트 (동화 속 상상놀이터)	어린이 사이버미술관	국립과천과학관 사이버전시관
	미술 영역	컴퓨터 검색 후 그림 그리기	말하는 인형 만들기	호일로 만든 조각상, 찰흙으로 만들기	공룡 공원 꾸미기

(영역 활동)	탐구 · 조작		다양한 컴퓨터 모습들	동화 속 주인공 특징 공통점과 차이점	작품과 작품명 연결하기	건전지 조작 모형
	역할 · 쌓기			나는 동화 속 주인공	미술관 만들기	자석으로 만든 블록
	음률 영역		컴퓨터 이용한 음악감상	우리는 브레멘 음악대		유리병 실로폰
	휴식 영역		개별적으로 편안하게 쉬기			
모둠 활동	언어 주제토론 조별토의		· 컴퓨터는 내친구? (좋은점) · 우리에게 도움을 주는 사이트? · 컴퓨터의 올바른 사용 · 한컴타자대회란?	· 박물관 속 동화 보기 · 동화 속 가장 기억에 남는 장면은? · 서로 다른 동화 장면 연결하여 이야기 꾸미기 · 어린이박물관에서의 예절이란?	· 미술관 생각 모으기 · 현장학습 계획하기 · 현장학습 일지	· 국립과천과학관에 대해 알아보아요. · 우리가 갈 곳 의논하기 · 과학관을 다녀오고 나서
	표현	신체	컴퓨터 기본자리	뒷 이야기 만들기	조각 만들기	에너지 전달하기
		게임		무슨 말인가요?		외계인과 나
		미술			조각상으로 꾸민 마을	우리가 꾸민 과학관
		음률	네티겟 송 만들기			
	그 외		수 조각의 짝을 찾아라, 가장 큰 수를 만드는 사람	원하는 답 나오게 식 만들기	친구가 가진 도형은? 연필 떼지 않고 한 번에 그리기 탐구, 로뎅에 대해 알아보아요.	몸으로 느끼는 수, 시간 모으기
생활 지도			몸 깨끗이 하기		박물관이나 전시장에서 지킬 일 잘 지켜 관람하기	
과제 지도			일기쓰기/ 독서기록장/ 줄넘기/ 체험학습보고서			
행사 및 현장학습			제 1 회 한컴타자대회	어린이박물관	서울시립미술관	국립과천과학관

학년 권장 도서	어린이 문화 유산 답사기(대교출판), 얘들아, 정말 과학자가 되고 싶니?(풀빛), 우리 아이 호기심을 키워주는 생생한 곤충백과(글송이), 초등학생 과학 동화 1, 2학년(성우 주니어), 한국사가 살아 숨쉬는 박물관 체험학습(국립중앙박물관 문화재단), 명화를 읽어 주는 어린이미술관(시공 주니어), 순간을 그린 화가들 모네(다림), 배는 왜 물에 뜰까요?(한국 퍼킨스), HOW?(우리두리), 과학동화 1, 2학년(예림당), 어린이 체험박물관(문예마당 주니어), 우리 삼촌은 앤디워홀(바다 어린이), 민속박물관(웅진닷컴), 한 권으로 보는 그림직업백과 (진선아이)
참고 도서	아이들과 함께 하는 교육 연극, 우리교육 / 반갑다 미술 교과서, 미진사 / 창의력을 키우는 몸짓놀이, 우리교육 / 창의적인 수업 아이디어 56가지, 우리교육 / 방과후 보육 프로그램, 서울 특별시 / 놀이로 하는 학급 운영, 우리교육 / 초등 학급운영 1, 2, 3, 우리교육 / 재미있는 미술 감상 수업, 예경 / 초등학교 1학년 꼭 해줘야 할 61 가지, 중앙 mb / 초등학교 2학년 꼭 해줘야 할 61가지, 중앙 mb
comment	8월은 여름방학을 맞이하여 아이들과 함께 갈 수 있는 현장학습 장소를 정하고 그에 따른 다양한 활동으로 구성해 보았습니다. 현장학습 체험이 한 번 다녀오는 일시적인 활동으로 끝나는 것이 아니라 현장학습 가기 전에 아이들과 현장학습 장소에 대해 알아 보고, 무엇을 볼 것인지, 필요한 약속은 무엇인지 함께 계획하며 다녀온 후에는 현장학습과 관련된 사후 활동을 하여 의미 있는 현장학습이 되고자 합니다.

8월 1주 주간보육계획안

기 간	2010년 8월 2일 ~ 8월 7일	작 성	○○○ 교사
주 제	신기한 체험 속으로	감 수	○○○ 교수
소주제	한컴타자대회		
목 표	컴퓨터의 올바른 사용에 대해 알아보며 한컴타자대회를 통하여 자판을 익혀 바르게 치는 습관을 갖는다.		

	월	화	수	목	금
~ 12 : 00	◎ 등원 (손씻고 열재기) 및 종일제 보육				
12 : 00 ~	◎ 점심 식사 및 독서				
1 : 30 ~	◎ 실내 자유선택활동 - 언어 : 타자 기록장이란? - 컴퓨터 : 꿀맛닷컴, 한컴타자 연습 - 미술 : 컴퓨터 검색 후 그림 그리기 - 탐구 · 조작 : 다양한 컴퓨터 모습들				

<table>
<tr><td></td><td colspan="5">- 음률 : 컴퓨터 이용한 음악감상
- 휴식 : 개별적으로 편안하게 쉬기
- 수놀이) 수 조각의 짝을 찾아라, 가장 큰 수를 만드는 사람</td></tr>
<tr><td rowspan="2">3 : 00 ~</td><td>언어/주제토론</td><td>특별활동</td><td>음 률</td><td>언어/주제토론</td><td>행 사</td></tr>
<tr><td>컴퓨터는
내친구?
(좋은점)</td><td>영어</td><td>네티켓 송
만들기</td><td>한컴타자
대회란?</td><td rowspan="4">제 1 회
한컴타자
대회</td></tr>
<tr><td>3 : 30 ~</td><td colspan="4">◎ 간식 및 휴식</td></tr>
<tr><td rowspan="2">4 : 10 ~</td><td>조별활동</td><td>언어/주제토론</td><td>특별활동</td><td>신 체</td></tr>
<tr><td>우리에게
도움을 주는
사이트?</td><td>컴퓨터의
올바른 사용</td><td>영어</td><td>컴퓨터
기본자리</td></tr>
<tr><td>4 : 40 ~</td><td colspan="5">◎ 실외 자유선택활동 (실외 물놀이)</td></tr>
<tr><td>5 : 40 ~</td><td colspan="5">◎ 나의 하루 평가 및 귀가 지도</td></tr>
<tr><td>가정으로</td><td colspan="5">◎ 이번 주는 바른 컴퓨터 사용에 대한 활동이 진행됩니다. 가정에서도 아이들의 컴퓨터(인터넷) 사용에 함께 관심 갖고 지도 부탁드리며, 학습에 도움이 될 만한 사이트를 알려드리오니 아이들과 함께 사용해 보세요.

Tip 1) 올바른 컴퓨터 사용
① 컴퓨터는 가족들이 함께 쓰는 거실에 둔다.
② 컴퓨터 사용 시간을 정하여 사용한다.
③ 인터넷 서핑시 개인의 신상 정보, 즉 성명, 전화번호, 사는 곳, 학교 등은 공개하지 않는다.
④ 낯선 사람에게 메일로 자신의 사진을 보내지 않는다.
⑤ 알지 못하는 사람을 실제로 만나기로 약속하지 않는다.
⑥ 인터넷 사용시 바른 언어를 사용한다.

Tip 2) 학습에 도움이 될 만한 사이트
1. 꿀맛 닷컴(www.kkulmat.com)
2. 에듀넷(www.edunet4u.net)
3. 야후 꾸러기(http : //kr.kids.yahoo.com)
4. 글나라(www.gulnara.net)
5. 오른발 왼발(www.childweb.co.kr)
6. 쥬니어 네이버(www.jr.naver.com)</td></tr>
</table>

8월 2주 주간보육계획안

기 간	2010년 8월 9일 ~ 8월 14일	작 성	○○○ 교사
주 제	신기한 체험 속으로	감 수	○○○ 교수
소주제	어린이 박물관 (신나는 동화 속 상상놀이터)		
목 표	친숙한 동화의 상상세계 놀이체험, 전통문화 체험을 통해 호기심과 상상력을 키운다.		

	월	화	수	목	금
~ 12 : 00	◎ 등원 (손씻고 열재기) 및 종일제 보육				
12 : 00 ~	◎ 점심 식사 및 독서				
1 : 30 ~	◎ 실내 자유선택활동 - 언어 : 현장학습 일지 작성하기, 독서기록장 - 컴퓨터 : 어린이 박물관 사이트 (동화 속 상상놀이터) http : //www.kidsnfm.go.kr/tale/index.jsp - 미술 : 말하는 인형 만들기 - 탐구 · 조작 : 동화 속 주인공 특징 공통점과 차이점 - 역할 · 쌓기 : 나는 동화 속 주인공 - 음률 : 우리는 브레멘 음악대 - 휴식 : 개별적으로 편안하게 쉬기 - 수놀이) 원하는 답 나오게 식 만들기				
3 : 00 ~	언어/주제토론	특별활동	게 임	언어/주제토론	현장학습
	박물관 속 동화보기	영어	무슨 말인가요?	어린이 박물관에서의 예절이란?	어린이 박물관 (심청 이야기 속으로 이야기 숲 속에서 무슨 일이?)
3 : 30 ~	◎ 간식 및 휴식				
4 : 10 ~	조별활동	언어/주제토론	특별활동	신 체	
	동화 속 가장 기억에 남는 장면은?	서로 다른 동화 장면 연결하여 이야기 꾸미기	영어	뒷 이야기 만들기	
4 : 40 ~	◎ 실외 자유선택활동				
5 : 40 ~	◎ 나의 하루 평가 및 귀가 지도				

<table>
<tr><td>가정으로</td><td>◎ 4~5가지 동화 속 내용의 다양한 체험과 전통문화 체험을 하는 어린이 박물관으로 현장학습 갑니다. 시간에 늦지 않게 보내 주세요.
☞ 복장 : 방과후반 단체 T, 편한 바지
☞ 출발 및 도착 예상 시간 : 9시 ~ 3시
☞ 준비물 : 도시락, 음료, 간식, 물티슈, 모자
☞ 현장학습에서 경험할 수 있는 동화 "심청전, 헨젤과 그레텔, 라푼젤, 백설 공주, 브레멘 음악대, 잭크와 콩나무"를 가정에서도 미리 읽어 활동에 관심 갖도록 해 주시기 바랍니다.
◎ 8월 15일은 광복절입니다. 가정에서도 태극기를 게양하여 주시고 아이들과 우리 나라의 소중함에 대해 함께 이야기하는 시간을 가져 주세요.</td></tr>
</table>

8월 3주 주간보육계획안

<table>
<tr><td>기 간</td><td colspan="2">2010년 8월 16일 ~ 8월 21일</td><td>작 성</td><td colspan="2">○○○ 교사</td></tr>
<tr><td>주 제</td><td colspan="2">신기한 체험 속으로</td><td rowspan="2">감 수</td><td colspan="2" rowspan="2">○○○ 교수</td></tr>
<tr><td>소주제</td><td colspan="2">서울시립미술관(로뎅전)</td></tr>
<tr><td>목 표</td><td colspan="5">미술관(로뎅전)에 대한 다양한 활동을 통해 생각과 느낀 것을 예술적으로 표현하고 감상하면서 심미적 태도와 창의적 표현력을 기른다.</td></tr>
<tr><td></td><td>월</td><td>화</td><td>수</td><td>목</td><td>금</td></tr>
<tr><td>~ 12 : 00</td><td colspan="5">◎ 등원 (손씻고 열재기) 및 종일제 보육</td></tr>
<tr><td>12 : 00 ~</td><td colspan="5">◎ 점심 식사 및 독서</td></tr>
<tr><td>1 : 30 ~</td><td colspan="5">◎ 실내 자유선택활동
- 언어 : 미술관 약속 정하기, 무슨 생각을 했을까?
- 컴퓨터 : 어린이 사이버 미술관 http : //seoulmoa.seoul.go.kr/html/chd/
- 미술 : 호일로 만든 조각상, 찰흙으로 만들기
- 탐구 · 조작 : 작품과 작품명 연결하기
- 역할 · 쌓기 : 미술관 만들기
- 휴식 : 개별적으로 편안하게 쉬기
- 수놀이) 친구가 가진 도형은? 연필 떼지 않고 한 번에 그리기</td></tr>
<tr><td rowspan="2">3 : 00 ~</td><td>언어/주제토론</td><td>특별활동</td><td>언어/주제토론</td><td>현장학습</td><td>언어/주제토론</td></tr>
<tr><td>미술관 생각 모으기</td><td>영어</td><td>현장학습 계획하기</td><td rowspan="4">서울시립 미술관 (로뎅전)</td><td>현장학습 일지</td></tr>
<tr><td>3 : 30 ~</td><td colspan="3">◎ 간식 및 휴식</td><td></td></tr>
<tr><td rowspan="2">4 : 10 ~</td><td>탐구</td><td>신체표현</td><td>특별활동</td><td>협동미술</td></tr>
<tr><td>로뎅에 대해 알아보아요</td><td>조각 만들기</td><td>영어</td><td>조각상으로 꾸민 마을</td></tr>
</table>

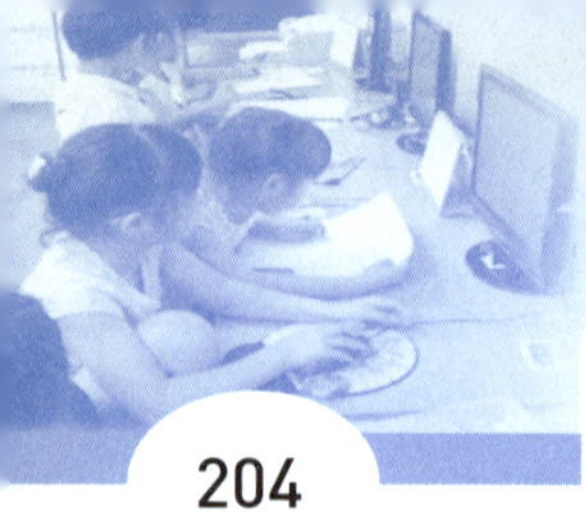

4 : 40 ~	◎ 실외 자유선택활동
5 : 40 ~	◎ 나의 하루 평가 및 귀가 지도
가정으로	◎ 서울시립미술관(로뎅전)으로 현장학습 갑니다. 예술작품을 감상하며 아름다움을 느끼는 소중한 시간이 될 것입니다. 시간에 늦지 않게 보내 주세요. ☞ 복장 : 방과후반 단체 T, 편한 바지 ☞ 출발 및 도착 예상 시간 : 9시 ~ 2시 30분 ☞ 준비물 : 도시락, 음료, 간식, 물티슈, 모자 ◎ 개학 시기가 다가오고 있습니다. 방학 초 계획한 내용이 잘 이루어지고 있는지 방학 과제(일기, 독서기록, 줄넘기)가 잘 이루어지고 있는지에 대해 꾸준한 지도 부탁드립니다.

8월 4주 주간보육계획안

기 간	2010년 8월 23일 ~ 8월 28일		작 성	○○○ 교사
주 제	신기한 체험 속으로		감 수	○○○ 교수
소주제	국립과천과학관			
목 표	과학관에 대한 다양한 활동을 통하여 과학에 대한 흥미와 호기심을 갖는다.			

	월	화	수	목	금
~ 12 : 00	◎ 등원 (손씻고 열재기) 및 종일제 보육				
12 : 00 ~	◎ 점심 식사 및 독서				
1 : 30 ~	◎ 실내 자유선택활동 - 언어 : 우리가 생각하는 과학이란? 2학기 교과서 살펴보기 - 컴퓨터 : 국립과천과학관 사이버 전시관 http : //cyber.scientorium.go.kr/kor/main.jsp - 미술 : 공룡 공원 꾸미기 - 탐구 · 조작 : 건전지 조작 모형 - 역할 · 쌓기 : 자석으로 만든 블록 - 음률 : 유리병 실로폰 - 휴식 : 개별적으로 편안하게 쉬기 - 수놀이) 몸으로 느끼는 수, 시간 모으기				
3 : 00 ~	언어/주제토론	특별활동	조별활동	현장학습	언어/주제토론
	국립 과천과학관에 대해 알아보아요.	영어	우리가 갈 곳 의논하기	국립 과천 과학관	과학관을 다녀오고 나서

3 : 30 ~	◎ 간식 및 휴식				
4 : 10 ~	게 임	신 체	특별활동		조별활동
	외계인과 나	에너지 전달하기	영어		우리가 꾸민 과학관
4 : 40 ~	◎ 실외 자유선택활동(고리 비행기)				
5 : 40 ~	◎ 나의 하루 평가 및 귀가 지도				
가정으로	◎ 국립과천과학관으로 현장학습 갑니다. 어린이 탐구 체험관, 기초 과학관, 자연사관, 첨단기술관 등 다양한 과학 체험 활동을 통하여 과학에 대해 흥미를 갖고 체험하는 즐거운 시간을 보내고 오려 합니다. ☞ 복장 : 방과후반 단체 T, 편한 바지 ☞ 출발 및 도착 예상 시간 : 9시 ~ 3시 00분 ☞ 준비물 : 도시락, 음료, 간식, 물티슈, 모자 ◎ 방과후 친구들이 학교 개학식을 합니다. 무더운 여름 아이들과 함께 한 시간이 벌써 흘러 아이들은 학교 개학식을 맞이 합니다. 학교 과제물이 빠짐없이 잘 되었는지 확인해 보시고, 아이들과 함께 정리하면서 부족한 부분이 있으면 지도해 주시기 바랍니다. 그 동안 방과후반에서 활동했던 독서일기, 현장학습 보고서, 학습지 교재를 보내드립니다.				

일일 보육일지

날 짜	2010년 6월 11일 월요일 날씨 : 맑음	교 사	주임교사	원장
		K교사		
주 제	월드컵을 조사해요	전체원아	출석	결석
		25	17	9
목 표	월드컵에 대한 궁금한 점을 찾아 보면서 월드컵에 대해 알아본다.	☞ 결석 원아		
시 간	**활 동 명**	**평 가**		
~ 1 : 20	◎ 등원 & 열재기 - 등원 후 자신의 가방과 신발을 정리하고, 교사에게 인사한다. - 알림장을 보여주고 자신의 숙제를 확인한다. - 숙제를 한 후 자유놀이를 한다. ☞ 가방에서 알림장 꺼내기, 숙제 확인하고 숙제와 시작과 끝내는 시간 적은 후 숙제하기	- K교사 : 복도게시판, 수업준비 - A교사 : 7월 IP - Y교사 : 복도 게시판, 물품 구입 - 영어 선생님이 아파 오늘까지 쉰다고 함. - 현관 게시판 관계로 사진 작업하고 옴. 아이들 숙제를 쓰고 스스로 과제 잘 하나 다소 어수선한 분위기가 있어 지도 필요함.		

~ 3 : 00	◎ 자유선택놀이 ☞ 개별학습 : 숙제 지도와 학습 지도 ☞ 음률영역 : 월드컵 노래 듣기 · 준비물 : 월드컵 노래 · 활동방법 : 다양한 월드컵 노래에 대해 알아본다. ☞ 컴퓨터 영역 : 월드컵 주요 자료 찾기 · 준비물 : 컴퓨터 · 활동방법 : 월드컵에 대한 것을 인터넷 신문을 통해 알아본다.	- 교사가 갖고 온 신문을 보며 월드 내용을 보자 ○○와 ○○이가 관 을 보임. ○○에게 오려 달라고 하 ○○이도 하려고 함. - 게임하는 활동이 주로 플래시나 게 등으로 많이 이루어져 한글 문서 그림판을 할 수 있는 활동에 대해 려주는 것도 좋을 것 같다.
~ 3 : 10	◎ 정리 및 놀이 평가하기 & 인사 나누기 - 역할방과 적목방에 미리 종을 울려 정리할 수 있도록 한다. - 정리를 한 후 함께 모여 인사 나눈다.	- ○○이가 등원 시간이 늦어져서 교 와 이야기하는 시간 가짐. 한 번 늦어질 경우 학부모와 통화를 해 할 것 같다.
~ 4 : 00	◎ 월드컵 궁금한 점 알아보기 - 목표 : 월드컵에 대한 궁금한 점을 찾아 보면서 월드컵에 대해 알아본다. - 준비물 : 질문지 - 활동방법 : ① 어제 궁금한 점을 알아보았던 목록에 대해 알아본다. ② 인터넷을 통해 궁금한 점을 찾는 방법을 알아본다. ③ 조별로 모여 궁금한 점에 대해 조사한다. ④ 조사한 것을 기록하여 발표한다. ⑤ 책으로 만들어 월드컵 관련 책자로 만든다.  	- 조사 활동을 내일로 계획하였으나 두반 행사와 학교 늦게 오는 날이 시간 조정을 위해 오늘로 일정 바꿈. - 인터넷으로 자료를 찾는 방법에 대 찾는 방법은 신문, 인터넷, 선생님, 등을 알고 있으나 인터넷으로 어떻 찾는지에 대한 것을 잘 알지 못하 교사가 알려주기 전에 미리 물어 는 것이 좋을 것 같다. - 조사 전에 조별로 2, 3명의 아이들 있어 자료 찾기 좋았으나 숙제 후 이들이 들어오면서 컴퓨터 자리 찾 데 다툼이 생김. 아이들에게 방법을 의논하여 할 수 도록 이야기하였으나 협의, 조정 대해 잘 되지 않아 의논하여 결정 수 있는 기회를 많이 제공해 주어 할 것 같다. - 월드컵 관련 조사 활동 질문지가 너무 많아서 쉽게 찾을 수 있는 것을 추려 서 제공하는 것이 좋을 것 같다. 조사 한 것은 쓰기보다 내용이 많은 것은 출력하여 붙이도록 함.

시간	활동명	평가	
~ 4 : 40	◎ 오후 간식 및 독서 - 호명하는 유아는 차례로 손을 씻는다. - 간식을 받고 인사 후 먹고 나서 정리하고 책을 본다.	- ○○이 정보 찾는 과정에서 ○○와 ○○ 때문에 속상했다고 하며 울먹임. 간식을 안 먹는다고 하였으나 아이들이 다 먹고 나서 먹음.	
~ 5 : 40	◎ 실외놀이 - 실외놀이 전 안전에 대해 이야기 나눈다. - 차례로 실외에 나가 놀이한다.(대근육, 자연관찰, 모래놀이) - 놀이 후 정리한다.	- 실외에서 왕짱구와 무궁화꽃이 피었습니다. 놀이를 함. ○○과 ○○이가 싸우는 모습이 보여 싸우지 않고 놀이하도록 미션을 주자 싸우지 않고 놀이하는 모습 보임.	
~ 6 : 00	◎ 나의 하루 평가 및 귀가 지도 - 나의 하루에 대해 생각하며 평가하는 시간을 갖는다. - 선생님께 인사하고 개별적으로 귀가한다.	- 모이기 전 야구 게임을 하였으나 3자리수는 어려워 함. - 평가하는 도중 ○○이가 뒤로 넘어가 머리가 부딪침.	
6 : 00 ~	◎ 통합 보육(만 4세 ~ 방과후) - 통합교실에서 놀이하면서 개별 귀가하기	- A교사 오후 당직	
알 림 사 항	- 복도 게시판 환경 꾸미기(7시까지 전체 남기)	청 결	교실 청소 & 교구 닦기
아 동 관 찰	- 아동 1 : 화장실 전이 활동에 나라이름 대기를 하자 안한다고 말하고 뒤돌아 앉는다. 교사가 속상한 일 있었냐고 묻자 눈시울이 빨개진다. 복도로 나가 이야기하며 왜 속상하냐를 묻자 "○○는 자기 맘대로만 하고, 내가 할 차례라고 했는데 지수라고 하고, 내 말을 안 듣고"라고 말하며 운다. - 아동 2 : ○○이가 자신의 차례라며 자신이 한다고 말하자 "아니야" 하며 소리친다.(짜증 섞인 목소리)		

일일 보육일지

날 짜	2010년 6월 12일 화요일 날씨 : 맑음	교 사	주임교사	원장
주 제	월드컵이 궁금해요	전체원아	출석	결석
		25	17	8
목 표	월드컵에 대한 궁금한 점을 생각하며 월드컵에 대해 호기심을 갖는다.	☞ 결석 원아 :		
시 간	**활 동 명**	**평 가**		
~ 1 : 20	◎ 등원 & 열재기 - 등원 후 자신의 가방과 신발을 정리하고, 교사에게 인사한다. - 알림장을 보여주고 자신의 숙제를 확인한다. - 숙제를 한 후 자유놀이를 한다.	- 7 : 30분 교사 전체 회의 - ○○ 여벌옷 갖다 줌. - K교사 : 은행, 수업준비, 보육일지, 백두 도움 - A교사 : 7월 IP - Y교사 : 복도 게시판		

	☞ 가방에서 알림장 꺼내기, 숙제 확인하고 숙제와 시작과 끝내는 시간 적은 후 숙제 하기	- 날씨가 더워져 아이들이 땀을 많이 흘려 오 마자 씻도록 함. - 영어 선생님이 아프다고 하여 수업 대처
~ 2 : 55	◎ 자유선택놀이 ☞ 개별학습 : 숙제 지도와 학습 지도 ☞ 언어영역 : 월드컵이 궁금해요 · 준비물 : 활동지, 필기도구 · 활동방법 : 월드컵에 대한 궁금한 점을 적고 알아본다. ☞ 쌓기영역 : 축구 경기장 만들기 · 준비물 : 다양한 블록, 월드컵 경기장 사진 · 활동방법 : 월드컵 경기장을 상상하며 축구장을 만든다.	- 숙제할 시간에 대해 적는 시간을 자신이 수 있는 시간을 정하여 하는 모습이 조금 보임. 시간을 볼 수 있는 연습도 하게 되 것 같아 꾸준히 지도해야 할 것 같다. - 월드컵에 대한 신문 자료를 모아 스크랩 해서 언어방에 놓아도 좋을 것 같다. 아이 과 함께 하거나 교사가 준비하여 월드컵 대해 꾸준히 관심 갖도록 하는 것이 필요 것 같다.
~ 3 : 00	◎ 정리 및 놀이 평가하기 & 인사 나누기 - 역할방과 적목방에 미리 종을 울려 정리할 수 있도록 한다. - 정리를 한 후 함께 모여 인사 나눈다.	- ○○ 초등학교 5교시라 숙제를 못한 아이 이 많이 있었음. Y교사 환경 꾸미기, A교 숙제 지도로 혼자 수업 진행이라 방법적 면을 고려해야 할 듯.
~ 3 : 30	◎ 월드컵이 궁금해요 - 목표 : 월드컵의 궁금한 점을 알아보며 월드컵에 대해 호기심을 갖는다. - 준비물 : 각 조별 주제망 - 활동방법 : ① 어제 했던 만든 주제망에 대해 살펴본다. ② 주제망을 보며 궁금한 점에 대해 이야기 나눈다. ③ 조별로 모여 궁금한 점을 생각하여 글로 기록한다.	- 각 조별로 주제망을 보며 다른 점에 대 살펴봄. 축구 선수의 인원이 14명이다, 12 이다 의견이 나누어져 궁금한 것에 대해 어볼 수 있는 시간을 이끌어 냄. 주제망에 쓰여 있는 것으로 궁금한 점을 쓰도록 함 - 조별로 모여 궁금증을 쓰도록 하자, 경기는 밤, 아침에 하는지, 표를 내는지, 축구공 모 등 교사가 의도하지 않은 것도 아이들이 이 야기하는 모습 보임.
~ 4 : 00	◎ 양말 숫 게임 - 목표 : 눈과 발의 협응력 및 신체조절력을 기르며 즐겁게 게임에 참여한다. - 준비물 : 양말, 골대 - 활동방법 : ① 함께 모여 양말 신은 사람과 안 신은 사람 나누어서 가위, 바위, 보로 두 팀으로 나눈다. ② 상대편 골대를 만들고 나서 양말을 벗어 동그랗게 말은 후 정해진 음악 시간 동안 발만 사용하여 골대 안에 발로 양말을 밀	  - 양말 게임은 시간이 없어 20분 이루어짐. 자 자의 양말을 상대 골대에 넣기로 하며 손은 닿지 않기로 하여 규칙을 지켰으나 골대에 있는 것을 발로 미는 경우가 있어 반칙에 대 해 다시 이야기함. - 짧은 시간이지만 땀 흘리며 상대팀에게 양말 을 넣으려 하는 모습 보임. 하지만 싸우는

<table>
<tr><td></td><td>어 넣는다.
- 양말을 이용해 상대방 양말을 밀어낼 수 있다.
③ 음악이 끝나면 양말 개수에 따라 점수를 알아본다.</td><td colspan="2">모습도 보여 아이들 행동이나 게임과정 중에 협동하는 것에 대해 이야기 필요할 것 같다.
- 양말 수에 대한 계산은 이루어지지 않고 게임을 규칙을 잘 지켜 하는지에 의의를 둠.</td></tr>
<tr><td>~ 4 : 40</td><td>◎ 오후 간식 및 독서
- 호명하는 유아는 차례로 손을 씻는다.
- 간식을 받고 인사 후 먹고 나서 정리하고 책을 본다.</td><td colspan="2">- ○○와 ○○ 일찍 간식 먹음.
닭고기와 음료로 아이들 좋아함.</td></tr>
<tr><td>~ 5 : 40</td><td>◎ 실외놀이
- 실외놀이 전 안전에 대해 이야기 나눈다.
- 차례로 실외에 나가 놀이한다.(대근육, 자연관찰, 모래놀이)
- 놀이 후 정리한다.</td><td colspan="2">- 실외에서 모래 놀이와 줄넘기 놀이함.</td></tr>
<tr><td>~ 6 : 00</td><td>◎ 나의 하루 평가 및 귀가 지도
- 나의 하루에 대해 생각하며 평가하는 시간을 갖는다.
- 선생님께 인사하고 개별적으로 귀가한다.</td><td colspan="2">- 양말게임과 잡기놀이가 재미있었다는 이야기를 함. 한 번만 해서 아쉬웠다는 생각이 들어 다음 기회를 갖도록 해야 할 것 같다.</td></tr>
<tr><td>6 : 00 ~</td><td>◎ 통합 보육(만 4세 ~ 방과후)
- 통합교실에서 놀이하면서 개별 귀가하기</td><td colspan="2">- 한라반 T 오후 당직</td></tr>
<tr><td>알림 사항</td><td>- 복도 게시판 환경 꾸미기</td><td>청 결</td><td>교실 청소 & 교구 닦기</td></tr>
<tr><td>아 동
관 찰</td><td colspan="3">- 아동 1 : 양말 게임하고 나서 상대팀의 아이들이 ○○가 반칙을 했다고 말하자 “나 안했어” 하며 운다. 다시 게임이 시작되자 골 안에 있는 양말을 밀어 반칙을 한다.
- 아동 2 : 화장실 다녀온 후 교사에게 “선생님, 저 안 보이는데 화장실 물 다 썼었어요”라고 말한다.
- 아동 3 : 숙제 시간 약속에서 1분을 넘긴다. 교사가 다시 기회를 주겠다고 하며 받아쓰기 틀린 것을 2번씩 쓰는 것에 대해 시간을 정하자 20분으로 정한다. 자리에 앉아서 10분 동안 글쓰기를 한다.(전에는 주변 돌아보기를 많이 하여 시간이 오래 걸림)</td></tr>
</table>

일일 보육일지

<table>
<tr><td rowspan="2">날 짜</td><td rowspan="2">2010년 6월 13일 수요일 날씨 : 맑고 더움</td><td>교 사</td><td>주임교사</td><td>원장</td></tr>
<tr><td>K교사</td><td></td><td></td></tr>
<tr><td rowspan="2">주 제</td><td rowspan="2">월드컵 게임 만들기</td><td>전체원아</td><td>출석</td><td>결석</td></tr>
<tr><td>25</td><td>18</td><td>7</td></tr>
<tr><td>목 표</td><td>축구에 대한 게임을 만드는 과정에서 의견을 교환하고 우리가 만든 게임을 즐겁게 참여할 수 있다.</td><td colspan="3">☞ 결석 원아 :</td></tr>
</table>

시 간	활 동 명	평 가
~ 1 : 20	◎ 등원 & 열재기 - 등원 후 자신의 가방과 신발을 정리하고, 교사에게 인사한다. - 알림장을 보여주고 자신의 숙제를 확인한다. - 숙제를 한 후 자유놀이를 한다. ☞ 가방에서 알림장 꺼내기, 숙제 확인하고 숙제와 시작과 끝내는 시간 적은 후 숙제하기	- Y교사 : 백두반 사진촬영 도움, 복도 청소 - A교사 : 7월 IP - K교사 : 백두반 사진 도움 & 수업 & 보육일지, 도서목록 - 아이들이 5교시라 2시 넘어서 등원하는 아이들 많아 다소 조용히 시작됨.
~ 3 : 10	◎ 자유선택놀이 ☞ 언어영역 : 월드컵이 궁금해요 ·준비물 : 활동지, 필기도구 ·활동방법 : 월드컵에 대한 궁금한 점을 적고 알아본다. ☞ 탐구·조작영역 : 운동 경기 인원수는? ·준비물 : 운동경기 사진 ·활동방법 : 다양한 운동에 필요한 인원수를 알아본다.	- ○○이가 숙제를 다 하고 나서 질문지를 찾음. 남은 질문지를 주자 인터넷으로 찾기를 함. 질문이 이집트와 수단이 게임을 같이 하는지에 대한 질문으로 내용이 나와 있지 않아 월드컵 본선 진출 보여줌. 대신 우리나라와 대결하는 나라의 이름도 같이 씀. - 운동경기에 대해 전이 활동으로 수수께끼 내었으나 방법적인 면으로 설명함.
~ 3 : 20	◎ 정리 및 놀이 평가하기 & 인사 나누기 - 역할방과 적목방에 미리 종을 울려 정리할 수 있도록 한다. - 정리를 한 후 함께 모여 인사 나눈다.	- 아이들이 늦게 오고 숙제 시간도 부족하여 20분에 정리함. 대체적으로 목요일 시간 조정이 필요할 것 같다.
~ 4 : 00	◎ 월드컵 게임 만들기 - 목표 : 축구에 대한 게임을 만드는 과정에서 의견을 교환하며 우리가 만든 게임을 즐겁게 참여할 수 있다. - 준비물 : 질문지 - 활동방법 : ① 화요일에 했던 양말 게임 사진을 보며 함께 모인다. ② 게임을 하고 나서의 평가에 대해 이야기 나눈다. ③ 우리가 생각하는 게임을 의논한다. ④ 하고 난 후 규칙대로 잘 지켜졌는지에 대해 알아본다. ⑤ 다시 하고 난 후 느낌에 대해 이야기 나눈다.	- 시작하기 전에 아토피 체조하는 율동을 함. - 화요일에 했던 게임을 토대로 아이들과 게임을 다시 만들기를 함. - 팀 인원은 개인당보다 단체로 하자는 의견과 방법은 양말 대신 신문을 사용하자는 의견이 나왔다. 저번 게임에 발로 차서 하는 반칙이 많이 나왔다는 의견과 ○○이가 골대 안에 골키퍼를 두어 들어온 것을 발로 차기 이야기함.

시간	활동	비고
	 	- 반칙으로는 손을 만지거나 골대 안에 다른 사람이 들어가는 것을 이야기하고 게임을 시작함. - 점수 계산에 상대방에 들어간 것을 계산하지 않아 혼란스러운 것도 있었음. - 게임 중간에 더 필요한 규칙을 이야기 나누고 골키퍼가 아닌 사람이 수비를 하지 않도록 이야기함. - 평가에서 반칙했다는 부정적인 의견이 많이 나와 재미있었다는 지수의 평가를 격려함. 좋은 점을 먼저 생각할 수 있도록 이야기함.
~ 4 : 40	◎ 오후 간식 및 독서 - 호명하는 유아는 차례로 손을 씻는다. - 간식을 받고 인사 후 먹고 나서 정리하고 책을 본다.	- 전이 활동으로 나라 이름 말하고 나가기 - 간식 시간에 정민이가 속도가 느려 지도 필요함.
~ 5 : 40	◎ 실외 자유선택놀이(옥외놀이) - 실외놀이 전 안전에 대해 이야기 나눈다. - 차례로 실외에 나가 놀이한다.(대근육, 자연관찰, 모래놀이) - 놀이 후 정리한다.	- 옥상에서 줄넘기 놀이를 함. 아이들이 더워하여 물뿌리기 놀이 함. 미리 음료 준비 필요함. - 백두반 행사 관계로 5시 30분 경에 한라반으로 감. - 교실 IPTV 학부모 설명 위해 셋팅함.
~ 6 : 00	◎ 나의 하루 평가 및 귀가 지도 - 나의 하루에 대해 생각하며 평가하는 시간을 갖는다. - 선생님께 인사하고 개별적으로 귀가한다.	
6 : 00 ~	◎ 통합 보육(만 4세 ~ 방과후) - 통합교실에서 놀이하면서 개별 귀가하기	- 한라반 T 당직
알 림 사 항	- 백두 행사 안내	청 결: 교실 청소 & 교구 닦기 & 분리수거
아 동 관 찰	- 아동 1 : 컴퓨터 시간을 종료가 다 되어 교사가 시간 다되었다고 말하였으나 계속한다. 30분 동안 시간을 지키지 않고 컴퓨터를 한다. (금요일은 하지 않기로 함.)	

일일 보육일지

<table>
<tr><td rowspan="2">날 짜</td><td rowspan="2">2010 년 6 월 14 일 목요일 날씨 : 맑음</td><td>교 사</td><td>주임교사</td><td>원장</td></tr>
<tr><td>K교사</td><td></td><td></td></tr>
<tr><td rowspan="2">주 제</td><td rowspan="2">월드컵이란?</td><td>전체원아</td><td>출석</td><td>결석</td></tr>
<tr><td>25</td><td>20</td><td>5</td></tr>
<tr><td>목 표</td><td>월드컵이 무엇인지에 대해 알아보고 월드컵에 대해 관심을 갖는다.</td><td colspan="3">☞ 결석 원아</td></tr>
<tr><td>시 간</td><td>활 동 명</td><td colspan="3">평 가</td></tr>
<tr><td>~ 1 : 20</td><td>◎ 등원 & 열재기
- 등원 후 자신의 가방과 신발을 정리하고, 교사에게 인사한다.
- 알림장을 보여주고 자신의 숙제를 확인한다.
- 숙제를 한 후 자유놀이를 한다.
☞ 가방에서 알림장 꺼내기, 숙제 확인하고 숙제와 시작과 끝내는 시간 적은 후 숙제하기</td><td colspan="3">- ○○ 수두 관련 소견서 메시지 보냄.
- Y교사 : 도서목록 & 안과
- A교사 : 7월 IP
- K교사 : 수업 & 보육일지 & 피부과
- 양치질과 손씻기에 대해 말하지 않았지만 스스로 잘하는 모습 보임.
- 숙제도 스스로 적으면서 하는 모습 보임.
- ○○ 아빠가 어린이집 주변 꽃을 심을 수 있도록 해 감사 편지 보냄.</td></tr>
<tr><td>~ 2 : 50</td><td>◎ 자유선택놀이
☞ 언어영역 : 월드컵이 궁금해요
·준비물 : 활동지, 필기도구
·활동방법 : 월드컵에 대한 궁금한 점을 적고 알아본다.
☞ 컴퓨터 영역 : 월드컵 주요 자료 찾기
·준비물 : 컴퓨터
·활동방법 : 월드컵에 대한 것을 인터넷 신문을 통해 알아본다.</td><td colspan="3">- 월드컵 관련하여 아이들이 사진 보는 모습도 보임. 조사한 자료를 묶어 책으로 볼 수 있도록 해야 할 것 같다.
- 나라별 카드에 계속적으로 관심을 많이 보이며 놀이함. 월드컵 출전국에 대한 카드를 만들어 아이들이 놀이에 참여할 수 있도록 해야 할 것 같다.
- ○○와 ○○가 계속 뛰어다녀 걸어 다니도록 지도함.</td></tr>
<tr><td>~ 3 : 00</td><td>◎ 정리 및 놀이 평가하기 & 인사 나누기
- 역할방과 적목방에 미리 종을 울려 정리할 수 있도록 한다.
- 정리를 한 후 함께 모여 인사 나눈다.</td><td colspan="3">- 미술방 정리 안 되어 다시함.</td></tr>
<tr><td>~ 3 : 30</td><td>◎ 월드컵이란?
- 목표 : 월드컵이 무엇인지에 대해 알아보고 월드컵에 대해 관심을 갖는다.
- 준비물 : 조사자료
- 활동방법 :
① 월드컵 노래 부르며 주의 집중한다.
② 조사한 자료를 토대로 월드컵의 의미, 참</td><td colspan="3">- 월드컵에 대해 이야기 나누기를 하는 중 피파에 대해 이야기하자 다소 생소하게 느낀 아이들 많았음. 설명하면서 피파 부회장이 우리나라 사람이라고 하자 관심 많이 보임.
- 참여 방식과 절차를 설명함. 참여 나라에 대해 자세히 알아보는 시간도 좋을 것</td></tr>
</table>

	여 나라에 대해 알아본다. ③ 월드컵 일정에 대해 알아본 후 더 알아보고 싶거나 하고 싶은 활동에 대해 이야기 나눈다.	같다. - 이야기 하는 마무리 도중 지수가 거리응원에 대한 내용을 적어서 갖고 옴. 어디에서 보았냐고 묻자 뉴스에서 보고 적었다고 함. 계속적으로 관심 가진 것에 대해 격려함.
~ 4 : 00	◎ 월드컵 체조 - 목표 : 월드컵 음악에 맞춰 즐겁게 율동을 따라 한다. - 준비물 : 월드컵 송, 랄랄라 - 활동방법 : ① 음악을 듣고 어떤 느낌이 나는지에 대해 알아본다. ② 음악에 따라 동작을 알아본다. ③ 음악에 맞춰 함께 율동한다.	- 월드컵 음악을 듣고 어떤 느낌이 나는지 묻자 월드컵 축구를 하는 느낌, 신나는 느낌 등을 이야기함. 맨 처음 앉아서 각 동작에 대해 알아봄. 부분 동작으로 한 후 전체 동작으로 이어짐. 노래 부분에 사랑해요, 힘내세요 문구를 넣어 아이들이 더 신나하며 했던 거 같다. 예전의 것이지만 새로운 것에 대해 알아보고 알려줘도 좋을 것 같다.
~ 4 : 40	◎ 오후 간식 및 독서 - 호명하는 유아는 차례로 손을 씻는다. - 간식을 받고 인사 후 먹고 나서 정리하고 책을 본다.	- 의도적으로 간식 시간에 잘한 아이들 표시 않겠다고 하자 의식하며 잘 앉는 아이들 많음.
~ 5 : 40	◎ 실외 자유선택놀이(실외놀이) - 실외놀이 전 안전에 대해 이야기 나눈다. - 차례로 실외에 나가 놀이한다.(대근육, 자연관찰, 모래놀이) - 놀이 후 정리한다.	- 실외놀이에서 ○○이가 ○○이와 ○○를 놀이 못하게 하였으나 윤주가 혁민이를 다그쳐 ○○이가 움. ○○이 코피나서 쉬는 시간 가짐.
~ 6 : 00	◎ 나의 하루 평가 및 귀가 지도 - 나의 하루에 대해 생각하며 평가하는 시간을 갖는다. - 선생님께 인사하고 개별적으로 귀가한다.	- 하루 일과 평가에서 ○○이가 다 이야기하지 못해 속상해 하며 울었으나 금방 그침.
6 : 00 ~	◎ 통합 보육(만 4세 ~ 방과후) - 통합교실에서 놀이하면서 개별 귀가하기	- 백두반 T 당직
알림 사항	- 내일 교사 연수 일정 확인하기	청 결 | 교실 청소 & 교구 닦기 & 분리수거
아 동 관 찰	- 아동 1 : 월드컵 이야기하는 도중 적어온 것이 있다라고 말한다. 교사가 무엇이냐고 묻자 가방에서 포스트잇에서 거리응원 장소를 적은 것을 갖고 온다. 어떻게 알았냐고 묻자 아침에 신문에서 보고 적었다라고 말한다. - 아동 2 : ○○, ○○가 ○○이 오빠가 하지 못하게 한다고 하며 소리치자 ○○이에게 발길질을 하며 "왜 그러는데" 하며 소리친다.(혁민 운다)	

2. 초등학교의 방과후 아동지도

초등학교의 방과후 교실은 학령기 아동의 방과후 생활을 안전하게 보장함으로써 이들 부모의 부모로서의 권리와 가족 전체의 생활안정을 기하는 것을 목적으로 하였다(서영숙, 2009).

초등학교 내의 방과후 아동지도는 사교육비 경감과 방과후 아동보호를 안정되고 편안하게 방과후 지도 및 보호를 할 수 있는 시설로 특기적성 교육활동과 돌봄(에듀케어) 교실로 구분될 수 있다.

초등학교 방과후 아동지도 운영 중 특기적성 교육활동은 컴퓨터, 음악, 미술, 체육, 영어, 로봇만들기, 논술, 바이올린, 박물관 수업, 스포츠 댄스, 풍물 등 다양하게 특기적성 프로그램이 운영되고 있으며 원하는 아동에게 저렴한 비용으로 제공한다. 맞벌이 가정, 저소득계층 자녀에 대한 방과후 보살핌, 보호, 선도 기능을 확대함으로써 학교의 공공성을 강화하고 학생들의 건강한 성장과 올바른 생활지도 및 학습지도의 효율성을 도모하기 위한 방과후 아동지도 프로그램인 방과후 학교 프로그램을 운영한다(김매희 외, 2008).

방과후 돌봄(에듀케어) 교실은 학교 정규수업 시간이 끝나는 시간부터 오후 7시 30분 정도까지 숙제지도와 더불어 다양한 놀이지도, 상담활동, 소질계발, 인성지도 등이 실시되며 방과후 보호가 필요한 아동들에게 교육과 보호를 제공하며 방과후 학교 프로그램등과 연계하여 운영한다. 초등학교 방과후 아동지도의 장점은 학교의 공간 활용 가능성, 각종 교육시설과 기자재 및 넓은 운동장 활용, 다른 기관으로 이동할 때 제기되는 위험요인이 적다는 안전성을 들 수 있다. 반면, 단점으로는 비용과 운영관리상 재정에 대한 부담감과 보육비 책정, 책임소재의 재조정 등 학교의 정책적인 해결방안의 모색이 필요하며 가정과 같은 편안함을 줄 수 있는 환경구성이 빈 교실에서 운영되는 현실에서 제한될 수밖에 없다는 점을 들 수 있다.

다음은 2011년 7월 12일자 동아일보에 "방과후 학교 예체능 위주로 -서울시교육청 교과목 중심 프로그램에 제동"이라는 제목의 방과후 관련 기사이다.

다음 달부터 서울 초 · 중 · 고교의 방과후 학교 활동이 교과교육 위주에서 문화, 예술, 체육, 봉사, 야외체험 활동 위주로 바뀐다. 이를 위해 서울시교육청은 학교에 배정한 방과후 활동 예산의 절반을 교과 외 프로그램에 쓰게 하고, 방과후 교육활동 혁신 여부를 학교와 학교장 경영능력 평가에 반영할 방침이다.

시 · 도교육청은 11일 이런 내용을 뼈대로 하는 '방과후 교육활동 혁신 방안'을 공개했다. 학생들이 방과후에도 교과학습에 치우치지 않고 다양할 활동을 하도록 만들자는 취지다.

지난해 6월 기준으로 서울 초 · 중 · 고교 방과후 학교 프로그램 7만726개 중교과 관련 강좌는 60.8%(4만3011개)다. 교과강좌 비율은 초등학교 32.2%, 중학교 77.3%, 고교 90.5%로, 학년이 올라갈수록 높아진다.

한국교육과정평가원에 따르면 학교에 가지 않는 토요일에 중 · 고교생 10명 중 3명은 도서관이나 학원에서 공부를 한다. 토요 휴업일에 중 · 고교생의 17.6%는 학원 등에서 교과학습을 보충하고 9.1%는 도서관에서 공부하며 3.6%는 예체능 학원 강좌를 듣는 것으로 나타났다.

시교육청은 다음 달부터 정규학습시간 외에는 교과활동을 최소화하기로 했다. 방과후, 토요 휴업일, 방학 중 교과 외 프로그램을 초등학교는 70~80% 이상, 중학교는 40~70% 이상, 고교는 20~30% 이상으로 확대할 방침이다.

또 교과 외 프로그램 가운데 인성 · 리더십 함양 프로그램은 올해 10%, 2012년 15%, 2013년 20%로 늘리도록 권고할 계획이다.

시교육청이 권하는 프로그램은 △ 문화예술교육(1인 1악기), △ 초 3 기초수영교육, △ 중학생 도전활동(레슬링 · 씨름 · 태권도 등), △ 중 3 일주일 직업체험 교육, △ 인성 · 리더십 함양 프로그램, △ 진로교육, △ 농산어촌 체험활동 등이다.

앞으로 시교육청은 학교가 방과후 활동 예산의 절반을 교과 외 프로그램에 쓰게 하고, 다음 해 예산 지원에도 그 성과를 반영할 계획이다. 특히 사교육절감형 창의경영학교는 교과 외 영역 운영 성과가 미흡하면 예산지원을 중단할 방침이다.

학교평가를 할 때도 문예체나 봉사활동 같은 프로그램 비율을 반영하기로 했다. 학교장 경영능력평가 지표에는 △ 학생건강체력 4, 5급 감소율, △ 동아리와 학생자치활동 활성화 노력, △ 방과후 프로그램에 대한 교사 학부모 학생의 만족도 같은 지표를 넣기로 했다.

방과후 활동을 교과 위주로 하거나 자율학습에 학생을 강제로 참여시키는 학교는 특별장학지도를 계속할 방침이다. 하지만 시 · 도교육청의 획일적인 방안에 문제를 제기하는 학교도 적지 않다. 서울 A고 교장은 "1월부터 교과위주 방과후 학교 참여율이 높은 학교에 대해 감사를 실시한다고 했는데, 학교 운영에 문제가 있다. 문예체 위주도 좋지만 학원도 못가는 어려운 지역에선 방과후 학교를 교과 위주로 운영하길 원하는 학생과 학부모가 많다"고 지적했다(동아일보 2011. 07. 12 A14).

다음은 초등학교 방과후 교실 프로그램 운영 사례이다.

초등학교 방과후 교실 연간교육활동계획안 1학기

영 역	보살핌활동	지도교사	○○○ 교사
대 상	저녁돌봄 3학년		
지도기간	2011년 3월 1일 ~ 2011년 8월 31일 (1학기)		
지도목표	보육교실의 내실 운영과 다양한 보육 프로그램 운영을 통하여 건강하고 안전하며 즐거운 보육을 실천한다.		

지 도 계 획				
월	주	주 제	주제학습	활동목표
3	1	시작	행복한 돌봄교실	방과후 교실 생활에 대한 흥미와 관심을 갖는다.
	2		행복한 돌봄교실	
	3		약속과 질서	방과후 교실에서 지켜야 할 약속을 정하고 지킬 수 있다.
	4		예의바른 친구들	
4	1	봄	파릇파릇 따뜻한 봄	봄에 관련된 활동을 할 수 있다.
	2		봄의 변화와 우리의 생활	
	3		봄에 볼 수 있는 식물	봄에 볼 수 있는 것들을 알 수 있다.
	4		봄에 볼 수 있는 곤충	
	5		봄에 볼 수 있는 동물	
5	1	나와 가족	나	나의 소중함을 알고 가족구성원의 역할과 가족관계를 알 수 있다.
	2		부모님 감사해요	
	3		선생님 감사해요	내 주위에 있는 사람들 고마움을 알고 감사의 마음을 표현할 수 있다.
	4		우리 가족	
6	1	나라사랑	우리나라의 역사	우리나라를 위해 일하신분들에게 감사하는 마음을 갖는다.
	2		우리나라를 빛낸 분들	
	3		우리나라의 중요한 일	나라의 소중함을 안다.
	4		나라를 사랑하는 일	
7	1	여름철	여름의 변화	여름을 시원하게 보내는 방법을 알 수

	2	건강한 몸과 마음	여름을 안전하게	있다.
	3		음식	여름철을 맞아 건강하고 안전한 생활을 할 수 있다.
	4		전염병	
8	1	여름방학	여름놀이 1	계획표에 따라 알찬 방학을 지낸다.
	2		여름놀이 2	
	3		방학을 알차게	배움의 즐거움을 안다.
	4		2학기를 준비해요	

초등학교 방과후 교실 연간교육활동계획안 2학기

영 역	보살핌활동	지도교사	○○○ 교사
대 상	저녁돌봄 3학년		
지도기간	2011년 9월 1일 ~ 2012년 2월 28일 (2학기)		
지도목표	보육교실의 내실 운영과 다양한 보육 프로그램 운영을 통하여 건강하고 안전하며 즐거운 보육을 실천한다.		

지 도 계 획				
월	주	주 제	주제학습	활동목표
9	1	우리문화, 세계의 문화	우리 고유의 것	우리 문화를 이해하고 사랑하는 마음과 문화유산을 살펴본다.
	2		전통의상	
	3		우리의 전통놀이	우리 문화와 다른 나라 문화의 차이점을 안다.
	4		여러 나라 문화 비교	
10	1	환경	오염된 자연	환경문제에 관심을 갖고 생활 속에서 환경보호를 실천한다.
	2		맑은 물과 맑은 공기	
	3		환경보호	물건을 아껴쓰고 재활용하는 방법을 안다.
	4		재활용과 분리수거	
11	1	올바른 경제생활	경제의 뜻	경제의 기본 성격을 이해한다.
	2		물건 아껴쓰기	
	3		에너지 절약	물건을 소중히 하고 아껴쓰는 생활을 익힌다.
	4		용돈의 사용	
	5		재테크	

12	1	감사, 사랑의 마음	감사한 분	새해의 다짐과 겨울방학을 알차게 계획한다.
	2		봉사	
	3		크리스마스	이웃을 사랑하고 봉사하는 마음을 갖는다.
	4		겨울방학 계획 세우기	
1	1	즐거운 겨울방학	겨울 생활	보람있는 겨울 방학이 되게 한다.
	2		겨울철 놀이	
	3		계획표 점검	설날의 의미와 풍습을 안다.
	4		설날의 의미와 풍습, 놀이	
2	1	새학년 준비	새 학년 준비와 각오	학년 맞을 준비를 한다.
	2		내가 하고 싶은 일	
			나의 미래	나의 각오를 새롭게 한다.
	3		나의 취미와 특기	

초등학교 방과후 교실 주간교육계획안

주 제		예의바른 친구들			기 간	3월 21일~3월 26일(3월 4주)	
활동목표		방과후 교실에서 지켜야 할 약속을 정하고 지킬 수 있다.					
날 짜		월(3/21)	화(3/22)	수(3/23)	목(3/24)	금(3/25)	토(3/26)
활동내용	(18 : 00~18 : 50)	식 사 및 휴 식					
	1 (19 : 00~19 : 50)	특기적성	독서논술	특기적성		독서	재량활동
		♧건강 아카데미	♧눈 먼 곰과 다람쥐	♧우리장단(사물놀이)		♧주인공에게 편지쓰기	♧발야구
	2 (20 : 00~20 : 50)	특강	종이나라	특강	독서	한자	재량활동
		♧수학	♧칠교 접기	♧수학	♧주인공 별명짓기	♧기초 한자	♧영화감상
	3 (21 : 00~21 : 30)	귀 가 지 도					

출처 : 서명초등학교 방과후 교실

3. 지역아동센터(공부방)의 방과후 지도

지역아동센터는 보호·교육, 건전한 놀이와 오락의 제공, 보호자와 지역사회의 연계 등 아동의 건전한 육성을 위하여 종합적인 아동복지 서비스를 제공하는 시설로 규정하고 있다(한성심 외, 2009).

지역아동센터는 민간단체나 종교단체, 혹은 개인이 저소득층 밀집지역에서 문화사업과 교육사업을 통해 초·중·고등학교 학생을 보호하고 지도하는 방과후 아동지도의 한 형태라고 할 수 있으며, 1984년 상계동에 민중교회의 '산돌공부방'이 설립·운영되면서 전국적으로 빈민지역과 공단지역 등의 저소득층 지역을 중심으로 설립되었다.

초창기 지역아동센터(공부방)는 방과후에 숙제할 공간이 없는 극빈층이나 저소득층 아동을 위해 학습지도를 목적으로 숙제를 하며 부족한 것을 보충할 수 있는 공간을 마련해 주고, 자원봉사자들이 초·중·고등학교 학생의 학습을 도와주는 것으로 시작되었다. 1997년 IMF 금융위기로 결식아동이 증가하게 되고, 이들에 대한 급식사업을 공부방이 주도하게 되면서 이를 계기로 지자체사업으로 '한국여성단체협의회' 산하 기관들이 지역별 분담을 통해 담당하게 되면서 각 공부방에 인력을 지원하는 등 공부방이 양적으로 확산하게 되었다.

2003년 12월, 지역아동센터는 아동복지시설로 아동복지법 재개정이 확정되면서 민간 비영리단체 공부방이 지역아동센터로 전환하는 법적 근거가 마련되었고, 2004년부터는 국고지원되었다.

이후 지역아동센터로 전환하거나 신설되는 곳이 증가하고 있으며 초기 공부방이 갖고 있었던 재정난 전문교사의 부재 등 취약점들이 제도권 진입으로 많이 보완·개선되어지고 있다.

지역아동센터는 지역사회와의 연계가 매우 중요한데 인적자원의 활용과 물질적 자원의 활용과 같은 자원의 확대라는 점에서 지역사회와의 협력이 무엇보다 중요하다 할 수 있다.

지역아동센터의 최근 현황을 그림으로 살펴보면 다음과 같다(출처 : 한국지역아동센터. 현황자료 및 전망, 2011).

1) 시설현황

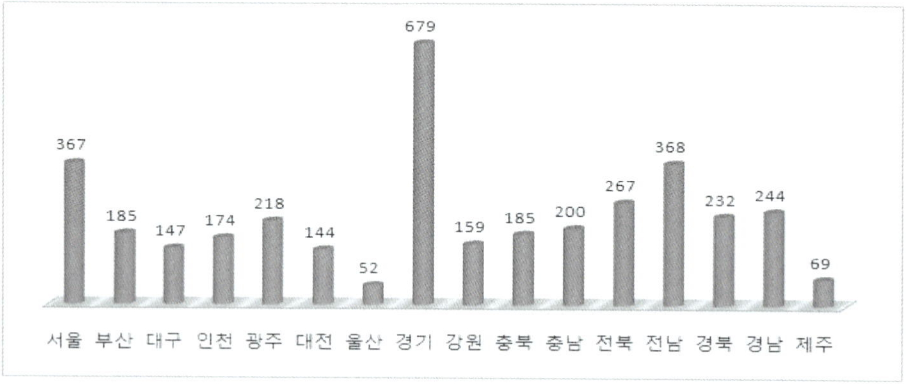

2010년 3,690개소 였던 지역아동센터가 2011년 5월말 기준 현재 3,802개소로 112개소(3.0%) 증가하였으며, 경기도가 가장 많은 시설을 보유하고 있고, 서울과 전남의 시설 보유가 많은 것으로 나타나고 있고, 지역 안배의 필요성이 있다.

2) 아동현황

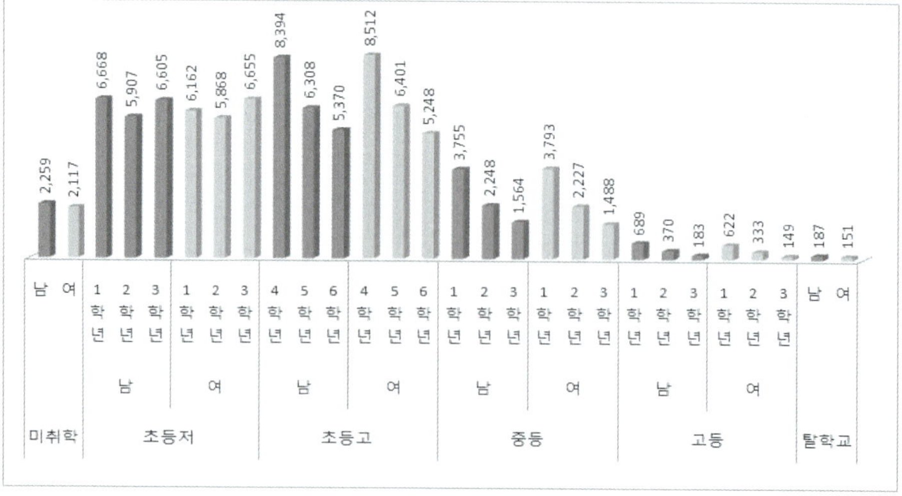

지역아동센터 이용 아동수는 2010년 100,233명에서 2011년 5월말 기준 현재 102,089명으로 2010년에 비해 1,856명(1.9%) 증가하였다. 방과후 아동지도의 대상은 초등학교 고학년 아동의 수요가 제일 높은 것으로 나타나 보인다. 아동복지시설과 방과후 공부방 등 지역 학교와의 연계가 많지 않아 변화가 요구되고 있다.

3) 운영주체

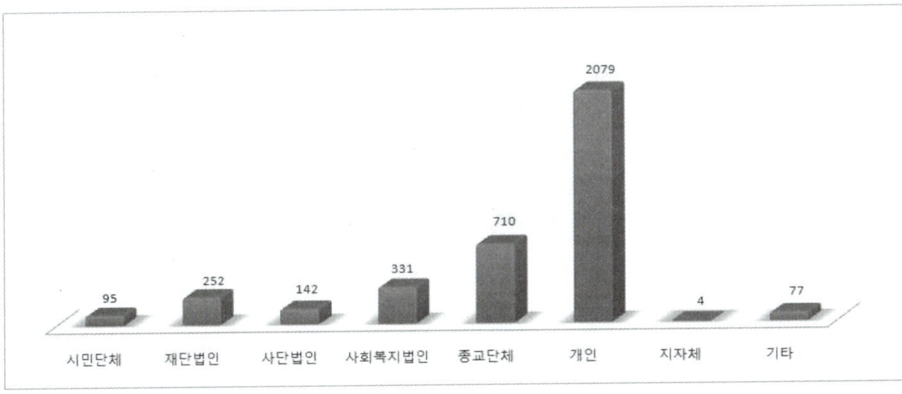

지역아동센터의 운영주체는 개인이 제일 많고 종교단체, 법인, 시민단체 순으로 보여진다.

4) 운영기간

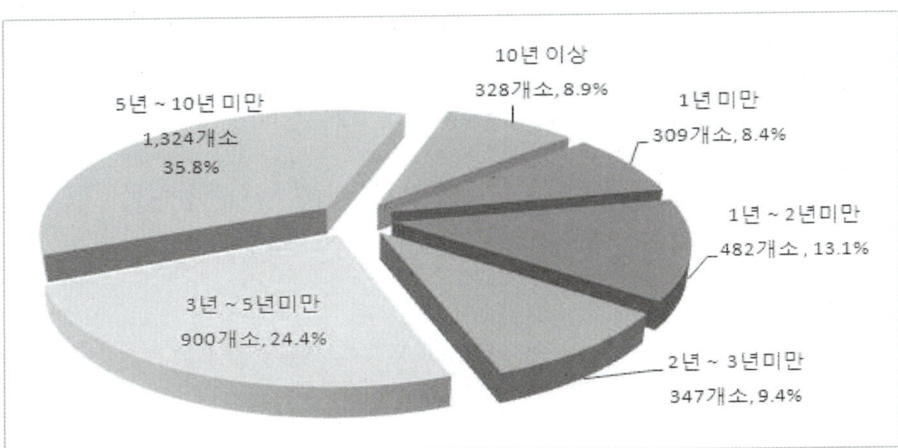

지역아동센터의 운영기간은 5년~10년 미만이 35.8%로 제일높고 3년~5년 미만이 24.4%, 1년~2년 미만 13.1%로 나타났다.

5) 종사자 현황

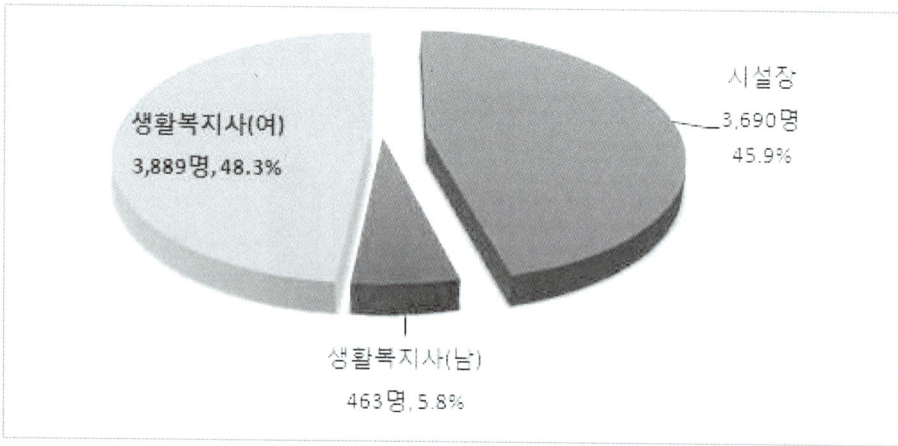

지역아동센터의 종사자 현황을 보면 생활복지사(여) 48.3%, 시설장 45.9%, 생활복지사(남) 5.8%로 나타났다.

보건복지부 아동권리과 2011년 지역아동센터 운영지침을 보면 다음과 같다.

(1) 운영시간

- 운영시간은 하루 8시간 이상 주 5일 이상을 원칙으로 함
- 학기 중 및 방학 · 공휴일의 기본운영 시간은 아래와 같이 하고, 센터별 여건 등에 따라 운영시간의 조정이 필요할 경우 지자체에 보고 후 변경 운영 가능

▶ 필수 운영시간 (기본 운영시간 8시간)

· 학기 중 : 14 : 00~19 : 00 (필수 운영시간)

· 방학(단기방학 포함) 및 공휴일 : 12 : 00~17 : 00 (필수 운영 시간)

※ 필수 운영시간을 포함하여 8시간 이상 운영하여야 함

- 토요일, 공휴일 등의 운영은 지역여건과 센터 실정에 따라 자율적으로 결정하되, 운영시에는 자원봉사자 등을 적극 활용하여 아동이 방임되지 않도록 조치

(2) 운영 프로그램

- 보호 프로그램 : 빈곤 · 방임 아동 보호, 일상생활지도, 급식제공, 위생지도 등
- 교육 프로그램 : 학교생활 준비, 숙제지도, 기초학습 부진아동 특별지도, 예체능교육, 독서지도 등
- 놀이와 오락 : 문화체험, 견학, 캠프, 공동체 활동, 놀이활동 지원, 특기적성 등
- 보호자와 지역사회 연계 : 가정방문, 상담 · 정서적 지지, 부모 · 가족 상담, 후원자 등 지역사회 내 인적 · 물적 자원 연계, 사례관리 등

(3) 아동등록절차 등 아동관리

가. 아동등록절차

- 시설장은 센터 이용 희망 아동에 대해 보호자가 작성한 「지역아동센터 이용신청서」와 기타 증빙서류 등을 받아 센터에 비치 · 관리하여야 하며, "아동등록 우선순위"에 따라 등록하도록 하여 돌봄 서비스를 제공

▶ 아동등록 우선순위

① 국민기초생활보장 수급권자 가정 아동
② 차상위 계층, 조손, 다문화, 장애, 한부모 아동
③ 기타 지역사회에서 보호와 지원이 필요하다고 판단하는 아동
 사회복지전담(담당) 공무원, 학교장(담임교사), 지역대표(읍 · 면 · 동장 등), 사회복지시설장(지역아동센터 제외)의 추천서 제출

나. 출석관리

- 시설장은 이용아동 등록 · 관리를 위해 출석부를 비치 · 관리하여야 함
- 출석 확인은 자필서명, 출석카드 등 출석 확인이 가능한 방법을 활용
- 타 서류(급식 확인 서류 등)로 출석여부를 확인할 수 있는 경우에는 대체 가능

다. 아동 발굴 및 지원

- 지자체(읍 · 면 · 동 포함) 및 지역아동센터는 지역 내 빈곤 · 학대 · 방임 가정, 한부모 · 조손 · 소년소녀 가정, 맞벌이 · 이혼가정의 아동 · 다문화 가정 아동 등 돌봄이 필요한 아동들을 적극 발굴 · 보호하여 아동방임을 예방할 것
- 지자체 및 지역아동센터 운영자는 이용아동 중 장애 · 발달장애아동 등 특별한 서비스가 필요한 아동이 있는 경우에는 인근 전문병원 및 장애아동이용기관(시설)과 연계 · 협력(상담, 치료 등)하여 필요한 서비스가 이루어지도록 지원

6) 지역아동센터의 프로그램 사례

(1) 사회성 향상 프로그램-1

프로그램	방과후 아동의 적응을 위한 'Step by step'
목 표	기관에 입소하여 경험하게 되는 부적응 행동들을 감소시켜 새로운 생활에 잘 적응하도록 돕는다.
개 입	〈초기적응단계〉 · Orientation - 기관 소개 - 담당선생님과 인사하기 · 생활규칙 알기 - 식당, 오락실, 체력단련실, 프로그램실 이용 · 건강한 나의 몸 - 신체검사를 통해 건강한 몸을 유지
	〈적응단계〉 · 새 가족 환영파티 - 새 가족을 위해 작은 파티를 열어 친밀감 형성 및 관계 강화 · 즐거운 학교생활 - 담당 방과후 지도교사가 아동의 교육기관(학교, 어린이집 등)에 방문하여 상담을 함으로써 학교생활에 잘 적응하도록 돕기
	〈적응완성단계〉 · 공동화 작업 - 커다란 도화지에 순서대로 돌아가면서 한 사람이 한번 이상 그려 함께 그림을 완성하기 - 타인과의 관계에서 자신을 어떻게 표출하고, 또 어떻게 상대를 이해하고 수용하는지를 체험하기

(2) 사회성 향상 프로그램-2

프로그램	'행복한 가족 만들기' 집단상담 (지역사회 아동이 함께 하는 가족 결속력 강화 프로그램)

목 표	아동의 우울감, 소외감, 대인관계 부적응과 같은 개인적인 위험요소를 감소하여 사회성 기술을 향상시킨다.
개 입	· 1회 : 첫만남 (INTRODUCTION) - 프로그램에 대한 소개 -집단 규칙 및 명칭정하기 - 나를 알리는 광고 만들기 -집단 성원의 이름 외우기
	· 2회 : '나의 꿈' 이야기하기 (STORY TELLING) - 이야기 쓰기 -이야기 그리기 -이야기하기
	· 3회 : 나는 누구인가? (SELF IMAGE) - 나의 장점 생각해 보기 -내가 좋아하는 문구 찾기 - 나에 대한 기사로 '자랑스런 나' 신문 만들기 :
	· 4회 : 친구 사귀기 (FRIENDSHIP) - 친구사귀는 방법 -좋아하는 친구, 싫어하는 친구 - 친구들이 보는 나 : '조하리의 창'
	· 5회 : 가족 (FAMILY) - 가족관계를 끈으로 보이기 - 가족이 행복하다고 느낄 때, 불행하다고 느낄 때 - TV와 동화 속 가족과 나의 가족

(3) 사회성 향상 프로그램-3

프로그램	'행복한 가족만들기' 집단활동 (지역사회 아동이 함께 하는 가족결속력 강화 프로그램)
목 표	아동의 우울감, 소외감, 대인관계 부적응과 같은 개인적인 위험요소를 감소하여 사회성 기술을 향상시킨다.
개 입	· 1회 : 관계증진을 위한 집단활동 일일나들이를 통해 집단성원간의 친밀감을 형성 (장소 : 삼성코엑스 아쿠아리움)
	· 2회 : 정서함양을 위한 집단활동 문화활동을 통해 다양한 정서적 감정을 표현 (장소 : 방송국 견학프로그램)

개 입	· 3회 : 협동심과 인내심 함양을 위한 집단활동 산오르기를 통해 협동심과 인내심 및 성취감을 경험 (장소 : 관악산/북한산 등 가까운 산)

(4) 인지적 능력 향상 프로그램

프로그램	밝은 아이 교실
목 표	학습에 대한 의욕을 고취하여 학업능력을 향상시킴으로써 성취감을 경험하게 한다.
개 입	· 개별학습지도 일대일 자원봉사자 연결을 통해 주의집중 향상 및 학습능력 고취 · 그룹학습지도 대학교 동아리와의 연결을 통해 학년별로 그룹을 형성하여 선의의 경쟁심을 유발하여 학습능력 고취 · 학원수강 사교육비 지원을 통하여 아동의 취약한 과목의 학습능력을 향상 · 외국어 회화지도 세계화 시대에 발맞추어 현지외국인을 자원봉사자로 연결하여 회화능력 향상

(5) 정서함양 프로그램

프로그램	꿈나무 재능교실
목 표	아동의 개별적 특성에 맞는 다양한 취미활동을 통해 정서함양을 하고자 한다.
개 입	· 요들송 전문기술 자원봉사자를 연결하여 초등학교 아동들을 중심으로 요들송 교실 운영 · 미술 지역사회의 미술학원과 연계하여 지역사회 아동들과 함께 미술지도

개 입	· 피아노 피아노 강사가 본 기관에 직접 방문하여 일대일 피아노 레슨
	· 컴퓨터 컴퓨터 전문회사의 사내 동아리와 연결하여 정기적으로 방문하여 워드프로세서 자격증반 운영
	· 아트풍선 아트풍선 전문가와 연결하여 풍선이라는 소재를 가지고 아이들이 자신의 창의력을 마음껏 발휘하도록 지도

4. 종합사회복지관의 방과후 아동지도

종합사회복지관의 방과후 아동지도는 지역사회를 위한 사업의 일환으로 공공기관으로는 학령기 아동의 방과후 보호와 교육 서비스를 제일 먼저 제공하였다.

초기 종합사회복지관의 방과후 아동지도는 일정시간을 지속적으로 운영하는 형태가 아닌 일별프로그램 형식으로 운영되었으며, 주된 목적은 저소득가정 및 한부모가정, 맞벌이부모의 가정 등 방과후 요보호아동을 대상으로 안전한 보호를 위한 환경 제공과 관리지도, 원만한 성격 형성과 정서적 안정을 도모하는 것이다.

종합사회복지관의 방과후 프로그램은 기관마다 지역사회의 특성에 따라 다양하게 운영되어지고 있다. 일과구성은 2시간 정도의 프로그램에 숙제지도와 요일별로 독서, 체육, 만들기, 그리기, 인성개발 프로그램 등을 실시하고 있는 곳이 있는 반면 숙제 및 학습시간을 주된 프로그램으로 하고 요일별 특별활동을 실시하는 곳도 있다. 또한, 요일에 관계없이 일정시간을 서비스하는 기관도 있으며 대부분 12~13시 사이에 시작하여 오후 6시~7시 사이 아동의 귀가시간에 따라 월요일~금요일까지 운영하는 프로그램이다(서영숙 외, 2010).

종합사회복지관은 지역사회에 위치하고 있어 접근이 용이하여, 비용이 저렴하고 복지관의 시설을 다양하게 이용할 수 있는 편리함과 다양한 프로그램들을 이용할 수 있는 장점을 갖고 있으나, 복지관에서 요보호아동을 대상으로 서비스를 하고 있는 상황을 감안해 볼 때 다양한 계층의 모든 아동으로까지 확산 · 이용할 수 있어야 하겠다.

1) 사회복지관 방과후 교실 월별 프로그램

월	주요 활동	월	주요 활동
1월	- 겨울방학 현장체험 실시 - 아동 건강검진 실시 - 2011년 신입생 모집	2월 ~ 3월	- 졸업식 - 신입생 오리엔테이션 - 학부모 개별상담
4월 ~ 6월	- 봄소풍, 어린이날 행사	7월 ~ 8월	- 여름방학 종일보육 실시 - 현장체험 실시
9월 ~ 11월	- 가을 소풍, - 학부모 개별 상담	12월	- 크리스마스 행사 - 신입아동 모집 공고

2) 사회복지관 방과후 교실 주간 프로그램

요일 / 시간	월	화	수	목	금
12 : 00~13 : 00	등원 / 1학년 점심 식사지도/ 숙제지도 / 자유놀이				
13 : 00~14 : 00	숙제지도 (월, 수, 금) / 내친구 컴퓨터, 독서지도 (화, 목) / 특기활동(피아노 아동) / 숙제제도				
14 : 00~14 : 50	특기활동	마주이야기 (1, 2학년)	문제집 지도/특기활동	받아쓰기 (1, 2학년)	문제집 지도/특기활동
15 : 00~16 : 00	오후 간식				
16 : 00~16 : 50	노력하는 어린이 시상식 예절교육	알록달록 종이접기 (천영희 선생님)	일기쓰기 신체활동 (박정훈 선생님)	두뇌개발 한자 (송한수, 안석중 선생님)	탁구교실 (어르신 동아리)
17 : 00~18 : 30	외부 특기 활동 참여 / 자유놀이 / 귀가지도				

출처 : 유린원광사회복지관

5. 청소년 방과후 아카데미

정부부처별 방과후 아동지도 중 청소년 방과후 아카데미는 청소년위원회의 운영과정을 따른다.

공적 서비스를 담당하는 청소년수련시설(청소년수련관, 청소년문화의집)을 기반으로 청소년들의 방과후 활동 및 생활관리를 종합적으로 지원하는 프로그램으로, 대상아동은 초등학교 고학년인 4학년 이상부터 중학교 2학년까지의 아동으로 다양한 체험활동과 수련회 활동 등 지역사회와의 자원을 적극 활용하는 방과후 활동을 하는 것을 특징으로 한다(김매희 외 , 2008).

청소년 방과후 아카데미 운영과정은 기본공통과정, 전문선택과정, 체험학습과정, 생활지원이 있다.

기본공통과정은 숙제지도와 자기주도학습, 보충 · 심화학습 등이 있으며, 기본적인 학업수준을 향상시키기 위하여 실시하는 과정이다.

전문선택과정은 수영, 컴퓨터, 웅변, 리더십, 사회봉사활동 등이 있으며 청소년들이 자신의 소질과 적성을 발견하고 개발할 수 있도록 문화 · 예술, 스포츠, 과학 · 탐구, 세계 · 시민, 지역 · 사회 영역에서 다양한 활동 프로그램을 선택하여 참여하는 전문교육과정이다.

체험학습과정은 주말을 이용한 주말 체험학습으로 문화유적지, 박물관, 민속마을 등을 직접 찾아가 직접 체험하면서 배우는 학습 과정이다.

생활지원은 급식, 건강관리, 생활일정관리, 상담, 부모간담회, 가족캠프, 부모교육 등을 지원하며 청소년과 부모, 지역사회가 함께 참여하고 협력하는 모든 과정을 관리 · 지원하는 것을 의미한다.

1) 청소년 방과후 아카데미 연간교육계획안

구분	내용	목표
기본공통과정	숙제지도 학습보충 자기주도학습	개인별 학력 차이 보완 자기주도학습 능력 배양 독서의 생활화
	교과학습	기초학습지도를 통한 학습능력 배양
전문선택과정	문화-미술, 예술 한국무용 뮤지컬	청소년들이 창의 · 인성 함양 정서적 지지 및 감성 표현력 향상
	탐구-역사, 컴퓨터	우리 역사 바로 알기 매스미디어 활용 능력 향상 건전한 미디어문화 형성
체험학습과정 (특별지원과정)	학부모 간담회	방과후 아카데미 프로그램에 대한 사업이해 청소년정보 교류
	토요 체험활동	자존감 향상, 정서함양 역사의식고치, 우리얼 함양, 지역의 역사이해 등
	전시/발표회	연중 학습결과 전시 및 발표회
	부모교육	학부모 상담 서비스 등
	영상체험활동	영상을 통한 문화활동 표현력 증대
	성교육	성에 대한 올바른 이해
	안전 및 소방교육	응급상황 안전생활지도 소방교육
	집단상담 프로그램	의사소통 친밀감 증대, 자기이해
	자아성장 및 창의적 캠프	타인에 대한 배려심 함양 창의/인성 함양
	자원봉사활동	지역사회 참여활동
	Party!Party!! 생일잔치 및 우수청소년 시상	월 1회 생일청소년 축하파티 및 장기자랑 해당 달 독서, 생활태도 모범생 포상으로 동기부여
	동아리활동	소질개발, 사회성 발달 프로그램
	특별강의	의사소통 및 사회성 증진 프로그램 학교폭력 예방교육 금연 및 인터넷 중독 예방교육

구분	내용	목표
자율체험과정 (특별지원과정)	자치-반별회의	청소년이 중심이 되어 진행 자신의 의견 및 청소년 의견 반영
	동아리-영상, 봉사	다양한 표현방법 지속적인 봉사활동 유도
생활지원	급식	건강한 영양관리
	상담	부적응 · 일탈예방 및 학습 · 진로상담
	생활일정관리	개인생활의 변화 발달관리
	안심 귀가지도	귀가 및 등원차량 운행 귀가문자 알림 서비스
	건강관리	지역연계를 통한 건강관리

출처 : 부산광역시 양정청소년수련관 -양정청소년 방과후 아카데미

2) 청소년 방과후 아카데미 주간교육계획안

시간	월	화	수	목	금	토
1교시 15 : 30~16 : 15	스케치 여행	자기주도 활동	자기주도 활동 (동아리활동)	독서지도	뮤지컬	
2교시 16 : 25~17 : 10	모듬북	역사 속에서 나 찾기	자기주도 활동 (동아리활동)	태권도	자기주도 활동	
3교시 17 : 10~17 : 50	냠냠, 오물오물, 즐거운시간					
4교시 18 : 45~19 : 30	국어	영어	숙제지도	수학	영화	
5교시 18 : 45~19 : 30	자기주도 활동 (자치회의)	수학	영어	파워컴	역사 속에서 나 찾기	
19 : 30~19 : 40	하루일과 맺는 시간					
19 : 40~20 : 30	즐거운 귀가 시간					

3) 청소년 방과후 아카데미 일일교육계획안

요일	시간	일정	구분
월~금	15 : 30~16 : 15	1교시	체험활동
	16 : 25~17 : 10	2교시	체험활동
	17 : 10~17 : 55	저녁식사	생활지원 (저녁식사)
	17 : 55~18 : 40	3교시	체험활동
	18 : 50~19 : 35	4교시	체험활동
	19 : 35	귀가지도	생활지도 (귀가지도)

출처 : 부산광역시 양정청소년수련관 -양정청소년 방과후 아카데미

생각해 보기

1. 방과후 아동지도의 유형은 크게 몇 가지로 구분할 수 있는가 생각해 보자.

2. 각 유형의 장점과 단점을 생각해 보자.

제 9 장

방과후 아동지도사의 역할과 전문성

1. 방과후 아동지도사
2. 방과후 아동지도사의 역할
3. 방과후 아동지도사의 자질 및 기술
4. 방과후 아동지도사의 자격

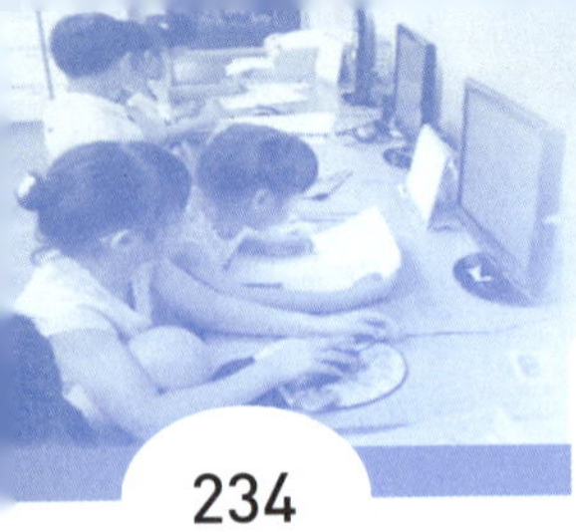

방과후 아동지도사는 다양한 용어로 사용되고 혼재되어 사용되고 있지만 방과후 아동지도사라는 용어로 통일하여 그 개념을 살펴보고자 한다. 방과후 아동지도사는 아동의 건강 및 안전과 관련된 활동, 가정(부모)을 대신하는 활동(휴식, 생활지도, 숙제지도, 자율학습지도), 학교교육(교사)을 보완하는 활동(특별활동 : 과학탐구, 창의성, 글쓰기, 음악, 미술, 연극, 요리, 견학 등), 아동의 요구 및 흥미를 위한 활동(놀이지도 : 사고력 게임, 기타 실내외놀이, 자유선택활동 : 컴퓨터, 독서, 게임, 기타 실외놀이)을 중심으로 활동을 제공해야 한다.

방과후 아동지도사가 방과후 현장에서 아동에게 제공하는 다양한 역할들에 대해서 살펴보고, 방과후 아동지도사로서 반드시 갖추어야 할 자질과 기술을 살펴보고자 한다. 또한 방과후 보육시설, 지역아동센터, 초등학교 돌봄교실, 청소년 방과후 아카데미에서 요구되는 방과후 아동지도사의 자격기준에 대해서 자세히 살펴보고자 한다.

1. 방과후 아동지도사

한국여성개발원(2000)에서는 방과후 아동지도사는 방과후의 아동들을 이해하고 인정하며, 애정을 가지고 대함으로써 정서적 안정을 도모할 수 있어야 한다고 보았다. 특히 초등학교 시기는 심리적으로 변화의 폭이 큰 시기이므로 이들이 안정된 환경에서 생활할 수 있도록 하는 것이 필수적이며, 이를 위해 방과후 아동지도사는 아동의 건강 및 안전과 관련된 활동, 가정(부모)을 대신하는 활동(휴식, 생활지도, 숙제지도, 자율학습지도), 학교교육(교사)을 보완하는 활동(특별활동 : 과학탐구, 창의성, 글쓰기, 음악, 미술, 연극, 요리, 견학 등), 아동의 요구 및 흥미를 위한 활동(놀이지도 : 사고력 게임, 기타 실내외놀이, 자유선택활동 : 컴퓨터, 독서, 게임, 기타 실외놀이)을 중심으로 활동을 펼쳐나가야 한다고 하였다.

방과후 아동지도사란 방과후 아동지도기관이나 프로그램에서 아동과 더불어 일하는 성인을 의미하며, 급료를 받는 사람일 수도 있고 자원봉사자일 수도 있다. 또 집단 리더나 행정가, 전문가일 수도 있고, 전업으로 하기도 하고, 시간제로 일할 수도 있고, 훈련을 받은 사람일 수도 있고, 아닐 수도 있다. 때로 방과후 아동지도사란 같은 직업을 가진 사람을 의미한다. 비록 단순히 방과후 아동지도의 개념을 넘어 아동이나 청소년들과 함께 일하는 사람을 지칭하는 용어로 쓰이기도 하지만, 같은 직업 내용을 가지는 것에 적용된다(서영숙 외, 2009).

방과후 아동지도사, 방과후 아동보육교사, 방과후 교사라는 개념으로 여러 용어가 사용되고 있지만 방과후 아동지도사는 단순히 아동을 교육하는 것에만 집중되어 있는 것은 아니다. 아동에게 가정에서의 어머니와 같은 존재의 역할로 아동의 보호와 양육을 담당하게 되며, 학교에서의 교사의 역할로 숙제지도자, 학습지도자와 같은 교육을 담당하는 역할을 제공하는 것이다. 또 나아가 아동들에게 다양한 문화적인 체험을 할 수 있도록 문화체험 경험을 할 수 있도록 다양한 프로그램을 제공하여 아동의 건강한 성장 · 발달에 도움을 제공한다. 이처럼 아동발달의 다양한 발달영역에 도움을 제공할 수 있어야 하므로 방과후 지도교사는 아동의 발달단계에 대해서 충분한 이해와 지식을 가지고 있어야 하며, 발달단계마다 발달과업을 수행할 수 있도록 이들을 보호, 양육, 지도하는 역할을 수행해 나가야 하는 것이다.

표 9-1 방과후 아동지도사의 분류

명 칭	관련부처	분 류
방과후 보육시설	보건복지부	시설장(20인 이하 시설) 보육교사(방과후 보육 특별직무교육 이수자)
지역아동센터	보건복지부	시설장 생활복지사 강사 아동복지교사 수능공부방 운영요원
초등학교 돌봄교실	교육과학기술부	현직교사 전문대학 이상(보육교사)
청소년 방과후 아카데미	여성가정부	청소년지도사 운영책임자(PM : 프로젝트 매니저) 실무지도자(SM : 스케줄 매니저)

각 방과후 시설별 방과후 아동지도사 및 교사의 자격기준을 살펴보면 다음과 같다.

방과후 보육시설의 경우 시설장, 방과후 보육 특별직무교육을 이수한 보육교사가 방과후 보육교사로 활동할 수 있다.

지역아동센터는 시설장, 생활복지사, 강사, 아동복지교사, 수능공부방 운영요원이 방과후 아동지도의 업무를 맡아 아동들을 지도할 수 있다.

초등 돌봄교실은 현직교사나 청소년지도사가 방과후 아동을 지도할 수 있으며, 청소년 방과후 아카데미는 시설운영 대표자(시설의 장), 운영책임자(PM : 프로젝트 매니저), 실무지도자(SM : 스케줄 매니저), 청소년지도사가 방과후 청소년들을 지도할 수 있도록 하고 있다.

2. 방과후 아동지도사의 역할

방과후 아동지도사는 발달단계상 초등학교 시기의 아동들을 대상으로 보호, 지도해야 하는 것이다. 초등학교 저학년 아동들에게 방과후의 시간 동안 가정에서 부모가 해 주는 역할을 대신함으로써 아동에게 가정과 같은 편안함과 안정감을 제공할 수 있어야 한다. 또한 학교에서 교사의 역할을 대신함으로써 교육적으로 부족한 부분을 충족시켜 줄 수 있어야 한다.

방과후 교사는 방과후 현장 운영에 필요한 프로그램을 계획하고 수행하는 업무, 아동의 생활습관 및 학습지도, 놀이 및 특별활동 지도, 안전사고 예방 및 환경 조성, 발달에 필요한 영양 공급과 건강관리, 급식 담당 이외에도 아동상담 지원, 학부모의 참여 유도 및 부모교육 프로그램 개발 · 운영, 지역사회기관 간의 업무연계 추진 및 외부 인적 · 물적 자원의 활용, 홍보 및 관리, 재정관리 등의 역할을 수행한다(한국여성개발원, 2000).

방과후 아동지도사는 프로그램을 직접 운영하는 교사로 아동과의 직접적인 의사소통을 제공해 주는 역할, 안전교육자로서의 역할, 역할모델로서의 역할을 수행해 나가야 한다. 프로그램을 직접 운영하는 주교사 외에 보조교사는 교실 정리 정도 및 교재 · 교구준비 등 교실관리와 아동에게 본보기 역할을 제공해 주어야 한다.

전문가로서 방과후 아동지도 교사의 구체적인 역할은 다음과 같다(김재인, 1996).

- 방과후 아동들을 각종 안전사고와 위험에서 보호하고 지도한다.
- 방과후 아동들에게 가정과 같은 편안한 안정감을 제공할 수 있도록 지도한다.
- 주간생활예정표를 통해 일일교육 활동지에 수업상황을 매일 기록한다.
- 일일교육활동일지에는 각 영역별 배당시간, 교재 및 학생들의 참여태도, 교사가 수업 중에 느낀 점을 상세히 기록한다.
- 프로그램 운영상에 문제가 발생했을 경우, 관련자와 협의한다.
- 특별활동 시 학부모 등 자원봉사자를 활용할 수 있는 방안을 강구한다.
- 복장을 단정히 한다.
- 아동에게 존대말을 사용하고, 인격을 존중한다.
- 아동의 심신발달이나 가정환경에 따라 차별을 두지 않고 공정하게 지도한다.
- 활동영역은 생활지도, 놀이, 특별활동, 자율학습, 숙제로 구성되며 각 영역에 대한 아동의 사고력 향상과 창의성 개발에 역점을 둔다.
- 빠른 시일 내에 아동의 특성을 파악하여 이를 교수에 반영한다.
- 아동의 개성을 존중하며 개인차와 욕구에 맞도록 지도한다.
- 프로그램 실시 후 언제라도 아동 요구조사를 실시하여 프로그램에 반영하도록 한다.
- 교사중심의 수업보다 아동중심의 수업을 지향한다.
- 부모교육을 실시하고, 학부모의 의견을 프로그램 운영에 반영하도록 노력한다.

방과후 아동지도사의 역할을 양육자의 역할, 교사의 역할, 복지사의 역할, 지역사회운동가의 역할, 기획자의 역할로 나누어 살펴보면 다음과 같다(서영숙 외, 2010).

1) 양육자의 역할

방과후 아동지도사의 역할 중 가장 첫 번째 역할은 양육자의 역할이다. 양육자의 역할이란 가정에서 부모가 제공하는 전반적인 돌봄, 일상생활에 대한 생활지도, 안전한 환경, 발달에 중요한 건강과 영양, 긍정적 자아를 형성할 수 있는 정서적 지지 등을 제공해 주는 역할을 해야 한다.

2) 교사의 역할

방과후 아동지도사는 부모가 체계적으로 돌보아 주지 못하므로 아동의 학습능력을 파악하여 체계적, 수준별로 학습지도를 제공해야 하며, 학습과정을 촉진시켜 줄 뿐 아니라 학습에 대한 흥미를 유발하고 이를 유지할 수 있도록 격려해 주는 역할을 수행해야 한다. 방과후 시간 동안 아동이 학교숙제를 가정과 같은 분위기에서 해결할 수 있도록 도와 주어야 하며, 공연, 전시회 등의 문화적 활동 기회를 제공해 주어야 한다. 그 외 아동의 특별한 욕구를 충족시켜 주는 특별활동 지원, 지역사회의 특성과 아동의 발달을 고려한 프로그램 개발 및 평가자의 역할을 수행해야 한다.

3) 복지사의 역할

방과후 아동지도사의 복지사로서의 역할이란 아동뿐 아니라 부모, 가족의 스트레스와 문제, 욕구가 무엇인지 파악하고 적절한 아동상담, 부모 및 가족상담, 부모교육, 가족지원 서비스 연계 등을 제공해 주어야 한다. 복지사의 역할을 수행함으로써 아동뿐 아니라 부모-자녀 관계에서 스트레스를 감소시키고, 가족의 강점을 강화시켜 줌으로써 아동에게 부정적인 영향을 미치는 요소를 감소시키는 역할을 제공해야 하는 것이다.

4) 지역사회운동가의 역할

방과후 아동지도사는 아동을 보호, 안전하게 지켜 주는 역할도 중요하며, 나아가 이 아동들이 성장하여 지역사회 구성원으로서 역할을 수행해 나갈 수 있도록 지원해야 한다. 나아가 지역사회 뿐 아니라 국가의 시민으로서의 역할을 수행해 나갈 수 있도록 지원해 주는 것이 필요하다. 특히 방과후 아동지도 현장의 경우 지역사회의 특성과 욕구를 반영하고, 지역사회 자원을 활용하여 프로그램을 실천하기 때문에 아동에게 지역사회에 대한 자부심과 자존감을 향상시킬 수 있도록 해야 한다. 방과후 아동지도사는 지역사회와 적극적으로 연계할 수 있어야 하며, 지역사회 문제를 발견하고 이를 해결하는데 앞장 설 수 있어야 한다.

5) 기획자의 역할

방과후 아동지도사는 방과후 현장을 운영하고 아동의 교육관련 업무를 총괄하는 교사로 프로그램 전반에 대해 기획, 관리, 평가하는 업무를 수행해야 한다. 방과후 아동지도사는 방과후 교육의 목표를 설정하고 서비스 내용과 방법을 계획하고, 나아가 실제 운영, 평가까지의 종합적인 기획을 할 수 있어야 한다. 이를 통하여 아동의 건강한 발달을 위하여 노력해야 한다.

3. 방과후 아동지도사의 자질과 기술

방과후 아동지도사는 아동기 발달 특성과 아동교육에 관한 기본지식을 갖추어야 한다. 또한 학령기 아동의 발달과제와 방과후 아동지도의 진정한 목적을 이해하여 활동을 계획하고 운영할 수 있어야 한다. 방과후 아동지도는 영유아 보육과는 달리 보육시설에서 아동의 생활을 전담하는 것이 아니고 방과후의 생활이므로 학교교육과는 구별되면서도, 학교교육을 보완하는 교육이어야 한다. 즉, 학교에서 구조적인 학습에 지친 아동들에게 정서적 휴식을 제공하고 신체적 기술을 도울 수 있는 능력을 갖추어야 하며, 가정이나 학교에서 소홀히 할 수 있는 건전한 취미활동을 지도하고, 여가시간을 유익하고 창의적으로 지낼 수 있도록 지도하는 능력이 요구된다(이옥 외, 1996).

교육방법이나 내용에 있어서도 학교의 인지중심 교육과는 달리 사회적 · 정서적 발달에 초점을 두어, 아동 개개인의 요구에 맞는 비형식적 교육으로 이루어져야 한다. 교육 프로그램은 학교 교육과정과 같이 수업집중적이 아니라 관심과 흥미를 유도하는 내용으로 구성하고 전문적인 레크리에이션 활동과 생활지도, 특기교육 등이 다루어져야 한다(한국여성개발원, 1994).

1) 방과후 아동지도사의 자질

방과후 아동지도사는 아동과 부모 및 가족을 대상으로 하기 때문에 가장 기본적인 인간적인 자질을 갖추는 것이 중요하고, 이 외에 프로그램을 개발하고 수행하기 위해서 전문적인 자질을 갖추는 것이 필요하다.

먼저, 방과후 아동지도사는 전문적인 지식이나 기술 외에 기본적으로 자신과 아동, 그리고 부모 사이에 성공적인 래포(Rapport)를 형성할 수 있는 인간적인 자질을 갖추고 있어야 한다. 부모와 자녀는 아동지도사가 믿을 만하고 맡길 만한 사람인가에 대한 신뢰감을 줄 필요가 있다. 방과후 아동지도사는 프로그램의 성격에 따라 부모의 역할을 하기도 하고, 친구, 특기활동이나 취미활동의 지도자, 학교공부의 보조자일 수도 있다. 나아가 기능적 · 행정적 기술과 인간관계 기술을 겸비하고 있어야 한다. 무엇보다 아동의 안전에 철저한 책임감을 가져야 한다. 또한 아동지도사가 항상 상황에 대한 공정성과 자제력을 가지고 있어야 하며, 아동을 대할 때 일관성 있는 태도를 보여야 한다.

방과후 아동지도사는 아동의 성장 · 발달에 대해서 이해하고 있어야 하며, 가정방문이나 부모면담 등을 통해 아동의 가정환경에 대한 배경지식을 가지고 있으면 아동에 대해서 보다 더 잘 이해할 수 있다. 따라서 방과후 아동지도사가 아동에 대해서 이해하고 아동의 욕구를 파악하고자 하는 자세를 갖추고 있다면 아동과 생활하는 것을 즐거워하고 이는 아동교육을 향한 열정으로 나타날 수 있다. 따라서 아동발달에 대해서 이해하고 아동과 함께하는 것을 즐길 수 있는 자질을 갖추는 것이 필요하다.

방과후 아동지도사는 아동이 자유롭게 자기 주변 세계를 탐색하고 자신을 살펴볼 수 있는 환경을 제공할 수 있는 자질을 갖춰야 한다. 방과후 아동지도사는 아동을 좋아하고 성숙된 성인으로서 아동의 발견을 함께 즐길 수 있는 사람이어야 한다. 뿐만 아니라 방과후 아동지도사는 기관을 대표하여 여러 가지 역할을 하기 때문에 아동뿐 아니라 항상 주변 환경을 탐색하고 관찰하는 자세를 갖추는 것이 필요하다.

방과후 아동지도사는 자신과 타인을 존중하며 전문가적인 자질을 갖추는 것이 필요하다. 아동에게 모범이 되어야 할 뿐 아니라 부모, 동료에게도 모델링이 되어야 하는 것이다. 따라서 전문가 정신, 지식, 도덕적 특성, 동료와의 상호작용, 아동 양육 방법에 대한 정보에 관해 이야기를 나누고 모델이 될 수 있도록 자질을 갖추어야 한다.

또한 전문가적인 동기를 가진 방과후 아동지도사는 방과후 현장의 아동에 대해 관심을 가지고 자기 교실이나 교육의 목적과 목표 실현을 위해서 정열을 쏟을 수 있는 자질을 갖추고 있어야 한다. 솔선하여 실천하기를 즐기고 색다른 교수법을 발견하고자 노력해야 하는 것이다.

마지막으로 방과후 아동지도사는 아동들과 함께 생활하기 위해서는 건강해야 한다. 아동의 눈높이에 맞도록 몸을 낮추어야 하며 많이 움직이는 시간이 많기 때문에 건강이 나빠 제대로 출근하지 못하는 경우 다른 동료들이 힘들게 되는 것은 물론 아동에게도 영향을 미치게 된다. 건강하지 못하면 이는 아동의 건강에도 연결될 수 있기 때문에 방과후 아동지도사가 갖추어야 할 자질 중 중요한 자질이라고 할 수 있다.

이처럼 방과후 아동지도사의 자질은 다양하게 요구되고 방과후 아동지도사의 주된 대상인 아동이 누구이며, 어떤 목적을 중요시하는 프로그램인지에 따라 아동지도사가 갖추어야 할 자질도 달라 질 수 있다. 방과후 아동지도사의 자질을 정리해 보면 다음과 같다.

- 방과후 아동지도사는 아동과 가족에 대한 관심과 존중감을 가져야 한다.
- 기본적으로 모든 분야에 호기심과 관심이 있어야 한다.
- 자신이 하는 교육에 대한 열정이 있어야 한다.
- 전문성 향상을 위한 지속적 발전, 추구자의 자질이 필요하다.
- 타인의 말을 경청하는 태도와 습관이 필요하다.
- 인내심, 이해심, 공정성, 자제력, 일관성, 자상함과 같은 자질이 필요하다.
- 비판하지 않고 비밀을 지키며, 편견을 가지지 않도록 노력하는 것이다.

2) 방과후 아동지도사의 기술

방과후 아동지도사는 아동과 부모 및 가족을 대상으로 하기 때문에 인간관계에 대한 기본적인 업무부터 시작하여 프로그램 개발, 수행하는 역할을 한다. 그러므로 아동발달을 이해하고 이들과 의사소통을 할 수 있는 인간관계에 대한 기술, 대화기술, 집단관리 및 개인관리 기술을 갖추는 것이 필요하다. 방과후 아동지도사가 갖추어야 할 기술에 대해서 살펴보면 다음과 같다.

첫째, 방과후 아동지도사는 인간관계에 대한 기술을 갖추어야 한다. 아동, 부모 및 가족, 동료, 지역사회 자원과의 관계를 맺어야 하기 때문에 인간관계 형성에 대한 기본적인 기술을 갖추고 있어야 하는 것이다. 원만하고 효과적인 대인관계를 형성할 수 있는 기술을 갖추고 있는 교사는 아동에게 바람직한 관계를 형성할 수 있도록 모델링이 될 수 있다. 효과적으로 의사소통할 수 있는 기술은 의미있는 관계를 형성할 수 있도록 해 주며, 이는 아동, 부모 및 가족, 동료와의 관계에서 긍정적인 영향을 미칠 수 있다.

둘째, 효과적으로 대화할 수 있는 대화의 기술을 갖추고 있어야 한다. 아동의 경우 방과후 아동지도사가 부모의 역할을 대신하기 때문에 학교에서 있었던 일, 하루에 있었던 일 등에 대해서 이야기하고자 한다. 뿐만 아니라 기분 나빴던 일, 속상한 일 등에 대해서도 이야기하고 싶어한다. 따라서, 방과후 아동지도사는 아동과 효과적으로 의사소통할 수 있도록 대화의 기술이 필요한 것이다. 아동이 말하고자 하는 것에 대해 관심을 보이고 경청을 해야 하며, 분명하고 정확하게 메시지를 전달할 수 있는 기술이 중요하다.

셋째, 집단을 관리할 수 있는 기술이 필요하다. 집단관리 기술 이전에 개별 아동을 다룰 수 있는 능력이 요구되고, 집단은 개별과는 다른 집단만의 역동성이 있기 때문에 집단을 다룰 수 있는 기술이 요구된다. 방과후 아동지도사가 담당하는 학급, 아동들이 잘 어울릴 수 있도록 집단에 대한 이해와 집단관리 기술이 필요한 것이다. 집단의 역동성을 이해할 수 있어야 하며, 집단을 효율적으로 이끌어 갈 수 있는 집단지도자 기술을 갖추고 있어야 한다.

마지막으로 항상 자신을 개발하고자 노력하는 자세가 필요하다. 방과후 아동지도사는 다양한 역할을 수행해야 한다. 이를 위해서는 끊임없는 자기계발을 위해 노력하는 자세가 요구되는 것이다. 자신의 성격개발부터 전문적인 자질 향상과 새로운 정보 탐색을 위해서 항상 노력하는 자세가 필요한 것이다.

4. 방과후 아동지도사의 자격

방과후 아동지도에 대한 요구와 필요성이 증대되면서 방과후 아동지도사에 대한 수요도 증가하고 있지만 자격에 대한 단일화된 규정이 없이 민간단체를 중심으로 한 교육과정과 자격과정을 통해 방과후 아동지도사를 양성하고 있는 실정이다.

방과후 아동지도사의 자격에 대해서 방과후 보육시설, 지역아동센터, 초등학교 돌봄교실, 청소년 방과후 아카데미로 나누어 살펴보고자 한다.

방과후 아동지도사 양성에 대해서는 영유보육법 시행규칙 개정령이 공포되면서 보육교사가 방과후 아동지도를 담당하게 되었다. 보육교사 양성과정에서는 방과후 아동지도 관련교과로 16시간을 배정하고 40시간의 보육교사 재교육 과정이 마련되었다. 이것은 보육교사들이 어린이집에서 방과후 아동지도 프로그램을 실시할 수 있도록 하기 위함이었다. 그러나 150시간의 방과후 아동지도사 교육원 또는 평생교육원에서도 방과후 아동지도사 교육과정을 운영하고 있다. 이처럼 대학 부설 평생교육원이나 사회교육원에서의 방과후 아동지도사 과정이 개설을 점차 증가하고 있는 추세이다.

방과후 보육시설의 경우 영유아보육법 개정으로 방과후 보육이 법제화되어 있으며, 방과후 보육시설에서 교사를 하려면 시설장 자격과 보육교사 자격을 갖추고 있어야 한다. 보육교사의 경우에는 추가적으로 방과후 특별 직무교육을 이수해야 방과후 보육교사로 활동할 수 있다.

표 9-2 방과후 보육시설 자격

명 칭	직 종	자격기준
방과후 보육시설	시설장	- 보육교사 1급 취득 후 2년 이상의 보육 등 아동복지업무 경력이 있는 자 - 유아교육법에 의한 유치원 정교사 2급 자격을 취한 후 5년 이상의 보육 등 아동복지업무 경력이 있는 자 - 유치원 원장의 자격을 가진자 - 초·중등교육법에 의한 초등학교 정교사 자격을 취득한 후 5년 이상의 보육 등 아동복지업무 경력이 있는 자 - 사회복지사업법에 의한 사회복지사 1급 자격을 취득한 후 5년 이상의 보육 등 아동복지업무 경력이 있는 자 - 의료법에 의한 간호사 자격을 취득한 후 7년 이상의 보육 등 아동복지업무 경력이 있는 자 - 국가 또는 지방자치단체에서 7급 이상의 공무원으로 보육 등 아동복지업무에 5년 이상 근무한 경력이 있는 자
	보육교사	- 보육교사 2급 자격을 취득한 후 3년 이상의 보육업무 경력과 승급교육을 받은 보육교사 1급 - 보육교사 2급 자격과 석사학위를 받은 자로서 1년 이상 보육업무 경력과 승급교육을 받은 보육교사 1급 - 전문대학 또는 동등 이상의 학교에서 보건복지부령이 정하는 보육관련 교과목을 이수하고 졸업한 보육교사 2급자로 방과후 특별 직무교육 이수자 - 대학원에서 석사학위 이상을 취득하고 보육관련 교과목 및 학점을 이수하고 졸업한 보육교사 2급자로 방과후 특별 직무교육 이수자

명 칭	직 종	자격기준
방과후 보육시설	보육교사	- 보육교사 3급 자격자로 1년 이상의 보육업무에 종사한 경력이 있고 승급교육을 받은 보육교사 2급자로 방과후 특별 직무교육 이수자 - 고등학교 또는 이와 동등 이상의 학교를 졸업한 자로서 보건복지부령이 정하는 교육훈련시설에서 소정의 교육과정을 수료한 보육교사 3급자로 방과후 특별 직무교육 이수자

지역아동센터에서 방과후 아동지도사는 시설장, 생활복지사, 강사, 아동복지교사 자격을 갖춘 자가 활동할 수 있다. 최근 정부에서 아동복지교사에 대한 지원을 강화하고 있으며, 아동복지교사는 주간에는 주 30시간, 야간에는 주 25시간 근무하는 전일(전담형) 교사와 주 14시간 근무하는 단시간 근무교사(시간제)로 구분하고 있다.

지역아동센터에서 근무하는 아동복지교사는 다음과 같은 업무를 수행한다.

- 아동복지교사는 빈곤아동의 욕구와 필요에 맞는 보호, 학습, 문화, 복지 등 아동에게 질 높은 서비스를 제공함
- 아동복지교사는 사업 참여를 통하여 스스로 근로의욕 및 직업능력을 높이고, 지역의 사회적 서비스 확대에 기여함
- 아동복지교사는 아동복지교사 지원사업 근로계약서, 사업안내서, 노무운영매뉴얼 등에 근거하여 분야별 업무를 수행하여야 함
- 아동복지교사는 시 · 도지원단에서 요구하는 업무서류를 작성 · 보고하여야 함
- 아동복지교사는 중앙 및 시 · 도지원단에서 운영하는 모든 교육에 반드시 참여 · 이수하여야 함
- 아동복지교사는 지원사업의 사업수행과정에 필요한 시 · 도지원단의 업무요구에 적극 협조하여야 함
- 아동복지교사는 사업운영 및 관리현황을 점검하기 위한 시 · 도지원단의 모니터링에 필히 협조하여야 함
- 아동복지교사는 사업의 발전을 도모하기 위하여 실시되는 사업평가 설문조사에 적극 협조하여야 함

표 9-3 지역아동센터 자격

명 칭	직 종	자격기준
지역아동센터	시설장	- 사회복지사업법에 의한 사회복지사 3급 이상의 자격을 가진자 - 학대아동보호사업과 관련된 기관에서 3년 이상 근문한 경력이 있는 자 - 7급 이상 공무원으로서 국가 또는 지방자치단체에서 사회복지사업에 관한 행정업무에 5년 이상 종사한 경력이 있는 자 - 의료법에 의한 의사면허를 가진 자로서 3년 이상 진료경력이 있는 자 - 정신보건법에 의한 정신보건전문요원의 자격을 가진 자로서 사회복지업무와 관련하여 5년 이상 종사한 경력이 있는 자 - 영유아보육법에 의한 보육교사 1급 자격을 가진 자로서 아동에 관련된 사회복지업무에 5년 이상 종사한 경력이 있는 자 - 유치원, 초등학교 또는 중등학교 교사자격증을 가진 자로서 사회복지사업에 5년 이상 종사한 경력이 있는 자 - 직업훈련교사, 간호사, 영양사로서 사회복지사업에 5년 이상 종사한 경력이 있는 자
	생활복지사	- 사회복지사업법에 의한 사회복지사 3급 이상 자격을 가진 자 - 유치원, 초등학교 또는 중등학교교사 자격을 가진 자 - 영유아보육법에 의한 보육교사 1급 자격을 가진 자 - 아동복지 지도원이 될 수 있는 자격을 가진 자
	강사	- 대학생, 학원강사, 시니어 강사, 특기소지자 - 아동복지관련 학과 졸업 후 취업 희망자 등 아동보호, 교육, 복지, 문화에 관심 있는 자
	아동복지교사	- 아동청소년지도사, 기초학습교사, 기초영어교사, 독서지도교사, 예체능활동교사, 지역사회복지사 - 2011년 1월 1일 기준 실직자로 근무가능자 (단, 2011년 2월 졸업예정자, 방송통신대 · 사이버대학교 재학생, 야간대학원생 지원가능) (사업자등록증 보유자는 수입이 없거나, 실질적 휴업

명 칭	직 종	자격기준
지역아동센터	아동복지교사	등의 경우 지원 가능) - 아동관련 범죄 사실이 없는 자 - 전염성 질환이 없는 자 - 분야별(아동청소년지도교사, 기초학습교사, 기초영어교사, 독서지도교사, 예체능 활동교사, 지역사회복지사) 세부자격 기준에 준하는 자
	수능공부방 운영요원	- 대학생, 교사, 주부, 학원강사, 지역사회 인사 등 자원봉사 요원

1995년 세계화추진위원회에서 방과후 아동지도제도 도입을 정책으로 채택하였고, 1996년 교육개혁위원회가 특기적성교육 등 방과후 교육활동을 제안하여 이후 초등학교에서는 특기적성교육, 보충수업 등의 형태로 방과후 교육활동을 운영하게 되었다. 이후 2006년부터는 방과후 학교라는 용어로 통합하여 사용하게 되었으며, 이후 방과후 보살핌, 돌봄 기능, 양육과 보호의 기능을 담당하여 최근에는 초등학교 돌봄교실이라는 용어를 사용하고 있다.

초등학교 돌봄교실에서는 지역이나 각 학교마다 종사자의 자격기준이 일원화되지 않고 학교운영위원회 심의를 거치면 강사로 활동할 수 있게 되어 있다. 일반적으로 초등학교 교사와 같은 교원자격을 갖추거나 보육교사, 학원강사, 대학생, 특기별 강사 등의 다양한 자격을 갖춘 전문가들이 활동할 수 있다.

표 9-4 초등학교 돌봄교실 자격

명 칭	직 종	자격기준
초등학교 돌봄교실	현직교사	- 초 · 중등교육법에 의한 정교사
	강사	- 학교운영위원회에서 심의를 거친 자 - 국내체류 외국유학생, 원어민 강사 및 외국인 - 대학생, 특기소지자, 학원 강사 등 외부강사 - 농촌, 어촌 및 도시 소외지역 순회강사 - 문화예술교육 강사 - 자원봉사자, 지역사회 인사, 공인 특기자, 군인, 경찰

명 칭	직 종	자격기준
		- 초등학교 저학년 방과후 돌봄교실을 운영할 우수강사(보육교사) - 교육과학기술부 및 문화관광부에서 운영하는 인력풀에 등록된 강사

청소년 방과후 아카데미 교사들의 경우 운영책임자와 실무지도자는 청소년지도사 자격을 갖추고 있어야 하며, 강사는 기본공통과정을 이수한 일반강사, 전문선택과정을 이수한 전문강사로 구분하고 있다.

표 9-5 청소년 방과후 아카데미 자격

<table>
<tr><th>명 칭</th><th colspan="2">직 종</th><th>자격기준</th></tr>
<tr><td rowspan="4">청소년
방과후 아카데미</td><td colspan="2">운영책임자</td><td>- 청소년지도사 2급 자격증 소지자</td></tr>
<tr><td colspan="2">실무지도자</td><td>- 청소년지도사 3급 자격증 소지자</td></tr>
<tr><td rowspan="2">강사</td><td>일반강사</td><td>- 기본공통과정을 1일 1시간 이수한 자로 지역 대학생, 주부, 퇴직교사 등 인력풀 구성, 운영</td></tr>
<tr><td>전문강사</td><td>- 전문선택과정을 1일 2시간 이수한 자로 각 분야 전문기능 수행가능자, 지역사회 문화예술인, 체육인 등 전문인력 활용</td></tr>
</table>

그러나 방과후 아동지도의 양적 확산과 질적 향상을 도모하기 위해서는 전문성과 우수성을 갖춘 방과후 아동지도사의 확보가 가장 중요하다. 방과후 아동지도사들이 현장에서 수행하고 있는 직무를 이해하고 그 역할과 기능의 전문성을 확립하도록 하기 위해서 방과후 아동지도사의 자격을 제도화해야 할 필요성이 대두되고 있는 것이다.

생각해 보기

1. 방과후 아동지도사란 무엇인지 생각해 보세요.

2. 방과후 아동지도사의 역할에 대해서 생각해 보세요.

3. 방과후 아동지도사의 인간적인 자질에 대해서 생각해 보세요.

4. 지역아동센터 아동복지교사의 역할에 대해서 생각해 보세요.

제10장

방과후 아동지도 프로그램

1. 방과후 아동지도 프로그램
2. 방과후 아동지도 프로그램 운영관리
3. 방과후 아동지도 평가

프로그램이란 어떠한 목표를 달성하기 위해서 만들어 놓은 진행계획이나 순서를 의미한다. 방과후 아동지도 현장에서의 프로그램은 단순히 목표를 달성하는 데에만 그치는 것이 아니라 아동의 전반적인 발달에도 매우 중요한 영향을 미치므로 어떠한 방과후 아동지도 프로그램을 제공해야 하는 것에 대해서 심사숙고해야 한다.

방과후 아동지도 현장에서 아동들에게 제공해 주는 것은 가정과 같은 편안함과 안전함부터 숙제지도 및 다양한 정서, 심리발달에 영향을 미칠 수 있는 폭넓은 내용을 포함해야 한다. 따라서 방과후 아동 대상 연령부터 아동의 특성, 지역적 특성, 방과후 아동지도 현장의 역할과 기능까지 모든 것을 고려하여 내용을 구성해야 한다. 이렇게 구성된 프로그램은 아동이 프로그램을 수용하기에 적합한 방법으로 전달되는 것이 필요하며, 이후 프로그램의 목적, 내용, 방법, 효과 등에 프로그램 전반에 대한 평가를 실시해야 하는 것이다.

1. 방과후 아동지도 프로그램

프로그램이란 특정의 목표를 성취하기 위해서 다양한 내용을 시간적 순서에 따라 일정한 범주로 분류하여 일목요연하게 구분해 놓는 것이다. 방과후 아동지도 프로그램은 방과후 아동지도 현장에서 방과후 아동지도사와 아동이 하는 모든 활동이며, 즉 방과후 아동지도 프로그램은 방과후 아동지도 현장에서 아동들이 경험하게 될 모든 활동을 의미하는 것이다.

프로그램 개발은 대상, 장소, 목적 등에 따라서 다르겠지만 일반적으로 프로그램의 개발절차는 목표설정 → 내용선정 → 내용조직 → 평가가 연속적인 기능을 하는 순환적 관계로 보며, 각 요소들 간에 상호작용적 관계를 갖고 있다.

1) 목적 및 목표설정

프로그램의 목표를 설정할 때에 고려해야 하는 점은 다음과 같다.

첫째, 참여자 개인의 요구가 반영되어야 한다. 참여자 개인은 아동, 학부모 뿐만 아니라 프로그램을 수행하는 교사도 포함될 수 있다.

둘째, 단체 또는 조직의 요구가 반영되어야 한다. 방과후 아동지도 프로그램을 운영하고 있는 조직은 보육시설, 초등학교, 복지관, 시민단체 등 다양하다. 이 조직들이 방과후 아동지도 프로그램을 통하여 실현하고자 하는 단체 또는 조직의 목표가 있다. 방과후 아동지도 담당자는 각 단체 혹은 조직의 요구가 무엇인지 확인하고 이를 반영할 수 있어야 한다.

셋째, 사회적인 요구가 반영되어야 한다. 사회는 끊임없이 변화, 발전한다. 사회의 변화에도 불구하고 변하지 않는 긍정적인 가치가 존재하지만, 사회의 변화는 방과후 아동지도 프로그램에 대한 요구도 변화하게 한다. 따라서 방과후 아동지도 프로그램을 통해 아동들은 창의적 발상을 하는 인간, 정보화 시대에 걸맞게 컴퓨터를 활용할 수 있는 능력을 지는 인간으로 성장 · 발달할 수 있도록 해야 한다.

Steve Musson은 방과후 아동지도의 목표를 다음과 같이 설명하고 있다(김매희 외 역, 2002).

- 자아개념의 확장
- 자아존중감의 증진
- 특별한 기술, 지식, 태도에 대한 내용 학습
- 긍정적 사회 가치의 전달
- 사회적 기술의 습득
- 안전기술의 습득
- 도전능력의 증가
- 성격기술의 습득
- 자기표현 능력의 성취와 즐거움, 경이감의 획득
- 프로그램 계획에의 참여를 통한 책임감 증진

한국여성개발원(1997)은 방과후 아동지도시 추구하는 인간상을 ① 아동들이 자신과 남을 이해하고 존중하며, ② 자기 일을 스스로 행하고 공동생활에 적응하며, ③ 건강하고 창의적이며 독립적인 민주시민이 되게 하는데 두고 있다. 이를 실현하기 위한 구체적인 목적은 다음과 같다(한국여성개발원, 1997).

- 취업모 자녀를 포함하여, 방과후 보호를 필요로 하는 아동을 안전하게 보호한다.
- 학교교육을 보완하는 기능으로서 아동의 흥미와 욕구를 충족시키는 활동, 생활지도 등을 통해 아동의 건전한 정서적 · 사회적 발달을 도모한다.
- 학업성취 능력의 향상을 위한 기회를 제공한다.
- 아동의 신체적 건강과 안전을 도모하고, 가정과 같은 분위기를 조성한다.
- 아동의 건전한 놀이지도와 여가선용을 도모케 한다.
- 아동들에게 선악의 가치관을 인식시키고, 이웃과 사회에 이바지할 수 있게 한다.
- 예절교육, 기본생활습관 형성을 통해 공동체 속에서 자아를 실현할 수 있게 한다.
- 기본생활교육, 개별화교육, 놀이중심교육을 시킨다.
- 또래집단과의 올바른 관계를 형성케 한다.

2) 내용선정

설정된 교과목표를 달성하기 위해 경험할 수 있는 내용이 선정되어야 한다. 이러한 내용을 선정할 때의 원리는 다음과 같다(서영숙 외, 2010).

(1) 목적을 성취할 수 있는 내용

목적은 프로그램을 계획하고 실행하는 데에 있어서 나침반과 같은 역할을 한다. 따라서 계획하고 실행하는 프로그램이 목적에 맞는 것인지, 그리고 실행 후에는 그 목적을 성취했는가를 항상 평가하여야 한다.

(2) 프로그램에 참여하는 아동의 능력, 흥미, 수준에의 적합성 고려

방과후 아동보육 프로그램은 참여하는 아동이 초등학교 저학년에서부터 고학년까지로 구성된 혼합반으로 운영하는 경우가 대부분이다. 이 경우 교사는 저학년과 고학년의 능력, 흥미, 수준은 다를 수 있으며, 같은 연령대이더라도 개인차가 존재하는 것을 염두해 두어야 한다. 같은 프로그램이라 해도 차별적으로 프로그램을 진행할 수 있어야 한다.

(3) 일목적 다경험, 다목적 일경험적인 내용에 대한 고려

하나의 목적은 하나의 프로그램을 통해서 성취할 수 없는 경우가 많다. 예를 들어 아동이 '부모님께 감사하는 마음을 갖는다'는 것은 5월의 어버이날을 맞이한 주에서 주로 많이 설정하는 목표이다. 그러나 카네이션을 만들고 부모님께 편지를 쓰는 정도의 프로그램을 통해서 아동이 이러한 목표를 성취하기란 쉽지 않다. 이는 매해 같은 활동의 반복으로 인하여 참여하는 아동들의 흥미를 유발할 수 없고, 형식적인 것으로 받아들이게 되기 때문이다. 따라서 지역과 아동의 특성에 따라 다양한 접근을 해야 할 필요가 있다. 가령 빈곤지역의 경우 아동의 부모들은 육체노동을 주로 하는 직업을 갖고 있으며, 아동들은 어릴 때에는 생각하고 있지 못하다가 육체노동에 대한 사회적 편견이 있음을 알게 됨에 따라 자신의 부모들을 존경하기는커녕 창피하게 생각하는 경우도 있다. 이런 상황에서 단순히 나를 낳아주셨으니 부모님께 감사드려야 한다고 강조하는 것은 아동에게 부정적인 영향을 줄 뿐이다.

반면에 한 가지의 프로그램을 통해 다양한 목표를 성취할 수도 있다. '미역국 끓이기' 활동의 가장 중요한 목표가 부모님께 감사드리는 마음을 표현하는 방법을 지도하는 것이기는 하지만, 전열기구를 다루고 뜨거운 냄비를 들 때에는 행주나 장갑을 사용하여 옮겨야 하고 반드시 냄비받침을 사용해야 한다는 것도 알 수 있게 한다. 또한 재료가 무엇인지, 그 재료를 사려면 어디에 가야 하는지, 가격은 얼마인지, 한정된 돈으로 그것들을 준비하려면 돈을 어떻게 나누어 써야 하는지 등의 경제개념도 익힐 수 있게 해 준다.

따라서 방과후 아동보육교사는 활동 프로그램 하나하나를 계획하고 실행할 때마다 아동이 이 활동을 통해 얻을 수 있는 것이 무엇인지, 얼마나 많은 것을 경험할 수 있는지를 항상 염두에 두어야 한다.

(4) 학습지도 가능

학습지도가 가능하려면 목표가 아동이 성취할 수 있는 것인지, 프로그램의 진행은 어떻게 전개하는 것인지를 먼저 점검해야 한다. 이를 위해 방과후 아동보육교사는 아동을 적절하게 지도할 수 있는 학습이론에 대한 지식과 활용능력이 필요하다.

또한 인적 · 물적 자원이 충분하게 공급될 수 있어야 한다. 가령 정보화 시대에 걸맞는 프로그램을 실행하기 위해 컴퓨터 교육을 실시한다며, 컴퓨터와 이를 지도할 수 있는 교사가 있어야 한다. 때로는 꼭 실행해야 하지만 기관의 형편이 이에 적합하지 않다면 다른 방법을 모색해야 한다. 컴퓨터가 충분하지 않다면 지역사회 내에 가장 가까운 곳에 컴퓨터를 활용할 수 있는 장소가 있는가를 알아보아야 하며, 이를 지도할 만한 교사가 없다면 자원봉사자를 활용할 수 있는 방안을 마련해야 한다.

(5) 지역성을 충분히 고려

지역성은 지리적으로 도시, 농촌, 어촌, 산촌이냐에 따라 그 특성이 다르기도 하지만, 계층적으로 중산층 이상의 지역인가 영세한 지역인가에 따라 그 특성이 다르기 때문에 이에 적절한 내용을 선정해야 한다.

방과후 아동지도 프로그램의 내용에 관한 한국여성개발원의 사전조사에 의하면 유아와 초등학교 저학년 그리고 고학년 모두에게 공통적으로 중요한 내용은 생활지도이며, 유아에게는 놀이지도, 독서지도, 특별활동이, 초등학교 저학년에게는 독서지도, 숙제지도, 특별활동지도, 자율학습지도, 놀이지도 등이, 그리고 초등학교 고학년에게는 독서지도, 성교육, 특별활동지도, 자율학습지도, 숙제지도, 놀이

지도가 중요한 것으로 나타났다. 또한 같은 기관의 그 이후의 연구(김재인 외, 2000)에 의하면 학부모의 요구는 가장 많은 '영어'와 함께 '컴퓨터', '글짓기, 독서', '신문활용교육', '과학활동' 등에 대한 요구가 높게 나타났다. 반면 아동은 고학년의 경우 '영어'와 '컴퓨터'에 대한 요구가 높았고, 저학년은 '과학활동', '종이접기활동'에 대한 요구가 높게 나타났다. 이는 방과후 아동지도가 연령에 따라 다양하게 운영되어야 함을 의미한다.

지역아동센터의 경우 아동복지사업안내(2011)에 따른 보호프로그램, 교육프로그램, 놀이와 오락, 보호자와 지역사회 연계를 운영프로그램으로 하고 있다.

표 10-1 지역아동센터 운영프로그램

프로그램	내 용
보호프로그램	빈곤 · 방임 아동보호, 일상생활지도, 급식제공, 위생지도 등
교육프로그램	학교생활준비, 숙제지도, 기초학습 부진아동 특별지도, 예체능교육, 독서지도 등
놀이와 오락	문화체험, 견학, 캠프, 공동체 활동, 놀이활동 지원, 특기적성 등
보호자와 지역사회 연계	가정방문 상담, 정서적 지지, 부모 · 가족 상담, 후원자 등 지역사회 내 인적 · 물적 자원 연계, 사례관리 등

〈표 10-1〉에서와 살펴본 것과 같이 방과후 아동지도 프로그램의 경우에는 보호의 기능과 교육적 기능까지 모두 포함해야 하며, 지역사회 연계까지도 제공할 수 있어야 한다.

3) 내용조직

교육내용이 선정되면 그 내용을 어떻게 조직하여 알려 주느냐는 것은 성공적인 결과를 위해 필요한 작업이다. 프로그램으로 선정된 내용을 어떻게 조직하고 편성할 것인가의 문제는 내용의 선정만큼이나 중대한 문제이다. 일반적으로 모든 교육에서는 교육내용이 계열성을 가지며 반복학습을 중시하고 있다. 프로그램 조직상의 원리를 자세히 설명하면 다음과 같다(정지웅 · 김지자, 1990).

(1) 계열성의 원리

선정된 모든 내용은 연역적 혹은 귀납적 논리에 따라 분류되어야 한다.

(2) 반복성의 원리

반복성의 원리는 이전의 프로그램의 내용을 반복함으로써 아동이 사전 경험을 환기할 수 있으며 기능교육, 생활지도 교육에서 필요하다.

(3) 통합성의 원리

연간계획과 월 · 주간계획, 일일계획 간의 통합성이 유지되어야 하며, 아동의 신체적 · 정서적 · 인지적 측면에서의 통합성도 추구되어야 한다.

교육내용의 일반적인 조직원리인 계열성, 계속성, 통합성의 원리 중에서 특히 통합성의 원리는 평생교육에서 많이 활용되고 있는 원리이지만, 방과후 아동지도 현장에서도 한 분야의 내용만이 아니라 다양한 분야의 내용을 복합적으로 지도해야 하는 것이다. 아동과 가족들이 요구하고 필요로 하고 있는 것들이 무엇인가 알기 위하여 통합적인 프로그램 내용이 전달되어야 할 것이다.

4) 평가

프로그램의 평가는 교육과정의 각 요소에 대한 평가와 학습자에 대한 평가 두 가지로 이루어질 수 있다. 교육내용의 선정, 조직을 통해 교육목표가 잘 수행되고 달성되었는지, 철학적, 사회 문화적으로 타당성이 있는지, 학습자의 요구가 잘 반영되었는지를 파악할 수 있어야 한다. 그리고 학습의 결과가 어떠했는지를 알아보기 위해 진단, 형성, 총괄평가를 실시할 수 있으나 방과후 아동지도에서는 수시로 토론을 통해 아동들이 요구하는 바와 습득한 바를 알아내는 형식으로 평가를 대신할 수 있다(김재인, 1994). 평가의 과정은 실천한 프로그램에 대한 반성과 더불어 앞으로 계획할 프로그램의 방향을 제시해 줄 수 있는 중요한 부분이므로 프로그램 과정에서 절대로 빠져서는 안 되는 부분이다.

프로그램 평가의 기준은 노력(effort), 수행(performance), 충분성(adequancy), 효율성(efficiency) 및 과정(process)을 들 수 있다.

프로그램 평가의 목적은 ① 프로그램 계획이나 운영과정에 필요한 정보를 제공하여 이 과정이 바람직하게 추진되도록 하는 것으로서 프로그램 과정상의 환류기능을 제공한다. 즉 프로그램 계획, 집행과정에서 필요한 정보를 제공한다.

② 프로그램 담당자가 프로그램 과정에서 행하는 활동에 대해 사회적 책임을 지도록 하는 것으로서 책임성 확보의 기능으로 볼 수 있다. 한편 프로그램 평가는 시간, 주체 그리고 그 방법에 따라 크게 총괄평가와 과정평가, 형성평가, 내부평가, 외부평가 및 과학적 · 주관적 평가로 분류할 수 있다.

평가의 절차로는 ① 평가의 목적을 확인 결정, ② 프로그램 목표, 운영방법 및 프로그램 구조를 파악하고 평가의 대상을 구체적으로 확정, ③ 평가방법을 결정, ④ 자료수집과 분석, ⑤ 평가결과 보고로 볼 수 있다.

프로그램 평가를 할 때에는 다음과 같은 구체적인 사항들을 점검해야 한다(정지웅, 1988).

- 아동지도 방법의 적절성을 알아보아야 한다. 이는 아동을 지도하는 교사의 자질, 아동의 수, 교육장소와 시설, 시기 및 기간, 교재와 교구, 언어 및 의사전달, 아동의 특성 고려 정도, 학습지도 행동과 동작 등이 그 요소가 된다.
- 아동의 흥미유발 및 참여를 촉구했는지 알아보아야 한다. 아동의 흥미 및 참여동기 유발 정도, 아동의 의견 발표와 솔직성과 정도, 아동 의견 반영 정도, 교사와 아동의 상호작용의 정도 등이 그 요소가 된다.
- 아동의 교육성과에 대한 인지적 평가를 해야 한다. 즉, 교육성과에 대한 아동의 반응, 아동의 행동의 변화 등이 그 요소가 된다.

프로그램 평가는 크게 과정평가와 성과평가로 구분된다. 먼저, 과정평가는 프로그램이 계획과 기대에 부응하여 시행되고 있는지를 결정하기 위한 기관의 활동을 사정하는 것이며, 표적집단의 구성원이 의도했던 인원에 도달했는지, 그리고 명시된 서비스가 의도한 품질과 단계에 제공되고 있는지를 결정하는 수단을 제공한다. 반면에 성과평가는 프로그램 개입의 결과로서 서비스 대상자나 지역사회가 어느 정도까지 변화되는가를 측정하는 것을 의미한다(Lewis et al., 2001).

방과후 아동지도 현장에서 프로그램의 평가방법으로 많이 사용되는 것은 질문지에 의한 평가방법, 관찰에 의한 평가방법, 면접에 의한 평가방법, 체크리스트에 의한 평정 평가방법, 교사집단의 협의에 의한 평가방법 등으로 나누어 볼 수 있다.

2. 방과후 아동지도 프로그램 운영관리

방과후 아동지도 프로그램을 운영할 때 다음과 같은 사항을 고려하면 보다 바람직한 프로그램이 구성될 수 있다(Baden et al., 1982).

① 아동의 흥미를 포착한다.

아동은 자신의 흥미를 확장시키고 새로운 흥미를 개발시킬 수 있는 활동에 참여할 수 있어야 한다. 지도교사는 무엇이 아동을 즐겁게 할 수 있는지, 무엇을 배우고 탐색하고 싶어하는지, 무엇에 몰입하고 싶어하는지 알아야 한다.

② 활동을 통해 얻을 수 있는 경험의 종류를 고려한다.

아동이 특정한 활동에 처음부터 끝까지 참석했다면, 그 결과로 인한 경험과 학습의 질은 참석하지 않았을 때와 매우 다를 것이다. 이 점을 고려하여 프로그램을 계획하여야 할 것이다.

③ 지역사회 자원을 활용한다.

기존의 시설을 이용하거나 프로그램에 적용할 수 있도록 기존의 프로그램을 재조직할 수 있다. 혹은 색다른 경험을 제공할 수 있다.

④ 비형식적, 사회적 학습의 기회를 제공한다.

감정, 가치관, 윤리적 문제 등을 다루는 토론이나 활동을 활성화시키기 위해 비형식적인 환경을 활용할 수 있다. 비형식적인 환경은 편안하고 자유로운 형식에 얽매이지 않은 환경을 말한다.

⑤ 지도교사의 특별한 재능이나 흥미에 기초한다.

아동에게 많은 선택의 기회를 주기 위해서는 다양한 능력과 재능을 가진 지도교사가 필요하다. 교사가 잘 알고 좋아하는 일들은 아동에게도 역시 흥미있는 것으로 전달될 수 있다.

⑥ 아동의 자발성을 허용한다.

프로그램을 철저히 계획하는 것이 성공적인 아동교육을 위해 필수적이다. 또한 그에 못지않게 예기치 않은 특수 상황에 유연하게 대처할 수 있는 것 역시 중요하다.

⑦ 아동에 대한 기대, 그리고 한계를 명확하고 일관되게 한다.

아동은 다른 아동이나 교사, 그리고 사물을 대할 때 적용되는 일련의 규칙들이 있음을 알아야 하며, 그 규칙들이 유연하나 일관성있게 적용된다는 사실을 알 수 있어야 한다.

⑧ 프로그램의 계획이나 실행 시 통합된 접근이 필요하다.

독립된 여러 활동보다는 각 활동의 연계를 지향해야 한다.

⑨ 아동주도활동과 교사주도활동 등의 균형을 맞춘다.

초등학교 저학년을 주된 대상으로 하기 때문에 방과후 아동지도 프로그램은 시간관리를 포함한 자기 관리 · 태도 형성이 필요하다. 이를 위해 아동이 주도적으로 활동할 기회가 충분히 제공되어야 한다.

⑩ 친환경적인 프로그램으로 구성하여야 한다.

생태계를 보호하는 것과 관련된 활동도 물론 필요하지만, 모든 활동 속에서 환경을 보호할 수 있는 마음을 아동들이 가질 수 있도록 도와주어야 한다.

⑪ 양성평등적인 관점을 유지해야 한다.

시대가 변하면서 고정적인 성역할에서 점차 양성평등적인 관점으로 의식도 변화하고 있다. 교사는 양성평등적인 관점을 일관성 있게 유지하면서 아동에게도 양성평등적인 관점으로 바라볼 수 있도록 해야 한다.

⑫ 한부모가정, 조부모가정 등에 대한 배려가 있어야 한다.

최근 가정의 형태가 점차 변화하고 있으며, 그 중 한부모가정, 조부모가정, 다문화가정 등 다양한 가정의 형태가 대두되고 있다. 따라서 이에 대한 배려가 충분히 이루어져야 하며, 일상생활에 자연스럽게 수용할 수 있도록 도와주어야 한다.

⑬ 다양한 인종 및 문화에 대한 이해와 존중을 높일 수 있는 내용이 계획에 반영되어야 한다.

방과후 진행되는 모든 프로그램에서는 타인을 이해하고 배려하는 태도를 배워야 하며, 나아가 다양한 문화와 인종에 대해서도 수용할 수 있도록 제공되어야 한다. 다양한 인종, 문화에 대해서 이해하고 존중할 때 비로소 그들과 더불어 생활하는 삶을 살아갈 수 있는 것이다.

1) 연간, 월간, 주간, 일과를 운영할 때 고려사항

방과후 아동지도 프로그램의 계획은 장기 계획과 단기 계획으로 나누어 설명하는데, 장기 계획은 연간 계획, 단기 계획에는 월간, 주간, 일일 계획 등이 포함된다.

연간, 월간, 주간, 일과를 운영할 때는 다음과 같은 요소들을 고려하여야 한다.

① 아동들은 예측된 활동을 선호하므로 규칙적인 활동에 기초하여 일과를 계획한다.

아동들이 학교를 마치고 방과후 아동지도 교실에 와서 '인사하고 숙제한 후에 약간의 간식을 먹고 나면 밖에 나가서 노는 시간이지, 그때 나는 친구와 재미있게 놀아야지, 그러고 나면 특별활동을 하는데 오늘은 글쓰기를 하는 날'이라는 것을 알 수 있어야 한다.

② 계획에는 자원활동자가 오는 경우, 시설을 활용해야 하는 경우 등 활용할 수 있는 자원을 반영하여야 한다.

프로그램의 진행은 교사가 직접하는 경우, 자원봉자사들이 진행하는 경우, 전문강사가 진행하는 경우 등 다양하게 진행된다. 방과후 아동지도사들은 다양한 인적 자원과 지역사회를 활용할 수 있도록 프로그램을 계획하여야 한다.

③ 시간을 융통성 있게 활용해야 한다.

방과후 아동지도 교실에서는 특히 등원하는 시간이 학교에 따라, 담임교사에 따라 달라질 수 있으므로 주의한다. 따라서 방과후 아동지도 프로그램이 시작되는 시간에는 특별활동과 같이 아동이 처음부터 참여해야만 하는 활동보다는 생활지도, 이야기나누기, 숙제지도 등과 같이 아동 개인별 활동이나 비교적 시간을 느슨하게 계획할 수 있는 프로그램이 적절하다.

④ 아동들이 학교에서 경험한 것을 계획에 반영해야 한다.

이는 학습 보충교육 시 가장 필요한 요소가 되며, 소풍이나 수학여행 후 방과후 아동지도에서는 기행문을 쓰게 하는 것처럼 학교와 방과후 아동지도 프로그램의 연계성을 확보해야 한다. 또한 공휴일은 아니지만 개교기념일 등으로 학교가 쉬는 날에는 종일반으로 운영을 하든가 그동안 미루어 왔던 견학활동이나 체험학습을 계획한다.

⑤ 특정주제(가정의 달, 크리스마스 등)에 기초하여 계획할 수 있다.

예를 들어, 가정의 달인 5월에 요리활동을 하게 되면 이웃한 경로당의 노인을 위한 음식을 만들어 나누어 먹는 활동을 계획할 수 있다. 또 연간계획을 설정할 때에 한 해의 목표를 성교육, 국경일 알기 등에 초점을 맞추어 프로그램을 운영할 수 있다.

⑥ 융통성과 순발력을 발휘하여 프로그램을 진행하여야 한다.

예를 들어 한 아동이 학교에서 따돌림을 당하고 있다는 사실을 교사가 처음 알았다면, 준비된 다른 프로그램을 진행하는 것보다 이 문제에 대한 토론의 기회를 제공하는 것이 더 좋을 수도 있다.

2) 교육계획안

프로그램의 목적과 철학을 달성할 수 있도록 매일의 활동이 이루어지기 위해서는 구체적인 일과계획이 이루어져야 하며, 이는 주간계획, 월간계획, 연간계획 등에 의해서 달성될 수 있다. 각각의 계획안은 교육목표, 교육내용, 교육방법, 교육평가 방법이 명시되도록 하는 것이 바람직하다.

연간계획안은 일년의 교육과정에 대한 전체적인 균형과 청사진을 제공해 주므로, 상세한 계획보다는 대강의 계획이 되며, 융통성 있게 계획하도록 한다.

월간계획안은 각 달의 주제에 따라 교육목표를 설정하고 이에 알맞은 교수-학습내용, 교수-학습방법, 교수-학습자료가 제시되어야 한다. 월간계획안은 주간계획과 일일계획을 치밀하게 계획하면 자연히 이루어지므로 엄격하게 계획하기보다는 한 달이 시작되기 전에 사전 점검의 형식을 취할 수 있다.

주간계획과 일과 운영은 아동의 발달 수준, 흥미, 환경, 기타 여건을 고려하여 다양한 학습경험이 이루어지도록 하며, 되도록 구체적이고 상세하게 계획하도록 한다. 때에 따라서는 '일과 운영계획'과 '주간계획'을 하나로 묶어서 제시하기도 한다.

(1) 연간/월간계획

일반적으로는 아동의 학교에서의 교육과정, 계절, 국경일, 명절 등을 감안하여 연간/월간 계획을 세운다. 주제를 설정할 때에는 아동이 흥미를 느낄 수 있도록 재미있는 언어를 사용하는 것도 좋은 방법이다.

(2) 주간/일과 운영계획

주간/일과 운영의 계획은 일정을 지나치게 구조화하면 아동이 방과후 아동지도 교실에서 편한 느낌을 가질 수 없기 때문에 이에 대한 적절한 배려가 필요하다. 아동들은 학교에서 구조화된 환경에서 구조화된 학업을 마치고 온 이후이기 때문에 방과후 아동지도 교실에서는 다소 편한 느낌을 가질 수 있어야 한다. 따라서 프로그램의 진행시간을 넉넉히 잡아야 하고, 학교 마치는 시간이 학년마다 차이가 있기 때문에 아동들이 꼭 참여하고 싶어하는 프로그램은 후반부에 배치하는 것이 좋다.

표 10-2 연간교육계획안의 예

월	목표	주	일정 및 계획	월	목표	주	일정 및 계획
1월	겨울방학 이야기	1	신년교사회의(매주 1회) -5일 창의력 학습-7일 구강보건진료 / 으뜸상 시상 -8, 9일	2월	봄이 오고 있어요	1	교사회의(매주 1회)-2일 동화책 만들기-4일 으뜸상 시상-6일
		2	공동체놀이-14일 교사회의(매주 1회)-16일 성교육-16일			2	협동화그리기-11일 안전교육(화재)-13일
		3	편지쓰기-21일 설맞이 만두빚기-23일 회지 발간-23일			3	창의력 학습-18일
		4	영화보기(동키호테)-28일 토론회(약속) / 생일잔치-30일 1월 결산-30일			4	영화보기(스페이 침스)-25일 토론회(좋은 음식 나쁜 음식) / 생일잔치-27일 2월 결산-27일
		5				5	

월	목표	주	일정 및 계획	월	목표	주	일정 및 계획
3월	새 학년이 되면은	1	교사회의(매주 1회)-2일 창의력 학습-4일 으뜸상 시상-6일	4월	좋은친구 되어주기	1	교사회의(매주 1회)-6일 퀴즈대회-1일 으뜸상시상-3일
		2	8컷 만화그리기-11일			2	창의력 학습-8일 성교육-10일
		3	그림그리기-18일			3	모자이크-15일
		4	영화보기(내 친구의 집은 어디인가)-25일 토론회(새학년계획) / 생일잔치-27일			4	동화쓰기-22일 토론회(친구) / 생일잔치-24일
		5				5	영화보기(아홉살 인생)-29일 4월 결산-30일
5월	우리 가족은	1	교사회의(매주 1회)-4일	6월	나도 할 수 있어요	1	교사회의(매주 1회)-1일 창의력학습-3일 으뜸상시상-5일
		2	어버이날 행사-5일 부모님께 편지쓰기-6일 으뜸상 시상-8일			2	그림일기-10일 생활안전교육-12일
		3	가족신문 만들기-13일 안전교육(도로안전)-15일			3	동시쓰기-17일
		4	창의력 학습-20일			4	영화보기(마리 이야기)-24일 토론회(환경) / 생일잔치-26일
		5	영화보기(아기와 나)-27일 토론회(가족) / 생일잔치-29일 5월 결산-29일			5	6월 결산-30일
7월	신나는 여름 방학	1	창의력 학습-1일 으뜸상 시상-3일 교사회의(매주 1회)-7일	8월	산으로 들로	1	
		2	독서감상화-8일 성교육-10일			2	교사회의(매주 1회)-3일 창의력 학습-5일 구강보건진료 / 으뜸상 시상-7일
		3	색종이접기-15일 회지 발간-17일			3	집단협동화-12일 여름캠프-13,14일
		4	공동체놀이(풍선놀이)-22일			4	찰흙빚기-19일 안전교육(놀이안전)-21일

월	목표	주	일정 및 계획	월	목표	주	일정 및 계획
		5	영화보기(인생은 아름다워)-29일 토론회(방학계획) / 생일잔치-31일 7월 결산-31일			5	영화보기(지미뉴트론)-26일 토론회(용돈) / 생일잔치-28일 8월 결산-31일
9월	우리들 세상	1	교사회의(매주 1회)-1일 창의력 학습-2일 으뜸상 시상-4일	10월	아름다운 결실	1	추석 송편빚기-1일 교사회의(매주 1회)-5일
		2	시화그리기-9일			2	창의력 학습-7일 으뜸상 시상-9일
		3	편지쓰기-16일			3	동시쓰기-14일 성교육-16일
		4	모자이크-23일 토론회(물건사용) / 생일잔치-25일			4	풍선아트-21일
		5	영화보기(트럼펫을 부는 백조)-30일 9월 결산-31일			5	영화보기(아더와 미니모이)-28일 토론회(곡식 추수과정) / 생일잔치-30일 10월 결산-30일
11월	가을 이야기	1	교사회의(매주 1회)-2일 창의력 학습-4일 으뜸상 시상-6일	12월	한 해를 보내며	1	트리 장식, 성탄카드 만들기-2일 으뜸상 시상-4일 교사회의(매주 1회)-7일
		2	성남신문 만들기-11일 안전교육(생활안전)-13일			2	성탄극 연습하기-9일
		3	성탄극 대본쓰기-18일			3	성탄극 연습하기-16일 토론회(나눔)-18일
		4	영화보기(트위스터)-25일 토론회(우리이웃) / 생일잔치-27일			4	성탄잔치 / 생일잔치-24일
		5	11월 결산-30일			5	영화보기(하울의 움직이는 성)-30일 송년회-31일 12월 결산-31일

출처 : (대전)성남지역아동센터

표 10-3 월간 교육계획안의 예

기 간	5월 1일(목) ~ 5월 31(토)	작 성	00지역아동센터 000
주 제	우리 가족은		
목 표	가정의 달을 맞아 가족의 의미를 되새겨 보고 가정 내에서 자신의 역할에 대해 알아보자.		
사 업 명	**세부사업 프로그램**	**지원대상/인원**	**주요 사업내용**
보호프로그램	생활지도	이용아동 42명	청결하기/사물함 정리/일기쓰기/예절지키기/올바른 식습관
	급식	상동	식단표 기준-학기 중 평일(석식), 토요일(중식)/방학 중(중, 석식)
	위생지도	상동	급식 전 손씻기 / 손톱 기르지 않기 / 손발 · 머리 자주 씻기
	안전지도	상시	생활안전교육 / 등하교길 교통안전 / 계단 안전행동 / 자전거 등 놀이기구 이용시 안전행동 / 비상시 대피요령
	야간아동 보호활동	상동	주 5회 18 : 00~20 : 00 야간교실 운영/학습부진 아동 1 : 1 학습지도
교육프로그램	기초학습 지도	상동	독서지도 / 교재지도(국 · 수 · 사 · 과) / 영어회화 / 야간 보충학습
	온라인학습	상동	주 5회 인터넷을 통한 과목별 온라인 강의 수강 -7wisezzang(해피짱)
	특별활동	상동	종이접기 / 신문 만들기 / 영화보기 / 창의력 학습 / 아동 성교육
복지프로그램	아동관리 / 상담	상동	모집-이용아동 및 지역민들을 통한 방임 · 방치 · 문제아동 연결 관리-아동상담일지/정서불안 · 주의력결핍아동 상담연계/아동 수시상담 미술상담-매주 토요일(13 : 00~14 : 00) 전문강사와 함께 하는 미술치료 상담
	부모상담	상동	수시 전화상담 및 직접면담 / 가정통신문, 월소식지 보내기
문화프로그램	문화활동	상동	영화보기
지역사회 연계 프로그램	소식지 배부	300부	계간지 발간으로 소식알림과 영수기
	후원자개발	상시	소식지 등을 이용한 부문별 후원자 모집

	자원봉사 모집 및 관리	상시	개인 및 단체를 통한 모집 및 관리
이달의 행사	5/2 으뜸상 시상 5/20 아동 성교육 5/30 생일잔치 / 토론회(가족)		
학교 일정	5/1 00초등학교 운동회 5/23 OO초등학교 중간고사		

00지역아동센터 5월 시간표

구분	월	화	수	목	금	토
13 : 20~14 : 00	책읽기	책읽기	책읽기	책읽기	책읽기	토요급식/컴퓨터/미술치료
14 : 20~15 : 00	숙제	숙제	숙제	숙제	숙제	
15 : 20~16 : 00	국어	사회	종이접기 신문 만들기 영화보기 창의력 학습	국어	과학 30일 - 토론회	
16 : 20~17 : 00	수학	핸드벨 20일 - 성교육		수학	영어회화 서혜지	
17 : 00 : 17 : 40	생활(위생, 안전)지도 / 급식지도 / 귀가지도					
18 : 00~20 : 00	중등수학 000사업단	초등영어 000 중등 1, 2 (영) 000 중등 3 (영) 000	중등영어 000	초등수학 000 중등수학 000	중등 1, 2 (영) 000 중등 3 (영) 000	
활동 및 행사	특별활동 - 5/6, 13, 27 핸드벨 5/7 종이접기 5/14 신문 만들기 5/21 영화보기(이주르와 아스마르) 5/28 창의력 학습 미술치료 - 5/3, 10, 17, 24, 31 센터활동 - 5/9 으뜸상 시상 5/20 성교육 5/30 생일잔치 / 토론회(주제-가족)					

출처 : 전국지역아동센터협의회(http : //www.kaccc.org)

방과후 아동지도의 일과 운영은 학기 중 일과운영과 방학 중의 일과운영으로 나누어 살펴볼 수 있다. 학기 중 일과운영은 입학 초기의 경우 학교 적응을 위해서 처음 3~4주간 단축수업을 하기 때문에 아동들이 정신적인 긴장과 신체적인 피로

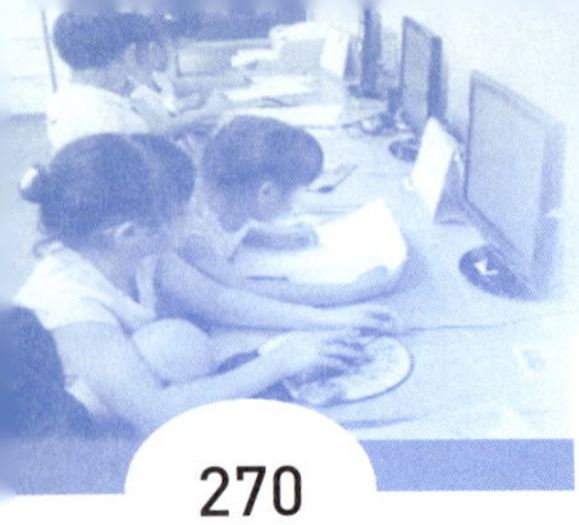

를 경험할 수 있으므로 방과후 아동지도 현장에서는 낮잠이나 휴식 등의 일과가 필요하다. 이후 학교적응 이후 기간에는 방과후 아동보육 현장에서는 등원, 숙제지도, 특별활동, 프로젝트 활동, 귀가지도 등의 일과로 운영된다.

방과후 아동지도 현장은 방학 중에도 문을 열어야 하며, 방학 중에 더 많은 시간을 할애하여 종일반을 운영하게 된다. 방학 중에는 부모들이 형편에 따라 휴가를 간다든지, 여행을 간다든지 해서 출석이 일정하지 않지만 방학 동안에도 프로그램이 정상적으로 운영되어야 한다. 방과후 아동지도 시설이 일정 기간을 정해서 동시에 전체적으로 휴가기간을 가지도록 하거나 교사들이 휴가기간을 조정하여 기관을 계속 운영하도록 하여야 한다.

표 10-4 학기 중 일과구성 예

7월 1주 주간 보육계획안					
기 간 :	2010년 7월 5일 ~ 7월 10일		작 성 :	김운희, 안성희, 윤옥련 (구립 면일 어린이집)	
주 제 :	동화 속 여행		감 수 :	이향란 교수 (한국아동정책연구소)	
소주제 :	비오는 날				
목 표 :	동화를 통해 알아본 비의 특징을 다양하게 표현하며 여름 날씨에 대해 알아본다.				
	월	화	수	목	금
~ 1 : 30	◎ 하교 후 등원 (손씻고 열재기)/ 내 가방장, 신발자리 확인하기 ◎ 점심 식사 및 독서				
1 : 30 ~	◎ 알림장 검사 및 과제지도				
2 : 00 ~ 3 : 00 ~	◎ 실내 자유선택활동 - 언어 : 다양한 "비"이름 알아보기 - 컴퓨터 : 날씨의 다양한 변화에 대해 알아보기 - 미술 : 빗방울 표현하기 - 탐구 · 조작 : 여름 날씨 그래프 - 역할 · 쌓기 : 방과후에 비가 내려요(비가 올 때 필요한 것) - 음률 : (감상) 비발디의 사계 "여름" - 휴식 : 개별적으로 편안하게 쉬기				
3 : 00 ~	언어/주제 토론	특별활동	미술	언어/주제 토론	언어/주제토론

	"비 오는 날" 동화 & 생각 모으기	영어	잡지로 만드는 일기예보	나는 "기상케스터"	비가 오면 어떻게 할까요?
3 : 30 ~	◎ 간식 및 휴식				
4 : 10 ~	음률	언어/주제 토론	특별활동		게임
	비, 천둥 소리를 악기로 표현해 보아요	여름 날씨의 특징은?	영어		빗 속을 헤치며
4 : 40 ~	◎ 실외 자유선택활동 - 무궁화꽃이 피었습니다.(○○들어!)				
5 : 40 ~	◎ 나의 하루 평가 및 귀가지도				
가정으로	☞ 2010년의 1학기가 벌써 마무리되어 가는 시기입니다. 다가오는 여름방학을 통하여 우리 아이들이 다양한 경험과 즐거운 추억으로 푸른바다처럼 몸과 마음이 크게 자라는 기회가 되었으면 합니다. 〈방과후 여름 방학 종일반 운영〉 여름방학 기간 동안 방과후반 · 종일반을 운영하오니 살펴보시고 신청하여 주시기 바랍니다. - 종일반 : 오전 9시 30분 등원 (오전, 오후 간식 / 중식 보육료에 포함) - 반일반 : 오후 12시 30분 등원 (오후 간식보육료에 포함 / 중식대 별도)				

* 출처 : 서울시 보육정보센터 http : //seoul.childcare.go.kr

표 10-5 방학 중 일과구성 예

8월 1주 주간 보육계획안					
기 간 :	2010년 8월 2일 ~ 8월 7일		작 성 :	김운희, 안성희, 윤옥련 (구립 면일 어린이집)	
주 제 :	신기한 체험 속으로		감 수 :	이향란 교수 (한국아동정책연구소)	
소주제 :	한컴타자대회				
목 표 :	컴퓨터의 올바른 사용에 대해 알아보며 한컴타자대회를 통하여 자판을 익혀 바르게 치는 습관을 갖는다.				
	월	화	수	목	금
~ 12 : 00	◎ 등원 (손씻고 열재기) 및 종일제 보육				
12 : 00 ~	◎ 점심 식사 및 독서				
1 : 30 ~	◎ 실내 자유선택활동 - 언어 : 타자 기록장이란?				

<table>
<tr><td></td><td colspan="5">- 컴퓨터 : 꿀맛닷컴, 한컴타자연습
- 미술 : 컴퓨터 검색 후 그림그리기
- 탐구 · 조작 : 다양한 컴퓨터 모습들
- 음률 : 컴퓨터 이용한 음악감상
- 휴식 : 개별적으로 편안하게 쉬기
- 수놀이) 수 조각의 짝을 찾아라, 가장 큰 수를 만드는 사람</td></tr>
<tr><td rowspan="2">3 : 00 ~</td><td>언어/주제 토론</td><td>특별활동</td><td>음률</td><td>언어/주제 토론</td><td>행사</td></tr>
<tr><td>컴퓨터는 내친구?(좋은점)</td><td>영어</td><td>네티겟 송 만들기</td><td>한컴타자 대회란?</td><td rowspan="4">제1회 한컴타자대회</td></tr>
<tr><td>3 : 30 ~</td><td colspan="4">◎ 간식 및 휴식</td></tr>
<tr><td rowspan="2">4 : 10 ~</td><td>조별활동</td><td>언어/주제토론</td><td>특별활동</td><td>신체</td></tr>
<tr><td>우리에게 도움을 주는 사이트?</td><td>컴퓨터의 올바른 사용</td><td>영어</td><td>컴퓨터 기본자리</td></tr>
<tr><td>4 : 40 ~</td><td colspan="5">◎ 실외 자유선택활동 (실외 물놀이)</td></tr>
<tr><td>5 : 40 ~</td><td colspan="5">◎ 나의 하루 평가 및 귀가지도</td></tr>
<tr><td>가정으로</td><td colspan="5">◎ 이번 주는 바른 컴퓨터 사용에 대한 활동이 진행됩니다. 가정에서도 아이들의 컴퓨터(인터넷) 사용에 함께 관심 갖고 지도 부탁드리며, 학습에 도움이 될 만한 사이트를 알려 드리오니 아이들과 함께 사용해 보세요.

Tip 1) 올바른 컴퓨터 사용
① 컴퓨터는 가족들이 함께 쓰는 거실에 둔다.
② 컴퓨터 사용 시간을 정하여 사용한다.
③ 인터넷 서핑시 개인의 신상 정보, 즉 성명, 전화번호, 사는 곳, 학교 등은 공개하지 않는다.
④ 낯선 사람에게 메일로 자신의 사진을 보내지 않는다.
⑤ 알지 못하는 사람을 실제로 만나기로 약속하지 않는다.
⑥ 인터넷 사용시 바른 언어를 사용한다.

Tip 2) 학습에 도움이 될 만한 사이트
1. 꿀맛닷컴(www.kkulmat.com)
2. 에듀넷(www.edunet4u.net)
3. 야후 꾸러기(http : //kr.kids.yahoo.com)
4. 글나라(www.gulnara.net)
5. 오른발 왼발(www.childweb.co.kr)
6. 쥬니어 네이버(www.jr.naver.com)</td></tr>
</table>

* 출처 : 서울시 보육정보센터 http : //seoul.childcare.go.kr

3. 방과후 아동지도 평가

방과후 아동지도 평가의 궁극적인 목표는 아동의 자주적인 생활태도와 아동 개개인의 개성과 소질의 신장, 건전한 심신의 양육, 집단의 소속감을 제공하는데 최적의 조건을 제시하기 위한 방법이 된다. 그러므로 지도계획이나 지도방법의 평가 및 집단의 진보에 대한 평가는 이 최종 목표 도달을 위한 수단으로서의 평가라고 할 수 있다(서영숙 외, 2009).

1) 평가목표 및 절차

방과후 아동지도 평가의 절차는 교육과학기술부에서 제시하는 교과학습 평가 절차에 따라 다음과 같다.

(1) 목표의 설정

평가에 있어서 가장 우선적인 것은 목표를 분명하게 설정하는 것인데, 이를 통하여 활동과 지도의 방향을 설정할 수 있고, 효과적인 지도방법을 강구할 수 있으며, 아울러 무엇을 어떻게 평가할 것인지를 결정할 수 있다. 물론 목표를 구체적으로 설정하기가 어려운 경우도 있지만 방과후 아동지도 프로그램의 성격, 목표, 내용을 참작하여 몇 가지로 구체적인 평가목표를 설정해 놓으면 지도과정에 유의할 뿐만 아니라 평가를 실시하는 데에 있어서도 많은 도움이 될 수 있다.

(2) 평가장면의 선정

평가장면의 선정이란 어떠한 행동의 성취나 습득의 증거나 나타날 수 있는 장면

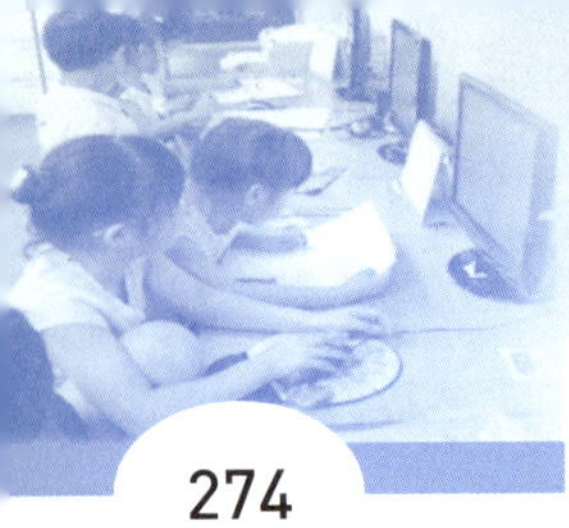

을 설정하는 일이다. 평가장면에는 여러 가지가 있다. 질문지, 필답검사, 표준화검사처럼 비교적 다루기 쉬운 방법이 있는 반면, 관찰, 평정척도, 면접, 자기평가 및 상호평가 등 전문적인 지식과 연구가 필요한 평가도 있다.

(3) 평가도구의 제작

가급적 두세 가지의 평가장면이 결정되면 방과후 아동지도 프로그램에 따라 교육목표를 측정하기 위한 평가도구를 새로 제작하든지, 아니면 기존의 평가도구를 선정, 제작하여야 한다. 평가에 있어서 가장 중요한 과정이 바로 이 평가도구의 제작인데, 이는 타당하고 신뢰성 있는 도구가 평가수준을 좌우하기 때문이다.

(4) 평가 실시 및 결과 처리

아동의 발전과정을 올바르게 평가하기 위해서는 활동의 처음, 중간, 마무리 과정 등의 단계에서 세 번 정도는 실시해야 하며, 평가결과를 평어 또는 평점으로 아동 개인별 활동카드에 누적 기록하고, 학기 말이나 프로그램 종료시 기록해 두어야 한다.

(5) 평가결과의 해석 및 활용

평가는 교육목표의 실현도를 측정해 보고, 다음의 지도과정에 참고하고 반영하는 데에 의의가 있다. 방과후 아동지도 프로그램 결과도 개인은 물론 다음 과정에 활용될 수 있도록 평가기록카드가 작성되어야 하며, 담당교사에게 넘겨 주어야 한다.

2) 평가방법

(1) 활동상황의 관찰을 통한 평가방법

활동상황의 관찰을 통한 평가방법으로는 일화기록법, 체크리스트법, 평정척도법이 가장 일반적으로 사용된다.

일화기록법은 일상생활이나 학습장면에서 일어나는 다양한 행동들을 가능한 한 자세하게 기록하는 방법이다. 일화기록법을 통하여 아동의 성격 및 행동특성, 적응 양식 등을 살펴볼 수 있다. 일화기록법은 아동의 행동을 구체적으로 관찰함으로써 아동의 다양한 측면을 살펴볼 수 있으며, 아동을 이해하고 분석하는데 많은 도움이 되는 평가방법이라고 할 수 있다.

체크리스트법은 미리 정해 놓은 행동목록에 행동이 나타나는지의 여부에 따라 '예, 아니오' 항목에 표시하는 방법이다. 행동의 질적인 부분보다는 행동의 여부에 초점을 두며 일화기록법보다는 능률적이며 정리 가능한 방법이지만 자칫 관찰항목을 잘못 정하면 편향된 시각으로 아동을 바라볼 수 있다는 단점이 있다.

평정척도법은 관찰하고자 하는 특성이나 활동을 일정한 표준에 따라 평정하는 것이다. 체크리스트법보다는 관찰대상의 질적인 부분까지 측정할 수 있으며, 3점, 5점, 7점 척도 등으로 사용된다. 평정척도법은 관찰자의 객관성을 증가시키고 관찰자간 비교가 가능하며 적용이 비교적 쉬운 평가방법이다.

(2) 질문지를 활용한 평가방법

체크리스트나 평정척도를 이용하여 설문지를 만들어서 설문문항마다 기입해서 제출하는 방법의 평가이다. 조사의 목적이나 질문의 내용에 따라 기입형식과 방법이 다르지만, 설문이 애매하지 않도록 유의하고 명확한 답을 얻을 수 있도록 하는 것이 중요하다.

질문지를 활용하여 아동의 평소 활동상황, 태도 등을 되돌아보고 반성하여 기록함으로써 아동의 느낌이나 내면적 경향을 알아낼 수 있는 아동이 자기평가를 할 수 있도록 해 본다. 또한 아동이 지향해야 할 행동과 태도의 기준을 열거해 놓고 아동들 상호간의 친밀도나 유대관계를 파악해 보는 아동의 상호평가 방법이 이에 속한다.

(3) 아동의 기록, 작품을 통한 평가방법

포트폴리오 평가란 아동의 성장과 발달에 대한 다양한 차원의 정보를 얻기 위해 아동에 대한 교사의 관찰에다 반성과 평가를 위한 포트폴리오를 결합시킨 것이다. 이것은 아동의 학습과정에 대한 가치있는 기록 자료로서 한 학기 또는 1년 동안의 결과물들을 보존하면 아동들에게 뜻깊은 선물이 될 수 있고, 아동들도 뿌듯한 자신감과 다음의 학습활동에 동기부여를 주게 된다(서영숙 외, 2009).

포트폴리오란 한 개인의 기술, 생각, 흥미, 성적 등에 관한 증거들을 모아 놓은 함이라고 설명하고 있다. 이것은 몇 가지 보고서들을 모아 놓은 가장 기본적인 형태의 폴더에서, 예쁘게 치장해 놓은 노트북 형태, 그리고 학생의 활동작품들을 화상으로 저장해 놓은 레이저디스크 등의 첨단 하이테크 기술이 발휘된 형태도 가능하다. 포트폴리오 형태가 어떤 형태를 취하든 간에 포트폴리오는 단순한 잡동사니를 채워 놓은 것으로 이해해서는 안 된다. 잘 디자인된 포트폴리오일수록 활동작품을 전반적으로 세세히 다룰 수 있다(Hart, 1994). 또한 교사가 학생의 성장과 성취를 평가할 수 있게 해 주며, 부모와 교사가 학생의 작업활동에 대해 더 효과적으로 의사소통을 할 수 있게 해 준다. 나아가 교사와 감독자는 지도하거나 프로그램을 평가할 수 있으며, 학생은 교사의 평가과정에 동반자가 된다.

(4) 교사의 협의를 통한 평가방법

방과후 아동보육 현장은 다양한 프로그램이 진행되므로 여러 명의 교사와 접촉하게 되며, 관찰 · 기록할 수 있게 된다. 따라서, 여러 교사로부터 아동의 상황을 대한 정보와 자료를 수집할 수 있다. 이 경우 여러 교사로부터 수집된 자료와 교사들의 협의를 통해서 아동을 다각적으로 평가할 수 있게 된다. 교사들은 관찰, 질문지, 면접 등의 방법을 활용하여 아동의 활동상황을 보다 총제적이고 객관적으로 평가하는데 도움이 될 수 있다.

(5) 부모를 위한 평가방법

부모는 방과후 아동보육 현장에서 자녀들의 상황이나 발달과정, 학습활동에 대해서 관심이 높다. 특히 아동과 함께 보내는 시간이 적기 때문에 아동에 대한 정보를 제공해 주는 것이 필요하다. 그러므로 방과후 아동지도 현장에서는 아동의 발달과정과 학습상황을 이해할 수 있도록 부모를 위한 자료를 제공해 주어야 하며, 이러한 자료는 부모가 이해하기 쉬우면서도 부담되지 않고, 방과후 아동지도 현장과 의사소통이 잘 일어날 수 있도록 기재해야 한다.

부모를 위한 자료 형태는 가정통신문, 서술적 표현의 서신, 부모와 교사가 면대면으로 아동에 대해 서로의 관심사를 이야기 나누는 부모회 등의 방법이라 할 수 있다. 각 기관, 부모의 욕구 등을 고려하여 부모와 아동, 교사에게 가장 효율적인 방법으로 부모와 의사소통이 이루어진다면 아동발달에 매우 도움이 될 것이다.

생각해 보기

1. 방과후 아동지도 프로그램 개발 과정을 단계별로 생각해 보세요.

2. 방과후 아동지도 프로그램의 계획안을 구성할 때 고려해야 할 점에 대해서 생각해 보세요.

3. 방과후 아동지도 프로그램 계획안을 연간, 월간, 주간, 일과 구성을 직접 계획해 보세요.

제11장

프로그램의 실제 I–치료놀이 접근 프로그램

1. 집단치료놀이
2. 기관별 방과후 아동지도를 위한 집단치료놀이의 실제

치료놀이(Theraplay)는 1967년 임상심리학자인 전버그(Ann M. Jernberg)박사가 시카고에 치료놀이 연구소를 설립하면서 시작되었다.

치료놀이는 지금-여기(here and now)에 초점을 두었고 놀이를 통한 개입적이고 신체접촉을 사용한 점에서 아주 직접적이고 급진적인 치료방법이었다. 이런 치료놀이의 주요 목적은 건강한 애착 및 자존감 향상, 타인 신뢰증진에 탁월하고 단기적인 활동이다.

치료놀이는 개별치료놀이와 집단치료놀이로 구분되어지는데 여기에서는 집단을 대상으로 하는 집단치료놀이에 대해서만 소개하기로 하겠다.

1. 집단치료놀이

집단치료놀이는 치료놀이의 장점을 모든 아동이 갖게 되기를 원했던 학교 교사들에 의해 적용되었다. 집단치료놀이는 Rubin과 Tregay가 「Play with Them」이라는 책에서 자세히 다룬 이후 두드러진 발전을 해 왔으며 그것은 다양한 종류의 아동에게 뿐만 아니라 부모집단과 우울증으로 고통받는 노인들에게까지도 사용되었다(Rubin & Tregay, 1989).

집단치료놀이는 또래와의 관계형성에 어려움을 겪는 어린이에게 적합한 생기있고 재미있게 사회적 기술을 습득하게 하는 독립적 방법이다(성영혜, 2000). 집단치료놀이는 아동에게 자신감을 강화시키고 인간적이고 긍정적인 경험을 통해 타인에 대한 신뢰감, 가족 · 집단에 대한 소속감, 서로 도와주는 협동심을 향상시키는 것을 목적으로 한다.

Schaefer(1993)에 의하면 집단치료에는 개별치료와는 다른 치료적 요인이 있다고 하였다. 즉, 집단치료는 이타심, 응집력, 보편성, 대인관계에서의 배움과 가르침, 인내, 정화, 동일시, 자기 자신의 이해, 희망 얻기, 존재의식 높이기 등의 효과가 있다고 하였다.

집단치료놀이는 집단의 리더이자 코치, 참여자 역할을 하는 치료자에 의해 지원받으며 또래집단간의 활기차고 즐겁고 양육적인 상호작용 경험을 제공하기 위한 목적으로 실시된다.

집단치료놀이는 밖으로 드러나는 욕구보다는 부정되고 방어되는 구조, 개입, 도전, 양육활동들을 적절하게 대상에 따라 적용한다(Rubin, 1999).

집단에서 아동은 대리학습의 경험과 토대로부터 즉각적인 반응을 얻는 경험을 함으로써 대인 간 기술을 발전시키고 새로운 행동을 숙달하며, 도움을 주고받으며 정서 및 행동을 조절하며 또래와의 긍정적 관계형성과 사회적 기술을 습득한다.

1) 집단치료놀이의 구성

(1) 집단의 크기

집단치료놀이의 인원은 4명에서 30명(보육시설에서는 일반아동들에 대한 대집단활동이 실시된다)에 이르기까지 다양할 수 있다. 장애 또는 문제가 심각한 경우 아동의 집단의 크기는 보통 4명이나 8명으로 구성되어진다. 스트레스가 많고 정서적 요구가 많으며 감정조절이 잘 되지 않은 아동이나 방어적이고 심한 상처를 경험한 아동의 경우는 소집단이 적합하다. 집단치료놀이의 치료자는 주치료자(리더) 1명, 협력치료자 1명 또는 그 이상에 의해 진행된다.

(2) 집단치료놀이 회기 수와 시간

집단치료놀이의 회기 수는 집단원과 집단원의 욕구에 따라 달라질 수 있으며 주 1회를 기본으로 하고 경우에 따라 주 2~3회 실시할 수도 있다.

집단원의 연령이나 주의집중 시간, 집단의 크기, 심리적 문제 유형이나 심각한 수준의 정도에 따라 다르다(김윤경, 2007).

집단의 회기가 주 1회보다 주 2~3회 정도가 되면 집단의 응집력은 더 빨리 형성되게 된다(Rubin, 1999).

집단치료놀이의 시간은 일반적으로 매 회기 30~45분 정도를 실시하나 집단의 크기나 문제유형에 따라 다르게 적용된다(Rubin & Tregay, 1989).

(3) 집단치료놀이의 과정

① 초기단계

초기단계는 치료놀이에 대한 적극적이고 재미있는 소개와 집단의 규칙에 대해서 설명하는 단계이며, 관계형성을 위한 친밀감과 편안함을 느낄 수 있도록 단순하고 잘 구조화된 활동으로 구성된다.

집단 구성원들은 눈맞춤이나, 신체적 접촉을 통해 친밀감을 형성하며, 점차 회기가 진행됨에 따라 서로를 알아가게 되는 탐색단계이다.

초기단계는 대략 처음 3~5회기 정도에 해당된다.

② 중간단계

중간단계에서는 타인과의 신뢰감을 형성하고 자기조절 능력을 향상시킬 수 있는 단계이다.

집단의 구성원들이 집단의 규칙에 편안해지고 서로 친숙해져서 좀 더 협동이 요구되는 활동도 가능하게 된다.

이 단계에서는 집단치료놀이가 재미있다는 생각과 함께 집단이 가지고 있는 목표 문제를 다루기 위한 활동들이 중심이 되어 진행되는 치료놀이의 4가지 차원의 활동을 다양하게 구성하여 실시한다.

집단치료놀이가 진행되기는 하나 개인차를 존중하고 인정하며 리더는 각각의 구성원들을 지지해 주고 격려하여 활동할 수 있도록 한다.

③ 종결단계

집단 구성원들이 종결을 준비하고 예상할 수 있는 방향으로 이끌어 간다. 3~4회기 종결을 앞두고 종결을 예측하고 준비시킴으로써 상실의 경험을 예방하며 마음의 준비를 할 수 있도록 매 세션 몇 번 남았는지 미리 알려 준다. 집단에 대한 기억을 간직할 수 있도록 기념품을 만들거나 치료놀이 성과에 대해서 살펴보고 종결파티를 통해서 집단 구성원들이 일상생활을 잘 할 수 있도록 하는 것이 종결단계에서 가장 중요한 초점이라 할 수 있다(Jernberg & Booth, 1999).

2) 집단치료놀이의 규칙

(1) 상처 주지 않기

상처 주지 않기의 규칙은 집단치료놀이의 활동 시 아동 개인의 말과 행동이 다른 아동에게 감정이나 신체적으로 상처를 입히거나 아동 자신도 상처를 주거나 받는 행동이 바람직하지 않은 일이라는 의미를 전달하는 치료놀이의 양육의 원칙에 해당된다.

(2) 함께하기

함께하기의 규칙은 집단활동 시 아동은 집단에서 이탈하거나 자리를 떠나는 행동이 없이 모두 함께 참여해야 하는 것을 약속하는 치료놀이의 구조와 지속적인 상호작용에 해당된다. 이것은 함께하는 경험, 차례지키기, 다른 사람 기다리기, 만족지연, 간접학습에 집중하는 능력을 발달시킨다.

(3) 재미있게 지내기

재미있게 지내기의 규칙은 치료놀이 활동 시 참여한 모든 아동과 치료자는 재미와 즐거움을 경험함으로써 경쟁적이고 갈등적인 분위기에서 해소될 수 있는 치료놀이의 개입과 도전의 원리에 해당될 수 있다.

(4) 성인이 책임지기

성인이 책임지기의 규칙은 리더가 항상 집단 활동에 책임을 져야 하는, 즉 치료놀이 활동을 계획하고, 언제 시작하고 끝내는지 등의 모든 과정을 책임감으로써 집단의 안정감을 증대시킬 수 있다.

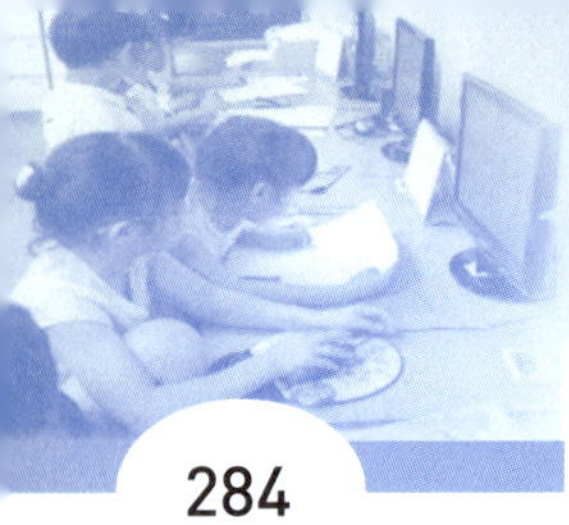

3) 집단치료놀이의 효과

치료놀이의 창안자인 Jernberg 박사는 1967년 미국 시카고에서 헤드스타트 프로그램의 심리적 서비스를 총괄하는 책임을 맡게 되었다. 당시 심리적 문제가 있어 도움을 받아야 될 아동의 수는 수백 명에 달하였다. 그러므로 치료할 수 있는 방법은 치료 효과가 빠르고 아동을 직접(간접적이 아닌) 치료할 수 있는 고유한 프로그램을 만들어야 하는 필요성을 느끼게 되었다.

Jernberg는 Des Lauriers와 Brody의 치료방법과 내용을 도입하여 '건강한 부모-영아 상호작용 모델'을 창안하였다. 그리고 나서 헤드스타트에 참여한 엄마들, 대학생들, 치료전문가들을 한데 모아, 아이들의 잠재력을 확실하게 믿으면서, 아주 재미있게 치료놀이 활동을 하도록 했다. 비교적 짧은 시간에 그들을 훈련시키고 지도하여 학교 현장으로 보냈지만 그들의 치료효과를 담은 필름 "Here I am"과 "There he goes"의 제시와 각종 학회 및 교사, 부모의 사례 보고를 통해 프로그램의 효과와 새로운 방법이 수용되고 인정받게 되었다(김수정, 2000).

1980년대 이후 시카고의 치료놀이 연구소에서 훈련받은 치료자들에 의해 미국 전역은 물론 캐나다, 호주, 핀란드, 독일, 이스라엘, 남아프리카 공화국 등 전 세계에서 진행되고 있으며 어린이집에서부터 노인시설에 이르기까지 전 분야에 걸쳐 치료놀이를 활용하고 있다(성영혜, 2000).

외국의 치료놀이 선행연구를 통해 알 수 있는 사실은 치료놀이 역시 학교에서 교사에 의해 시행되었다는 점이다. 치료놀이의 원리를 대집단에 적용시키려는 집단치료놀이는 「Play with them : Theraplay group in the classroom(1989)」를 출간하면서 교육현장에 적용 가능한 치료적 접근법으로 확산되어 갔다. Rubin과 Tregay(1989)는 "Play with them"에서 반의 전체 아동을 데리고 치료놀이 원리를 적용한 집단치료놀이 활동을 함으로써, 아동들이 학급의 일원으로서 소속감을 갖고 또래들과 친밀한 관계를 형성하게 됨과 동시에 문제행동들과 바람직하지 않은 언어적, 비언어적 상호작용이 감소되는 효과를 얻었다(강정원, 2002). 이와 같은 견지에서 볼 때 아동들은 치료놀이 활동을 함으로써 또래집단과 교사와의 관계가 증진되고, 치료놀이의 원리인 구조, 도전, 개입, 양육 활동들을 통해 규칙을 익히고 타인을 인식하며 일체감을 경험할 수 있는 기회를 갖는다 하겠다.

다음으로 국내에서 연구된 치료놀이 효과를 입증한 경험적 연구들을 살펴보면 다음과 같다.

김윤경(2007)이 국내 집단치료놀이 효과에 관한 연구논문을 정리한 것과 본 장의 저자가 이후 연구논문을 추후 추가 · 정리하여 다음과 같이 제시하였다.

표 11-1 국내 집단치료놀이 효과에 관한 연구논문

연 도	논 문
2002	김수정. 집단치료놀이를 통한 사회성 증진 보육 프로그램의 효과. 숙명여대 박사학위논문.
	유한규. 가출 청소년을 위한 집단치료놀이 프로그램 효과. 숙명여대 박사학위논문.
2003	신수정. 집단치료놀이 프로그램을 통한 아동의 자아존중감과 사회성 증진효과. 숙명여대 석사학위논문.
	홍정애. 집단치료놀이를 통한 피학대 아동의 자아존중감과 대인관계 증진효과. 숙명여대 석사학위논문.
2004	권은희. 집단치료놀이가 유아의 정서기능 발달에 미치는 효과. 숙명여대 석사학위논문.
	권정현. 집단치료놀이가 방임아동의 사회적 능력에 미치는 효과. 서울여대 석사학위논문.
	오윤아. 집단치료놀이가 자폐성 아동의 사회적 상호작용에 미치는 효과. 덕성여대 석사학위논문.
	이화현. 집단치료놀이 프로그램이 결손가정 아동의 자아존중감 증진에 미치는 효과. 명지대 석사학위논문.
	윤난호. 치료놀이 접근을 통한 자연친화적 보육프로그램 개발. 숙명여대 박사학위논문.
	주승희. 집단치료놀이 활동을 통한 부적응 행동 감소 효과 연구 : 애착문제가 있는 발달지체 유아를 중심으로. 부산대 석사학위논문.
2005	김연진. 정서문제 유아에 대한 집단치료놀이 사례연구. 숙명여대 박사학위논문.
	김윤경. 영아의 애착증진을 위한 집단치료놀이 프로그램 개발과 효과. 숙명여대 박사학위논문.
	성경숙. 만성질환 아동의 극복력 증진을 위한 집단치료놀이 프로그램의 개발 및 효과. 고려대 박사학위논문.

연 도	논 문
2005	이향숙. 몬테소리 유치원에 적용한 집단치료놀이가 유아의 문제행동 자아개념 및 사회적 유능성에 미치는 효과. 숙명여대 박사학위논문.
	최순옥. 가정폭력 피해가족을 위한 가족치료놀이 프로그램 개발 및 효과. 숙명여대 박사학위논문.
	강지현. 집단치료놀이가 가정폭력 아동의 행동변화에 미치는 효과. 숙명여대 석사학위논문.
	이영숙. 집단치료놀이가 일반 초등학교 학생들의 심리발달에 미치는 영향 : 사회성, 자아 존중감을 중심으로. 덕성여대 석사학위논문.
	김정희. 아동의 친구관계 질 향상을 위한 집단치료놀이 프로그램의 개발. 명지대 석사학위논문.
	서은미. 아동의 학교생활 적응을 위한 집단치료놀이 프로그램 효과. 숙명여대 석사학위논문.
2006	김유지. 집단치료놀이 프로그램이 저소득 아동의 자아존중감과 사회성에 미친 영향. 서울여대 석사학위논문.
	김희경. 집단치료놀이가 유아의 자아존중감 증진에 미치는 효과. 성균관대 석사학위논문.
	다카이 미와. 집단치료놀이 프로그램이 유아의 신체자아 인식에 미치는 영향. 숙명여대 석사학위논문.
	송주미. 집단치료놀이 활동이 유아의 사회적 덕목수행 및 정서발달에 미치는 효과. 한국영유아보육학회.
	이면선 · 주은선. 질적 분석을 통해 본 집단치료놀이가 일반유아의 사회성에 미치는 영향에 관한 연구. 덕성여대 사회과학연구소.
	정상은. 집단치료놀이가 소숙사 시설 아동의 문제 행동 감소에 미치는 효과. 숙명여대 석사학위논문.
2007	홍정애. 가족치료놀이를 적용한 가족 탄력성 증진 프로그램 효과. 숙명여대 박사학위논문.
	이주연. 그룹 홈 아동의 사회적 유능성 증진을 위한 집단치료놀이 프로그램 효과. 숙명여대 박사학위논문.
	윤정희. 저소득층가정 아동과 어머니의 상호작용 증진을 위한 가족 집단치료놀이 효과. 숙명여대 박사학위논문.

연 도	논 문
	허진 · 이진숙. 집단치료놀이 프로그램이 부적응 유아의 유아교육기관 적응에 미치는 효과. 한국아동심리재활학회.
	이은숙. 집단치료놀이를 통한 결손가정 아동의 자아존중감과 사회성 증진 효과. 명지대 석사학위논문.
2008	김주희. 유아의 자기조절능력 향상에 대한 집단치료놀이 프로그램의 효과. 숙명여대 석사학위논문.
	박은희. 어머니의 민감성 향상을 위한 모-아 집단치료놀이 프로그램의 개발과 효과: 영아기를 중심으로. 숙명여대 박사학위논문.
	육연희. 집단치료놀이가 아동의 애착과 사회성에 미치는 효과. 서울불교대 석사학위논문.
2009	박은희. 집단치료놀이가 완벽주의 성향 아동의 분노표현과 스트레스 대처행동에 미치는 효과. 경성대 석사학위논문.
	양한연. 아토피 유아의 적응행동과 어머니의 양육행동 증진을 위한 모-아 집단치료놀이 효과. 숙명여대 박사학위논문.
	이수경. 노인들의 집단모래놀이치료 효과 : 우울, 고독감, 자아존중감을 중심으로. 서울여대 석사학위논문.
	임화란. 모-아 집단치료놀이가 취업모 자녀의 상호작용 증진에 미치는 효과. 명지대 석사학위논문.
	김진혁. 심리극의 주인공 개념을 적용한 집단치료놀이가 조손가정 아동의 자아존중감에 미치는 효과. 경북대 석사학위논문.
2010	이동진. 집단치료놀이 프로그램이 시설유아의 공격성에 미치는 효과. 대구대 석사학위논문.
	이신애. 집단치료놀이 프로그램이 보육시설 영아의 공격행동과 친사회적 행동에 미치는 효과. 덕성여대 석사학위논문.
	허선윤. 집단치료놀이 프로그램이 초등학교 1학년 아동의 자아 탄력성과 내면화 장애에 미치는 효과. 전남대 석사학위논문.
	김윤희. 학습부진 아동의 실행기능 향상을 위한 집단게임 놀이치료 프로그램의 효과. 대전대 박사학위논문.

4) 집단치료놀이의 활동

(1) 누가 말하길

① 기대효과

- 집단 구성원들 모두와 신체접촉을 통해 친밀감을 형성한다.
- 즐거운 경험을 통하여 상호작용을 증진시킬 수 있다.

② 활동방법

- 둥글게 원을 만들어 서서 두 사람이 짝이 된다.
- 한 사람이 원 가운데서 자신의 이름을 넣어 "○○가 말하길 손뼉을 치세요"와 같이 말하면 나머지 사람들은 두 사람이 짝이 된 상태에서 마주 보고 손뼉을 치며 "짝짝짜자작, 짝짝짜자작"이라고 구령을 부르며 리더의 지시에 따라 한다.
- 리더가 되는 사람은 "짝을 바꾸세요"라는 말과 동시에 원으로 들어가고 짝을 못 찾은 사람은 다음 번 리더가 되어 같은 활동을 반복한다.

③ 리더의 역할

- 손뼉을 치는 활동을 다양한 신체접촉을 유도할 수 있도록 응용한다(손대신 뺨, 발바닥, 엉덩이, 어깨 등의 부위를 서로 부드럽게 마주 대어 보게 한다).
- 신체접촉 시 부드러운 느낌의 접촉을 경험할 수 있도록, 너무 세게 치거나 과격하게 마주 대는 활동에 주의를 시킨다.

(2) 특징 말하고 자리 바꾸기

① 기대효과

- 타인의 지시에 주의를 집중시켜 규칙을 따르도록 한다.
- 타인을 인식할 수 있다.

② 활동방법

- 둥글게 원을 만들어 서고 땅 바닥의 자기 자리에 시트지를 붙인다.
- 리더가 원 가운데 서서 "자리를 바꾸자, 자리를 바꾸자"라고 외치면서 날개짓을 한다.
- 리더는 게임을 하는 사람들의 특정한 특징을 말한다. 예를 들어 "치마를 입은 사람"하면서 리더는 치마 입은 사람들 중 한 자리로 들어가고, 치마를 입은 사람들은 각자 자리를 바꾼다.
- 자리를 찾지 못한 사람이 또다시 새로운 리더가 되어 같은 활동을 반복한다.

③ 리더의 역할

- 자리를 바꾸는데 부담을 느끼며 흥분하거나 긴장하지 않도록 적절하게 개입한다.
- 타인의 특징을 다양하게 탐색하고 표현할 수 있도록 격려한다.

(3) 팝콘 튀기기

① 기대효과

- 협동심을 증진시키고 신체조절 능력을 기른다.
- 즐거움과 성취감을 느낄 수 있다.

② 활동방법

- 손수건이나 작은 보자기 위에 솜공 몇 개를 올려놓는다.
- 마주 본 상태에서 보자기를 당겨 잡는다.
- 신호에 맞추어 들었다 놓았다를 반복하며 보자기 위의 솜공을 튀어오르게 한다.
- 응용활동으로 작은 쿠션이나 풍선 등을 중앙에 놓은 후 이쪽저쪽으로 움직이는 활동도 할 수 있다.

③ 리더의 역할

- 집단원의 연령이나 수준에 따라 솜공의 개수를 조절한다.

- 속도와 움직임을 조절하여 활동함으로써 신체를 조절하고 집중시킬 수 있도록 한다.

(4) 움파, 움파, 움파파

① 기대효과

- 친밀감과 상호작용을 증진시킬 수 있다.
- 신체접촉을 통하여 안정감과 협동심을 느낄 수 있다.

② 활동방법

- 원을 만들어 서서 "움(오른쪽 발을 옮기면서)파(왼쪽 발을 옮기면서), 움파, 움파파" 함께 소리를 내면서 움직인다.
- 리더의 지시에 따라서 옆 사람과 팔벌려 손바닥 대기, 손잡기, 어깨동무하기, 팔짱끼기, 무릎에 손얹고 활동한다.
- 손바닥 대기부터 무릎까지 연결해서 속도를 조절하면서 활동한다.
- 작은 원이 되면 '와'하고 손을 위로 들어올리면서 박수를 치며 원을 벗어나며 마무리를 한다.

③ 리더의 역할

- 규칙을 설명하고 너무 어렵지 않게 단계를 조절한다.
- 구령(움파, 움파, 움파파) 소리의 크기와 속도를 조절하면서 안전하게 활동이 진행될 수 있도록 한다.

(5) 신체터치 따라 하기

① 기대효과

- 신체터치를 통해서 자신뿐만 아니라 타인을 인식할 수 있다.
- 자신의 차례를 기다릴 수 있는 능력과 집중력을 향상시킬 수 있다.

② 활동방법

- 둥글게 앉는다.
- 리더부터 자신의 신체, 특히 얼굴부위를 중심으로 한 부분을 터치한다.
- 다음 사람은 리더가 터치한 부분과 같은 곳을 자신의 신체에서 터치한 후 새로운 부분 추가해서 터치한다.
- 그 다음 사람은 같은 방식으로 새로운 부위를 한 곳씩 추가하면서 터치해 간다.
- 집단원의 수준에 따라 활동이 어렵지 않게 단순히 리더가 터치한 부위를 그대로 따라서 터치하며 전달하도록 할 수 있다.

③ 리더의 역할

- 터치 부위가 늘어나 활동이 멈춰졌을 때 자연스럽게 다시 시작할 수 있도록 리드한다.
- 얼굴 부위 터치시 손톱으로 얼굴에 상처가 나지 않도록 조심한다.

(6) 오리 오리 거위

① 기대효과

- 집단원간 친밀감을 형성시킨다.
- 차례를 기다리며 주의를 집중할 수 있도록 한다.
- 규칙을 이해하고 잘 따른다.

② 활동방법

- 동그랗게 원을 만들고 앉는다.
- 리더가 먼저 원 밖에서 '오리-오리'라고 말하며 집단원의 머리나 어깨를 차례로 짚으며 원을 돈다.
- '오리-오리'라고 말하며 돌다가 '거위'라고 마지막에 한 집단원을 짚으면 그 집단원이 일어나서 리더와 반대방향으로 돈다.
- 리더와 집단원이 만나면 둘이 안아 주고 리더는 '거위' 집단원이 앉았던 자리로

가서 앉는다.

- 거위로 지정된 집단원이 처음 리더가 한 것을 반복하며 계속 활동을 이어간다.
- 안아주기 대신 악수, 인사하기, 손바닥 마주치기 등의 활동으로 변화를 줄 수 있다.

③ 리더의 역할

- 다소 복잡한 규칙이 있는 활동이므로 활동에 대해 잘 이해할 수 있도록 설명해 준다.
- 한 번 거위가 된 집단원은 다시 거위가 될 수 없다는 규칙을 통해 집단원이 고루 활동에 참여할 수 있도록 한다.

(7) 눈맞춤으로 자리 바꾸기

① 기대효과

- 집단 구성원들과의 눈맞춤을 통해 친밀감을 형성할 수 있다.
- 집단 구성원들 간에 상호작용을 촉진시킨다.

② 활동방법

- 동그랗게 원을 만들고 선다.
- 눈이 마주친 사람끼리는 악수하며 자리를 바꾼다.
- 또는 서로 안아 주며 자리를 바꾼다.
- 자리를 바꾸는 활동은 리더가 활동의 끝을 알릴 때까지 계속된다.
- 자리를 바꾸면서 악수대신 인사하기, 안아주기 등의 활동으로 변화를 줄 수 있다.

③ 리더의 역할

- 활동에서 소외되는 집단원이 있는지 관찰하고 함께 할 수 있도록 적극적으로 개입한다.
- 눈맞춤을 쑥스러워하는 집단원이 있을 수 있으므로 자연스럽게 활동을 유도한다.

(8) 물풍선 발차기

① 기대효과

- 도전적인 활동을 통해 자신감과 성취감을 경험할 수 있다.
- 부정적이고 공격적인 감정을 해소할 수 있다.

② 활동방법

- 둥글게 둘러앉아 물풍선을 돌려가며 만져 본 느낌들을 말해 본다.
- 그리고 모두 일어나서 물풍선을 발로 차서 다른 사람에게 전달해 보도록 한다.
- 골대를 정하고 나머지 아동들이 물풍선을 차서 골대에 집어넣는 활동을 해 본다.
- 이 물풍선을 팔꿈치 또는 두 발을 이용하여 옆 사람에게 전달해 본다.

③ 리더의 역할

- 풍선을 보면 흥분하는 집단원(아동)이 있을 수 있으므로 풍선이 터지지 않도록 유의하며 활동할 수 있도록 한다.
- 자발적으로 모두 함께 참여할 수 있도록 한다.

(9) 수건 줄다리기

① 기대효과

- 아동이 자신감과 성취감을 맛볼 수 있는 효과가 있다.
- 다른 아동들과 협동하는 방법을 배울 수 있는 기회가 된다.

② 활동방법

- 바닥에 매트를 깐다.
- 먼저 아동을 둘씩 짝을 짓게 한다.
- 처음에는 두 명씩 나와서 수건 줄다리기를 하게 한다.

- 팀을 두 팀으로 나누어서 전체 줄다리기를 한다.

③ 리더의 역할

- 리더는 집단원이 서로 이기고 지는 승부에 집착하기보다는 팀이 협동을 하는 데 즐거움을 느낄 수 있도록 활동을 진행한다.
- 전체 줄다리기할 때 같은 팀은 앞의 사람 허리를 꼭 붙잡도록 하여 다치지 않도록 진행한다.

(10) 요람 태우기

① 기대효과

- 신체접촉을 통해 양육에 대한 욕구를 다루어 주고 친밀감을 증진시킨다.
- 따뜻하고 안전한 환경에서 자기상에 대한 긍정적인 경험과 양육받는 느낌을 경험할 수 있다.

② 활동방법

- 활동순서를 정하여 한 명의 아동을 펼친 담요 위에 눕힌다.
- 나머지 아동들과 치료자는 담요의 가장자리를 둘러 잡는다.
- 서서히 담요를 위로 올려 들고 자장가를 부르며 흔들어 준다.
- 자장가가 끝나면 담요를 서서히 내려 놓고 누워 있던 아동을 부드럽게 안아서 일으킨다.
- 정해진 활동순서대로 다른 아동들과 돌아가며 해 본다.

③ 리더의 역할

- 담요를 서서히 부드럽게 흔들 수 있도록 안내한다.
- 담요를 들어올리고 내리는 과정에 다치지 않도록 주의하며 담요에 누운 사람과 담요 밖의 사람이 눈을 맞추도록 지시한다.

2. 기관별 방과후 아동지도를 위한 집단치료놀이

1) 영유아 교육 · 보육기관에서의 집단치료놀이의 실제

(1) 보육시설에서의 집단치료놀이(윤난호, 2005)

표 11-2 치료놀이 접근을 통한 보육활동 내용

활동 회기	집단치료놀이 활동		
	장소 및 활동목표	기대효과	활동 및 원리
1	* 어린이집 교실 · 아동들과의 래포 형성 · 활동에 대한 호기심과 기대	· 아동이 신체접촉을 통해 서로 친밀해지고 협동심을 경험하며 상대방에 대해 관심을 갖게 되며, 규칙을 이해하고 지킴	· 인사나누기 · 활동 시 규칙 말하기 · 달팽이집 짓기 (구조) · 세 번에 나누어 앉고 둘씩 짝지어 친구얼굴 예쁜 곳 찾기(구조, 개입) · 나뭇잎 전달하기 (도전, 개입) · 안마해 주기 (구조, 양육) · 음식 서로 먹여 주기 (양육) · 인사하기
2	* 야외 TP(공터) · 자연에서의 색다른 체험활동을 통해 재미와 즐거움을 느낌 · 긴장과 갈등 해소	· 참여의 즐거움과 집단의식을 가질 수 있는 효과	· 인사나누기 · 노래부르기 –둘이 살짝 손잡고 (개입, 구조, 도전) · 나뭇잎 불기(도전) · 동대문놀이 (구조) · 우리 집에 왜 왔니 (개입) · 손닦아 주기(양육) · 음식나누기

활동 / 회기	집단치료놀이 활동		
	장소 및 활동목표	기대효과	활동 및 원리
3	* 어린이집 교실 · 자기인식 표현의 증진 · 신체와 감정의 조절	· 도전활동과 양육활동을 통하여 자신감과 즐거움 그리고 심리적 안정을 가져올 수 있으며 서로 간의 친밀감을 형성하는 효과	· 인사하기 -서로 양말 벗겨 주기 · 로션 바르기 (개입, 양육) · 즐겁게 춤을 추다가 그대로 멈춰라 (구조) · 신문지 펀치 (도전, 구조) · 헤어짐 인사 · 안아주기 (양육)
4	* 어린이집 교실 · 주의집중력 · 신체조절 능력 증진	· 집단 내 아동의 상호작용을 활발하게 유도할 수 있는 효과	· 인사하기 · 친구의 신체(몸) 살펴주고 입김 불어 주기 (개입, 양육) · 뜨거운 감자, 차가운 감자 (구조) · 신문지 찢기 (도전) · 두팔농구 (도전, 구조) · 헤어짐 인사
5	* 아차산 숲 속 · 가을 숲 속 산책활동 · 아동상호간의 친밀감과 안정감	· 아동의 스트레스 해소 효과와 자기존중과 타인존중의 기회 제공	· 인사하기 · 팀이름 정하기 · 상대방의 얼굴, 몸, 표정 살피기(개입, 양육) · 솔방울 멀리 던지기 (도전, 구조) · 벙튀기 가면 만들어서 쓰기(개입) · 음식 나누기 (양육)
6	* 어린이집 교실 · 생명의 소중함 · 긴장감 완화와 정서적 안정감	· 텃밭에서의 체험활동은 아동에게 오감각을 자극하고 아동간 상호작용의 기회를 증진시키며 자기표현력과 타인인식 능력을 향상	· 인사하기 · 들깨뽑기, 들깨털기 (도전) · 서로서로 안마해 주기 (개입) · 손탑 쌓기 (개입) · 음식 서로 먹여 주기(구조, 도전) -국화차, 국화전 (양육)
7	* 어린이집 교실	· 아동상호간의 긴장감을	· 인사하기

회기 \ 활동	집단치료놀이 활동		
	장소 및 활동목표	기대효과	활동 및 원리
	· 협동할 기회 제공 · 자신과 타인의 신체 인식	완화시키고 서로에 대한 관심과 친밀감을 가질 수 있는 효과	· 특별한 악수 만들기 (개입, 구조) · 작아지는 배 (도전, 구조) · 손바닥 아웃라인 그리기 (개입) · 요람태우기 (양육) · 음식나누기 (양육) · 단감과 연시
8	* 어린이집 교실 · 지금까지의 활동 정리 · 음식을 만들어 먹고 종결을 마무리	· 따뜻하고 안전한 환경에서 긍정적인 경험, 자신감과 주도성, 협동심을 갖게 하는 효과	· 인사나누기 · 노래부르기-나무야 (개입) · 배추전 만들기 (구조, 도전) · 호일로 신체모양 뜨기(개입, 구조) · 종결파티-음식나누기 (양육)

(2) 유치원에서 적용할 수 있는 치료놀이의 실제(최순옥 외, 2010)

① 구조차원

휴지폭탄

〈기대효과〉

- 감각적인 경험을 통해 심리적 안정감을 갖게 되어 긴장감을 완화시킨다.
- 아동의 부정적인 감정이나 공격적 욕구를 해소한다.

〈활동방법〉

- 리더가 '땡'하면 휴지를 아동이 길게 당기고, 리더가 '얼음'하면 아동이 잡아당겨서 뜯어진 휴지가 물이 담긴 대야에 젖게 한다.
- 물에 젖은 휴지를 뭉쳐서 공 모양으로 3개씩 만들어 본다.

- 벽면에 비닐을 붙이고 테이프로 경계를 만들어 그 안에 던져 보기를 한다. 이때 리더가 던지는 간격을 점점 뒤로 해서 도전활동으로 옮길 수 있다.
- 리더가 앞으로 나와서 아동이 신호(눈깜빡이기, 뛰기, 박수치기 등)에 맞춰서 던져 본다.

손탑 쌓기

〈기대효과〉

- 신체적 접촉을 통해 상호간의 친밀감을 증진하고 즐거움을 경험한다.
- 기다리고 차례를 지키는 과정을 통해 자기 조절 능력을 기른다.

〈활동방법〉

- 교사와 아동들이 둥글게 둘러 앉는다.
- 교사와 아동이 한 명씩 손을 겹쳐 올려서 탑을 쌓는다.
- 두 손을 차례대로 포개서 다 올라가면 아래에 있던 손을 차례대로 뽑아서 위로 올려 가면서 쌓는 놀이다.
- 어느 정도 높이 쌓아올리고 나서 맨 위에 있는 손을 가장 아래로 내려 차례로 손을 내려 쌓는다.

* 이때 교사는 규칙으로 '시작'하면 아래에서 위로 손탑을 쌓고, '작시'하면 위에서 아래로 손탑을 쌓는 것으로 규칙을 정해서 응용할 수도 있다.

신체 자석되기

〈기대효과〉

- 활동에 대한 즐거움을 통해 참여도와 타인에 대한 친밀감을 증진시킨다.

〈활동방법〉

- (자신 또는 타인)신체에 색색의 시트지를 원하는 부위에 붙인다. 단, 신체부위 중 가슴이나 성기부위는 제외한다고 말해 둔다.
- 즐거운 노래에 맞추어 춤을 춘다.

- 리더가 "초록 2개"라고 외치면 자신의 신체에 붙인 초록색 시트지를 찾아서 상대방의 초록색 부위에 갖다 댄다.

② 개입차원

오리–오리–거위

〈기대효과〉

- 주의를 집중시키고 타인에 대한 관심과 친밀감을 갖게 한다.
- 자신의 순서를 기다리면서 참을성, 인내력을 향상시킨다.

〈활동방법〉

- 모두 함께 둥글게 앉고 술래를 정한다.
- 술래는 원 밖으로 나와서 "오리~오리~"라고 말하며 다른 아이들의 어깨를 짚으며 돈다.
- '오리~오리~'하다가 '거위'라고 말하며 어깨를 짚어 준다.
- '거위'가 된 아동은 자리에서 일어나서 술래와 도는 반대방향으로 빠른 걸음으로 걷는다.
- 두 사람이 서로 마주치면 둘이 크게 안아 주고 술래는 거위가 앉았던 자리에 앉고, 거위로 지정되었던 아동이 다시 술래가 되어 활동을 이어나간다.

전기 전달하기

〈기대효과〉

- 아동 상호간의 접촉 경험을 통해 서로간의 친밀감과 주의집중력을 증진시킨다.

〈활동방법〉

- 모두 함께 둥글게 앉은 후 이불을 넓게 펴서 덮는다.
- 옆 사람과 손을 잡는다.

- 한 사람이 이불 안에서 손을 넣고 몰래 전기신호를 전달한다(한 번, 여러 번).
- 신호를 받은 사람은 다시 옆 사람에게 자신이 받은 전기신호만큼 전달한다.
- 처음 보냈던 사람이 신호가 돌아오면 자신이 보낸 신호와 같은지 비교해 본다.

콩불기 릴레이

〈기대효과〉

- 자신의 신체를 스스로 조절할 수 있는 효과와 집중력을 향상시킨다.

〈활동방법〉

- 두 팀으로 나눠서 바닥에 색테이프를 붙여 놓은 선 위에 콩을 빨대로 불어서 올려놓는다.
- 빨대로 콩을 불어서 다음 색테이프가 있는 곳까지 정확히 올려놓으면 같은 팀의 다른 아동이 나와서 콩 불기로 릴레이한다.

③ 도전차원

보자기로 풍선치기

〈기대효과〉

- 자기조절력, 협동심과 문제해결력을 증진시킨다.

〈활동방법〉

- 모두 함께 둥글게 앉는다.
- 우리가 풍선치기를 몇 번 성공할 수 있을지에 대해 이야기를 나눠 본다.
- 모두 보자기 양 끝을 잡고 그 위에 풍선(물풍선은 물이 1/5 정도 담을 것)을 올려놓은 다음 숫자를 세면서 함께 풍선을 쳐 올린다.

※ 주의 : 풍선치기를 먼저 하고 나서 물풍선 치기를 하는 것이 더 아동 성취와 도전정신을 갖게 한다. 이때 물풍선은 다소 두꺼운 것을 선택해서 터지지 않도록 하도록 해야 한다.

수박씨(포도씨) 뱉기

〈기대효과〉

- 자신의 신체조절 능력을 향상시키고 부정적인 감정을 표출한다.

〈활동방법〉

- 바닥에 전지 또는 신문지를 깔고, 모두 종이 테두리로부터 적당한 간격을 두고 앉는다.
- 과일(수박, 포도)을 먹고 씨를 개인접시에 발라 낸다.
- 씨를 입에 물고 리더가 신호(숫자, 눈 깜박 등)를 할 때 모두 같이 종이 안에 뱉기를 한다. 이때 종이 안에 떨어진 아동에게 점수를 준다.

신문지 펀치

〈기대효과〉

- 부정적이고 공격적인 감정을 해소할 수 있고 신문지 장수를 늘려 나감으로 자신감과 성취감을 갖게 한다.

〈활동방법〉

- 한 아이는 신문지를 양 손으로 펼쳐 들고 다른 아이는 신문지의 가운데를 주먹으로 쳐서 신문지를 뚫는다.
- 점점 장수를 늘려가며 신문지 펀치를 한다.

* 주의 : 신문지를 잡는 아동이 다치지 않도록 리더는 쥐는 위치를 알려 주고 시범을 보여주는 것이 좋다.

림보

〈기대효과〉

- 자신의 신체를 스스로 조절하고 주의집중력을 키운다.

〈활동방법〉

- 두 사람이 스카프 끈을 잡고 서 있으면 아동이 색끈 끝밑을 통과한다.
- 처음에는 아동이 모두 통과할 수 있도록 리더가 높게 줄을 잡도록 한다.
- 끈을 점점 아래로 내리면 아동이 기어서 통과할 수도 있다.

④ 양육차원

미이라 되어 보기

〈기대효과〉

- 휴지를 감으며 가볍게 터치하는 양육적인 경험을 통해서 정서적인 안정감을 갖고 부정적이고 공격적인 감정을 해소한다.

〈활동방법〉

- 짝을 지어 팀을 나눈다.
- 가위 바위 보 등을 하여 순번을 정한 뒤 미이라가 될 아동에게 원하는 동상처럼 고정 자세를 취하게 한다.
- 나머지 아동은 두루마리 화장지로 미이라가 될 아동을 미이라가 될 때까지 빙빙 둘러 감싼다.
- 미이라가 완성되면 미이라가 된 아동을 향해 "탈출!"이라고 주문을 외쳐 미이라가 된 아동이 미이라를 꽁꽁 감싼 휴지로부터 탈출한다.

이불 썰매

〈기대효과〉

- 신체접촉을 통해서 양육에 대한 욕구를 다루어 준다.
- 친밀감을 증진시킨다.

〈활동방법〉

- 큰 담요 한 장을 바닥에 놔두고 순서를 정하여 3~4명의 아동을 담요 위에

눕힌다.

- 나머지 아동은 담요 가장자리를 둘러싸고 리더의 다양한 지시에(속도, 방향 등 설정) 따라 담요를 천천히 또는 빠르게 끌어당긴다.
- 담요에 함께 있는 아동들은 서로 담요 밖에 얼음(물) 속에 빠지지 않으려고 서로 부둥켜 안는다.

2) 초등학교에서의 집단치료놀이

표 11-3 초등학교 집단치료놀이

* 1~3회기 : 래포 형성과 자기인식
* 4~5회기 : 타인인식과 상호작용
* 6~7회기 : 성취감을 통한 자존감 향상
* 8~10회기 : 타인신뢰 향상
* 11~12회기 : 상호신뢰를 통한 성장 · 발달

회기	기 대 효 과	활 동 내 용	준 비 물
1	래포 형성	노래부르면서 둥글게 앉기, 네 가지 악수, 오리 오리 거위, 뜨거운 감자 찬 감자, 햄스터 던지기, 해바라기씨 먹여 주기, 하트인사	공, 햄스터 인형, 해바라기씨 초코
2	'나'에 대한 인식	노래 불러 주기, 손탑쌓기, 팝콘댄스, 엄지씨름, 담요 위로 공굴리기, 꼬깔콘 피딩, 하트인사	담요, 공, 꼬깔콘
3	'나'의 소중함 알기	원 만들기, 노래부르며 춤추기, 윙크 보내기, 지시카드 따라 하기, 손 그려 주기, 손등 그림그리기, 마이구미 피딩, 코끼리 입맞춤	지시카드, 종이, 연필, 물감, 붓, 팔레트, 마이구미
4	상대방 알기	둥글게 앉기, 다양한 악수, 손가락 박수, 신호등놀이, 런던브리지, 업어 주기, 요거트 피딩, 코끼리 입맞춤	시트지(홍, 녹), 요거트
5	바람직한 상호작용	둥글게 앉기, 다양한 악수, 솜공 불기, 콩 탁구, 자석놀이, 딸기 피딩, 헤어지는 노래	솜공, 콩, 빨대, 시트지(갖가지 색깔)
6	성취감 체험	낚시놀이, 거울되어 보기, 강건너기, 신문지 펀치, 수박씨 뱉기, 헤어지는 노래	자석낚시, 담요, 줄 2개, 신문지, 수박, 풍선

7	자존감 향상	즐겁게 춤추기, 발그리기, 바람 불기, 안아 주기, 돼지 등타기, 양파링 피딩, 코끼리 인사	16절지, 연필, 양파링
8	타인배려 체험	다섯 가지 악수, 안마하기, 솜공터치하고 알아맞히기, 미이라 놀이, 반죽 던지기	솜공, 화장지, 물
9	타인과의 관계성장	전기놀이, 말코 보내기, 타월 줄다리기, 콩나르기, 풍선축구, 고래밥 피딩, 하트인사	타월, 콩, 티스푼, 풍선, 고래밥
10	타인신뢰 향상	금붕어 보내기, 호일구두, 페이스페인팅, 이인삼각, 빼빼로 피딩, 업어 주기	물감, 붓, 풍선, 빼빼로, 손수건
11	상호신뢰 성장 · 발달	자리 바꾸기, 팝콘놀이, 하하놀이, 포도씨 뱉기, 나비 입맞춤	담요, 풍선이나 공, 포도
12	종료 파티	원숭이 엉덩이, 비행기 타기, 뗏목놀이, 수레바퀴, 케이크 피딩, 업어 주기, 나비 입맞춤	담요, 케이크

3) 지역아동센터에서의 집단치료놀이

(1) 집단의 구성과 회기 이끌기

지역아동센터에서의 집단치료놀이는 일반 학교와는 조금 다를 수 있다. 저소득층이나 한부모 아동이 대부분인 이들에게는 지역아동센터가 가정이나 마찬가지이므로 무척 자유스러운 분위기를 가지고 있다. 일반 학교에서와 마찬가지로 '모두 함께하기', '상처 주지 않기', '즐겁게 하기'를 규칙으로 하지만 공격성이 나올 수 있어서 아동들은 반대로 외치며 자기의 주장을 펴기도 한다. 또 긍정적인 터치를 하는 방법을 익히는데 오랜 시간이 걸릴 뿐만 아니라 행동이 좋지 못한 아동이 활동에 참여하지 못하도록 말과 행동으로 보여 준다. 이러한 실제의 문제점은 반복적으로 문제행동을 보이는 아동이야말로 집단경험을 가장 필요로 한다는 것이다. 겉으로는 간단해 보이는 '함께하기'라는 규칙을 아동들이 따르도록 지원하는 것은 처음 생각한 것보다는 더 어려울 수 있다. 아동이 집단에서 추방되거나 참여를 거부당할 때 각 아동이 상호지원 속에서 함께 하고 있는 것과 상반되는 결과인 거절감과 고립감, 혹은 자포자기마저 경험할 수 있다. 집단으로부터의 반복적인 배척은 아동에게 가치없는 아이임을 강화시키게 된다. 자신의 금지를 넘어선 행동과 그 결과로 일어나는 집단으로부터의 추방을 통해 자신의 존재 가치가 없음을 거듭해서 확인하게 된다. 이런 아동이 집단에 있는 것이 위험할 수 있지만 치료놀이의 목표는 아이들 전원이 치료놀이 회기 전체에 참가하도록 하는 것이다. 어떻게 하면 리더 또는 교사는 모든 아동을 참여하도록 도울 수 있는지 인내하고 연구해야 한다. 각 학기마다 2회 정도 부모교육이나 부모코칭을 하고 난 후에 부모-아동이 함께 실시하면 대단히 효과적이다.

(2) 집단의 크기

집단의 크기는 일반학급보다 적게 4명 정도를 넘지 않는 것이 효과적이라고 생각한다. 그러나 아동의 정서나 사회적인 건강 정도나 리더의 능력에 따라 정하면 된다. 학년이 다른 아동들로 구성되어 있고 숫자가 많지 않으므로 남학생을 고학년과 저학년으로 나누고, 여학생을 고학년과 저학년으로 나누어 구성하면 된다. 또 일반학교와 다른 점은 전체 아동을 한꺼번에 하는 큰 집단은 거의 불가능하다. 형제나 자매도 있을 수 있고 학년도 다르기 때문에 정서 상태나 집중시간도 달라서 다루기가 쉽지 않다. 새로 등원하는 아동과 퇴원하는 아동이 있어서 비교적 자주 구성원이 바뀌는 것이 특징이라고 하겠다. 그러나 부모님과 함께 하는 회기는 모든 아동과 부모님이 함께 참여하면 활기차고 새로운 부모-자녀간의 경험이 될 수 있고 진행하기가 수월하다.

(3) 집단치료놀이의 실제

지역아동센터에서의 집단치료놀이는 자주 구성원이 바뀌어 동일 집단과 계속 함께 하기는 어렵지만 담임이 몇 년 동안 바뀌지 않아 이로운 점이 있다. 몇 년 동안 집단치료놀이를 하는 동안 아동은 가정의 구조적인 결손에도 불구하고 많은 정서적, 사회적 향상을 보였다.

〈OOO 집단치료놀이〉

제 1회기

실시일시 : 2004년 4월 7일(수), 오후 5시~5시 50분

참가아동 : A, B, C, D, E (총 5명)

활동목표 : 친밀감 형성

활동내용 : 칙칙폭폭, 이름표 달아 주기, 환영노래, 네 가지 악수, 상처 확인, 손탑놀이, 담요, 공 보내기, 박수치며 노래부르기, 해바라기씨 피딩, 헤어지는 인사

준 비 물 : 이름표, 로션, 담요, 공, 해바라기씨 초콜릿

	A	B	C	D	E
눈맞춤	4	4	4	6	6
신체접촉	6	8	4	5	5
타인양육	3	2	2	3	4
양육행동 수용	4	4	3	5	6
자기주장	8	9	9	6	1
도움요청	5	9	4	3	5
또래와 협동	3	1	3	2	6
위로개입 긍정적 효과	4	6	2	5	7
규칙지키기 긍정적 수용	3	2	3	3	8

* Munns, 2000, 청소년행동관찰평가표에서 인용.

제 2회기

참가아동 : A, B, C, D, E (총 5명)

활동목표 : 친밀감 형성

활동내용 : 다양한 악수, 상처 확인, 윙크 보내기, 주먹 탑쌓기, 젓가락 탑쌓기, 콩불기, 꼬깔콘 피딩, 하트인사

제 3회기

참가아동 : A, B, C, D, E (총 5명)

활동목표 : 친밀감 형성

활동내용 : 상처 확인, 젓가락 빼기, 콩 나르기, 풍선배구, 풍선끼고 눈 신호에 따라 움직이기, 고래밥 피딩, 헤어지는 노래

제 4회기

참가아동 : A, B, C, D, E, F, G (총 7명)

활동목표 : 터치를 통한 긍정적인 자기인식

활동내용 : 전기놀이, 오리 오리 거위, 수건 돌리기, 김밥 말기, 햄스터 던지기, 꼬리잡기

제 10회기

참가아동 : A, B, C, D (총 4명)

활동목표 : 강한 개입활동과 양육활동으로 퇴행욕구 충족시키고 타인 신뢰감 향상

활동내용 : 상처 확인, 호일구두, 요람 태우기, 엉덩이 달리기, 수박씨 뱉기, 손 닦아 주기

제 11회기

참가아동 : A, B, C, D, E, F, G, H (총 8명)

활동목표 : 강한 개입활동과 도전활동으로 긍정적인 힘과 성취감 체험

활동내용 : 상처 확인, 윙크와 말코 보내기, 팔씨름, 허수아비 만들기, 신문지 펀치, 도넛 피딩

제 20회기

실시일시 : 2004년 8월 20일(수), 오후 5시~5시 50분

참가아동 : A, B, C, D, E, F, G, H (총 8명)

활동목표 : 종결파티

활동내용 : 상처 확인, 피넛버터 젤리, 메시지 보내기, 자석놀이, 자리 바꾸기, 카드읽기, 케이크 피딩

준 비 물 : 로션, 시트지 각 색깔, 카드, 케이크, 손도장, 발도장 등

	A	B	C	D	E	F	G	H
눈접촉	9	8	9	8	8	7	8	9
신체접촉	6	8	7	8	8	6	7	5
타인양육	7	5	7	5	7	4	7	8
양육행동 수용	6	8	6	7	6	6	8	5
자기주장	7	4	3	5	7	8	5	3
도움요청	8	8	6	7	6	7	6	7
또래와 협동	6	6	7	5	5	5	7	8
위로개입 긍정적 효과	8	6	7	6	7	7	7	8
규칙지키기 긍정적 수용	6	6	7	7	6	6	4	7

지역아동센터에서 운영된 집단치료놀이의 효과를 보면 1회기에서 20회기를 참가한 방과후 아동의 행동변화를 보면 청소년 행동관찰 평가의 모든 영역에서 긍정적 변화를 보이고 있음을 알 수 있다.

생각해 보기

1. 치료놀이는 모든 방과후 지도기관에서 특별하게 활용할 수 있는 프로그램인지 생각해 보자.

2. 각 차원별 치료놀이 활동의 특징을 이야기해 보자.

제12장

프로그래밍의 실제 II-프로젝트 접근법

1. 프로젝트 접근법
2. 프로젝트 접근법의 실제 - '자화상' 프로젝트

1. 프로젝트 접근법

프로젝트 접근법(The Project Approach)은 한 명 또는 그 이상의 아동이 어떤 주제를 깊이있게 탐구하는 활동으로 정의된다. 아동 스스로 질문을 하게 하고 문제를 추측함과 동시에 그들의 주위환경에서 중요한 현상을 인식하도록 하며 목적달성과 새로운 기술습득을 위한 방법이다(김매희, 2008).

프로젝트 접근법은 일반적으로 세 단계의 과정으로 나누어 통합 · 운영되고 있다.

1단계는 계획과 시작단계이다. 주제를 선정하고 각자 주제와 관련있는 사전 경험에 대한 경험나누기를 한다. 서로 이야기를 나누고 그리기, 쓰기, 극화하기, 구성 등으로 표현하고 조사하고자 하는 질문 사항들의 목록을 작성한다.

2단계는 외부로 현장조사를 나가거나 전문가가 교실을 방문하여 전문 지식에 대해 이야기해 주거나 시범을 보여주는 과정을 통하여 새로운 정보를 얻는 단계이다. 이러한 활동을 통해 얻는 지식을 그리기, 쓰기, 스케치, 수, 측정, 도형 등의 다양한 방식으로 표현한다.

3단계는 마무리 단계이다. 지금까지 학습한 활동을 요약하여 전시하고 발표하는 단계로 한 주제안에 관련된 소주제를 통합하여 이해의 폭을 확장시킨다.

본 장에서 소개하는 방과후 아동지도 프로그램의 실제는 프로젝트 접근법으로 서울시에 있는 미타유치원에서 프로젝트 접근 활동으로 운영한 사례이다. 보육시설 방과후 아동지도나 초등학교 방과후 아동지도 운영시 유용한 프로그램이라 본 장에서 자세히 소개하려 한다.

1) 연구주제

프로젝트 접근법을 통한 자기 주도적 탐구력 신장

기간	프로젝트명	프로젝트 소주제
4월 (4/10~4/28)	자화상	자화상을 그린 화가들
		내 얼굴
6월 (5/29~6/23)	월드컵	태극 전사의 멋진 "유니폼"
		월드컵 즐기기 "응원"
		월드컵 소식 "신문 만들기"
		월드컵 경기장 만들기
9월 (8/28~9/22)	서울 숲	서울 숲에서 본 곤충들
		꼬마지도 만들기
		서울 숲 안의 곤충들
		서울 숲 놀이터 만들기
11월 (11/6~11/30)	굴러가는 것	자동차

2) 연구대상 : **유치원 만 5세

연 령	만 5세(**반)	만 5세(**반)
인 원	40	40

3) 연구기간

4월 10일 ~ 11월 30일

4) 연구방법

유아들의 언어, 기록, 활동사진 촬영, 작품을 토대로 각 프로젝트의 진행상황을 기록한다.

5) 연구 및 연수계획

- 각종 논문 및 단행본, 학술지를 통해 문헌 연구를 한다.
- 유아교육 · 보육 전문가를 초청하여 정기적인 프로젝트의 세미나를 가지며 자문을 구하여 연구를 진행한다.

6) 연구내용

〈교사의 준비단계〉

가) 주제 선정의 이유
나) 교사의 예상 주제망
다) 프로젝트 활동을 위한 자원 목록표
  1차적 자원 : 실물, 전문가, 견학 장소
  2차적 자원 : 책, 사진이나 그림, 인터넷, 비디오 등
라) 프로젝트 지원을 위한 영역별 활동 목록
  실내자유놀이, 집단활동, 실외자유놀이
마) 환경구성 : 벽면 구성과 영역별 구성
바) 교육계획안

⇩

〈프로젝트의 도입단계〉

가) 이전 경험 나누기
나) 생각 모으기 및 유목화

다) 교사와 유아의 공동 주제망 구성하기
라) 질문 목록 작성하기 및 소주제 선정하기
마) 교사의 흥미 유발 활동이나 지원 활동

⇩

〈프로젝트의 전개단계〉

가) 프로젝트 활동 전개표
나) 소주제별 프로젝트 활동
다) 교사의 지원 활동

⇩

〈프로젝트의 마무리단계〉

가) 프로젝트의 마무리 활동
나) 프로젝트를 평가하기
- 유아의 되돌아보기
- 교사의 되돌아보기
다) 전시하기

7) 개발 프로그램 내용 및 유형

- 시청각 자료의 다양화
  (이야기 나누기 자료를 위한 파워포인트 · 실물 화상기 수업자료 제작)
- 주제에 따른 현장 학습의 활성화
- 유아평가 관찰척도 개발 및 적용
- 각 주제에 따른 유아의 생각과 느낌을 표현할 수 있는 활동지 제작

8) 연구회 조직

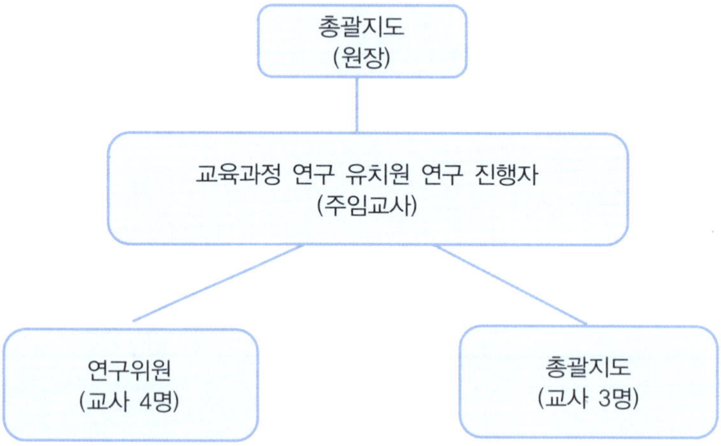

2. 프로젝트 접근법의 실제 - '자화상' 프로젝트

1) 교사의 준비단계

(1) 주제 선정의 이유

자화상이란 스스로 자신의 모습을 그린 초상화이다. 자신을 스스로 그려 봄으로써 자신에 대해 관심을 갖고 자신이 소중한 존재임을 느끼고 자아존중감과 자존감의 형성에 도움을 줄 수 있으며 매일 보는 자신의 얼굴을 탐색하고, 표상해 보면서 다른 시각에서 사물을 관찰하는 능력을 키울 수 있다. 또한 다양한 미술 재료를 탐색 및 경험함으로써 재료의 특징에 따라 다양한 방법으로 자신을 표현해 볼 수 있으며 명화를 통한 자화상 감상은 심미적 아름다움을 느끼고, 재료와 표현의 차이를 느낄 수 있기에 이 주제를 선정하게 되었다.

(2) 교사의 예상 주제망

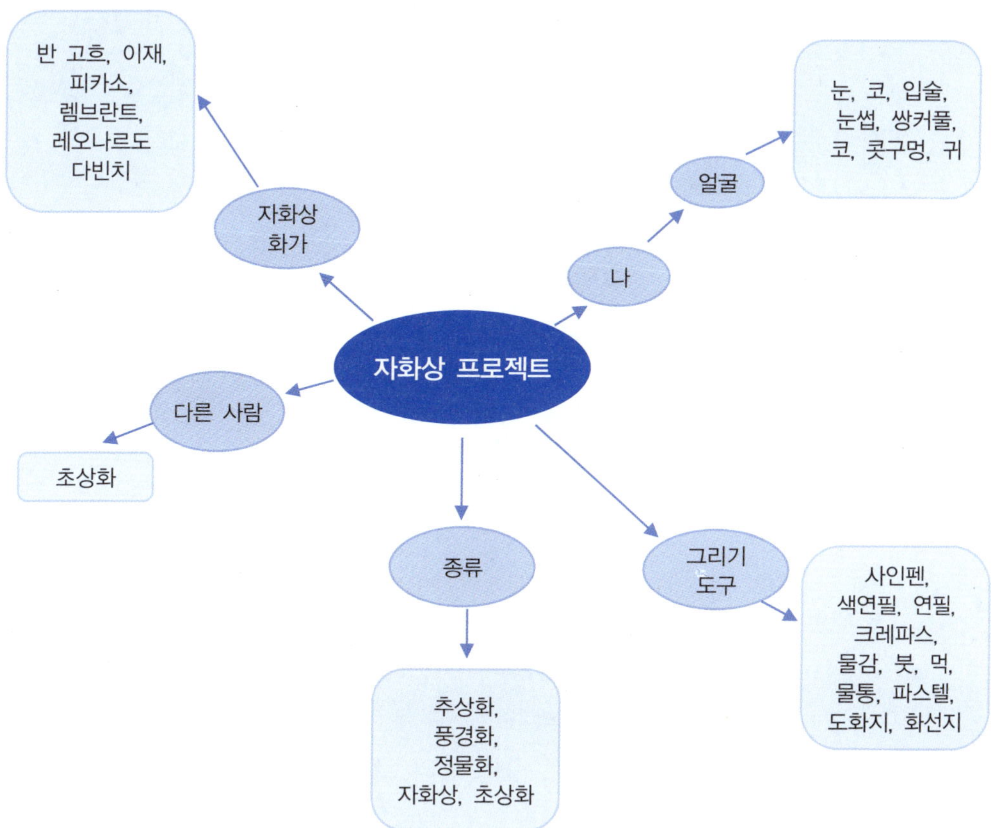

(3) 프로젝트 활동을 위한 자원 목록표

1 차 적	실물	· 다양한 표정의 아이들 사진 · 카메라, 폴라로이드 · 손거울

구분			내용
자원	전문가		· 미술관 큐레이터
	현장 견학 장소		· 인사 아트센터 · 아르코 미술관
2차적 자원	책 / 동화 자료	정보를 주는 책	· 명화야 놀자 · 묘사기법 · 명화 다시 보기
		동화책	· 멋쟁이 몬드리안 · 하늘을 나는 샤갈 · 고흐 마을로 놀러가세요 · 레오나르도 다빈치 등 · 화가가 들려주는 그림 이야기
	사진 · 그림 포스터 인터넷	사진 및 그림자료	· 다양한 표정의 사진 · 자화상 · 초상화 그림 포스터 · 명화 포스터
		팜플렛 / 인터넷	· 미술관에서 가지고 온 여러 가지 팜플렛

(4) 프로젝트 자원을 위한 환경 구성 및 영역별 선택놀이 활동

- 언어영역 : 명화의 제목 바꾸기
  화가 이름 말하기
  여러 종류의 책
- 조형영역 : 물감, 매직, 붓, 종이 등의 그리기 도구, 명화 그림들

- 역할놀이 : 미술용 앞치마, 이젤, 화방 · 미술실 사진 자료
- 과학영역 : 색의 혼합을 경험할 수 있는 여러 가지 색깔의 물감, 스포이드 준비
- 수 · 조작 영역 : 여러 가지 명화 퍼즐

- 음률영역 : 카세트, 여러 가지 악기(트라이앵글, 우드블럭, 탬버린, 리듬막대)

- 색종이 접기영역

(5) 교육계획안

프로젝트 주간교육계획안

연령	7세반	프로젝트 총 기간	4월 10일 ~ 4월 28일
주제	자화상 프로젝트	주간교육 기간	4월 10일~ 4월 14일
주제 선정의 이유	자화상이란 스스로 자신의 모습을 그린 초상화이다. 이렇듯 자신을 스스로 그려 봄으로써 자신에 대해 관심을 갖고 자신이 소중한 존재임을 느끼고 자아존중감과 자존감의 형성에 도움을 줄 수 있으며 매일 보는 자신의 얼굴을 탐색하고, 표상해 보면서 다른 시각에서 사물을 관찰하는 능력을 키울 수 있다. 또한 다양한 미술 재료를 탐색 및 경험함으로써 재료의 특징에 따라 다양한 방법으로 자신을 표현해 볼 수 있으며 명화를 통한 자화상 감상은 심미적 아름다움을 느끼고, 재료와 표현의 차이를 느낄 수 있기에 이 주제를 선정하게 되었다.		
기대되는 성과	- 새로운 프로젝트에 관심을 갖고 능동적으로 탐구한다. - 자신의 신체 중 얼굴이 한 부분임을 알고 나의 몸을 소중히 여긴다. - 명화를 감상하며 아름다움을 느낀다. - 명화를 통해 다양한 자화상을 감상하고 다양한 표현의 차이를 느낀다.		

<table>
<tr><th rowspan="2" colspan="2">프로
젝트
활동</th><th rowspan="2">1주</th><th>월</th><th>화</th><th>수</th><th>목</th><th>금</th></tr>
<tr><th>4/10
사전경험
나누기</th><th>11
생각 모으기</th><th>12
친구 찾기
(유목화)
주제망 구성</th><th>13
미술관 견학</th><th>14
질문목록
질문목록
유목화</th></tr>
<tr><td rowspan="11">지원활동</td><td rowspan="7">자유선택활동</td><td>수 · 조작</td><td colspan="5">명화퍼즐, 얼굴부분 퍼즐 맞추기</td></tr>
<tr><td>언어</td><td colspan="5">고흐가 무슨 생각을 할까?</td></tr>
<tr><td>N.I.E</td><td colspan="5">우리들의 아르킴볼트</td></tr>
<tr><td>조형</td><td colspan="5">명화 감상하기</td></tr>
<tr><td>과학</td><td colspan="5">알록달록 색깔나라</td></tr>
<tr><td>쌓기</td><td colspan="5">화실 꾸미기</td></tr>
<tr><td>역할</td><td colspan="5">화가 되어 보기</td></tr>
<tr><td rowspan="4">대집단활동</td><td>동화</td><td colspan="5">화가가 들려주는 그림 이야기</td></tr>
<tr><td>새노래 배우기</td><td colspan="5">얼굴</td></tr>
<tr><td>게임</td><td colspan="5">얼굴 한 부분씩 그려 완성하기</td></tr>
<tr><td>신체표현</td><td colspan="5">명화가 되어 보세요</td></tr>
<tr><th colspan="8">알 려 드 립 니 다.</th></tr>
</table>

▶ 현장 견학 : 4월 13일은 미술관 견학이 있습니다.
편안한 신발을 신겨 주시고 원복을 입혀서 등원시켜 주십시오.
▶ 개인별 활동 준비물 : 4월 11일까지 탁상용 거울, 10~12호 사이즈의 수채화용 붓(꼭 이름을 써주세요)을 보내 주십시오.
▶ 아이와 함께 하면 좋은 일들 *^^*
- 아이들과 여러 표정을 짓고 사진을 찍거나 거울을 보고 표정을 지어 보세요.
- 가족들의 얼굴표정을 유심히 관찰해 보세요.
- 다양한 화가의 작품을 감상해 보세요.

2) 프로젝트의 도입단계

(1) 이전 경험 나누기

자화상은 무엇일까? 라는 질문에 아이들은 한 동안 말이 없다가 '그림이요', '자기 그림이요'라고 했다. 자화상보다는 여러 그림을 본 경험들로 이야기를 시작했으며 그 중 사람을 그린 그림이란 이야기가 나왔다. 이를 자화상의 시발점으로 자화상,

초상화, 풍경화, 정물화에 대한 여러 그림에 대해 이야기를 나누었다.

(2) 생각 모으기 및 유목화

- 생각 모으기

자화상에 대해 자신이 갖고 있는 생각을 글과 그림으로 자유롭게 표현하는 "생각 모으기"를 했다. 생각의 개수도 중요하지 않고, 어떤 생각이어도 괜찮다는 교사의 이야기에 아이들은 마음껏 자신의 생각을 적어 내려갔다.

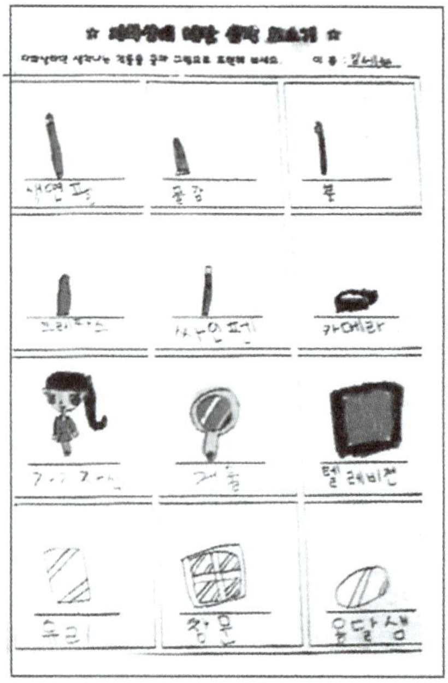

유아 1 : 자화상은 내 얼굴을 그린 그림이야. 내 얼굴에는 눈, 코, 입, 쌍꺼풀도 있고 콧구멍, 콧털, 점도 있어.

유아 2 : 너 머리를 묶었는데, 난 풀렸고, 내 머리는 더 길어, 그리고 나는 핀도 꽂고 있어.

유아 3 : 우리 집에는 그림책이 진짜 많아, 그리고 화가가 그린 멋진 그림도 많이 봤어.

유아 4 : 넌 어떤 화가를 아니? 난 레오나르도 다빈치, 빈센트 반 고흐도 알아. 예전에 미술관에 가서 그림을 보고 온 적도 있어.

유아 5 : 나는 미술영역이 좋아서 매일 내 모습을 그려 색연필도 좋은데, 요즘은 사인펜으로 꾸미는게 더 좋아.

'자화상'에 대한 생각 모으기

먹, 크레파스, 목, 눈, 한지, 도화지, 옷, 거울, 붓, 팔레트, 물감, 미술관, 마티스, 피카소, 산이 있는 그림, 나비, 연필, 지우개, 치마, 눈썹, 입, 입술, 머리카락, 사인펜, 색연필 등

유목화는 이렇게 했어요!!

1. 자신의 생각 모으기 종이를 복사한 뒤 갖는다.
2. 생각 모으기 종이를 하나하나 카드모양으로 자른다.
3. 같은 분단의 친구들의 카드를 함께 살피며 이름이 같은 것은 하나로 묶는다. (유목화)
4. 다음 비슷한 종류끼리 다시 한 번 모은다.
5. 비슷한 종류의 모음의 이름을 지어 준다.

교사 : 우리가 생각주머니 깊은 곳에서 찾아낸 생각들 중 비슷한 것 끼리 묶어 보자~ 이제부터 우리들은 이것을 친구 찾기라고 부르게 될꺼야.

유아 : 눈, 눈썹, 쌍꺼풀, 코, 입은 얼굴에 있는 것들이에요.

유아 : 그러면 얼굴에서 볼 수 있는 것들로 큰 묶음을 만들면 되겠다.

유아 : 우리 집에는 '빈센터 반 고흐' 책이 있는데, 자화상 그림을 본 적이 있어요.

유아 : 저는 6살 때 미술관에 가서 화가들이 그린 그림을 봤었어요.

교사 : 아~! 우리는 책이나 미술관을 통해서 그림을 감상할 수 있구나~ 그럼, 미술관과 책은 그림을 감상할 수 있다는 공통점이 있는 친구구나~! 친구 묶음을 해 볼까?

(3) 교사와 유아의 공동 주제망 구성하기

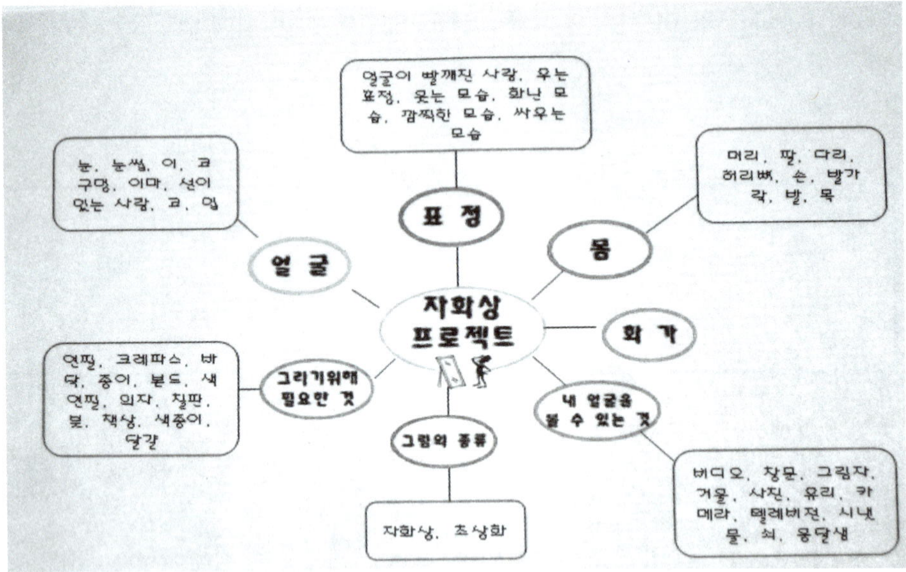

(4) 질문 목록 작성하기 및 소주제 선정하기

'자화상'에 대한 아이들의 관심이 날로 늘어갔다. 그래서 교실의 한 영역에 궁금이 상자를 두어, 유아들이 궁금한 질문들을 종이에 적어 넣기로 하였다. 상자는 매일 아침 열어서 교사와 함께 인터넷을 검색하고 책을 찾으며 해결하거나 혹은 자신이 직접 조사해 와서 궁금증을 해결해 가기로 했다.

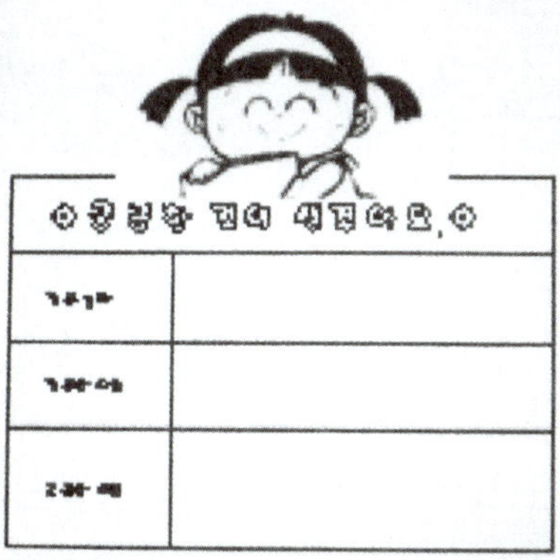

질문 목록 조사 결과 유아들의 관심이 자화상 중 자신의 얼굴을 그리는 것에 많은 관심을 보여 자화상 중 '자신의 얼굴'에 대한 프로젝트 활동을 전개해 나가기로 하였다.

(5) 교사의 지원 활동

자화상과 초상화 감상 후 똑같이 그리기

유아 1 : 선생님~! 자화상은 어떻게 그리는 거예요. 얼굴만 그리는 거예요?
교　사 : 자화상이란 내 얼굴을 그린 그림이지. 그런데 정말 우리는 눈, 코, 입이 있는 얼굴만 그리는 걸까?
유아 2 : 머리카락도 그리고 목도 그려야 해요.
교　사 : 그럼 우리 유명한 화가들이 그린 자화상은 어떻게 표현이 되었는지 그림을 보면서 이야기를 나누어 보자~

아이들은 이재의 초상화와 고흐의 자화상, 피카소의 인물과를 비교하여 감상해 보고, 그림에 대한 자신의 생각과 느낌을 이야기해 보며, 똑같이 묘사해 보는 활동을 전개하였다.

할아버지 수염이 많아요.
슬퍼보여요.
눈이한 쪽은 올라가 있고 한쪽은내려가 있요

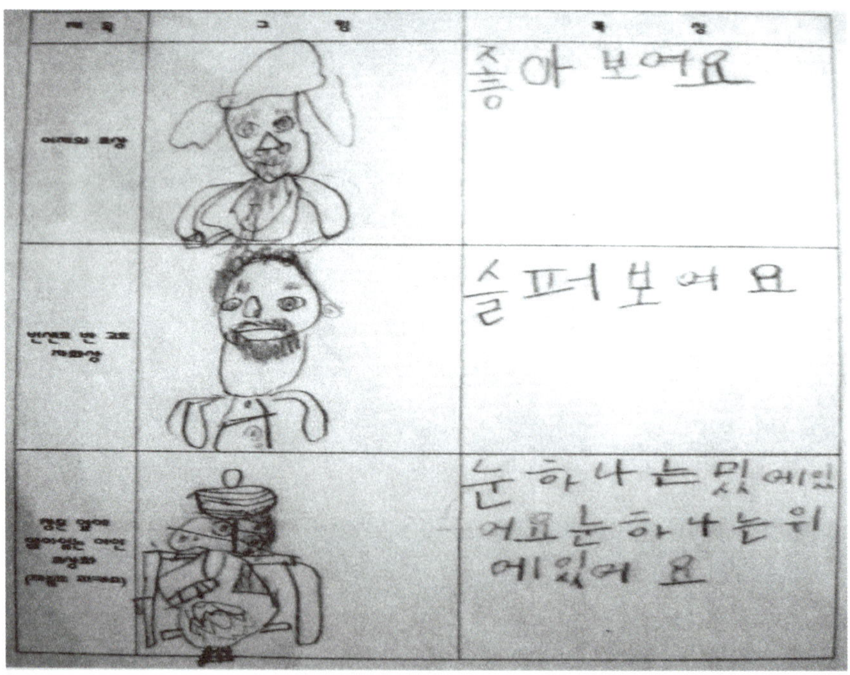
좋아 보여요
슬퍼보여요
눈하나는밑에있어요눈하나는위에있어요

나도 파블로 피카소

여러 화가의 자화상, 초상화를 보고는 피카소의 작품에 관심을 보였다. 선이 굵고 생기 강렬한 피카소의 자화상을 보고는 “꼼꼼히 색칠하지 않았어요”, “색이 섞여 있어요”, “째려보는 것 같아요, 화가 났나봐요” 하며 자신들도 저렇게 그릴 수 있다며 피카소가 되어 보기로 하였다.

고흐의 해바라기 나머지 부분 그리기

고흐의 '해바라기' 그림을 감상한 후 해바라기 그림이 일부분만 그려져 있는 활동지를 제공해 주었다. 매직, 색연필, 사인펜, 파스텔 등을 사용하여 나머지 부분을 그리게 하였다.

<활동지>

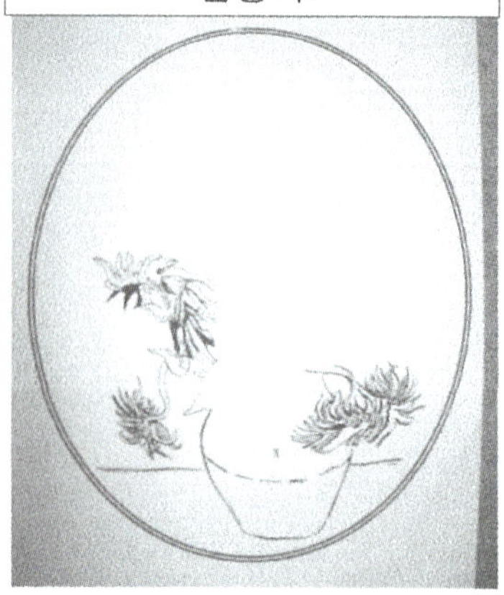

우리들의 아르킴볼드

자연주의 화가 아르킴볼드의 초상화를 감상하고 잡지에서 여러 가지 자연물을 오려서 새로운 아르킴볼드를 만들었다.

얼굴 접어 꾸미기

색종이로 얼굴을 접어 자기 모습을 만들어 '향기 나는 공원'을 꾸며 보았다.

고흐 바느질하기

‘고흐의 자화상’을 선을 따라 바느질한 후 고흐가 어떤 생각을 하고 있는지 창의적으로 언어로 표현하였다.

색을 혼합해 보아요

여러 가지 색깔을 혼합하면 어떤 색이 나오는지 실험하였다.

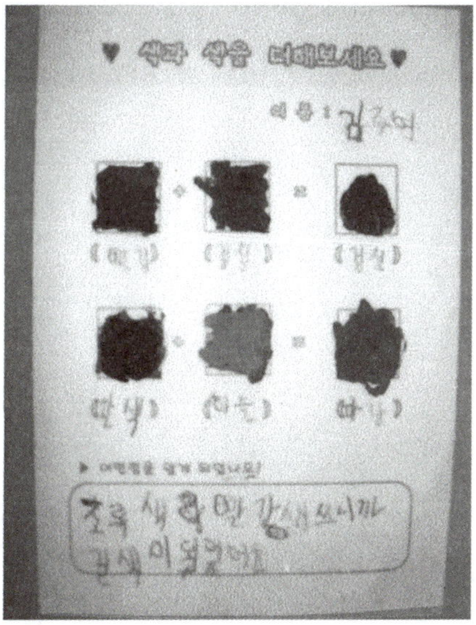

미술관 견학 (인사 아트센터)

그림들은 접할 수 있는 기회가 책과 인터넷 등의 다양한 매체가 있지만, 그림을 전시하는 미술관에 직접 가서 미술관의 분위기를 체험해 보는 것도 소중한 경험이라 생각하여 인사동에 있는 인사아트센터에 다녀왔다.

3) 프로젝트의 전개단계

(1) 프로젝트 활동 전개표

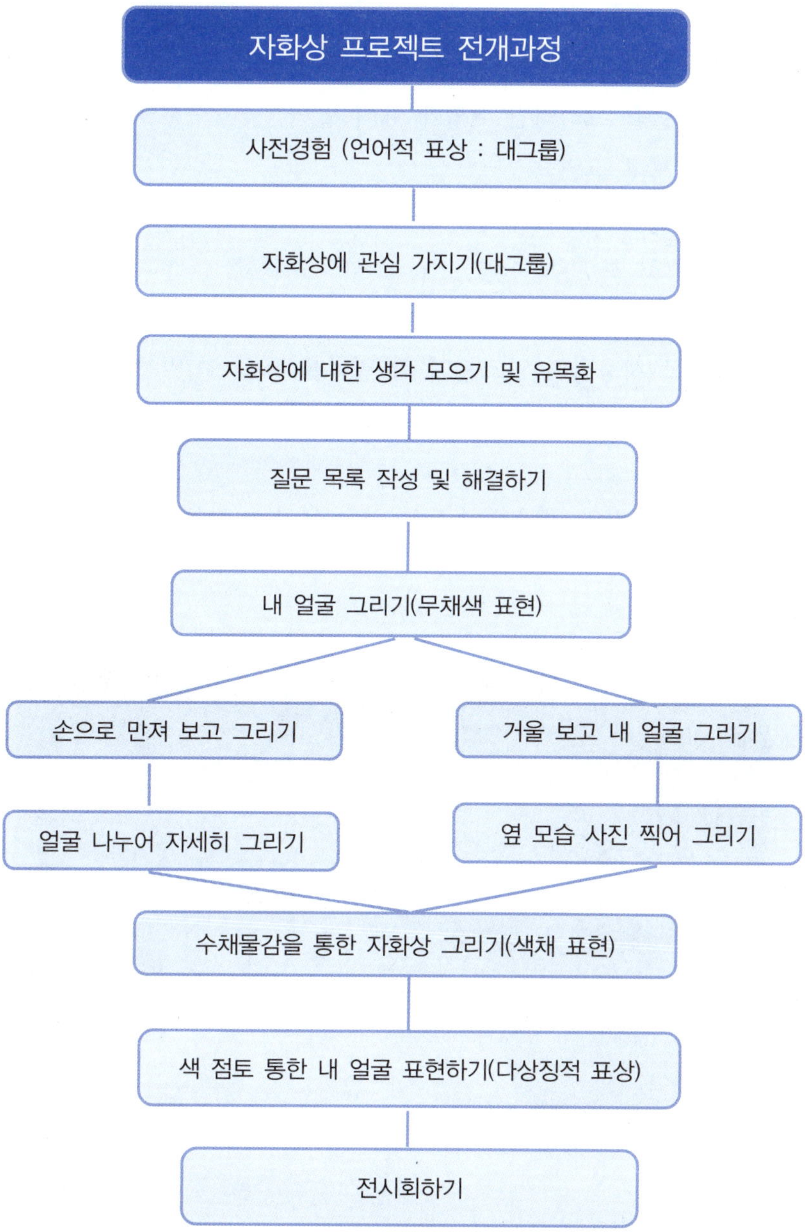

(2) 소주제별 프로젝트 활동

내 얼굴 만져 보고 그리기

교사 : 우리 얼굴을 그리려면 어떻게 해야 할까?
유아 : 거울을 보고 그려요.
교사 : 만약 거울이 없다면 할 수 있을까?
유아 : TV를 끄고 보면 보여요.
창문으로 봐요.
교사 : 아무것도 사용하지 않고는 우리 얼굴을 그릴 수 있는 방법은 없을까?
유아 : 그럼 손으로 만져 봐요.

유아들과 함께 자기의 얼굴을 손으로 만져 보고 느낌을 이야기한 후 그림을 그리기 시작했다.

- 입술 가운데가 볼록 나왔어요.
- 입 옆에 골이 패였어요.
- 여기는 인중이예요.
- 눈썹 사이에 주름이 있어요.
- 코뼈가 눈썹부터 연결되었어요.

거울 보고 그리기 - 1차 표상

거울을 통해 자신의 얼굴을 관찰하고 그려 보았다.

〈이런 생각들이 나왔어요〉

- 눈동자가 동글해요.
- 웃을 때 입 옆에 선이 생겼어요.
- 눈 안에 빨간색 줄이 지글지글 있어요.
- 쌍꺼풀이 보여요.
- 눈썹의 생김새가 양쪽이 달라요.
- 눈을 당겼더니 눈 밑에 흰색이 보여요.
- 웃을 때는 광대뼈가 튀어 나와요.
- 얼굴에 상처도 있어요.
- 입에 숨을 가득 넣으면 볼이 튀어 나와요.
- 속눈썹이 아래에도 있어요.
- 코밑이 들어갔어요.

유아들은 거울을 보기 시작하면서 만져 보기만 하고 그렸을 때보다 좀 더 많은 것을 관찰해 냈고 이를 다른 친구들과 공유하고 이야기함으로써 관찰의 폭이 더 넓어졌다.

얼굴 세부 묘사하기

자화상 그림을 그리고 난 후 눈, 눈썹, 코, 입 등 얼굴의 생김새에 관심이 많아졌으며, 거울을 보며 웃는 모습, 찡그린 모습, 표정도 지어 보았다. 그래서 눈, 코, 입 등 세부묘사 그림을 그려 보기로 하였다. 전체적인 얼굴을 그리는 것보다 더 세밀하게 표현되었다.

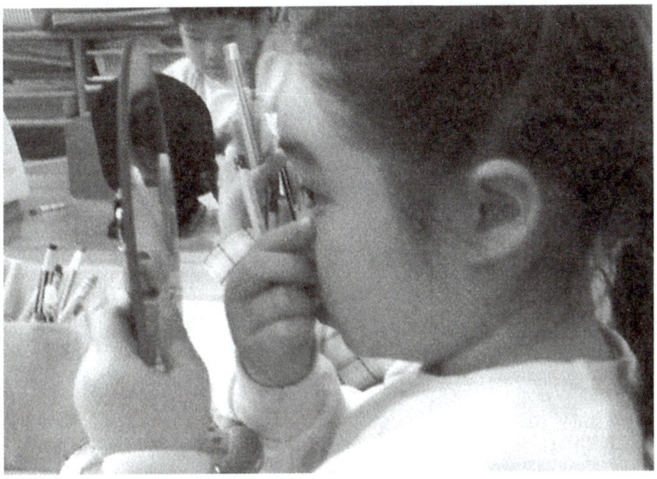

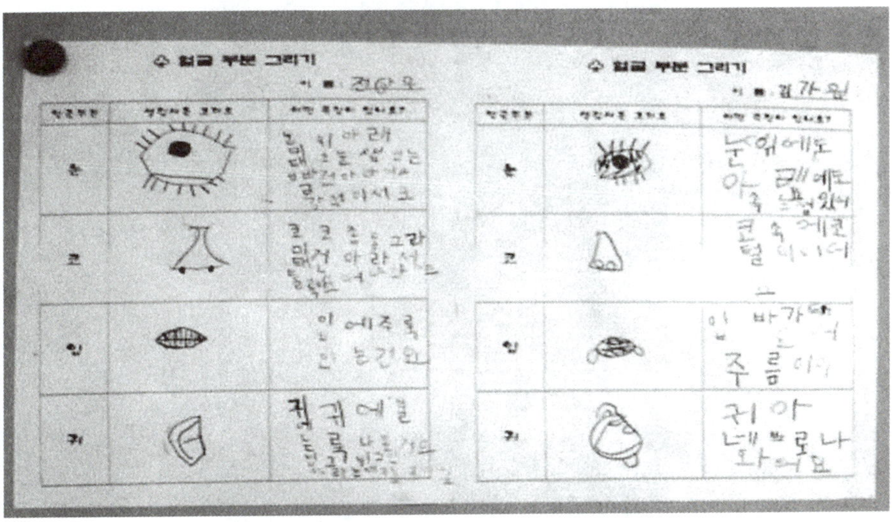

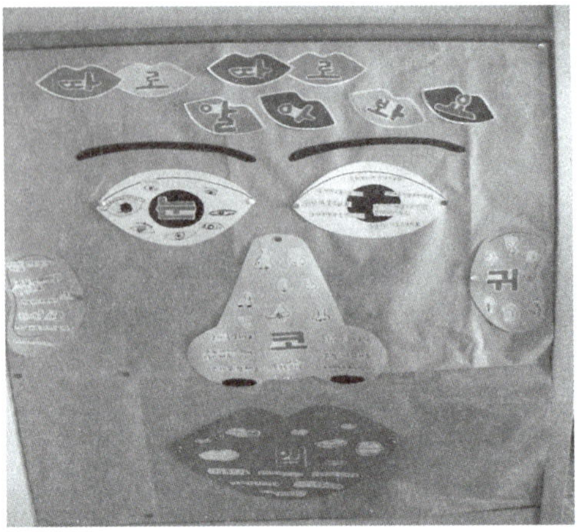

옆모습 그리기

유아들의 질문 목록들 중 '옆모습을 그리는 자화상도 있어요?'라는 질문의 답을 찾아 가기로 했다. 함께 토의한 결과 옆모습은 사진으로 봐야 편하게 잘 볼 수 있다는 의견이 나와 유아들의 옆모습을 사진으로 찍어 제시해 주었다.

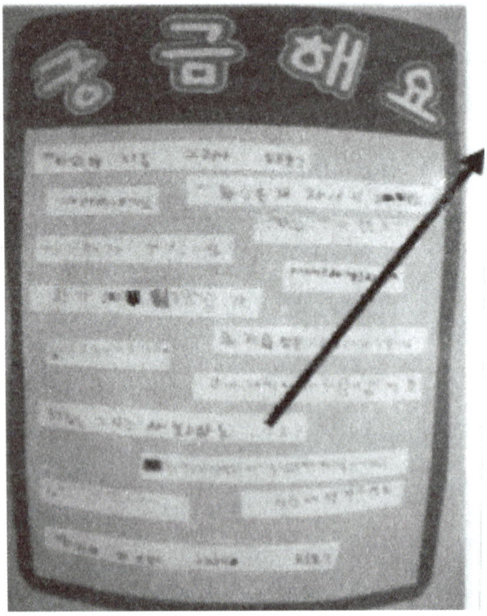

옆모습을 그리는 자화상도 있어요?

〈옆모습에 대한 생각들〉

- 눈 밑에가 불룩 튀어나왔어요.
- 코가 삐죽 튀어나왔어요.
- 눈밑에 뼈가 있고 튀어나왔어요.
- 옆으로 보니 눈도 하나고 코도 입술도 반만 보여요.

수채화로 내 얼굴 표현하기 - 2차 표상

밑그림을 그린 후 수채화 물감을 사용해서 색과 명암을 표현했다.

1. 거울 보고 내 얼굴 그리기

2. 얼굴 기본 색 칠하기

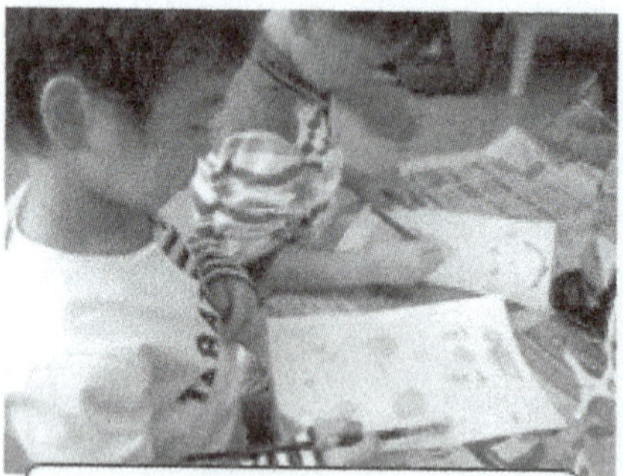

3. 얼굴 명암 표현하기

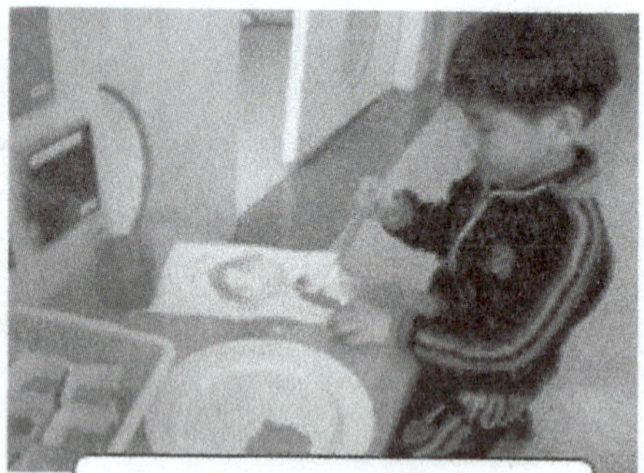

4. 채색하기

2차 표상은 수채화를 위한 그림이어서 그런지 1차 표상보다는 단순하게 스케치 형식으로 표현되었다. 하지만 만지고, 거울을 통해 보고, 사진을 통해 옆모습을 관찰해서인지 각 부분이 정확하게 나타나거나 혹은 조금은 확대되어 나타났다. 이런 점은 얼굴에 명암이 있다는 것을 유아들이 쉽게 이해할 수 있었으며 명암을 표현할 때도 거울을 통해 관찰하며 진행되었다.

점토 사용하여 입체적으로 표현하기

유아들과 함께 점토에 물감을 넣어 반죽하고 그것을 이용하여 자신의 얼굴을 입체적으로 표현해 보았다. 감자를 반으로 잘라 감자 위에 점토를 입혀 얼굴을 표현한 후 감자의 수분이 빠지면 감자를 빼내고 액자에 붙여 전시하였다.

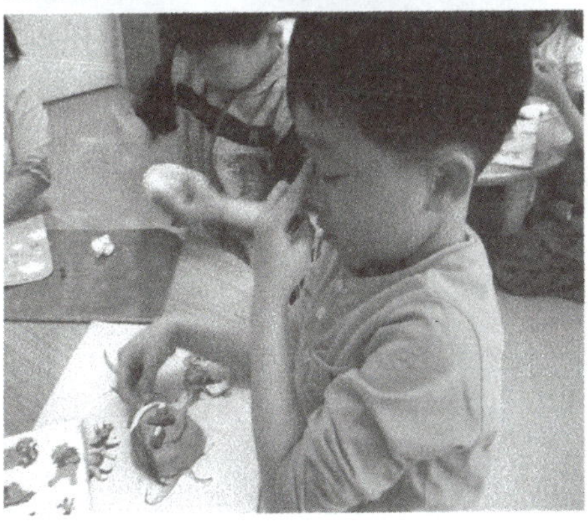
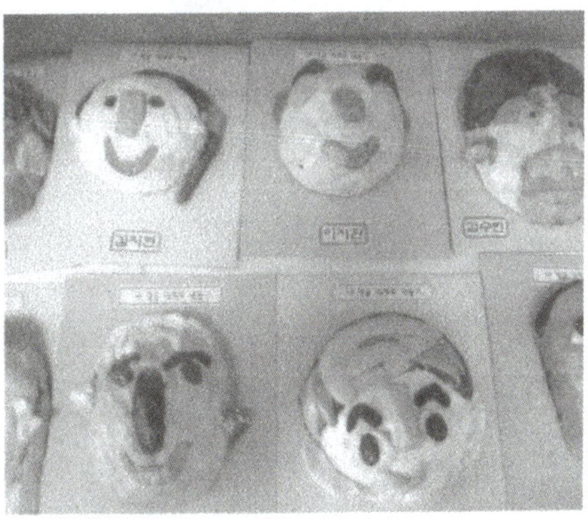

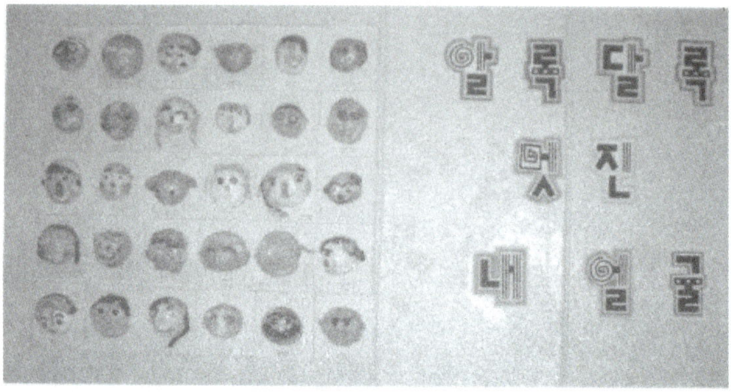

4) 프로젝트의 마무리단계

(1) 프로젝트의 마무리 활동

동시짓기

자화상 프로젝트를 하며 했던 활동들을 회상하며 동시를 지어 보았다.

얼굴에 대한 생각과 자화상의 의미에 대한 동시가 많았으며 견학에 대한 재미난 이야기도 있었다.

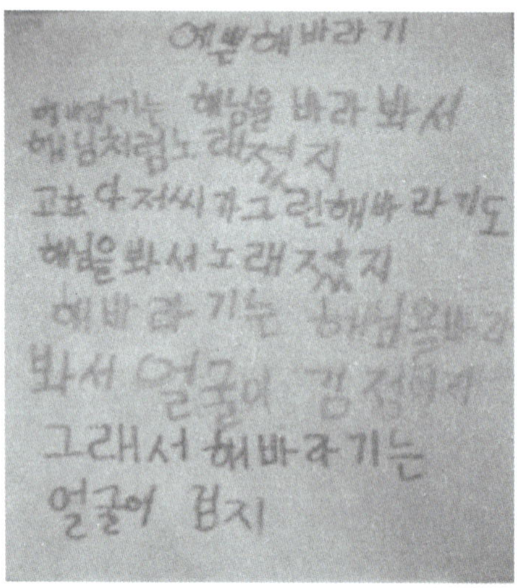

자화상 전시회

각반 친구들과 동생들을 초대하여 강당에서 자화상 전시회를 열었다.

전시회를 위해 초대장을 만들어 보내고 유치원 곳곳에 포스터도 붙였다.

교사는 자화상 이외에도 프로젝트를 진행하면서 나온 결과물들을 제시 자료화하여 강당, 복도 벽면에 게시하였다.

(2) 프로젝트 평가하기

① 교사의 되돌아보기

자화상 프로젝트를 진행하면서 유아들이 알고 있는 부분이 적어서 초반 프로젝트 진행에 힘든 면도 있었다. 전개 과정 중에는 유아들이 여러 명화들을 접하고 화가들의 이름도 알게 되면서 프로젝트 활동을 흥미롭게 진행해 나갈 수 있었다.

이번 자화상 프로젝트를 통해 유명한 화가들의 자화상을 접하면서 유아들이 화가의 이름과 그 화가가 그린 그림에 관심을 가질 수 있는 좋은 계기가 되었으며 평소 무심히 들여다 보았던 자기 얼굴의 세밀한 관찰을 통해 자신을 더 소중히 여기는 계기가 되었다.

② '자화상 프로젝트'를 마치면서 유아들에게 나타난 변화

- 명화에 대해 친근감과 관심도가 높아졌다.
- 명화기법을 따라해 보며 다양하고 창의적인 미술 표현을 할 수 있게 되었다.
- 다른 화가들의 자화상을 감상해 보며 감상법을 익힐 수 있었다.
- 자신의 얼굴을 유심히 관찰해 보면서 자신에 대해 더 관심 가지게 되었다.
- 자신을 되돌아보며 자신을 더욱더 사랑하게 되었다.
- 다양한 얼굴 탐색과 표상을 통해 다양한 시각에서 사물을 관찰하는 능력을 키웠다.

생각해 보기

1. 방과후 아동지도에서 프로젝트 접근법은 매우 유용한 프로그램인지 생각해 보자.

2. 방과후 아동지도 기관에서 사용할 수 있는 재미있는 프로젝트의 주제는 무엇일지 생각해 보자.

제13장

프로그램의 실제 Ⅲ- 숲 체험 프로그램

1. 숲 체험 프로그램

현장 체험교육의 필요성과 그 중요성은 무엇보다 강조되어지고 있다.

체험교육은 동일 시간 내에 같은 내용을 전달했을 때, 교실에서 설명을 위주로 하는 이론교육보다 실제 현장에서 체험을 통해서 알 수 있는 체험교육의 효과가 무려 7배나 높다고 한다.

본 장의 방과후 아동지도 프로그램의 실제편에서는, 유아부터 시작하여 초 · 중 · 고등학생 그리고 일반인까지도 체험 가능한 숲 체험 프로그램에 대해 소개하고자 한다.

숲 체험은 자연체험활동이다. 자연체험활동은 단순한 지식전달보다는 올바른 인성과 도덕성 함양을 목적으로 주변 자연환경과의 직접적인 상호작용을 통하여 자연과 소통하고 공감하면서 자연에 대한 고마움과 생명의 소중함을 깨닫게 하는 소중한 기회가 된다.

특히 방과후 아동지도 교실이나 지역아동센터 등 실내에서만 이루어지는 제한된 보호와 지도에서 벗어나 방과후 아동들이 즐겁게 참여하는 다양한 체험중심의 학습이 중요해졌고, 교사주도의 수업에서 벗어나 방과후 아동들이 자율적인 학습으로서의 전환이 무엇보다 필요해졌기 때문이다.

본 장은 한국유아교육·보육행정학회 2005년 추계학술대회에서 임갑빈(2005)이 발표한 생태유아교육 프로그램 (숲 프로그램의 실제) 중 일부의 내용을 발췌하여 소개하였으며 경기도 청평에 위치한 청심유치원 · 어린이집에서 실제 운영된 사례를 제시하였다. 그러나 영유아 뿐 아니라 초 · 중 · 고등학생 대상의 방과후 프로그램으로도 매우 유용한 프로그램으로 현재 많은 관심이 고조되고 있는 분야이기에 소개하기로 한다.

1) 숲 체험의 중요성

숲 체험 프로그램은 봄, 여름, 가을, 겨울 4계절에 따라 내용과 종류가 달라진다. 숲은 자연의 뭇생명들이 열고, 펼치고, 맺는 중요한 생명터이기 때문에 숲에서 펼쳐지는 교육 역시 자연의 순환과 순리에 순응하며 자연의 숨결에 일부가 되어 즐기며 조화를 이루는 놀이로 이끌어 주어야 한다.

자연 숲 체험을 통하여 자연과의 오감을 통해 체감하면서 자연이라는 생태계 안에서 우리가 자연의 일부라는 인식을 하고 자연과 대화하는 법을 알게 하고 자연과 공존하는 법을 스스로 깨닫는 것을 배울 수 있다. 숲이 주는 경이로움과 숲이 뿜어 내는 신선한 공기 그 속에서 서로 도움을 주고받으며 사는 곤충, 새, 벌레, 짐승 등 그리고 흙냄새, 숲냄새, 숲 속 바람소리, 새소리 등 숲 속 생명가족들이 어우러져 사는 경이로움을 체험하면서 오감이 열린다.

자연 숲 속에서 직접 느끼고 체험함으로써 자연을 이해하고 매력을 느끼고 특히 숲 체험은 풍부한 감수성과 창의적 사고를 기르는데 매우 중요하다.

2) 숲 체험 프로그램의 형태

현재 숲에서 이루어지고 있는 프로그램은 숲 해설가협회, 생명의 숲, 시민의 숲, 풀빛연대, 국민대 숲 해설가과정, 원예치료사, 환경운동연합, 생태유아공동체, 생태교육연구소 등에서 주최하는 숲 프로그램이 실시되고 있는데 그 행태와 내용이 대동소이하며 숲 프로그램 형태는 숲 캠프, 산책, 숲 속 여행, 숲 나들이, 숲 학교 등이 있다. 각 영유아교육기관의 위치나 형편에 따라 산책 프로그램으로 연결할 수도 있고 숲 프로그램은 산책프로그램보다 범위(동네 산책, 바닷가 산책, 들 산책, 숲길 산책 등)가 숲이라는 제한이 있으나 5감을 여는 그 내용은 더 구체적이고 풍성하다.

숲 체험프로그램 내용을 살펴보면 각 단체들이 하고 있는 프로그램이 대동소이하며, 할 수 있는 그 내용들을 보면, 숲 속 걷기, 숲 속 명상, 나무이름 알기, 나뭇잎 관찰, 나무 향기 맡기, 나무 맥박 듣기, 낙엽 미끄럼 타기, 낙엽 던지기, 자연물을 이용하여 작품 만들기, 나뭇잎과의 대화, 자연물 그리기, 씨앗 따기 등 놀이로 무수히 연결할 수 있다.

3) 숲 체험 프로그램의 운영 규칙

숲 체험 프로그램을 진행하는 교사나 기타 학부모 등은 훌륭한 숲 안내인의 역할을 하는 것이 바람직하다. 좀 더 건설적이고 긍정적이고 즐거운 활동으로 이끄는데 도움을 주기 위하여 몇 가지 규칙을 제안한다.

(1) 가르치기보다 서로 나누기

나무이름이나 나무의 특징을 일일이 가르치기보다는 자연물에 대해 마음으로 느낀점을 아이들에게 말하게 하고 들려주는 것이 효과적이다.

예 : 소나무

- 여러분들은 어떤 느낌이 드나요?
- 어때요? 바늘 같아요. 왜 바늘 같을까?
- 소나무 잎은 길고 뾰족뾰족한데 이런 나뭇잎을 무엇이라 하나요?
- 소나무도 가을에 단풍이 들어 모두 떨어질까요?
- 소나무 잎은 거의 1년을 보내고 다른 새잎이 난다.

- 소나무 잎에서 사람의 기분을 좋게 하는 화학물질이 나와 기분이 좋아지고 공기도 맑게 해 주는 고마운 나무라는 것을 느끼고 알게 한다.
- 소나무 껍질은 거북이등 같은데 애국가에는 어떻게 표현되었나요?
- 애국가에서는 남산 위에 '철갑을 두른 듯'으로 표현되어 있어요.
- 소나무 노래 불러 보기 등

(2) 마음을 열어 두기

아이들이 하는 질문, 생각, 표현 모두 대화의 실마리가 된다. 아이들의 분위기나 감정에도 민감하게 통찰하고 자연에 대한 경외심을 갖도록 관심의 싹을 키워 주는 것은 대단히 중요하다. 자연 속에서는 늘 가슴 설레고 경이로운 일들이 늘 일어나고 있다. 싹이 나고, 피고, 지고, 새가 지저귀고 풀벌레가 다니는 이러한 자연의 변화에 조용히 관심을 기울이는 것이 마음을 열게 하는데 도움이 된다.

(3) 체험하여 느끼게 하고, 설명은 다음

아름다운 자연을 보고 그 자체로 아이들에게는 즐거움이다. 풀밭에 기어다니는 곤충이나 새소리에 귀 기울이고 벌레들이 기어가는 것을 보면 신기해 하고 호기심이 발동하여 "얘들아 이거 봐" 등이 반응을 보인다. 남에게 들은 이야기는 쉽게 잊어버릴 수 있으나 자신이 체험한 것은 평생 잊지 않고 오래 기억 속에 남아 있다(장상욱, 2002).

안내자(교사)는 아이들이 자연을 보고 느끼고 깨달을 수 있는 기회를 주어 내면화할 수 있도록 해야 한다. 나무 밑에 앉아서 나뭇잎 냄새를 맡아 보고 그 주위에 살고 있는 동물이나 곤충 등 나무에 의존하여 사는 생명체들을 알아본다. 그러므로 이름보다 자연의 실제 모습을 보는 것이 먼저다. 아이들의 자연과 사귀는 법을 몸에 익히는데 따라 교사는 모험을 함께 동반자로 발전한다.

(4) 즐거움은 배움의 원동력

떠들썩한 놀이나 조용한 정신집중 놀이에서 즐거운 체험을 아이들은 결코 잊지 못할 추억거리가 된다. 좋은 추억은 삶의 지혜의 거름이 되기 때문이다. 이것은 자연 안내인으로 꼭 아이들에게 해 주어야 할 일이며 자연 안내인으로서의 자질이기도 하다. 그러므로 교사 자신이 자연을 좋아하고 자연 속에서 즐겁던 기억과 느낌을 간직하고 있어야 긍정적인 자연 안내에 풍부함을 돕게 된다.

2. 숲 체험 프로그램의 실제 1

모든 식물들은 때가 되면 꽃이 피고 열매를 맺고 자손을 퍼뜨려 자기 종족보존을 도모한다. 그리고 또 다른 자연의 도움으로 자손을 퍼뜨린다. 바람이란 자연으로 퍼뜨리는 것도 있고 짐승이나 사람의 몸에 묻어서 퍼뜨리는 것이 있고 새나 짐승들이 먹어서 소화가 덜된 것이 있다. 자연은 또 다른 자연과 협력하여 공존, 상생의 도움을 주고받는다. 숲은 이와 같은 뭇 생명들이 서로 더불어 조화를 이루며 사는 생명터다. 가을 숲도 아이들에게 볼거리, 놀거리, 먹을거리 등을 제공해 주는 풍성한 놀이터이다.

1) 가을 씨앗여행 프로그램(서울 사직동 인왕산 숲 체험)

지금 가을이 무르익고 모든 풀과 나무는 결실을 맺어 씨앗을 달고 자손을 퍼뜨릴 준비를 하고 있는 계절이다. 계절에 맞는 숲 체험은 더욱 효과적이다. 본 연구에서는 체험이라는 말보다 여행이라는 말에서 더욱 부드럽고 폭넓고 여유로움과 즐거움을 주는 느낌의 효과가 있어 씨앗 체험보다 씨앗여행으로 명명하였다.

(1) 장소 선정 이유

곡신을 모시고 제사를 올리는 사직단은 풍요를 기원하던 곳으로 씨앗여행과 깊은 의미가 있다. 인왕산 산자락에 위치한 사직공원은 조선 태조가 한양에 수도를

정하고 궁궐, 종묘를 지을 때 함께 지은 사직단이 있는 곳으로 1921년 사직단 주변이 공원으로 조성되었다. 사직단은 태조 3년(1394)에 고려의 예를 따라 토신을 제사하는 국사단을 동쪽에 곡신을 제사하는 국직단을 서쪽에 배치하고 신좌를 북쪽에 모셔 1년에 세 번 제사를 지냈다. 동쪽이 나라의 국토신을 모시는 사단이고 서쪽 단이 오곡신을 모시는 직단인데 사직이 모셔진 것은 삼국시대부터 조선시대 사직제도는 성종 때 정비된 것이다. 우리 조상들은 씨앗을 종묘사직의 중요성의 위치에 둔 것이다. 그러므로 씨앗의 중요성을 찾을 수 있다.

(2) 인왕산 숲 씨앗여행 지도

- 인사하기, 참고사항, 일정안내
- 사직단에 예의 갖추기, 사직단 의미 설명
- 숲 속 씨앗여행 지도에 따라 씨앗체험 여행하기
- 바위에서 간식
- 정상 공터에서 쉬면서 이야기나누기 및 게임

※ 숲 안내자 참고사항

- 간편한 옷, 편한 신발(등산화, 단화), 모자
- 보자기(열매나 기타 자연물을 펼쳐놓을 수 있는 엷은 색)
- 간단한 간식, 물
- 기타 의료용품(밴드, 붕대, 구급약)
- 사전답사(안전사항 점검)
- 여행지도

(3) 인왕산 숲 씨앗여행 내용

퍼뜨리는 방법	씨앗종류	씨앗 특징 및 체험	생태미술활동, 기타 자연물 만들기 놀이
바람에 날려 퍼뜨리는 것	민들레 홀씨	이야기나누기 · 어떻게 씨앗이 퍼질까?(바람이 날려서요, 바람이 도와줘요.) · 민들레 홀씨를 불어 본다. 민들레의 하얀	· 민들레 피리를 만들어 불어 본다(양쪽 끝을 알맞게 자르면 피리가 된다).

퍼뜨리는 방법	씨앗종류	씨앗 특징 및 체험	생태미술활동, 기타 자연물 만들기 놀이
바람에 날려 퍼뜨리는 것		진을 맛본다. 씁씁하다. · 민들레는 봄부터 가을까지 피고진다.	· 민들레꽃반지 만들기
	사위질빵	이야기나누기 · 어떻게 씨앗이 퍼질까?(바람이 날려서요, 바람이 도와줘요.) 사위질빵은 넝쿨에 하얗게 핀 솜털 같은 씨앗이 바람에 날려 퍼진다. · 왜 '사위질빵'이란 이름이 붙은 것일까? · 먹을 수 있을까?(나물로 먹는다.) · 꽃은 무슨 색일까? · 맛은 어떨까?	· 사위질빵 넝쿨을 가져와 바구니나 소품을 만들 수 있다. 생태미술 활동으로 연결할 수 있다.
	박태기 나무씨앗	이야기나누기 · 박태기나무 씨앗, 어떻게 씨앗이 퍼질까요?(바람에 날려서요.) · 박태기나무는 씨앗주머니를 겨우내 달고 있다가 얼음이 다 녹은 후 이른 봄 센바람에 날려 자손을 촉촉한 땅에 퍼뜨린다.	· 잠자리, 비행기 등의 놀잇감으로 활용
	아카시아 씨앗	이야기나누기 · 어떻게 씨앗이 퍼졌을까?(바람에 날려서요.) · 아카시아 씨앗주머니는 가을서부터 터지는 것도 있고 바람에 날려 퍼뜨리는 것도 있다.	· 잠자리, 비행기, 구성놀이 등으로 활용
	자귀나무 씨앗	이야기나누기 · 어떻게 씨앗이 퍼질까?(바람에 날려서요.) · 자귀나무도 박태기나무처럼 겨우내 달고 있던 봄의 센바람에 퍼뜨린다.	
	미선나무 씨앗	이야기나누기 · 어떻게 씨앗이 퍼질까?(바람에 날려서요.) · 미선나무 씨앗주머니는 부채 같다. 스스로 떨어지기도 하고 바람에 떨어지기도 한다.	· 부채 같기 때문에 부채놀이로 연결하거나 생태미술놀이 등으로 활용
	복자기 나무씨앗	이야기나누기 · 어떻게 씨앗이 퍼질까?(바람에 날려서요.) · 복자기 나무의 열매는 바람에 날려갈 때 헬리콥터처럼 날아간다. 단풍도 고와 공중에 던지면 헬리콥터 같다.	· 복자기 나무 씨앗은 공중에 날리면 헬리콥터가 날아가는 것 같다. · 단풍이 고와 단풍놀이도 좋다.

퍼뜨리는 방법	씨앗종류	씨앗 특징 및 체험	생태미술활동, 기타 자연물 만들기 놀이
		· 헬리콥터는 이러한 날개들이 나는 것을 보고 만들었다.	
터져서 퍼뜨리는 것	무궁화 씨	이야기나누기 · 어떻게 씨앗이 퍼질까?(터져서요, 햇볕이 도와줘요.) · 우리나라꽃 무궁화에 대하여 이야기한다.	· 무궁화 노래 등으로 연결할 수 있다.
	더덕	이야기나누기 · 씨앗이 어떻게 퍼질까?(터져서요, 햇볕이 도와줘요.) · 더덕은 냄새가 좋다. 먹을 수 있을까? 어떻게 먹는가?	· 요리활동, 향기 맡기
	소나무 솔방울	이야기나누기 · 씨앗이 어떻게 퍼질까?(터져서요, 햇볕이 도와줘요.) · 소나무는 열매와 씨가 어디에 있을까? 어떻게 날아갈까? 등	· 솔방울 모빌, 솔방울 투호놀이, 솔방울 구슬치기
	으름 덩굴씨	이야기나누기 · 씨앗이 어떻게 퍼질까?(터져서요, 햇볕이 도와줘요.) · 바나나 같다. 먹을 수 있는가? 맛있다.	· 그냥 걸어 놓아도 좋다.
동물에 먹혀서 퍼뜨리는 것	산수유 열매	이야기나누기 · 어떻게 씨앗이 퍼질까?(동물들이 먹어서요.) · 산수유 열매는 속에 얼마나 들어 있을까? · 산수유를 씹어 볼까? 신맛이 나요. · 열매가 투명한 것이 잘 익은 것이다. · 한약재로 사용하고 새들이 먹어서 소화가 덜된 것이 새가 똥을 눌 때 그 자리에서 싹이나 자란다.	· 각종 열매들은 미술활동 자료나 효소 담그기 등과 연결한다.
	팥배 나무	이야기나누기 · 어떻게 씨앗이 퍼질까?(새가 먹어서 똥을 싸요.)	· 팥배나무 군락을 이루는 것은 많이 열려 떨어진 것도 있고 여러 새가 똥을 배설한 경우도 있다.
	느티 나무	· 바람에 날리기도 하고 새가 먹기도 한다. · 느티나무 씨앗은 작은 새들이 잘 먹는다.	
	주목 나무	이야기나누기 · 어떻게 씨앗이 퍼질까?(동물들에게 먹혀	· 주목나무 열매로 효소를 만들 수도 있고, 그

퍼뜨리는 방법	씨앗종류	씨앗 특징 및 체험	생태미술활동, 기타 자연물 만들기 놀이
동물에 먹혀서 퍼뜨리는 것		서요.) · 주목나무 열매는 어치가 좋아하는 열매이며 암치료에 효과가 있다. 유방암, 난소암 등에 효과가 있다.	냥 먹어도 되지만 농약을 뿌리면 정원수 열매는 먹지 않는다.
	붉나무 열매	이야기나누기 · 어떻게 씨앗이 퍼질까?(동물들에게 먹혀서요.) · 산초나무 향기 맡기, 산초열매로 무엇을 할까? · 추어탕에도 넣고 기름으로도 짜서 먹는다. · 산초나무 잎은 무엇이 먹을까? 호랑나비, 애벌레 등	· 까만 열매이기 때문에 생태미술활동 까만 곤충 눈같은 부분 붙이기 등으로 활용한다.
동물이나 사람 몸에 묻어서 퍼뜨리는 것	쇠무릎 씨앗	이야기나누기 · 어떻게 씨앗이 퍼질까?(동물이나 사람 몸에 붙어서요.) · 어떻게 옮길까? 작은 씨앗들이 동물의 털, 사람 옷에 묻어 씨앗을 퍼뜨린다. 그래서 사람이나 동물이 퍼뜨리는 것이지요.	· 옷에 묻혀서도 재미있어 한다.
	도꼬마리	이야기나누기 · 씨앗이 어떻게 퍼질까?(동물이나 사람 몸에 묻어서요.) · 도꼬마리 씨앗은 왜 밤송이 같을까? 사람 몸에 붙기 위해서 찍찍이 같은 손이 많다.	· 천연 브로치 구성놀이로 통합

(4) 씨앗여행 후 아이들의 행동변화

① 식물이나 나무에 호기심이 많아졌다. 자신감이 생긴다.

② 식물이나 나무씨앗들이 자손을 퍼뜨리는데 다른 동물이나, 사람, 바람 등의 협조로 씨앗이 퍼뜨려지는 것을 보고 식물이 똑똑하다고 한다. 그리고 서로 협력하고 의존해야 살 수 있다는 것을 터득하게 된다.

③ 나무씨앗, 열매는 새들의 식량인 반면 식물 자손을 번식시켜 주는 역할을 하는 것을 보고 나무가 있어야 새도 살고 새가 있어야 나무도 자손을 퍼뜨리

며 사는 공생, 상생관계를 자연스럽게 터득하게 된다.

④ 주위집중력이 향상되었다.

⑤ 정서적으로 풍부해지고 자연의 아름다움과 진지함이 향상되었다.

⑥ 아이들이 사이가 좋아졌다.

⑦ 씨앗을 종류별로 붙이면서 씨앗, 열매에 대해 확실한 자신감을 보였다.

2) 단풍여행 프로그램

가을 숲 속 단풍도 형형색색 아름답다. 보고 느끼는 것만으로도 훌륭한 체험이요 멋진 여행이다. 빨갛게 물드는 것, 노란잎 등 천천히 자연스럽게 이야기나누기를 한다. 잎이 넓은 것은 단풍잎 모자를 만든다. 강아지풀 줄기나 동방산이 줄기로 바늘을 사용한다(생강나무잎, 수수꽃다리 단풍잎, 복자기 단풍잎 등이 잎이 넓어 모자 만들기 좋다).

- 단풍을 보면서 잎이 둥근가? 톱니 같은가? 등 이야기나누기를 한다.
- 단풍잎으로 무엇을 만들 수 있는가?
  모자요, 방석이요, 배요 등

이 프로그램은 여러 가지 색깔, 형태 등 체험에 효과적이고 왕관모자나 기타 놀잇감을 만들 수 있어 재미있어 한다. 만든 모자도 써 보고 즐긴다.

3) 가을 숲 명상 프로그램(5감각 열기)

- 푹신한 낙엽 위에서 편안히 누워 엄마 품처럼 느껴 보기
- 나무끝 나무길 바라 보며 흰구름 떠나가는 것 보기(나뭇가지가 우거지면 나무끝만 보아도 됨)
- 크게 숨을 들이마시고 내쉬고 반복해 보기(편안한 느낌이 든다. 숲 냄새가 향긋하고 좋다.)
- 조용히 눈감고 숲 소리 들어 보기(새 소리, 풀벌레 소리, 바람 소리 들어 보자.)
- 7~10여분 뒤에 눈 뜨기

– 마음이 침착해지고 기분이 좋지요?

- 숲 속에서 무슨 냄새가 나요?
- 숲 속에서 무슨 소리가 들리던가요?
- 숲 속에 오면 왜 기분이 좋은가요?
- 숲 속 친구는 무슨 친구들이 있나요?
- 숲 속 보물들은 무엇이 있나요? 등을 물어 보고 기분도 서로 이야기해 본다.
  이 놀이는 5감각을 열어 주고 차분한 성격을 갖게 한다.

4) 숲 속에서 나무이름이나 풀이름 알기(시각, 촉각 등 열기)

- 나는 산에서 삽니다.
- 나는 항상 겨울에도 푸릅니다.
- 나는 몸이 거칠거칠합니다.
- 나는 향기가 좋습니다.
- 나는 바늘잎 모양의 잎을 가지고 있습니다.
- 추석 송편과 관계가 있습니다.
- 나는 누구일까요? → 소나무요.

이 놀이는 술래를 정하여 술래만 모르고 해당 사진을 술래 등 뒤에 목걸이로 걸어 주어도 된다.

그곳 산에 나는 나무면 더욱 좋다. 이 놀이는 집중력을 증진시킬 수 있는 재미있는 놀이다.

5) 숲 속 보물찾기(숲에 있는 모든 자연물은 보물이고 분해된다는 것을 터득함)

- 준비 : 보자기(색이 옅은 것)
- 숲에 있는 나뭇가지, 잎, 솔방울, 열매, 새털, 버섯 등 보물을 가지고 오라고 한다.
- 가지고 온 보물을 보자기에 펼쳐 놓고 이야기나누기를 한다.

- 이 나뭇가지의 엄마는 무엇일까? 소나무요, 밤나무요 등

- 이 나뭇잎은 무슨 나무에서 왔을까?
- 이 열매의 엄마는 무슨 나무일까?
- 무엇들이 도와서 이 열매를 만들었을까?
- 이 털은 누구 털일까? 왜 여기 있을까?
- 이 도토리 열매 종류는 얼마나 될까?(도토리는 여러 가지가 있다. 6가지의 도토리 형제가 있으므로 도토리가 형제가 많다는 것만 말해 준다 : 상수리나무, 졸참나무, 갈참나무, 떡갈나무, 신갈나무, 굴참나무는 모두 비슷한 도토리가 열린다.)

• 이야기 나누기를 다 하고 숲 속에서 가지고 온 보물을 다시 제자리에 갖다 놓게 한다.

• 숲 속 친구가 아닌 것은(종이, 비닐) 쓰레기는 모두 가지고 와 분리수거한다.

마무리 - 이 보물찾기 놀이는 숲 속에 있는 모든 것은 보물이고 서로 돕고 살고 또 다른 생물들의 먹이가 되고 분해되어 흙으로 돌아간다는 사실을 터득하게 된다.

6) 솔방울 투호놀이

• 준비 : 산에서 주워 준비된 솔방울, 모자

• 방법

① 양편으로 나누어 둥근원을 만들고 중심에 모자를 놓고 솔방울을 던져 투호놀이를 한다.

② 어느 편이 얼마나 정확하게 들어갔는지 솔방울을 세어 본다.

③ 사람이 많을 경우 2~3조로 나누어도 좋다.

④ 많이 던진편 으뜸상, 노력상, 근면상 등으로 평가를 하고 많은 편이 적게 넣은 편에 몇 개(모자란 만큼) 나누어 주고 모두 승자가 된다. 기분 좋은 만족감을 느낀다. 만세를 불러도 좋고 노래를 불러도 좋다.

마무리-생태 유아교육에서의 추구하는 정신은 모두가 함께 자연과 인간, 인간과 인간이 교류하며 잘사는 정신이 중요하다. 이것이 나눔과 협력과 돌봄과 섬김과 조화들의 정신이 생명정신이다. 그러므로 우열승패를 갈라 놓아 승자는 교만으로 패자는 열등감으로 결과를 내지 않는다. 우열승패는 차가운 논리다. 모두 함께 조용한 만족과 따뜻한 온기를 느낄 수 있는 결과로 마무리를 하는 것이 바람직하다.

7) 자연물 만들기(생태미술, 요리활동으로 통합)

- 은행 목걸이 만들기, 떼죽나무 목걸이
- 단풍잎 모자(생강 나뭇잎, 갈잎 등)
- 솔방울 모빌, 인형
- 나뭇가지로 새총 만들기, 대나무 물총
- 멍개 열매 목걸이, 꽃누름이 등

마무리 - 산에서 자연물을 만들 수도 있고 필요한 만큼만 유치원으로 가지고 와 만들기나(생태미술) 요리활동으로 통합하여 활동해도 된다.

3. 숲 체험 프로그램의 실제 2

1) 숲 체험 프로그램 실천 배경

청심유치원은 장락산 자락과 청평 호반을 중심으로 주변의 풍광이 뛰어나다. 주위가 모두 자연으로 둘러 싸여 있어 유아들은 자연 속에서 마음껏 뛰어놀 수 있다. 유치원 뒷산을 조금만 오르면 유아들이 숲놀이하기 좋은 공간이 마련되어 있어 수시로 오르내리고 있다. 봄에는 봄나들이를 통하여 새싹과 새순, 봄의 야생화들을 만나고, 여름에는 녹음이 우거진 숲 속에서 놀이를 즐기고, 가을에는 나뭇잎들이 아름다운 단풍으로 변하여 가는 과정도 관찰하고 가을의 곡식과 열매들이 익어 가는 것을 보며, 겨울에는 눈썰매를 타고 눈이 하얗게 내린 자연풍경의 아름다움을 느끼고 즐길 수 있다.

유아들은 자연 속에서 유아 상호간에 주의력을 가지고 매일 새로운 사물을 탐구하고 발견하고 있다. 숲에서는 자연물 소재를 이용한 가게놀이, 조작적 놀이, 역할놀이, 그리고 숲의 사물을 이용하여 직접 만드는 공작 및 다양한 종류의 집짓기 활동을 하기에 상품화된 인위적인 장난감의 중독에서 벗어나게 된다(Schede, 2000)고 하였다.

그리고 무엇보다도 숲은 유아에게 무한한 환타지와 탐구와 탐험심 그리고 창의력을 제공하고 촉진시키는 원동력이 되고 있다. 특히, 유아기는 오감의 감각적 체험을 통해 자신의 내면에 민감하게 받아들이는 만큼, 숲 체험활동의 자발적인 놀이를 통해 유아들은 자연과 함께 살아가는 소중함을 느끼고, 생명공동체의 필요성을 깨달을 수 있는 감성을 배우며, 인간과 자연의 상호의존적인 특성을 체득하게 된다. 또한 이들 생명을 존중하고 생명체와 적절하게 교류하는 방법을 배우면서 자연의 순수함을 닮은 심성을 기르고 자연 친화적인 태도가 길러지게 되는 것이다.

청심유치원 선생님들은 숲 놀이를 체험하는 유아들을 위하여 다양한 숲 생태 연수를 하고, 숲 생태연구회를 조직하여 새로운 숲 체험 프로그램을 개발하고 창의적인 숲 교재 · 교구를 만들어 월 1회 교사모임에서 발표하고 있다.

2) 숲 체험 프로그램 실천을 위한 환경

〈교실에 구비된 숲 관련 도구 및 관련 교구〉

과학영역에 비치된
숲 관련 도구

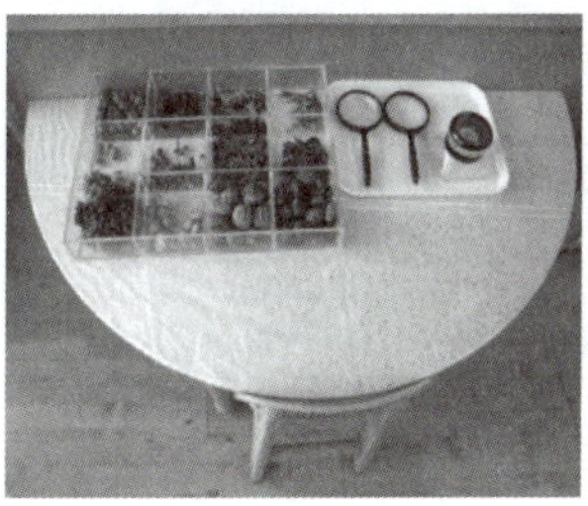

영역별 숲 관련 교구

숲 관련 도서 비치

〈유치원 뒷산 숲 전경〉

공기사랑 터

교감 터

물사랑 터

흙사랑 터

조화 터

자연도전 터

3) 연간 숲 체험활동 계획안

〈만 3세 연간활동 계획안〉

계절	월	주제	숲 체험 활동	교육과정 과학관련 요소
봄	3	즐거운 유치원	숲에서 인사하기 새싹을 찾아라!	자연현상에 대하여 알아보기
	4	봄날은 모든 것을 태어나게 해요.	나무의 심장소리를 들어요.	물체와 물질 탐색하기
	5	나와 우리 가족	환상의 숲	생물에 대하여 관심 가지기
여름	6	동물	무궁화꽃이 피었습니다!	생물에 대하여 관심 가지기
	7	즐거운 여름과 물	씨앗 투포환	생물에 대하여 관심 가지기
	8	즐거웠던 여름방학	나무의 표정을 만들어요.	우리 몸에 대하여 알아보기
가을	9	구르는 것/	밖으로 나갈거야!	자연현상에 대하여 알아보기

계절	월	주제	숲 체험 활동	교육과정 과학관련 요소
		교통기관	숲 속 팔레트	
	10	가을	숲 속의 음악회	도구와 기계에 관심 가지기
	11	우리나라와 다른 나라	나는 숲 속의 왕	물체와 물질 탐색하기
겨울	12	즐거운 겨울	다람쥐의 겨울나기	생물에 대하여 관심 가지기
	1	책	솔방울 습도계놀이	자연 현상에 대하여 알아보기

〈만 4세 연간활동 계획안〉

계절	월	주제	숲 체험활동	교육과정 과학관련 요소
봄	3	우리유치원/ 나와 친구들	숲과 친해져요.	자연현상에 대하여 알아보기
	4	봄을 느껴요	숲 속 모양찾기	물체와 물질 탐색하기
	5	소중한 가족	하나 둘 셋!	물체와 물질 탐색하기
여름	6	우리 동네	내 짝을 찾아 주세요!	생물에 대하여 관심 가지기
	7	여름 (물)	열매 메모리 게임	물체와 물질 탐색하기
	8	즐거웠던 여름방학	박쥐와 나방	생물에 관심 가지기
가을	9	우리나라 여행/ 세계 여러 나라	열매 투포환 바꿔! 바꿔!	자연현상에 대하여 알아보기
	10	지구와 우주	나무가 버린 것	자연현상에 대하여 알아보기
	11	교통기관	내가 소개하는 숲	자연현상에 대하여 알아보기
겨울	12	겨울	야생 동물이 어디 숨어 있을까요?	물체와 물질 탐색하기
	1	책	나무 속에 구멍이 있어요.	물체와 물질 탐색하기

〈만 5세 연간활동 계획안〉

계절	월	주제	숲 체험활동	교육과정 과학관련 요소
봄	3	나와 친구들	겨울 눈과 새싹	자연현상에 대하여 알아보기
	4	물고기	황사를 막아라!	자연현상에 대하여 알아보기

계절	월	주제	숲 체험활동	교육과정 과학관련 요소
	5	점프	야생동물 멀리뛰기	생물에 대하여 관심 가지기
여름	6	미로	나뭇잎 메모리 생태 서클 만들기	자연현상에 대하여 알아보기
	7	여름	야행성 동물 사냥하기	생물에 대하여 관심 가지기
	8	즐거웠던 여름방학	거미줄은 어디에 있을까?	생물에 대하여 관심 가지기
가을	9	거미줄	거미줄 만들기 거미줄 통과하기	물체와 물질 탐색하기
	10	실뜨기	길 잃은 애벌레	자연현상에 대하여 알아보기
	11	축제	나뭇가지 곤충	생물에 대하여 관심 가지기
겨울	12	눈	새는 어떤 집에 살까?	생물에 대하여 관심 가지기
	1	초등학교에 가면	야생동물들의 겨울나기	생물에 대하여 관심 가지기

4) 연령별 숲 체험활동 계획안

(1) 만 1세 숲 체험활동

활 동 명	호두 옮기기			
활동목표	▷ 호두를 잡고, 옮김으로 인하여 소근육을 향상시킨다. ▷ 주어진 조건에 맞게 분류를 할 수 있다.			
일 시	2009. 05. 26	지도교사	학 급 명	아침햇살 & 새벽이슬
준 비 물	호두, 대추, 집게, 소쿠리 2개		연 령	만 1세
진행시간	10분		계 절	봄, 여름, 가을
활동방법	도입	1. 배고픈 새 한 마리 동화를 들려준다. 2. 영아들에게 배고픈 새에게 먹이로 호두를 줄 수 있도록 격려한다.		
	I 단계	1. 잔디밭에 호두를 미리 뿌려 놓는다. 2. 영아가 호두를 찾을 수 있도록 한다. 3. 발견한 호두를 바구니에 담는다.		
	II 단계	4. 바구니에 담겨진 호두를 집게를 이용하여 다른 바구니에 옮긴다.		
	III 단계	5. 호두가 담긴 바구니에 대추를 넣는다.		

		6. 호두만 골라서 다른 바구니에 옮긴다. 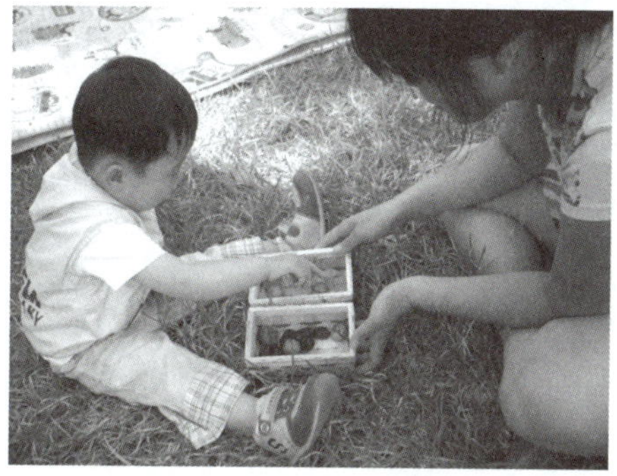
평 가	영아들의 개월 수, 인지능력에 따라 3수준으로 나눠서 활동을 할 수 있어서 만 1세 수준에 알맞은 것 같았다. 호두를 바구니에 넣을 때 잔디가 섞여 있으면 모든 영아들이 잔디를 다 빼려고 하는 모습도 보였고, 집게로 호두를 집을 때 잘 집히지 않으면 손으로 호두를 잡고 집게로 가져가 집게 사이로 넣고 옮기는 모습도 보였다.	

(2) 만 2세 숲 체험활동 1

활 동 명	시원한 나뭇잎 모자				
활동목표	▷ 나뭇잎이 모여 우리가 쉴 수 있는 그늘을 만들어짐을 알 수 있다. ▷ 나무에게 고마움을 느낀다.				
일 시	09. 04. 21	지도교사	이영림, 김진영	학 급 명	노을마루반
준 비 물	투명 모자 본, 고무줄, 양면테이프, 나뭇잎			연 령	만 2세
진행시간	20분			계 절	늦봄, 여름, 가을
활동방법	〈사전활동〉 날씨가 변화됨을 산책활동을 통해 경험한다. 〈도입〉 1. 영아들과 숲을 올라가면서 날씨가 더워서 우리가 느껴지는 것들을 이야기 한다. T : 날씨가 많이 더워졌구나!! 해님도 많이 뜨거워진 것 같아~ T : 지금 우리 이마에 땀이 났구나! 왜 그럴까? C : 더워요~ 물 마시고 싶어요.				

활동방법

〈전개〉

2. 나무 그늘에 쉬니까 기분이 어떤지 이야기 나눈다.
3. 나무 그늘에 있으니 왜 시원한지 영아들과 이야기 나눈다.

T : 숲에 올라올 때에는 많이 더웠는데 여기 이렇게 나무 그늘에 있으니 시원하구나.
나무 그늘 밑은 왜 시원한 걸까?

4. 햇빛을 가려 주는 시원한 나뭇잎 모자를 만들어 보기로 한다.
5. 모자를 완성하고 정말 시원한지 경험한다.

〈마무리〉

6. 나무에게 고마운 마음을 갖는다.

〈나뭇잎 모자 만들기 과정〉

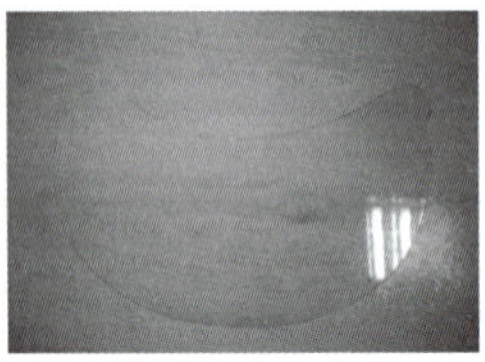

1. OHP필름을 썬캡모양으로 자른다.

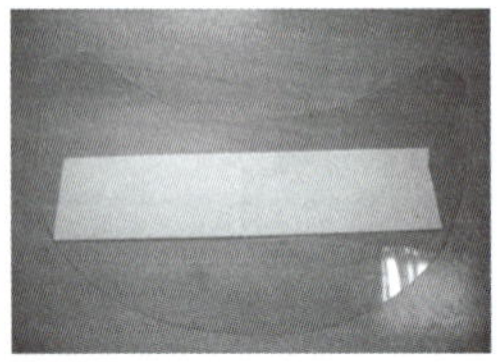

2. 양면테이프를 붙여 준다.

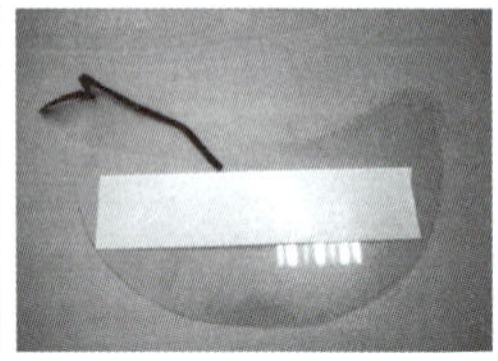

3. 펀치로 구멍을 뚫어 고무줄을 끼운다.

나무그늘은 시원해요.

이제 나뭇잎 모자를 만들어 볼까요?

짜잔~ 완성된 나뭇잎 모자예요.

평 가	숲 활동을 위해 영아들과 숲길을 오르기로 하였다. 평소 경험해 보지 않았던 울퉁불퉁하고 경사가 있는 길을 걸어 보면서 영아들은 다양한 풀과 꽃, 바람, 하늘을 느껴 보았다. 열심히 숲길을 가다 보니 어느 새 아이들의 이마에는 송글송글 땀이 맺히기 시작하였다. 나무 그늘에 도착해 계단에 앉아 휴식을 취하는데 햇빛을 가려 주는 나뭇잎과 시원한 바람이 불어와 아이들에게 나뭇잎의 역할에 대해 설명하지 않아도 되었다. 미리 준비한 재료를 사용하여 영아들과 나뭇잎 모자를 만들어 보았는데 계획하였던 것보다 영아들이 나뭇잎을 꼼꼼히 붙여 주었다. 모자를 완성한 후 나뭇잎 모자를 쓰고 숲길을 내려오는 아이들의 얼굴에 성취감이 느껴진다.

(3) 만 2세 숲 체험활동 2

활 동 명	봄 동물을 찾아라!!				
활동목표	1. 봄이 되어 변화되는 특징을 산책활동을 통해 경험해 본다. 2. 봄에 볼 수 있는 동물을 숲에서 찾을 수 있다.				
일 시	09. 05. 18.	지도교사	이영림, 김진영	학 급 명	노을마루반
준 비 물	봄 동물 자료, 사진기			연 령	만 2세
진행시간	20분			계 절	봄
활동방법	〈사전활동〉 영아들과 봄에 볼 수 있는 동물에 대한 이야기나누기 〈도입〉 1. 영아들과 봄에 볼 수 있는 동물을 수수께끼를 내어 집중한다. T : 이 동물은 펄쩍펄쩍 점프를 잘해요. 그리고 개굴개굴하고 울어요. T : 이 동물은 몸이 길고 다리가 없어요. 그리고 혀를 낼름낼름 내밀어요. C : 개구리요, 뱀이요~ 2. 영아들이 수수께끼를 내면 교사는 사진자료를 제시하여 동물을 확인한다. 〈전개〉 3. 숲으로 산책을 나가 직접 봄에 볼 수 있는 동물을 찾아보기로 한다. T : 애들아!! 이 숲에 우리가 이야기했던 봄에 볼 수 있는 동물들이 살고 있어요. 눈을 크게 뜨고 봄 동물을 찾아볼까요? 4. 영아들이 찾아온 봄 동물을 친구들과 함께 이야기 나눈다.				

<table>
<tr><td>활동방법</td><td>〈마무리〉
5. 교실에 들어 온 후 동물들의 특징을 몸으로 표현해 볼 수 있다.

숲에 도착했어요. 이야기 나누었던 동물들이 정말 숲에도 있을까요?

찾았다!!! 뱀은 나무기둥 아래에 있어요. 찾았다!! 닭은 풀밭에 있어요.</td></tr>
<tr><td>평 가</td><td>봄에 볼 수 있는 동물들에 대해 이야기를 나누면서 영아들이 동물에 대한 관심이 매우 높음을 알 수 있었다. 나무 위, 풀숲, 웅덩이 옆에서 봄 동물을 찾아내자 마치 보물을 찾은 듯 기뻐한다. 처음에는 숲 놀이가 영아들에게 적합할지 많은 고민을 했는데 영아들은 하나의 놀이로 생각하고 즐겁게 활동하였다.</td></tr>
</table>

(4) 만 3세 숲 체험활동 1

<table>
<tr><td>활 동 명</td><td colspan="5">내 몸을 붙여라!</td></tr>
<tr><td>활동목표</td><td colspan="5">▷ 신체 균형감각과 신체 조절 능력을 기른다.
▷ 신체 각 부분의 특성을 활용하여 대그룹 활동에 참여할 수 있다.</td></tr>
<tr><td>일 시</td><td></td><td>지도교사</td><td>김아람</td><td>학 급 명</td><td>늘푸른 잎새반</td></tr>
<tr><td>준 비 물</td><td colspan="3">신체 일부분 그림카드</td><td>연 령</td><td>만 3세</td></tr>
</table>

<table>
<tr><td>진행시간</td><td>25분</td><td>계 절</td><td>사계절</td></tr>
<tr><td>활동방법</td><td colspan="3">〈도입〉
1. 숲 속에 나무가 여러 그루 있는 곳에 동그랗게 원을 만들어 본다.
2. “내 코는 어디 있나?” “여기” “내 다리 어디 있나” “여기”
노래를 부르면서 신체 각 부분이 위치한 곳에 관심을 가진다.

〈전개〉
3. 신체 각 부분이 그려진 그림카드를 보여주며 어디인지 알아본다.
- 여기는 우리 신체의 어디일까?
- 어디에 있는지 한번 손으로 가리켜 볼까?

4. “내 몸을 붙여라!” 게임방법에 대해 이야기 나눈다.
- 유아의 수 만큼의 나무를 지정하고 그 외의 나무에는 갈 수 없음을 알려 준다.
- “즐겁게 춤을 추다가 그대로 멈춰라!” 노래를 개사하여 “즐겁게 춤을 추다가 내 몸을 붙여라!”로 노래를 부르고 마지막에 신체 일부분을 외친다.
- 노래를 부르는 동안에는 자유롭게 뛰어다니다가 “내 몸을 붙여라! 다리!” 라고 외치면 재빠르게 나무에 자신의 신체를 붙인다.
- 한 번 갔던 나무는 갈 수 없고 두 명 이상의 유아가 차지한 나무는 제외시킨다.
- 신체의 각 부분을 나무에 붙이며 나무를 끝까지 차지한 친구가 이긴다.

〈마무리〉
5. 게임이 끝나고 평가를 해 본다.
- 내 몸을 나무에 붙여 보니 어떤 느낌이 들었나요?
- 신체의 어떤 부위를 나무에 붙이는 것이 어려웠나요?

</td></tr>
</table>

<table>
<tr><td>평 가</td><td>즐겁게 노래를 따라 부르면서 나무에 자신의 신체 부위를 대어 보며 자연스럽게 나무의 수피도 촉감도 느껴 보고 냄새도 맡아 보면서 더욱 나무와 친숙해질 수 있는 활동이었다. 더불어 자신의 신체를 잘 인식하고 자유롭게 움직일 수 있는지 숲 체험활동을 통해 알아볼 수 있었다.</td></tr>
</table>

(5) 만 3세 숲 체험활동 2

<table>
<tr><td>활 동 명</td><td colspan="5">나만의 숲 속 팔레트</td></tr>
<tr><td>활동목표</td><td colspan="5">▷ 다양한 색깔을 가진 자연물을 찾아본다.
▷ 숲에 있는 다양한 색상과 모양을 이용해 예술적 감각과 창의력을 기른다.</td></tr>
<tr><td>일 시</td><td>2008. 09. 27</td><td>지도교사</td><td>김아람</td><td>학 급 명</td><td>늘푸른 잎새반</td></tr>
<tr><td>준 비 물</td><td colspan="3">팔레트 모양의 종이, 목공용 풀, 줄, 집게</td><td>연 령</td><td>만 3세</td></tr>
<tr><td>진행시간</td><td colspan="3">30분</td><td>계 절</td><td>여름, 가을</td></tr>
<tr><td>활동방법</td><td colspan="5">1. 숲 속에서 어떤 색깔을 볼 수 있는지 이야기나누어 본다.
- 숲 속에는 어떤 색깔이 보이니?
- 숲에는 얼마나 많은 색깔이 있을까?
2. 주위에 있는 여러 가지 색깔의 자연물을 수집한다.
- 찾아온 자연물은 어떤 색깔이니?
3. 종이 모양의 팔레트에 다양한 색깔을 지닌 자연물을 목공용 풀을 이용해 붙여 준다. 한 가지 주제를 가지고 꾸미거나 기본적인 모양을 다르게 해서 꾸며 보는 것도 좋다. 어떤 주제를 가지고 팔레트를 꾸며 주었다면 제목을 지어 보도록 한다.
4. 나무에 줄을 걸어 자연 팔레트를 집게로 고정하고 전시회를 연다.
5. 자신이 만든 숲 속 팔레트를 친구들에게 소개한다.
6. 활동이 끝난 후 평가를 해 본다.
- 친구의 팔레트의 제목은 무엇으로 지어 주면 좋을까?
 </td></tr>
</table>

<table>
<tr><td>평 가</td><td>학부모 참여수업으로 진행한 활동인데 조용한 숲에서 아이와 함께 평소에 놓칠 수 있는 색깔까지 팔레트에 표현해 보는 놀이를 통해 숲이라는 자연의 다양성을 느낄 수 있었다.
다른 친구들의 작품도 함께 살펴보며 내가 미처 찾지 못한 자연물을 발견하게 되었고 친구들의 예술적 감각과 창의력을 엿볼 수 있는 활동이 되었다. 유아들은 숲에서 부모와 함께여서 더욱 다양한 색깔을 가진 자연물 찾기에 집중하여 활동할 수 있었다.</td></tr>
</table>

(6) 만 4세 숲 체험활동 1

<table>
<tr><td>활 동 명</td><td colspan="5">나는 숲 속의 디자이너</td></tr>
<tr><td>활동목표</td><td colspan="5">▷ 계절이 변함에 따른 자연의 변화를 관찰한다.
▷ 자연물을 이용하여 그림을 구성할 수 있다.</td></tr>
<tr><td>일 시</td><td>09. 06. 25</td><td>지도교사</td><td>김민정, 성향림</td><td>학 급 명</td><td>온누리 열매반</td></tr>
<tr><td>준 비 물</td><td colspan="3">목공용 풀, 나뭇가지, 풀을 짜 놓을 판, 그림틀이 그려진 종이</td><td>연 령</td><td>만 4세</td></tr>
<tr><td>진행시간</td><td colspan="3">30분</td><td>계 절</td><td>봄, 여름, 가을</td></tr>
<tr><td>활동방법</td><td colspan="5">〈도입〉
1. 숲을 올라가는 길에 여름이 되어 숲이 변화된 모습을 관찰하며 이야기 나눈다.
T : 숲에 올라가는데 날씨가 어떤가요?
C : 더워요.
T : 여름에는 숲 속에서 어떤 색깔을 많이 볼 수 있을까요?
C : 초록색이 많아요.

〈전개〉
2. 숲 속에 자리를 잡고 활동에 대하여 이야기 나눈다.
T : 우리 눈앞에 어떤 색이 보이나요?
C : 초록색, 빨강색, 노랑색
T : 숲 속의 어디에서 초록색을 볼 수 있었나요?
C : 나뭇잎이요.
T : 노랑색은 어디에서 찾았나요?
C : 꽃 속에서 찾았어요.
T : 오늘은 우리가 숲 속의 디자이너가 되어 볼 거에요.
T : 디자이너는 어떤 사람을 말하는 것일까요?</td></tr>
</table>

활동방법	T : 디자이너는 어떤 것을 예쁘게 꾸미는 사람을 말해요. 지금부터 우리가 숲 속에서 찾을 수 있는 자연물을 이용하여, 우리가 가지고 있는 모양을 꾸며 주는 디자이너가 되어 볼거에요. T : 지금부터 숲 속의 우리 주변에서 찾을 수 있는 색깔을 가진 나뭇잎이나 자연물을 찾아오도록 해요. 3. 모양이 그려져 있는 종이를 선택하여, 목공용 풀로 나뭇잎과 자연물을 붙여 그림을 구성한다. 커다란 나뭇잎이나 자연물은 손으로 찢어서 붙여 준다. 〈마무리〉 4. 자신이 꾸민 작품을 친구들 앞에서 소개한다. T : 어떤 자연물을 이용하여 그림을 꾸며 주었나요? C : 나뭇잎과 꽃잎으로 꾸며 주었어요. T : 그림을 꾸며 주면서 어떤 점이 어려웠나요? 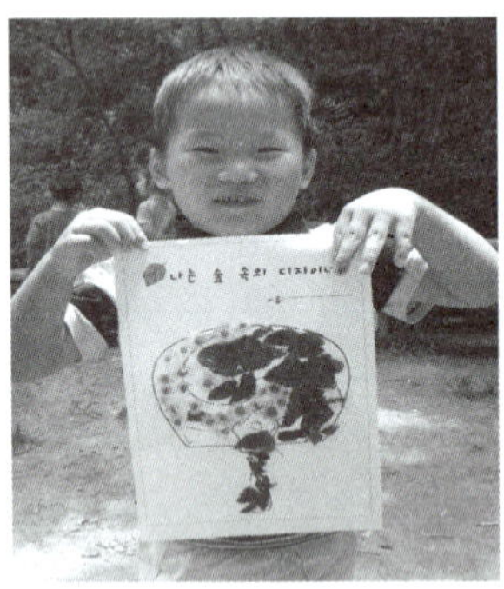 
평 가	여름이 되어 숲이 변화된 모습을 관찰하면서, 유아들이 숲에서 구할 수 있는 여러 가지 색깔의 자연물을 찾아 종이 위의 모양을 마음껏 디자인해 보는 활동을 계획해 보았다. 하지만 생각보다 여러 가지의 색깔을 찾을 수가 없어서 유아들이 거의 초록색의 나뭇잎과 꽃을 찾을 수밖에 없어 다양한 색이 나오지 않았다. 또한, 다음에 이 활동을 진행한다면 어린 연령에게는 좀 더 작은 크기의 그림을 제공하고 6, 7세의 경우 자연물을 찢어서 구성하면서 그림을 연상하며 구성하도록 활동을 진행하는 것이 좋을 것 같다. 유아들이 그림을 구성하는데, 주위의 자연물을 채집해서 그림을 구성해 보며 즐거워하였고 끝까지 하려는 유아들의 모습이 인상적이었다.

(7) 만 4세 숲 체험활동 2

<table>
<tr><td>활 동 명</td><td colspan="5">나무와 친구해요!</td></tr>
<tr><td>활동목표</td><td colspan="5">▷ 수피로 나무를 식별할 수 있다는 것을 알 수 있다.
▷ 놀이를 통해 자연스레 나무와 친근감을 가진다.</td></tr>
<tr><td>일 시</td><td>2008. 05. 16</td><td>지도교사</td><td>김민정</td><td>학 급 명</td><td>온누리 열매반</td></tr>
<tr><td>준 비 물</td><td colspan="3">신체 일부분 그림카드</td><td>연 령</td><td>만 4세</td></tr>
<tr><td>진행시간</td><td colspan="3">20분</td><td>계 절</td><td>사계절</td></tr>
<tr><td>활동방법</td><td colspan="5">1. 나무를 사진 찍는 방법에 대해서 이야기나누어 본다.
- 나무를 사진으로 남기려면 어떤 방법이 있을까요?
- 어떻게 해야 나무를 사진으로 찍을 수 있을까요?
2. 나무의 수피에 대해서 이야기를 나눈다.
- 나무를 사진 찍으려면 나무의 얼굴을 알아야 하는데 나무는 얼굴이 어디에요?
- 나무의 껍질! 얼굴을 바로 "수피"라고 해요.
3. 다양한 나무수피의 생김새에 대해서 탐색하여 본다.
- 이 나무의 수피는 어떻게 생겼어요?
- 어떤 느낌이 나요?
4. "수피 베껴 내기"활동을 소개한다.
- 여기 있는 많은 나무들의 수피를 종이에 찍어 볼게요.

〈활동방법〉
1. 도화지를 나무껍질에 대고 눈높이 정도에서 테이프로 붙인다.
2. 연필 혹은 색연필을 비스듬히 눕혀서 흰 도화지 위를 칠해 나무껍질을 베껴 낸다.
3. 서로 다른 나무를 찾아 여러 가지 나무껍질을 베껴 낸다
4. 활동이 끝나면 도화지를 매달아 모든 친구들이 볼 수 있게 전시하고 느낌을 이야기 나눈다.
 </td></tr>
</table>

평 가	나무들마다 모양과 크기도 다르고 수피의 생김새도 다르다는 것을 관찰한 유아들은 매우 흥미로워하였다. 종이에 나타난 수피의 결을 다른 친구의 것과 비교해 보며 나무마다 가진 수피의 모양과 결 등 생김새가 다르다는 것을 알게 된 경험이었다.

(8) 만 5세 숲 체험활동 1

<table>
<tr><th>활 동 명</th><td colspan="5">새의 먹이를 잡아라!</td></tr>
<tr><th>활동목표</th><td colspan="5">▷ 새의 먹이에 대해 관심을 가진다.
▷ 신체 각 부분의 특성을 활용하여 대그룹 활동에 참여할 수 있다.</td></tr>
<tr><th>일 시</th><td>2009. 5. 26</td><th>지도교사</th><td>김아람, 조수현</td><th>학급명</th><td>하얀세상 한울반</td></tr>
<tr><th>준 비 물</th><td colspan="3">바구니 2개, 집게 2개, 새 모형, 충분한 개수의 열매</td><th>연 령</th><td>만 5세</td></tr>
<tr><th>진행시간</th><td colspan="3">25분</td><th>계 절</th><td>사계절</td></tr>
<tr><th>활동방법</th><td colspan="5">1. 뻐꾸기 새 모형을 보여주며 이야기를 나눈다.
-(모형에서 나는 새 소리를 들으면서) 이 친구는 누구일까?
- 이 새는 어떻게 우는 것 같니?
- 뻐꾸기의 집은 어디일까?

2. 새가 들려주는 이야기를 듣고 이야기를 나눈다.
“얘들아~ 나는 저 나무 위에 있는 둥지에 새끼들을 놔두고 왔단다. 지금 아주 배가 고파서 내가 먹이를 구해줘야 하는데 나도 배가 너무 고파 힘이 하나도 없어. 혹시 너희들이 대신 먹이를 구해 줄 수 있겠니?”

- 뻐꾸기는 무엇을 먹고 살까?
- 먹이를 어떻게 잡아 먹을까?
- 새끼들은 무엇을 먹을까?</td></tr>
</table>

활동방법

- 새끼들에게 먹이를 주려면 어떻게 할 수 있을까?

3. 게임 방법을 알려주고 팀을 나누어 게임을 진행한다.
① 두 가지 새를 정해서 각각 좋아하는 새의 팀에 들어 간다.
② 산책길에 주워온 솔방울을 새의 먹이인 곤충이라고 하고 숲길에 솔방울을 뿌려 놓는다.
③ 바구니 두 개를 준비하고 새 먹이를 저장할 곳을 저장창고라고 한다.
④ 준비한 집게를 새의 부리라고 하고 첫 번째 주자가 먹이를 부리로 집어서 바구니에 안전하게 놓고 두 번째 주자에게 집게를 넘겨 준다.
⑤ 먹이를 잡아서 바구니에 가져오다가 떨어뜨리면 다시 가져올 수 없다.
⑥ 릴레이로 게임을 진행하고 모든 주자가 먹이를 다 가져오면 게임은 끝난다.

4. 게임이 끝난 후 평가를 해 본다.
- 어느 팀이 먹이를 많이 모았는지 함께 세어 보자.
- 어떻게 해야 먹이를 많이 모을 수 있었나요?
- 잡아온 먹이를 함께 살펴보자. (솔방울 크기 비교)

★ 참고사항

곤충 먹이의 크기를 비교하면서 곤충의 크기가 크면 새의 눈에 훨씬 더 잘 띌 수 있기 때문에 곤충은 점점 크기를 줄여서 눈에 띄지 않도록 변한다는 이야기를 해 준다.

평 가	팀을 이루어 게임을 진행하여 유아들이 즐겁게 참여하였고 먹이를 잡으러 갈 때 새의 날개짓을 몸으로 표현해 볼 수 있도록 유도하였다면 더욱 재미있는 활동이 되었을 것 같다. 먹이를 빨리 구해서 돌아와서 많은 먹이를 모아야 이기는 게임이었지만 먹이를 떨어뜨리지 않고 집게로 잘 지켜 가져오는 것도 승패에 영향을 미친다는 것을 알게 되었다.

(9) 만 5세 숲 체험활동 2

<table>
<tr><td>활 동 명</td><td colspan="5">거미줄은 어디에 있을까?</td></tr>
<tr><td>활동목표</td><td colspan="5">▷ 거미와 거미줄의 특성에 대해 안다.
▷ 거미줄을 활용하여 숲의 생태 전반을 이해할 수 있다.</td></tr>
<tr><td>일 시</td><td>2008. 09. 19</td><td>지도교사</td><td>김아람</td><td>학 급 명</td><td>하얀세상 한울반</td></tr>
<tr><td>준 비 물</td><td colspan="3">분무기, 노끈</td><td>연 령</td><td>만 5세</td></tr>
<tr><td>진행시간</td><td colspan="3">25분</td><td>계 절</td><td>사계절</td></tr>
<tr><td>활동방법</td><td colspan="5">1. 숲에서 거미줄을 찾아보고, 잘 보이지 않는 곳에 분무기를 뿌려 거미줄의 형태를 좀 더 자세히 관찰할 수 있도록 한다.
2. 그 모양을 자세히 관찰하여 도화지에 그린다.
모둠별로 거미줄 설계도를 구상한다.
3. 설계도를 바탕으로 나뭇가지 사이에 노끈을 연결하여 거미줄을 만든다.
4. 완성된 거미줄을 모둠별로 발표하고, 각 거미줄의 특성을 알아본다.
5. 각종 동식물 그림을 거미줄에 붙이면서 숲의 생태에 대해 설명한다.
-거미는 어떨 때 거미줄을 칠까?
-거미줄은 어디에 있을까?
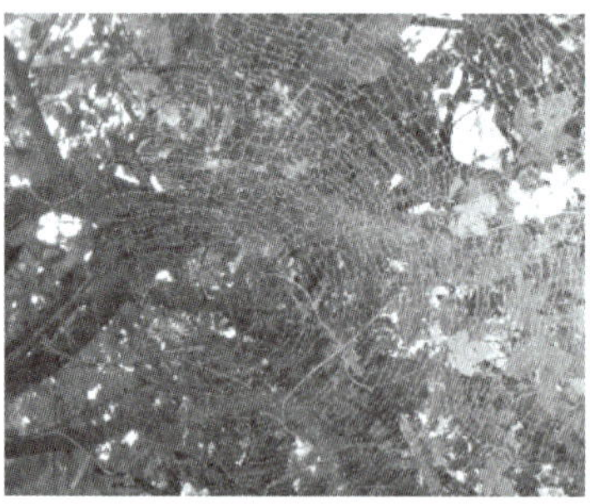 
6. 활동 후 소감을 발표한다.</td></tr>
</table>

평 가	유아들은 눈에 잘 보이지 않는 거미줄을 분무기를 이용해서 자세히 관찰할 수 있다는 사실에 흥미로워했다. 평소에는 그냥 지나칠 수 있는 나뭇가지 사이나 나뭇잎 사이에도 작고 세밀한 거미줄이 있음을 알고 숲에서 크고 작은 여러 가지 거미줄을 관찰하면서 거미줄의 형태에 대해 다시금 살펴볼 수 있는 활동이었다.

(10) 만 5세 숲 체험활동 3

활 동 명	거미줄을 통과해요.				
활동목표	▷진동에 의해 먹이를 감지하는 거미의 특성을 안다. ▷거미줄의 특성과 거미줄을 만드는 방법에 대해서 안다.				
일 시	2008. 09. 27	지도교사	김아람, 최정은	학 급 명	하얀세상 한울반
준 비 물	털실, 종			연 령	만 5세
진행시간	25분			계 절	사계절
활동방법	1. 전체 2모둠으로 나눈 후 각각 털실을 나눠 주고 거미줄을 만들도록 한다. A모둠은 입체형 거미줄을, B모둠은 평면형 거미줄을 만들도록 한다. 2. 거미줄을 다 만들고 난 후에는 각 거미줄에 종을 하나씩 단다. 이 종은 거미줄에 먹이가 걸릴 경우 거미가 먹이가 걸렸음을 감지했다는 것을 알려 주는 것이다. 3. 각 모둠에서 거미줄을 다 만들고 난 후 모두 모여 차례로 A, B 모둠에서 만든 거미줄을 살펴본다. 4. A모둠의 거미줄은 평면적이므로 거미줄이 많이 들지 않으며 만들기 쉽고, 보수가 쉽다. 하지만 그만큼 바람이 다른 여타의 것에 의해 망가지기 쉽다. 5. B모둠은 많은 양의 재료가 필요하고 만들기나 재보수가 힘들지만, 먹이를 잡기는 쉽다. 6. 서로의 거미줄을 살펴본 A, B 모둠원들은 서로 상대편 거미줄을 종이 울리지 않게 통과한다. -거미는 거미줄에 걸린 곤충들의 움직임을 진동으로 느끼고 먹이가 걸렸음을 알게 된답니다. 거미의 공격을 받지 않도록 조심조심 거미줄을 통과해 보세요.				

활동방법	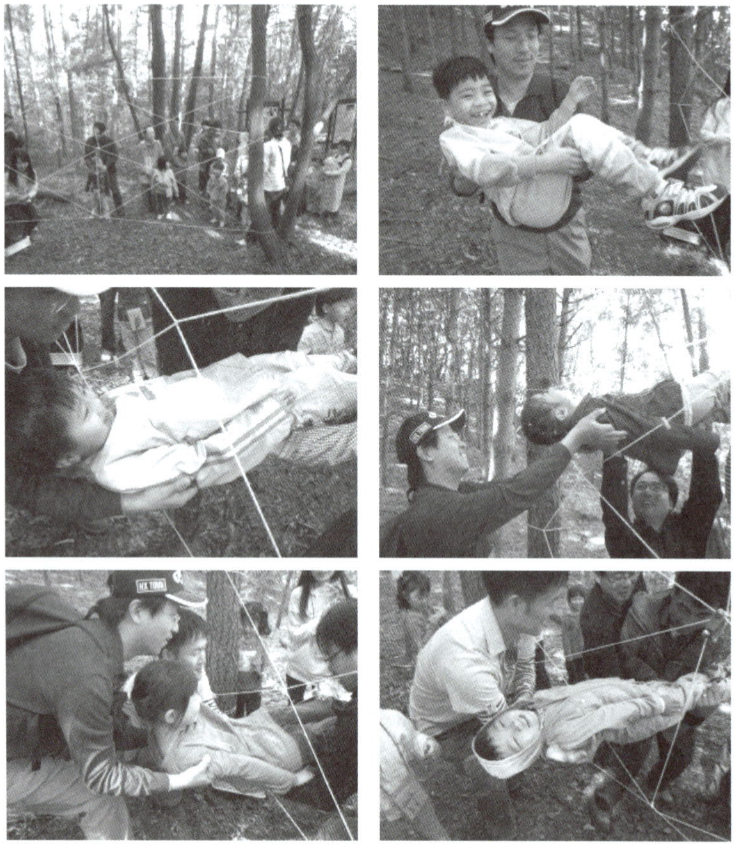 7. 활동 소감 후 발표를 한다.
평 가	부모참여 수업으로 이루어진 이번 숲 체험활동은 부모와 유아의 친밀도를 높이고 거미줄 만들기와 통과하기는 많은 흥미를 보였던 활동이었다. 거미줄을 어떻게 하면 좀 더 튼튼하게 만들 수 있을지, 그리고 어떻게 하면 조심스럽게 거미줄을 통과할 수 있는지 이야기를 나누고 각 모둠에서 다양한 전략을 짜보고 활동해 보면서 더욱 재미있게 전개되었다.

다음에 제시한 숲 체험 프로그램은 남효창 선생님의 「숲 체험 교육의 모든 것 –얘들아 숲에서 놀자」라는 서적에서 부분 발췌하여 정리한 좋은 숲 체험 프로그램이다. 여기에 제시된 숲 체험 프로그램은 초등학생 이상 중 · 고등학생, 일반인을 대상으로 하는 프로그램이다.

〈이름표 퍼즐〉

구 분	내 용
기대효과	프로그램을 진행하기 전에 교육생들의 이름을 알리는 과정에서 활용할 수 있다. 교육생들의 이름표 뒷면을 활용하여 나무 그림 퍼즐게임을 진행한 뒤 모둠 나누기까지 해볼 수 있다.
활동방법	1. 전원에게 이름표를 나눠 주고, 이름표 뒷면의 그림 퍼즐을 맞추도록 한다. 2. 퍼즐이 맞는 대로 자연스럽게 모둠을 형성하며, 모둠별로 나무 이름을 붙여 준다. 3. (질문)몇 명의 친구 이름을 기억했나요?

〈짝찾기놀이〉

구 분	내 용
기대효과	숲을 오래도록 관심 있게 들여다 보지 않으면 어떤 생물들이 얼마나 다양하게 살아가는지 가늠하기가 어렵다. 특히 아직 종합적으로 사고하는 것에 미숙한 어린이들은 즐거운 놀이를 통해 조금씩 숲을 이해하도록 유도하는 것이 효과적이다. 이 놀이는 숲에 다양한 모습이 있으며, 비슷해 보이는 나무들도 모두 다른 특징이 있다는 사실을 가르쳐 준다.
활동방법	1. 교육생이 20명일 경우 같은 나뭇잎 2장씩 서로 다른 나뭇잎 10가지를 준비한다. 2. 나뭇잎 뒷면에 양면테이프를 붙이고, 모두 눈을 감게 한 뒤 이마에 한 장씩 붙여 준다. 3. 교육생이 홀수일 경우 교육자도 함께 참여한다. 4. 자신의 이마에 붙여 있는 나뭇잎이 어떤 잎인지 알게 해서는 안 된다. 5. 돌아디니면서 내 나뭇잎의 모양에 대해 묻는다. 6. 짝을 찾으면 함께 그 나뭇잎의 나무를 찾아서 껴안는다. 7. (질문)나뭇잎의 모양은 몇 가지 종류가 있을까요?

〈나무 술래잡기〉

구 분	내 용
기대효과	자연스럽게 모둠을 나누거나 추운 날씨를 극복하거나 침체된 분위기를 전환할 때 유용하다.
활동방법	1. 교육자는 사전에 여러 가지 나무에 색깔 끈(혹은 종이테이프)을 묶어 표시한다. 2. 각 나무는 교육자가 제시하는 일정한 숫자의 사람들만 차지할 수 있다. (예 : 참가자 15명 = 나무 7그루, 각 나무에 2명+나머지 1명) 3. 이때 교육자는 반드시 남는 사람이 나오는 숫자를 제시해야 한다. 4. 나무에 일찍 도착하지 못한 사람이 술래가 되어 “바꿔!”를 외치면서 모두

	다른 나무로 이동한다. 5. 늦게 도착하여 자리를 차지하지 못한 사람이 다시 술래가 된다. 6. 나무의 숫자를 하나씩 줄이고 나무를 차지할 수 있는 사람의 숫자를 늘려 가는 방법으로 진행한다. 7. (질문)내가 만진 나무들의 촉감은 어떻게 달랐나요? 8. (질문)나무 이름의 유래에 대해서 알고 있나요? 9. (질문)만일 숲에 한 종류의 나무들만 있다면 어떤 변화가 일어날까요?

〈나무 즉석복권 만들기〉

구 분	내 용
기대효과	나무를 식별하는 방법은 나뭇잎으로만 가능한 것이 아니다. 꽃이나 열매, 전체적인 나무의 모양, 나무껍질(수피)로도 구분할 수 있다. 수피로 나무를 식별하는 놀이를 통해 나무를 알아간다면 나무에 대한 느낌이 오래도록 남을 것이다.
활동방법	1. 흰 도화지를 나무껍질에 대고 눈높이 정도에서 테이프로 붙인다. 2. 연필(혹은 색연필)을 비스듬히 눕혀서 흰 도화지 위를 칠해 나무껍질로 즉석복권을 긁어 본다. 3. 서로 다른 나무를 찾아 여러 가지 나무껍질로 즉석복권을 만들어 본다. 4. 복권 긁는 놀이가 끝나면 바닥에 떨어진 나뭇잎을 찾아 맞추기를 시작한다. 5. 나무껍질과 열매를 매치시켜 같은 나무에서 나온 것을 찾아본다. 6. (질문)나무마다 껍질의 모양이 어떻게 다른가요? 7. (질문)나무껍질은 어떤 역할을 할까요?

〈솔방울 습도계놀이〉

구 분	내 용
기대효과	솔방울은 습도에 따라 벌어지기도 하고 오므라지기도 하는데, 이것을 이용하여 습도를 잴 수 있다. 습도에 따른 솔방울의 구조를 알아보고, 습도계의 기본원리를 이해해 보자.
활동방법	1. 주변에서 솔방울을 모아 꼼꼼히 관찰한다. 2. 솔방울을 잘 살펴보면 씨앗과 씨앗 사이의 틈이 많이 벌어져 있다. 그 틈에 물을 붓거나 물 속에 솔방울을 넣어 본다. 3. 변화된 솔방울의 모습을 관찰하면 틈이 오므라드는 것을 알 수 있다. 4. 자연 상태에서 솔방울은 햇빛에 노출되어 건조해지고, 씨앗을 멀리 퍼뜨릴 수 있다는 것을 설명해 준다. 5. (질문)비가 오면 솔방울의 모양은 어떻게 될까요? 6. (질문)여름의 솔방울과 가을의 솔방울은 어떻게 다를까요?

〈나무의 심장 소리 듣기〉

구 분	내 용
기대효과	빛이 많아지기 시작하는 봄이 오면 나무들은 광합성을 하기 위해 분주해진다. 광합성에 필요한 것은 빛과 이산화탄소, 물, 나무의 뿌리에서 얻어진 물은 수관을 통해 잎으로 전해진다. 따라서 봄이 되면 나무들의 땅 속에서 물을 얻는 소리를 들을 수 있다. 나무의 내부에서 들려오는 생생한 소리를 들으며 움직이지 않는 듯 보이는 나무가 살아 있다는 생명의 경이로움을 깨닫는 것은 색다른 경험이 될 것이다.
활동방법	1. 두 명씩 짝짓고 청진기를 하나씩 나눠 준 다음, 청진기 사용법을 설명한다. 2. 서로 상대방의 심장 소리를 들어 보며 청진기 사용법을 익힌다. 3. 짝끼리 나무 한 그루를 정하고, 조용히 다가가 청진기로 나무 소리를 들어 본다. 4. 청진기를 사용하지 않는 사람이 청진기를 나무에 대주면 다른 사람은 눈을 감고 집중하여 소리를 듣는다. 5. 소리를 듣는 동안 다른 사람에게 피해가 되지 않도록 조용히 한다. 6. 사람마다 청각 기능이 다르지만 약 10초간 집중하다 보면 물이 이동하는 소리를 들을 수 있다. 7. 역할을 바꿔 소리를 들어 보고, 각자 무슨 소리를 들었는지 이야기한다. 8. 다른 나무로 자리를 옮겨가며 다양한 나무의 소리를 들어 본다. 9. (질문)나무의 소리는 어디에서 나는 것일까요? 10. (질문)나무가 살아 있다는 또 다른 증거는 무엇일까요? 11. (질문)나무 뿌리에서 가장 위쪽까지 물을 어떻게 이동시킬까요? 12. (질문)물은 나무의 어느 곳을 통해 이동하고, 양분은 어디로 이동하는 것일까요?

생각해 보기

1. 연간 숲 체험 프로그램에 대한 활동을 이야기해 보자.

2. 연령별 다양한 숲 체험 프로그램에 대한 활동을 이야기해 보자.

제14장

우리나라 방과후 아동지도의 문제점 및 과제와 발전방향

1. 우리나라 방과후 아동지도의 문제점
2. 우리나라 방과후 아동지도의 과제
3. 우리나라 방과후 아동지도의 발전방향

우리나라 방과후 아동지도의 목적은 아동을 안전하게 보호하고, 학교교육을 보완하여 아동의 흥미, 욕구를 충족시키는 활동과 생활지도 등을 통해 아동의 건전한 사회적, 정서적 발달을 돕는다. 그리고 학업성취 능력 향상의 기회를 제공하고, 아동의 부모 및 가족 전체의 안정되고 건전한 생활을 지원한다. 이 방과후 아동지도의 목적에 비추어 방과후 아동지도의 문제점을 살펴보고, 우리나라 방과후 아동지도의 과제와 전망은 방과후 서비스 역할분담모형 개발에 관한 연구(이태수 · 김민 · 이혜숙, 2011) 및 방과후 아동지도(서영숙 외, 2010)에 나온 내용과 최선숙(2008)의 지역아동센터 현안문제에 대한 정책 제언, 그리고 서영숙, 이향란, 신지현(2007)의 방과후 활동 운영시스템 개선방안을 토대로 요약 · 정리하고자 한다.

1. 우리나라의 방과후 아동지도의 문제점

첫째, 방과후 아동지도의 공보육화가 이루어지고 있지 않다.

방과후 아동지도의 공보육화가 이루어지기 위해서는 효율적인 운영비의 지원이 되어야 한다.

2011년 지역아동센터 운영비 지원은 약간 증액되어 현재 지원 금액은 개소당 월 320만원이다(급식비 지원은 별도). 이 금액으로는 지역아동센터를 정상적으로 운영하기 위해서는 턱없이 모자라는 액수이며 방과후 지원센터의 지원 금액을 늘려야 한다. 그러나 아직도 지역아동센터 운영을 정상화하기 위해서는 필요한 예산의 규모에 대한 많은 논란이 발생하고 있다. 따라서 지역아동센터 운영에 어느 정도 예산이 필요한지에 대한 정확한 추계가 이루어질 필요가 있으며, 이를 위한 표준운영비 개념 등이 도입될 필요가 있다. 이렇듯 방과후 아동지도 시설의 급속한 양적 증가에 비해 이를 뒷받침할 충분한 제도적 지원미비와 일부 지자체의 급식비 예산 부족으로 인해 급식비 지원이 미지급되고 있고, 또 지원을 하더라도 방학에만 급식비 지원을 하고 있어 결식아동에 대한 운영비 현실화, 다양한 욕구를 가진 이용

아동에 대한 대비 부족, 종사자 수 및 인건비 상향 등의 과제가 문제점으로 들어나고 있다.

둘째, 방과후 아동지도를 위한 법적 조처가 이루어지지 않고 있다.

방과후 아동지도가 지역 내에서 활성화되기 위해서는 안정적인 제도 및 법적 근거를 확보할 필요가 있다. 방과후 아동지도의 교육 및 지원활동의 가장 큰 약점 중 하나는 방과후 아동지도 교육 및 지원활동에 대한 법적 근거가 없어 중앙정부, 지방자치단체, 시 · 도교육청 및 지역 교육지원청, 단위학교, 청소년 방과후 아카데미, 지역아동센터 등의 안정적이고 지속적인 재정적 · 행정적 지원을 받지 못하고 있다는 점이다.

특히 국가 및 지역차원에서 장기적 비전을 갖고 방과후 활동에 대한 중장기 발전방안을 마련하지 못하고 있는 점도 여기에 기인한다. 따라서 지역아동센터, 방과후 학교는 물론이고 청소년 방과후 아카데미를 포함해 모든 방과후 교육 · 지원기관을 다루는 근거 법령을 제정 · 개정을 할 필요가 있다.

현재 방과후 학교는 구체적인 근거 법령을 마련하는 과정이고, 지역아동센터는 설치 · 운영에 대한 근거 법령을 갖고 있지만 지역별로 조례 등을 통해 지역아동센터 운영지원에 관한 또 다른 법적 근거를 갖고 있는 정도이다. 이처럼 개별적인 법적 근거를 확보하기보다는 보다 큰 범위에서 방과후 교육 및 지원에 관한 법령을 제정하여 안정적인 사업운용이 가능하도록 할 필요가 있다.

여기에는 전문 인력 확보 및 학교와 지역사회 제반기관과의 유기적인 연계 협력 방안에 대한 근거 조항도 마련하여야 한다(이태수 외, 2011).

셋째, 방과후 아동지도시설이 부족하다.

방과후 아동지도시설 확충을 하기 위해 먼저 적정 수의 지역아동센터 추계를 위한 수요 공급조사가 필요하다.

지역사회에 보호가 필요한 아동을 보호하기 위해서는 어느 정도 수준의 지역아동센터가 필요한지에 대한 수요 공급조사는 최우선적으로 진행될 필요가 있다. 지역아동센터가 많이 설치된 지역에서는 지역아동센터가 계속 운영되어 신규 지역아동센터의 설치에 대한 진입장벽이 필요하지만 아직도 농산어촌 지역에서는 신규센터의 설치가 필요하다. 따라서 전국적인 수요공급 추계조사를 통해 지역아동센터의 지역별 수급계획을 수립하는 것이 필수적이다.

넷째, 방과후 아동지도시설 운영을 위한 행 · 재정적 조치가 취해지고 있지 않으며, 이에 대한 홍보가 이루어지고 있지 않다.

방과후 서비스는 방과후 학교, 지역아동센터, 청소년 방과후 아카데미 등에서 각각이 특징과 장 · 단점을 지닌 채 시행되고 있으며 서비스 추진 부처가 다르고 사업명의 차이를 보이고 있으나 사업의 내용에 있어 유사성도 적지 않게 지니고 있다.

교육과학기술부의 방과후 학교, 보건복지부의 지역아동센터, 여성가족부의 청소년 방과후 아카데미 등 방과후 서비스의 3원화 체제는 근거법률이나 운영 방식 및 지원방식에서의 차이를 보임에도 불구하고 운영과정에서 그 차별성이 드러나지 않아 그 역할을 분담하고 조정해야 할 필요성이 있다. 특히 최근 들어 교육과학기술부는 학부모의 요구 및 시대적 추세를 반영하여 방과후 학교에서 교육 돌봄 기능을 강화하고 종일 돌봄교실 등의 설치를 확대하는 정책을 추진하고 있어 그간 돌봄을 중심으로 방과후에 아동을 지역에서 살펴왔던 지역아동센터와 기능이 중복될 수 있다. 중앙에서의 사업추진 부처가 달라 연계와 협력이 잘 이루어지지 않는다.

방과후 학교는 '교육과학기술부-시 · 도 교육청-교육지원청-단위학교'로 이루어지는 반면, 지역아동센터는 '보건복지부-시 · 도 여성가족청소년담당부서-지역아동센터'로 청소년 방과후 아카데미는 '여성가족부(한국청소년활동진흥원)-청소년 방과후 아카데미'로 사업이 추진되고 있어 중앙, 광역, 기초단위에서의 연계협력이 제대로 이루어지지 않고 있다. 즉 중앙부처별 사업별로 수직적인 운영체계를 확보하고 있으나, 각 기관별 방과후 서비스와 관련하여 수평적 연계협력체계가 운영되고 있지 않아, 중앙, 광역, 기초에서의 연계협력이 부재하고, 이로 인해 지역에서의 방과후 서비스는 사업별로 별도로 추진되고 있는 상황이다. 이로써 아동 · 청소년의 방과후 활동에서의 유의미한 경험을 제공하는데 어려움이 수반된다. 때문에 방과후 서비스 주체인 방과후 학교(방과후 돌봄교실), 지역아동센터, 청소년 방과후 아카데미의 역할분담이 적절하게 이루어질 필요가 있다.

다섯째, 다양한 프로그램 개발이 이루어지지 않았다.

다양한 프로그램 및 운영모델 개발 · 보급과 가이드라인을 제시하여 아동 · 청소년 욕구에 부응한 수요자 중심의 다양한 프로그램과 운영모델이 개발 · 보급 확대하여야 한다. 초등학생의 저학년과 고학년은 방과후 아동지도 프로그램에 대한 요구가 다르다. 그런가 하면 장애아, 다문화가정, 새터민 등 특별한 요구를 가진 아동을 지원하는 방과후 아동지도 프로그램도 필요하다. 또 방과후 아동지도 시설이 위치한 지역이나 이용 아동의 특성에 따라, 그리고 시설의 규모와 운영주체에 따라 운영방법도 차이가 있을 것이다. 그러나 이렇게 아동과 지역적 특성에 따라 프로그램과 운영의 특성이 다르다고 해서 아동이 받을 방과후 아동지도의 질적 수준이 지나치게 차이가 나서는 안 된다. 그러므로 다양한 주체에 의해 운영되고 있는 각 서비스 질 제고를 위해서는 서비스 표준화 및 운영 매뉴얼 보급을 통해 서비스 품질을 강화하도록 하여야 한다. 공적 방과후 시설의 다양한 영역(운영, 종사자, 프로그램, 급식 등)에서의 체계화 및 표준화가 필요하다고 서영숙 외(2010)는 강조하고 있다.

그런데 최선숙(2008)은 방과후 아동지도 서비스에 대한 운영모델이 정착되어 있지 않기 때문에 오히려 그 기능과 역할에 대한 조정이 훨씬 용이한 상태이며, 민간의 자율성을 바탕으로 한 다양한 방식으로 운영할 수 있는 측면도 있다. 지나친 표준화는 오히려 지역아동센터의 민간 자율성을 저해하고 기능을 약화시킬 수 있기 때문에 기본적인 시설, 종사자 기준, 운영 프로그램, 행정 · 회계 업무 등에 대한 가이드라인을 제시하는 속에서 기능과 역할에 따른 특성화를 추진하고, 특히 청소년, 농산어촌, 다문화 등 지원체계를 구축하여야 한다고 강조하였다.

여섯째, 방과후 아동지도 교사의 양성 및 활용방안이 미비하다.

종사자 급여에 있어, 특히 지역아동센터의 시설장이나 생활복지사의 급여수준은 80~100만원 수준으로 매우 열악하고, 유사 직종과의 비슷한 수준으로 상향하여야 한다. 초등 방과후 보육강사의 경우도 지자체마다 실정이 다르나 대체로 보육교사보다 낮은 정도의 급여를 받고 있다. 지역아동센터 종사자 경우 이들의 자격기준인 사회복지사, 교사자격증, 보육교사 등으로 되어 있으나 이들 전문 자격증과 경력, 유사 직종에 비해 상대적으로 낮은 급여와 열악한 근무환경에 처해 있다. 종사자의 근무여건이 열악하므로 소진, 잦은 이직률, 전문성 약화 등을 초래하고 있다.

2. 우리나라 방과후 아동지도의 과제

첫째, 방과후 아동지도에 대한 개념정리가 되어야 한다.

방과후 아동지도는 방과후 보육, 공부방, 방과후 교실, 방과후 아동센터, 방과후 아동보호 등 다양한 용어로 혼용되어 사용되고 있다. 주로 사용되는 용어인 방과후 아동지도와 방과후 아동보육의 정의를 살펴보면 약간의 차이가 있다. 방과후 아동지도는 연령이 높아질수록 보호적 차원보다 교육적 차원을 강조하는 측면이 있고, 방과후 아동보육은 아동의 교육적 측면을 강조하기보다는 복지적 차원에서 보호해야 한다는 점에서 약간의 차이가 있을 수 있다(김재인 · 이향란, 2004). 두 가지가 유사한 것처럼 보이지만 실제적인 현상을 고려해 보면, 방과후 아동보육은 방과후 아동지도보다 더 넓은 개념으로 이해될 수 있다(이소희, 2005). 그러나 최근에는 방과후 보육이라는 용어보다 교육적 측면을 강조하는 방과후 아동지도라는 용어가 더 많이 사용되어지고 있다.

둘째, 방과후 학교를 대폭 확대하여 사교육 부담을 경감하여야 한다.

2011년 5월말 기준으로 전국의 지역아동센터 수는 3,802개소, 이용 아동은 102,089명으로 조사되었다.

정부는 양질의 방과후 학교를 대폭 확대하여 사교육 수요를 대체함으로써 사교육비 부담을 완화하여야 한다. 특히 수요가 많은 초등학교 저학년 대상 프로그램을 확대하여야 하며, 주말 · 공휴일 · 일요일 프로그램, 가족기능 강화 프로그램, 사랑방 프로그램, 야간보호 프로그램 운영, 1318세대 프로그램 등 다양한 프로그램을 운영하여야 한다. 또한 방과후 아동지도는 저소득층뿐 아니라 모든 아동이 부모의 귀가시간까지 안전하게 보호받으며 전인적 발달에 필요한 활동을 하며 시간을 보낼 보호권, 발달권, 교육권, 참여권을 가지고 있음을 인정하고 제도적으로 지원하는 공적 서비스로 확대되어야 한다. 또 이런 방과후 아동지도 서비스를 제공함으로써 결국 국가는 아동의 건강하고 행복한 발달로 유능한 인적 자원을 확보하고

저출산의 문제해결에도 효과가 있을 것이다.

※ 지역여건 및 실정에 따라 운영시간 연장 및 토 · 일요일 운영 가능(학생 참여율 : '06년 41% → '10년 65%)

셋째, 방과후 아동지도 서비스 운영비 확충과 종사자 신분의 안정성 확보가 필요하다.

2008년부터 전국 지역아동센터연합회를 비롯한 지역아동센터 운영자들은 최소한 월 600만원(연 7,200만원)은 지원되어야 한다고 주장한다.

그러나 현재 운영 중인 지역아동센터 중 정부지원을 받지 못한 곳은 2008년 6월말 기준 전체 2,810개소 중 2,088개소(약 74%)에 대해서만 운영비가 지원되고 나머지 722개소는 지원을 받지 못하고 있는 실정이다(김양빈, 2008; 서영숙 외, 2010, 재인용). 또한 시설장의 역량에 따라 운영비 조달과 제공서비스의 편차가 크며 시설의 크기에 따라 지원에 대한 요구도 차이가 있다. 그러므로 지역아동센터에 대한 일정 기준을 확립하는 것과 서비스의 질적 향상도 해결해야 할 과제이다.

표 14-1 아동관련 종사자 인건비 평균 임금*

(단위 : 원)

	최저임금	지역아동센터	공동생활가정(그룹홈)1)	청소년 아카데미2)	사회복지사3)	보육시설4)
월평균 임금	786,480	852,269	1,412,418	1,220,000	819,000	1,274,140
비고	2007년 기준	2007년 하반기기준		SM 1인기준	생활복지사 초봉 기본급	보육교사 초봉 총액

* 출처 : 최선숙(2008). 지역아동센터 현안문제에 대한 정책 제언. 한국방과후아동지도학회 2008년도 추계학술대회자료집, p. 52.

1) 2007년도 아동복지사업 안내에 공동생활가정(그룹홈)의 경우, 2인의 인건비가 지원되며 1인당 연 16,949,000원, 즉 월 1,412,418원이 지원됨.
2) 청소년 방과후 아카데미의 경우 PM(업무총괄) 1인과 SM 2인(담임교사)의 인건비가 정부로부터 지원되고 있음. PM의 경우 연 21,600,000원이고, SM의 경우 2인이 29,280,000원으로 1인당 연 14,640,000원으로 월평균으로 환산하면 1,220,000원임.
3) 2007년 사회복지시설 공동 업무 지침 중 2007년 사회복지생활시설 종사자 기본급 가이드라인이며, 생활복지사 초봉 1호봉을 기준으로 하였으며 실급여는 기본급+수당이므로 더 높음.
4) 2007년 보육시설종사자 인건비 지급기준에 의거하였으며, 보육교사 초봉 1호봉을 기준으로 하였으면 실제 급여는 각종 공과금 공제 후 1,178,230원임.

방과후 학교 보육강사의 경우, 계약직으로 신분이 안정적이지 못하며 일정액 이상의 급여를 받을 수 없는 구조로 되어 있다. 방과후 아동지도는 아동이 가정에서 받지 못하는 돌봄을 주는 기능을 하므로 방과후 교사(아동지도사)의 안정성은 아동의 정서적 안정과 신뢰감 구축에 상당히 중요하다. 그러므로 방과후 교사에게 적정한 급여를 지급하는 것은 물론 이들이 안심하고 근무할 수 있는 근무여건이 마련되어야 한다(서영숙 외, 2010).

넷째, 방과후 서비스에 대한 일관된 행정전달체계를 구축할 필요가 있다.

중앙에서 시 · 도, 시 · 군 · 구, 읍 · 면 · 동에 이르는 아동 및 청소년 복지서비스 행정 전달체계가 방과후 서비스사업에서도 전제되어야 한다. 특히 보육정보센터처럼 시 · 군 · 구단위에서 지역 내 방과후 교육 및 지원활동을 매개하는 역할기관(예 : 방과후 교육지원센터)을 둘 필요가 있다. 현재 교육과학기술부, 보건복지부, 여성가족부에 의해 각기 추진되고 있는 방과후 서비스사업들이 궁극적으로 우리나라의 아동 · 청소년들의 방과후 건강한 활동이 보장되는 유효한 사업이 되기 위해서는 일관된 행정 전달체계 구축이 필요하다.

방과후 아동지도는 현재 지역아동센터, 방과후 보육시설, 청소년 방과후 아카데미, 방과후 돌봄교실 등에서 이루어지고 있고, 방과후 사업들이 다양한 기관에서 별도의 지원체계를 가지고 중복적으로 시행되고 있으며, 사업 간의 연계 또한 미흡하다. 그러므로 방과후 아동지도시설은 지역사회 내의 아동복지관련 기관간의 연계와 조정이 가능하도록 지방자치단체와 민간 사회복지기관간의 인식전환 및 적극적 노력을 유도하여야 한다. 사회복지관이나 드림스타트센터, 보육정보센터, 건강가정지원센터, 다문화지원센터, 방과후 학교 지원센터, 청소년시설 등 지역사회의 다양한 아동·청소년 복지 인프라와 연계하며, 방과후 아동지도에 참여하고 있는 주체들 간의 협력을 통해 아동과 청소년에 대한 통합 서비스 체계를 구축해야 할 것이다.

지역아동센터에 '지역'이라는 이름을 명명한 것은 아동의 보호와 교육에 있어 지역사회 자원연계가 필수적이기 때문일 것이다. '아이 한 명을 키우는데 마을 전체가 필요하다(It takes a village to raise a child)'는 말처럼 지역아동센터는 지역사회와 더불어 지역사회 내 빈곤, 저소득층 가정의 아동, 유기와 방임 아동, 사회적 돌봄을 필요로 하는 아동을 함께 보호하고 육성함으로써 지역사회를 변화시키고 활성화해야만 아동들이 행복한 지역사회의 중심에 지역아동센터가 있다(최선숙, 2008; 이태수 외, 2010, 재인용).

3. 우리나라 방과후 아동지도의 발전방향

서영숙(2009)의 발표 내용을 중심으로 방과후 아동지도의 궁극적 발전방향을 소개하면 다음과 같다.

1) 부모와 가족의 방과후 아동지도를 지원하는 정책

부모와 가족은 아동을 요람에서 무덤까지 돌보며 책임지는 사람이며, 일차적이며 영구적인 교육자이다. 부모와 가족이 자녀에게 최선의 방과후 아동지도를 할 수 있도록 지원하는 방과후 정책이 이루어져야 한다.

- 부모와 가족의 방과후 아동지도 역할의 중요성 강조
- 부모와 가족의 방과후 아동지도를 위한 지식과 방법론에 관한 교육 제공
- 방과후 아동의 안전을 위협하는 요소 등에 대한 정보제공
- 장애 및 취약계층, 동생을 돌보는 아동의 가정 등에 대한 지원 강화
- 아동이 안전하게 뛰어놀 수 있는 공간과 지도자가 있는 모험놀이터 제공
- 방과후 아동지도와 관련하여 상담해 주는 부모지원전문가(상담사) 배치
- 방과후 아동지도가 필요한 모든 부모에게 방과후 서비스 제공
- 부모의 방과후 아동지도시설에 대한 파트너십의 중요성 강조
- 부모의 방과후 아동지도시설에서의 자녀 피해에 대한 불만 접수 및 공정(개) 처리
- 부모에게 방과후 아동지도시설에서의 아동생활과 발달기록 정기적 제공
- 방과후 아동지도시설 운영위원회에의 부모 참여 요구

2) 아동의 요구와 미래시대의 필요에 부응하는 방과후 아동지도 프로그램을 제공하는 정책

방과후 아동지도 프로그램이 아동의 발달적 요구와 미래시대를 준비하며 성장하도록 하기 위해서는 다음과 같은 방과후 아동지도 정책이 이루어져야 한다.

(1) 좋은 교육 및 활동 프로그램 제공

- 아동의 연령에 따른 교육이 아니라 발달적 요구가 반영된 프로그램
- 충실한 영양 및 건강 서비스
- 아동과 부모가 선택할 수 있는 다양한 프로그램, 예를 들면 기초학업 보충 프로그램, 특기신장 프로그램 등
- 아동이 주도하는 다양한 문화, 사회참여 방과후 프로그램
- 장애, 다문화가정, 한부모가정 등 특별한 요구 아동에 맞는 프로그램
- 미래의 고도 기술사회에 대비한 직업교육 프로그램
- 알코올이나 약물, 흡연 등의 오남용 방지교육 프로그램
- 행동장애, 비행 등의 문제를 보이는 아동, 학교에 다니지 않는 아동을 위한 프로그램 등

(2) 방과후 아동지도 전문가 배치

- 방과후 아동지도 시설에 국가공인 자격을 가진 방과후 아동지도 전문가(아동지도사) 배치 : 아동 · 청소년기본법 전면 개정안에 아동지도사 제도를 신설하여 다양한 유형의 방과후 기관에 근무하는 전문가로 배치할 것을 기대하고 요구함
- 미래세대 준비에 필요한 방과후 아동지도 전문가 재교육 실시
- 지역사회와의 파트너십을 통한 전문가, 자원봉사자, 멘토 등의 지원 등

(3) 놀이터를 포함한 방과후 아동지도 시설의 물리적 환경 최적화

- 아동의 의견이 반영된 방과후 아동지도 시설 환경 제공
- 아동의 안전을 지키는 것과 자유를 허용하는 것 사이의 균형을 가진 시설 설비제공 : 가령 안전놀이터와 지도자가 배치된 모험놀이터
- 미래지향적 방과후 아동지도시설 및 설비 확충, 특히 저소득 계층의 방과후 아동지도기관 환경 우선 개선
- 환경 친화적, 아동 친화적 방과후 아동지도시설 및 설비 기준 마련
- 건강한 방과후 아동지도 친화적 지역사회 환경 확대 등

3) 아동과 부모 및 가족의 요구가 반영된 정책

방과후 아동지도 정책에서 방과후 아동지도의 일차적인 수요자인 부모나 아동, 특히 아동의 요구를 제대로 반영하여야 하는 것에 대한 의식이 그리 크지는 않다고 본다. 다음과 같이 아동과 부모 및 가족의 요구가 반영되는 방과후 아동지도 정책을 기대한다.

- 부모와 가족의 방과후 아동지도 정책 입안이나 부모관련 정책에 참여
- 방과후 아동지도에 대한 아동의 직접적인 의견 개선과 아동참여 격려
- 아동의 학교 교사와 방과후 아동지도 전문가를 통한 아동 의견 반영
- 아동연구 전문가의 방과후 아동생활 참여관찰 및 조사를 통한 아동 요구 반영 등

4) 예방적 방과후 아동지도를 위한 정책

- 방과후 아동지도가 사회적 공적 서비스라는 공감대를 형성하도록 하는 대국민 홍보 및 정책의 우위성 확보
- 방과후 아동지도 전문가를 비롯한 방과후 아동지도기관 서비스의 질적 기준 확립

- 방과후 아동지도 관련 법적 근거 및 전달 및 운영체계 확립
- 방과후 아동지도 서비스의 보상 및 감독 체계 확립
- 방과후 아동지도를 위한 예산 확보 등

아동의 성장환경인 생태체계가 더욱 급격하고 강력하게 변화하고 경제사정이 악화됨에 따라 취약계층 아동을 위해서는 물론 적절한 비용을 내고 이용할 수 있는 가족을 위해서도 질적으로 우수한 방과후 아동지도의 필요성과 중요성은 더욱 커지고 있다. 초등학교에서 이루어지는 방과후 프로그램에 대한 부모들의 요구와 신뢰가 크므로 초등학교 방과후 보육이 더욱 활성화될 것이며, 취약 계층의 방과후 아동지도를 담당하고 있는 지역아동센터도 국가 지원이 우선 배정되어야 하는 프로그램이다. 또 초등학교 고학년 아동의 문화적, 교육적 요구를 담아 내고 있는 청소년 방과후아카데미는 그 프로그램이나 전문가 대우 면에서 방과후 아동지도 분야에 새로운 바람을 불러일으킨 사업이다. 비록 보육시설의 방과후 보육이 지금은 소강상태이나 종합적인 자녀양육지원의 차원에서 어떤 형대로든 그 한 영역을 담당하지 않을 수 없을 것이다. 앞으로 이들 프로그램간의 연계와 협력을 위한 법적, 제도적 장치가 이루어져 각 프로그램의 정체성과 재정 투자의 효율성을 살리면서도 방과후 아동이 제대로 돌봄을 받을 수 있음을 확인할 수 있어야 한다.

방과후 아동지도는 학교도, 가정도, 길거리도 아닌 베이스 캠프이자 중개공간의 성격을 가진 프로그램이다(서영숙, 2007). 이런 성격을 지닌 프로그램의 장점은 살리고 약점은 극복하기 위해서는 방과후 아동지도 프로그램 관련 정부부처나 현장 실무자, 부모, 그리고 관련 조직이나 지역사회간의 민주적이고 협력적인 관계가 형성되도록 해야 하며, 방과후 아동지도 프로그램의 철학과 방법에 대한 공동인식을 형성하도록 지속적인 소통이 이루도록 해야 한다.

이를 위해 우선 방과후 아동지도 전문가의 자격조건과 양성과정을 전문화하고 지속적인 보수교육을 제공하는 장치를 마련해야 하며 적정한 근무여건을 갖추도록 해야 한다. 그리하여 방과후 아동지도 프로그램이 지역사회와 적극 연계되는 종합적인 육아지원 정책이 되도록 해야 한다.

생각해 보기

1. 방과후 아동지도가 외국처럼 활성화되려면 어떤 정책이 필요한지 생각해 봅시다.

2. 방과후 아동지도에 필요한 프로그램들은 어떤 것들이 있어야 되는지 생각해 봅시다.

부 록

'방과후 교사' 자격시험 예상문제

1. 다음 중 방과후 아동지도의 개념을 바르게 설명한 것은?

① 학교의 정교 수업을 학령기 아동을 대상으로 연장하는 각종 프로그램
② 학교 수업이 없을 때에 어른의 보호를 받을 수 없는 학령기 아동을 보호 · 교육하는 것
③ 아동이 타율적 · 비통계적으로 생활할 수 있도록 지원해 주는 방안
④ 초등학생을 대상으로 학교가 끝난 후에만 보호 · 교육하는 활동
⑤ 부모의 역할을 대신해 주는 서비스

해설 방과후 보육은 아동을 안전하게 보호하고, 건강한 신체적 발달과 학교교육을 보완해 줄 수 있도록 자율성과 창의성을 도모한다.

정답 : ②

2. 최근 방과후 아동지도의 필요성에 대한 설명 중 맞지 않는 것은?

① 가정 양육환경의 변화로, 성인 부재와 양육 취약 가정이 증가
② 교육환경의 변화로, 우수 인적 자원 육성의 중요성과 사교육비 및 교육 격차 해소
③ 사회환경의 변화로, 아동 유해환경의 접근과 아동권리 인식의 증가
④ 학습 보충교육의 변화로, 다양한 재능학습과 심화보충학습의 증가
⑤ 경제환경의 변화로, 여성노동력 수요 및 청년실업률 해소 및 일자리 창출

해설 여성들의 경제활동 참가 증가와 가족구조의 변화로 인해 아동들은 방과후 혼자 있는 시간이 많아 사회적 돌봄이 필요하게 되었고, 사교육비 및 교육의 격차를 해소한다.

정답 : ④

3. 현재 우리나라에서 이루어지고 있는 방과후 아동지도의 유형과 근거법 및 주무부처가 바르게 연결된 것은?

① 보육시설의 방과후 교실 – 아동복지법 – 여성가족부
② 지역아동센터 – 아동복지법 – 보건복지부
③ 청소년 방과후 아카데미 – 초 · 중등학교법 – 여성가족부
④ 초등학교 돌봄교실 – 청소년보호법 – 교육과학기술부
⑤ 방과후 학교 – 초 · 중등학교법 – 보건복지부

해설 방과후 보육시설과 관련한 법률은 영유아보육법이며, 지역아동센터는 아동복지법이다.

정답 : ②

4. 방과후 아동지도의 목적으로 적절하지 않는 것은?
   ① 아동을 안전하게 보호하고 건강한 신체적 발달을 도모한다.
   ② 교사 주도적인 학교교육을 대체하여 자율성과 창의성을 도모한다.
   ③ 학업성취 향상의 기회와 학습에 필요한 기술과 탐구능력을 도모한다.
   ④ 정서적 안정감과 긍정적인 자아개념을 도모한다.
   ⑤ 지역사회와의 상호작용을 통해 긴밀한 유대감을 도모한다.

해설 방과후 아동지도는 학교교육을 보완하는 기능을 해야 한다.

정답 : ②

5. 초등학교 저학년을 대상으로, 학교 내에서 이루어지는 방과후 보육프로그램의 명칭은?
   ① 초등 보육교실 ② 방과후 보육학교 ③ 특기적성활동
   ④ 초등 돌봄교실 ⑤ 방과후 학교

해설 2011년부터 초등학교 방과후 아동지도 명칭이 '돌봄교실'로 통일하여 사용하게 되었다.

정답 : ④

6. 만 18세 미만의 학교에 다니지 않는 아동이 다닐 수 있는 방과후 아동지도기관은?
   ① 지역아동센터 ② 청소년 방과후 아카데미 ③ 돌봄교실
   ④ 어린이집 방과후 교실 ⑤ 청소년 쉼터

해설 돌봄교실은 학교를 다니는 아동을 대상으로 하고 있고, 연령도 초등학생이며, 어린이집에서 운영하는 방과후 교실은 12세 미만이므로 초등학교 연령까지만 다닐 수 있다. 또한 청소년 방과후 아카데미도 탈학교 아동이 다닐 수 없다고 규정되어 있지 않으나 연령이 중 2학년까지이므로 만 18세 아동은 다닐 수 없다. 지역아동센터는 만 18세 미만까지의 모든 아동이 다닐 수 있다.

정답 : ①

7. 방과후 아동지도는 아동의 어떤 권리를 보장하려는 프로그램인가?
   ① 복지권과 참정권
   ② 교육권과 주거권
   ③ 교육권과 복지권
   ④ 생존권과 참정권

⑤ 발달권과 복지권

해설 아동들은 헌법에 의하면 복지권과 교육권을 가지고 있다. 아동의 권리에 관한 국제협약에 의하면 발달권, 생존권, 보호권, 참여권을 가지고 있다.

정답 : ③

8. 방과후 아동지도의 성격으로 올바른 것은?
① 학교교육과 연계하여, 학교 수업의 연장이다.
② 부모의 역할을 대신하는 서비스이다.
③ 가정교육과 학교교육을 보완해 주는 역할을 한다.
④ 아동들에게 공동체적 삶의 가치보다도 도전과 경쟁을 경험하도록 한다.
⑤ 부모의 요구나 학교의 요구에 부응하기 위한 학습 위주의 활동이다.

해설 방과후 아동지도는 가정교육과 학교교육을 보완하는 기능을 한다.

정답 : ③

9. 외국의 방과후 아동지도 현황에 대한 다음 설명 중 맞는 것은?
① 독일의 방과후 아동지도는 호르트와 온종일 학교 프로그램이 있다.
② 미국은 방과후 보육의 전반적인 평가책임은 국립교육원에서 이루어지고 있다.
③ 스웨덴은 학령기 아동보호, 청소년 개발, 보충심화학습, 특기적성 개발 프로그램으로 구성되어 있다.
④ 외국의 방과후 아동지도는 선별적 접근을 취하고 있다.
⑤ 일본과 미국은 국가적으로 방과후 아동지도에 대한 필요성에 의해 탄생했다.

해설 방과후 아동지도 프로그램 대상 아동은 외국뿐만 아니라 우리나라도 모든 아동에게 기회를 주는 보편적 접근을 취하고 있으며, 스웨덴은 방과후 보육의 전반적인 평가책임은 국립교육원이 하고 있다. 미국은 학령기 아동보호, 청소년 개발, 보충심화학습, 특기적성 개발 프로그램으로 이루어져 있다. 일본과 미국의 방과후 제도는 부모들의 필요성에 의해 자연발생적으로 탄생하였다.

정답 : ①

10. 독일 호르트와 관련된 설명으로 올바른 것은?
① 부모와 학교 교사, 호르트 교사간의 공동 작업을 중요하게 생각한다.
② 지방자치단체 중심으로 설립한 가정보육제도이다.

③ 방과후 보육을 위해 20세기부터 시작하였다.
④ 40명 정도의 아동을 1~2개의 집단으로 구성하며 집단별로 1명의 교사가 배치된다.
⑤ 대상아동은 6~12세까지로 제한되어 있다.

해설 호르트는 19세기 말부터 교육개혁으로 생겨났으며, 특성화 프로그램인 '공동작업'과 '개방작업'을 통해 아동 간, 교사 간, 아동과 교사 간, 기관과 학부모간, 기관과 지역사회 간의 다양한 파트너십을 강조하고 있다. 혼합연령으로 1개 반에 20명으로 구성되어 있으며, 초등학교 입학생부터 14세까지의 청소년이 이용할 수 있다.

정답 : ①

11. 아동이 가정 밖의 학습경험에 참여함으로써 얻을 수 있는 장점이 아닌 것은?
① 협동정신의 학습태도를 기른다.
② 집단생활을 통하여 경쟁심과 공격성을 배운다.
③ 또래 아동과 상호작용이 연장되고 다양한 문화적 배경을 학습한다.
④ 아동의 사회화의 중계자인 성인과 다양한 관련을 맺을 수 있다.
⑤ 새로운 경험과 도전을 통해 학습 성취능력의 향상을 도모한다.

해설 학령기 아동은 또래친구와의 상호작용을 연장하고 다양한 문화에 접촉할 수 있다.

정답 : ②

12. 방과후 보육의 유형 중 자기보호(self-care) 아동에 대한 설명 중 옳은 것은?
① 아동의 자존감, 책임감, 가족에 기여감이 낮다.
② 독립심이 강하여 안전이나 보호 기술이 필요하지 않는다.
③ 부모의 건전한 생활모델이 필요하다.
④ 고학년보다 저학년 아동에게 알맞다.
⑤ 규칙적인 생활패턴으로 사회성이 발달한다.

해설 자기보호(self-care) 아동은 독립심과 책임감이 강하고 가족에 기여는 할 수 있으나 방과후 혼자 있어 안전에 노출되고, 공포와 두려움 등으로 정서적인 불안감을 초래할 수 있으며, 사회성이 부족할 수 있다. 그러므로 저학년 아동보다 고학년 아동에게 적합한 유형이라고 할 수 있다.

정답 : ③

13. 방과후에 성인의 적절한 보호 없이 지내는 아동에게 발생하는 가장 심각한 문제에 해당하는 것은?

① 애정결핍과 안전사고에 노출되기 쉽다.
② 또래친구와 잘 어울리지 못한다.
③ 학교공부에 대한 예습의 어려움이 있다.
④ 양심과 도덕성 발달이 지연된다.
⑤ 성인과의 관계형성의 어려움을 겪는다.

해설 방과후 부모 혹은 성인들의 지도 없이 방치됨에 따라 각종 안전사고와 폭력, 성폭행, 게임중독 등 위험에 노출될 수 있으며, 애정결핍으로 인한 정서적인 불안을 초래할 수 있다.

정답 : ①

14. 방과후 아동지도기관에서의 안전교육 지도 시 유의할 점이 아닌 것은?

① 예방적 차원에서 방어적 기술 및 태도를 지도한다.
② 발생 가능성이 있는 사고에 주의하도록 한다.
③ 위험상황의 경우 제지 및 예방을 위해 큰 소리를 내도록 한다.
④ 아동의 안전을 위해 아동의 놀이와 활동을 항상 감독한다.
⑤ 안전교육을 통해 기본생활습관을 지키도록 한다.

해설 방과후 아동지도기관에서는 안전교육을 통해 아동의 기본생활습관과 예방적 차원에서 방어적 기술과 태도를 지도한다. 또한 방과후 교사는 발생 가능성이 있는 위험 요소를 제거하고 사고에 민감하게 대처할 수 있는 능력을 갖추고 있어야 한다.

정답 : ④

15. 방과후 유형 중 이웃주민이 아동의 행방을 확인 · 감독하는 방법을 무엇이라고 하는가?

① 안전확인 프로그램(Ceck-in program)
② 방과후 보육프로그램
③ 자기보호((Self-care)
④ 청소년 집단활동
⑤ 전화협조선(Help-line)

해설 안전확인 프로그램(Ceck-in program)은 먼 거리에서 부모가 이웃의 성인을 통하여 아동의 안전과 행방을 확인하고 감독하는 프로그램으로 많은 가정에서 사용하는 방법이다.

정답 : ①

16. 초등학교의 '방과후 돌봄교실'에 대한 설명이 아닌 것은?

① 학교시설을 이용하기 때문에 다양한 공간의 활용으로 매우 경제적인 효과가 있다.
② 학교에서 다른 시설로 번거롭게 이동하는 문제가 해결되어 안전하고 편리하다.
③ 초등학교 개방에 따르는 시설파손, 안전사고 등의 책임소재 문제의 우려가 있다.
④ 초등학교 교사와는 무관한 활동으로 교장의 임의재량으로 실시된다.
⑤ 초등학교와의 연계를 통해 올바른 아동지도와 발달을 도모한다.

해설 방과후 교사는 효율적인 방과후 아동지도를 위해 초등학교에서 이루어지고 있는 교육과정과 학습 내용 및 교수 · 학습방법과 원리를 이해하여, 초등학교와의 연계를 통해 올바른 아동 학습지도와 발달을 도모한다.

정답 : ④

17. 다음은 초등학생의 발달에 관한 내용이다. 바르게 짝지어진 것은?

① 보존개념 – 수와 양에 관한 것으로만 한정되어 있다.
② 열등감 – 아동이 열심히 노력한 것에 대한 보상이 거의 없다.
③ 사회성 – 자기중심적 사고에서 벗어나지 못한다.
④ 조망수용 – 타인의 관점에 대한 이해가 아직 없다.
⑤ 분류화 – 가족들이 사용하는 물건을 대상별로 나눌 수 있다.

해설 학령기 아동의 발달특성은 타인의 관점에서 사물을 보는 조망수용능력, 무게의 보존개념, 분류 및 서열화가 가능하다. 또한 사회성, 대 · 소근육의 협응 기능이 발달하고, 가역성이 획득되며, 논리적 사고가 가능하며 언어사용이 복잡해진다.

정답 : ⑤

18. 아동발달의 일반적 원리로 맞게 설명한 것은?

① 발달은 연속적인 과정이며, 속도가 일정하다.
② 발달에는 개인차가 있다.
③ 발달은 환경에 의해 이루어진다.
④ 발달에는 일정한 방향이 있지 않다.
⑤ 발달은 유전에 의해 이루어진다.

해설 아동발달은 유전과 환경의 영향을 모두 받는다.

정답 : ②

19. 학령기 아동에게 있어 또래친구의 영향력에 대한 다음 설명 중 틀린 것은?

① 또래관계가 아동의 가장 큰 기쁨과 가장 깊은 좌절의 근원이 되기도 한다.
② 또래집단은 대개 이성집단으로 같은 연령층, 같은 취미 등이 비슷하다.
③ 친구는 학령기 아동에게 부모가 줄 수 없는 중요한 정보를 제공한다.
④ 주체성을 확립하도록 비판적 사고를 기른다.
⑤ 많은 사회적 기술을 배우게 된다.

해설 또래집단은 대개 동성집단으로 같은 연령층, 취미 등이 비슷하다.

정답 : ②

20. 학령기 아동의 인지발달에 관한 설명으로 가장 적합한 것은?

① 가역적 사고
② 물활론적 사고
③ 직관적 사고
④ 추상적 사고
⑤ 자기중심적 사고

해설 물활론적 사고, 직관적 사고, 자기중심적 사고는 전조작기의 인지구조이며, 추상적 사고는 형식적 조작기에 해당한다.

정답 : ①

21. 학령기 아동의 전반적인 발달 특징에 대한 설명으로 적합한 것은 ?

① 학령기 아동의 놀이는 취학전 아동의 놀이와 유사하게 이루어진다.
② 타인의 관점에서 사물을 보는 조망수용능력과 대 · 소근육의 협응 기능이 향상된다.
③ 추상적이고 논리적인 사고를 하며, 가설, 연역적 인지구조를 갖는다.
④ 저학년은 동성 친구들보다 이성 친구에 더욱 관심이 많아진다.
⑤ 같은 연령대의 아동의 경우, 키, 몸무게, 신체균형에 있어 개인차는 거의 없다.

해설 또래 친구와의 놀이가 많아지고, 저학년은 동성친구끼리 잘 어울리며, 신체균형에는 개인차가 있다. 자기중심성에서 벗어나지만 추상적 사고, 가설, 연역적 인지구조는 형식적 조작기에 형성된다.

정답 : ②

22. 학령기 아동의 신체발달에 대한 설명이다. (　　　)안에 들어갈 말은?

학령기 아동은 특히 (　　　　)발달이 두드러져 글이나 숫자를 쓰는 능력이 신장되고 각종 악기류를 다룰 수 있게 된다.

① 대근육　　② 소근육　　③ 신체 균형　　④ 지구력　　⑤ 규칙성

해설 학령기 아동은 특히 소근육 발달이 두드러져 글이나 숫자를 쓰는 능력이 신장되고 각종 악기류를 잘 다룰 수 있다.

정답 : ②

23. 학령기 아동의 사회성 발달 특징에 해당되는 것은?

① 또래 친구와의 비교, 경쟁과정에서 자신감을 키울 수 있다.
② 아동의 자아개념은 가족 간의 상호작용만으로 완성된다.
③ 규칙 있는 게임은 어려워한다.
④ 주변 성인과 또래들로부터의 긍정적인 평가는 가치감과 근면성을 발달시킨다.
⑤ 또래집단에 소속되었을 때, 정서적인 불안감을 느낄 수 있다.

해설 학령기 아동의 사회성 발달은 또래들과의 긍정적인 관계를 통하여 자신을 존중하고 타인에 대한 이해와 근면성이 발달된다.

정답 : ④

24. 다음 내용은 무엇에 대한 설명인가?

(　　　　)은 사람이 가지고 있는 역할, 능력, 장점, 기술, 성격, 특성, 약점, 목표들의 집합을 말한다. 효과적인 프로그램은 확장된 (　　　　)을 각 아동에게 경험하도록 해 준다.

① 자아존중감　　② 자아개념　　③ 사회적 가치관
④ 사회적 기술　　⑤ 타인존중

해설 자아개념은 자기 자신에 대한 총체적인 의식이나 관념이다.

정답 : ②

25. 도덕성 발달의 성숙기를 청년기라는 이론을 전개한 학자는?

① 프로이드

② 매슬로우
③ 로저스
④ 콜버그
⑤ 반두라

해설 콜버그는 도덕성 발달의 성숙기를 청년기로 보았다.

정답 : ④

26. 학령이 아동의 발달과업으로 근면성을 발달시켜야 된다고 주장하는 학자는?
① 피아제
② 프로이드
③ 콜버그
④ 융
⑤ 에릭슨

해설 에릭슨은 아동의 발달과업 중 학령기에 근면성을 발달시켜야 된다고 하였다.

정답 : ⑤

27. 학령기 아동의 발달과업이 아닌 것은?
① 학업에 필요한 개념 형성
② 근면성 획득
③ 금전 사용에 대한 기술 터득
④ 자아정체감 형성
⑤ 또래집단의 일원으로 인정받고 신뢰관계 형성

해설 자아정체감 형성이 중요한 시기는 청소년기이다.

정답 : ④

28. 부모가 자녀가 잘한 행동에 대한 긍정적인 보상을 해 줌으로써 형성되는 성격의 구조는?
① 이드(id)
② 자아(ego)
③ 양심
④ 리비도

⑤ 자아이상(ego ideal)

해설 프로이드는 초자아를 양심과 자아이상으로 보았는데, 양심은 처벌이나 비난의 경험으로 생기는 죄책감이며, 자아이상은 잘한 행동에 대한 긍정적인 보상을 받은 경험으로 생긴다.

정답 : ⑤

29. 다음 중 UN아동권리에 관한 국제협약 중, 4대 기본권에 해당되지 않는 것은 무엇인가?

① 생존의 권리
② 발달의 권리
③ 보호의 권리
④ 사회활동의 권리
⑤ 참여의 권리

해설 UN아동권리협약의 4대 기본원칙은 생존권, 발달권, 보호권, 참여권이다.

정답 : ④

30. 방과후 아동에게 초점을 둔 생활지도 원리로서 적절하지 않는 것은?

① 학령기 아동의 발달 특징을 염두에 두고 실시되어야 한다.
② 아동을 양육 · 교육하는 성인 자신의 의지에 기초한 자율성을 토대로 신장되어야 한다.
③ 전인적 발달에 초점을 맞춘다.
④ 아동 개인의 존엄성과 가치, 권리 및 개성을 존중한다.
⑤ 지속적이고 일관된 방법으로 이루어져야 한다.

해설 아동을 양육하는 성인의 자율성이 아니라, 아동 자신의 의지에 기초한 자율성을 토대로 신장되어야 한다.

정답 : ②

31. 학령기 아동의 가족 발달과업으로 가장 알맞은 것은?

① 가사보조는 가족의 도움으로 아동의 연령이 높아질수록 감소한다.
② 아동이 학업에 전념하도록 가사일에 참여시키지 않는다.
③ 가사 일을 도왔을 때 즉각적인 보상을 해 준다.
④ 아동에게 더 좋은 학습기회를 제공하기 위해 거주지를 이동한다.
⑤ 아동이 참여할 수 있는 가사 일을 통해 스스로 신체적 조절능력을 키우도록 배려한다.

해설 학령기 아동의 가족 발달과업은 가족의 유대감을 향상시키기 위해 함께 가사 일을 분담하거나 아동을 참여시켜 책임감과 신체적 조절기능을 키우도록 한다.

정답 : ⑤

32. 학령기 아동의 인지발달을 위한 적절한 원조활동으로 옳은 것은?

① 비현실적이고 추상적인 경험의 장을 제공한다.
② 교사 및 부모가 활동을 정하고 계획 및 실행의 기회를 제공한다.
③ 교과 영역과 관련된 한정된 실습공간을 제공한다.
④ 격려를 통한 지도방법으로 성취감을 부여한다.
⑤ 규칙 있는 놀이를 통해 경쟁심을 고취시킨다.

해설 새로운 개념을 익히기 위해 이미 알고 있는 것, 경험한 것을 토론하고, 탐구활동에 필요한 교재, 사물, 표본 등 실질적인 자료를 제시하거나 아동의 호기심을 충족시키기 위해 다양한 조립, 분류 등을 통해 성취감을 느끼도록 배려한다.

정답 : ④

33. 발달의 최적기에 대한 설명으로 옳은 것은?

① 발달은 유전과 환경의 상호작용에 의해 이루어진다.
② 발달에는 일정한 순서가 있다.
③ 발달에는 결정적 시기가 있다.
④ 발달의 각 영역은 서로 독립적으로 발달하지 않는다.
⑤ 발달은 연속적이나 속도는 일정하지 않다.

해설 아동발달에는 신체, 정서, 언어, 사회영역을 막론하고 결정적 시기가 있다. 즉 결정적 시기(critical period)란 발달이 가장 용이하게 이루어지는 최적의 시기를 의미한다.

정답 : ③

34. 아동문제를 해결하는 접근방법으로서 아동의 정서와 감정을 무의식에 바탕을 두어 접근하는 상담기법은?

① 인본주의적 접근
② 행동주의적 접근
③ 인지주의적 접근
④ 정신분석적 접근
⑤ 합리주의적 접근

해설 인간의 사고와 정서 및 행동에 있어서 무의식 결정인자의 본능적 측면을 강조하는 상담기법은 프로이드의 정신분석이다.

정답 : ④

35. 아동이 바람직한 행동을 했을 때 물리적 또는 사회적 보상을 직접 제공하는 대신에 구매력을 가진 것으로 보상하는 강화방법은 무엇인가?

① 소거
② 부적 강화
③ 행동적 강화
④ 정적 강화
⑤ 토큰 강화

해설 어떤 행동의 강도와 발생빈도를 증가시키는 강화 방법의 하나로, 학습자가 바람직한 행동을 보였을 때, 실물과 바꿀 수 있는 토큰을 주어 기대하는 행동이 계속 일어나도록 하는 방법이 토큰 강화이다.

정답 : ⑤

36. 학령기 아동의 편식 원인으로 가장 거리가 먼 것은?

① 음식에 대한 과거의 나쁜 경험을 했을 경우
② 타고난 유전적 요인
③ 탄수화물이 편중된 식생활
④ 외식에 의존한 식생활
⑤ 처음 먹어 보는 음식

해설 학령기 아동의 편식 원인은 음식에 대한 과거의 나쁜 경험, 당질에 편중된 식생활, 외식에 의존한 식생활 등이다.

정답 : ②

37. 공격적인 아동을 프로그램 활동에서 일시적으로 다른 사람과의 상호작용 없이 일정시간 혼자 있으면서 자신의 행위를 생각해 보도록 하는 것은?

① 공감기법
② 경고
③ 타임아웃
④ 비공격적 환경

⑤ 수용

해설 타임아웃은 교사가 아동을 가르치거나 태도의 개선이 필요할 때 행동 수정을 위한 기법이다.

정답 : ③

38. 두려움을 느끼는 아동에게 가장 적절한 지도 방법은?

① 두려워하는 감정을 수용한다.
② 두려워하지 말라고 말하며 안심시킨다.
③ 환경을 바꾸어 준다.
④ 논리적으로 두려운 대상이 아님을 설득한다.
⑤ 시간이 지나면 괜찮다고 설득한다.

해설 상담과정에 있어서 상담자는 내담자를 하나의 인격체로서 존중하고 인정해 주어야 한다. 즉 두려움을 느끼는 아동에게는 먼저 두려워하는 감정을 수용해야 한다.

정답 : ①

39. 아동의 공격적인 행동을 통제하는 방법으로 알맞은 것은?

① 스스로 타협, 협상 하도록 도와 준다.
② 타임아웃을 한 후, 스스로 반성하도록 한다.
③ 친구들 앞에 부끄러워할 수 있으니 주목하지 않는다.
④ 비공격적인 환경을 조성하기 위해 넓은 공간을 제공 및 이동한다.
⑤ 승승전략의 구성으로 갈등을 다루게 도와 준다.

해설 공격적인 행동을 통제하는 방법으로 넓은 공간을 제공하거나 이동하는 것도 방법이 될 수 있다.

정답 : ④

40. 다음 중 방과후 아동의 학습지도 원리로서 적합하지 않은 내용은?

① 사회화의 원리 : 공동적 학습을 통해 사회적 인격성을 형성하도록 한다.
② 통합성의 원리 : 아동이 좋아하거나 잘하는 교과목을 더 잘할 수 있도록 격려한다.
③ 목적성의 원리 : 학습의욕과 목적의식을 갖도록 자극을 준다.
④ 자발성의 원리 : 자발성을 길러주고 문제해결 방법 등을 터득하도록 유도한다.
⑤ 개별화의 원리 : 아동의 개인차를 인정하고 수준에 맞는 방법을 적용한다.

해설 통합성의 원리는 학습을 부분적으로 분리하지 않고, 지적, 정서적, 사회적, 기능적 분야와 연계하여 종합적으로 지도하는 원리로서 전인교육을 지향하는 것을 말한다.

정답 : ②

41. 탐구활동의 과정을 제대로 서술한 것은?

① 가정 → 관찰 → 일반화 → 적용 → 확인 및 검증
② 가정 → 관찰 → 일반화 → 확인 및 검증 → 적용
③ 가정 → 관찰 → 적용 → 일반화 → 확인 및 검증
④ 관찰 → 가정 → 확인 및 검증 → 일반화 → 적용
⑤ 관찰 → 가정 → 일반화 → 확인 및 검증 → 적용

해설 탐구활동의 과정은 관찰과 가정(예측) → 가정한 내용의 확인 및 검증 → 일반화와 적용이다.

정답 : ④

42. 아동의 탐구심을 강화하는 방법으로 가장 적절하지 않은 것은?

① 아동이 자발적인 호기심을 가지게 한다.
② 질문을 할 수 있는 상황을 만들어 주는 것이 탐구교육의 기초이다.
③ 생활주변의 소재를 활용하는 것이 좋다.
④ 아이들이 하는 질문을 토대로 특정한 탐구활동을 수행해 갈 수 있도록 한다.
⑤ 정답을 찾지 못할 경우 아이들에게 정답을 가르쳐 주는 것이 더 효과적이다.

해설 정답을 가르쳐 주기보다는 아동들이 하는 질문을 이용하여 특정한 탐구활동을 수행해 갈 수 있도록 지도해야 한다.

정답 : ⑤

43. 초등학교 저학년 아동의 인지발달 특성에 대한 것으로 맞는 것은?

① 추상적 사고를 한다.
② 가설, 연역적 인지구조를 갖는다.
③ 조합적 분석능력을 갖는다.
④ 조작의 대부분을 직접적 경험을 통해 획득한다.
⑤ 상상력이 발달하여 창의적 사고가 발달한다.

해설 피아제에 따르면 학령기 아동은 조작의 대부분을 직접적 경험을 통해 획득하는 구체적 조작기에 해당한다.

정답 : ④

44. 다음과 같은 인지발달 단계의 아동에게 가장 적합한 교육은?

- 상징적 표상을 한다.
- 관심이 있는 한 가지 방식으로 집중하여 사고하는 경향이 있다.
- 일차적이고 직관적인 사고를 한다.

① 덧셈을 배울 때, 머릿속으로 해결하게 한다.
② 친구를 사귀기 위해 물질을 사용하도록 한다.
③ 놀이만을 위한 각 활동 영역을 명확하게 한다.
④ 새로운 자극에 대해 가설을 세우고 과학적인 검증을 하게 한다.
⑤ 환경에서의 새로운 자극을 감각 운동적으로 상호작용하게 한다.

해설 피아제의 인지발달단계의 전조작기(2~7세)는 언어를 습득하며 자기중심적이다. 비언어적 상징놀이가 증가하여 가상놀이를 즐긴다. 또한 직관적 사고로 판단하며, 양의 보존개념이 없으며, 물활론적 사고를 한다.

정답 : ⑤

45. 피아제가 언급한 조망수용능력을 잘 설명하고 있는 것은?

① 사회적 대인관계에서의 자기중심적 사고 능력
② 인지적이고 논리적인 사고 능력
③ 융통성 있고 종합적인 사고 능력
④ 타인의 입장, 생각, 사고를 추론해서 이해하는 능력
⑤ 자신과 타인을 존중하는 사고 능력

해설 조망수용능력이란 타인의 입장, 생각, 사고 등 타인의 관점에서 보는 조망을 정확히 추론해 내는 사고능력을 말한다.

정답 : ④

46. 제7차 초등학교 교육과정을 개정한 이유가 아닌 것은?

① 월 2회, 5일제 수업으로 인한 연간 수업일수의 감소
② 첨단과학의 발달
③ 주변국가의 역사 왜곡

④ 국제화에 따른 다문화 교육
⑤ 급격한 아동의 신체, 인지 발달

해설

제7차 교육과정 개정(교육인적자원부 고시 2007-79호)을 2월 28일자로 고시하게 되었다. 이유는 제 7차 교육과정이 고시(1997. 12. 30)된 이후 9년을 경과하면서 정보 통신기술 이용의 보편화, 다양한 사화참여 기회의 확대 등 사회 · 문화적으로 많은 변화가 있었다. 즉, 월 2회, 5일제 수업으로 인한 연간 수업일수의 감소, 세계화, 정보화의 심화에 따른 과학교육과 주변국가의 역사 왜곡에 대한 대응 및 국제화에 따른 다문화 교육의 필요성 등으로 사회 · 정치 · 경제 · 문화 등의 제반 여건의 변화에 의해 개정되었다.

정답 : ⑤

47. 초등학교 교육과정의 특성이 아닌 것은?

① 모든 국민은 누구나 받아야 하는 의무교육이다.
② 교육 측면으로 볼 때, 교과내용과 운영방법의 통합교육이다.
③ 우리 문화에 대한 이해의 토대 위에 새로운 가치를 창조하는 교육이다.
④ 인간의 일상생활에 필요한 지식 · 기능 · 태도를 기르는 기초기본교육이다.
⑤ 모든 사람들이 공유할 수 있는 공통적인 지식과 경험을 제공하는 보통일반교육이다.

해설

초등학교 교육은 국민생활에 필요한 기초적이고 기본적인 교육이다.

정답 : ③

48. 초등학교 교육과정의 특성이 적절하게 연결된 것은?

ⓐ 기초기본교육	ⓑ 보통일반교육	ⓒ 전인교육
ⓓ 선택교육	ⓔ 국민교육	ⓕ 통합교육

① ⓐⓑⓒⓕ ② ⓐⓑⓒⓖ ③ ⓑⓒⓓⓔ
④ ⓐⓒⓓⓕ ⑤ ⓑⓒⓓⓔ

해설

초등교육의 특성은 모든 국민이 누구나 받아야 하는 의무교육이며, 전체적으로 통합된 지식과 경험을 효율적으로 제공하기 위한 통합교육, 민주국가 국민으로서의 기본 자질과 태도를 기르는 기초기본교육, 초등 이후의 후속하는 모든 학교교육의 바탕을 마련하는 보통일반교육, 기본생활습관의 형성을 통하여 성장의 제 측면을 풍부하게 하는 전인교육이다.

정답 : ①

49. '즐거운 생활' 교과내용으로 올바른 것은?

① 동물이나 식물의 자라는 모습 관찰하기
② 창의적인 표현과 능력, 감상, 심미적인 태도 기르기
③ 교통질서나 규칙지키기
④ 지역사회에 재미있는 생활 풍습 익히기
⑤ 우리를 위해 애쓰시는 분 알아보기

해설 건강한 몸과 마음을 기르며, 창의적인 표현과 능력, 감상, 심미적인 태도와 다양하고 즐거운 놀이와 활동을 중심으로 구성된 통합교과이다.

정답 : ②

50. 다음 중 초등학교 국어과 영역이 아닌 것은?

① 국어지식 ② 문학 ③ 쓰기
④ 듣기 ⑤ 이야기하기

해설 국어과 영역으로는 듣기, 쓰기, 말하기, 읽기, 국어지식과 문학이 있다.

정답 : ⑤

51. 아동이 숙제를 통해 얻을 수 있는 장점이 아닌 것은?

① 학교에서 학급진도를 잘 따라 간다.
② 학습상의 어려운 문제를 스스로 해결한다.
③ 학교에서 결석했을 때, 학습결손을 보충한다.
④ 선행학습을 통해 성취감을 느낄 수 있다.
⑤ 복습이나 예습을 통해서 학교에서 얻은 지식이나 기능을 습득한다.

해설 숙제를 통해 아동이 미리 조사하거나, 관찰하여 다음 날 학습에 필요한 도구나 재료를 준비할 수 있다.

정답 : ④

52. 방과후 아동의 숙제지도 목적이 아닌 것은?

① 주어진 시간 안에 최대한 많은 양의 학습을 시킨다.
② 예습, 복습의 자극으로 학교의 수업 효과를 증진시킨다.
③ 정규 수업시간의 학습부족을 보충한다.
④ 자율적인 학습 태도와 습관을 증진시킨다.

⑤ 아동의 문제해결력을 증진시킨다.

해설 숙제의 가장 중요한 목적은 학습자로 하여금 학습하는 방법을 스스로 익히도록 하는 것이다.

정답 : ①

53. 학령기 아동의 교육에 있어 기초일반교육이 되는 3R에 해당되는 것은?

① 쓰기-읽기-셈하기 ② 쓰기-셈하기-말하기 ③ 듣기-쓰기-읽기
④ 말하기-읽기-셈하기 ⑤ 듣기-셈하기-읽기

해설 학령기 아동의 지적 발달을 도모하기 위해 읽기, 쓰기, 셈하기를 한다.

정답 : ①

54. 제7차 개정 초등학교 교육과정의 편성으로 맞는 것은?

① 교과, 창의적 체험활동
② 교과, 생활지도, 특별활동
③ 인성지도, 재량활동, 생활지도
④ 학습활동, 특별활동, 재량활동
⑤ 인성지도, 교과, 재량활동

해설 제7차 초등교육과정의 내용체계에서 국민 공통기본 교육과정은 '교과', '재량활동', '특별활동'으로 편성되어 있다.

정답 : ①

55. 초등학교 교육과정에서 제시하는 특별활동 중, 기본생활습관 형성 활동과 관련이 있는 것은?

① 자치활동 ② 적응활동 ③ 계발활동
④ 봉사활동 ⑤ 행사활동

해설 특별활동은 자치활동, 적응활동, 계발활동, 봉사활동 그리고 행사활동 등이 있다. 적응활동은 기본생활습관 형성을 위한 활동이다.

정답 : ②

56. 교수-학습 과정의 요소 중, 수업목표와 학습내용이 제시되는 것은?

① 학습과제 변인 ② 학습자 변인 ③ 교사 변인
④ 수업 변인 ⑤ 환경 변인

해설 학습과제의 변인은 수업목표로서의 행동과 그 행동이 나타내어야 할 학습내용으로 구성될 수 있다.

정답 : ①

57. 방과후 아동지도 프로그램 철학에 포함되지 않는 것은?

① 프로그램의 목적이 무엇인가.
② 무엇을 성취하고자 하는가.
③ 아동에게 어떤 영향을 주기를 원하는가.
④ 프로그램 진행상의 비용은 얼마인가.
⑤ 궁극적으로 얻고자 하는 이상이 무엇인가.

해설 방과후 아동지도 프로그램에는 그 프로그램의 원칙이 되고 실제 의사결정의 길잡이가 되는 철학이 기술되어 있어야 한다. 철학이란 그 프로그램의 목적이 무엇이며, 무엇을 성취하고자 하는 것인지, 아동에게 어떤 영향을 주기를 원하는지, 프로그램을 실행하여 궁극적으로 얻고자 하는 이상이 무엇인지 등을 말한다.

정답 : ④

58. 방과후 아동지도 프로그램의 원칙으로 적절치 않는 것은?

① 아동이 가정에서와 같이 편안함을 느낄 수 있도록 해야 한다.
② 기본방향은 아동의 정서적 안정과 사고력 신장 및 창의성 개발에 둔다.
③ 적용 대상은 유치원과 초등학교 전 학년을 대상으로 하고 다양한 프로그램이 주어져야 한다.
④ 방과후 아동지도 프로그램은 방과후에만 실시하는 형태로 해야 운영상의 효과가 극대화된다.
⑤ 특별활동을 계획하되 아동의 사고력 신장과 창의성 개발에 초점을 둔다.

해설 방과후 아동지도 프로그램은 방과후에만 실시하는 것이 아니라, 방학 중이나 휴일, 수업 시작 전 등의 다양한 프로그램 형태가 실시될 수 있도록 주어져야 한다.

정답 : ④

59. 방과후 프로그램의 일과 운영에 대해 가장 바르게 설명한 것은?

① 평상시의 일과를 방학 중에도 계속 적용하여 일관성을 갖는다.
② 일과의 시작은 모든 아동이 함께 시작하는 것이 시간 운영상 합리적이다.
③ 규칙적이고 일관성 있는 일과가 아동에게 안정감을 준다.
④ 학교에서 돌아와 우선적으로 숙제지도를 할 수 있도록 일과를 구성한다.
⑤ 정해진 기간, 정해진 진도와 내용대로 질서 정연한 일과를 운영한다.

해설 방과후 프로그램의 일과 운영을 지나치게 구조화하면 아동이 방과후 시설에서 편안한 느낌을 줄 수 없기 때문에 이에 대한 적절한 배려가 필요하다. 따라서 평상시와 방학 중에 프로그램은 달라야 하며, 모든 아동이 함께 시작하는 것이 어려울 수 있으며, 프로그램은 때에 따라 유연하게 적용할 수 있어야 한다.

정답 : ③

60. 방과후 아동지도 프로그램의 기능에 속하지 않는 것은?

① 교육적 기능
② 보호적 기능
③ 치료적 기능
④ 가정의 지원 및 보상 기능
⑤ 지역사회의 효율적인 조직 기능

해설 방과후 아동지도 프로그램의 기능은 보호적 기능, 교육적 기능, 가정의 지원 및 보상 기능, 지역사회의 효율적 조직 기능이다.

정답 : ③

61. 방과후 아동지도 프로그램을 계획하고 운영할 때, 고려할 사항이 아닌 것은?

① 아동의 흥미를 포착하고 신체적 성장을 고려하여 다양한 활동을 제공한다.
② 보편주의 원칙으로서 한부모가정, 장애아동이라도 특별한 혜택을 주어서는 안 된다.
③ 지역사회의 자원을 활용하고 다양한 경험을 제공한다.
④ 아동에 대한 기대와 한계를 명확하고 일관되게 한다.
⑤ 정서적, 물리적으로 안정한 환경을 제공한다.

해설 방과후 아동지도 프로그램을 계획할 때는 한부모가정, 조손가정, 장애아동 등에 대한 세심한 배려가 이루어져야 한다.

정답 : ②

62. 방과후 아동을 위한 '일기쓰기' 지도방법으로 적절하지 않는 것은?

① 하루 동안 일어났던 일을 순서대로 쓰게 해 보는 것이 좋다.
② 사물을 세밀히 관찰하는 것을 써 보게 한다.
③ 교사는 일기를 어떻게 쓰는지에 대해 먼저 사례를 보여주는 것이 좋다.
④ 하루의 일과 중 매일 반복되는 것을 중심으로 쓰도록 한다.
⑤ 글로 표현한 생각이 바른 생각인지, 맞춤법과 띄어쓰기에 맞게 쓰고 있는지 지도한다.

해설 일기쓰기 지도 시, 하루의 일과 중 매일 반복되는 것은 빼고, 그날 특히 기억날 만한 중요한 것을 읽기로 쓰게 지도하여야 한다.

정답 : ④

63. 다음 중 방과후 아동지도 프로그램이 미치는 긍정적인 효과로서 틀린 것은?

① 지속적인 생활습관 지도
② 가정과 같은 정서적 안정감 제공
③ 학교교육을 대신하는 기능
④ 또래와 함께 숙제지도
⑤ 특별활동을 통해 창의성 개발

해설 방과후 아동지도 프로그램은 학교와는 초점을 달리하여 학교의 기능을 지지하고 보완하는 역할을 수행한다. 다양한 프로그램을 통해 아동들이 학교생활에 잘 적응하도록 함으로써 독립적인 자아개념을 확립하도록 한다.

정답 : ③

64. 다음 중 방과후 아동지도 프로그램 구성의 4가지 모델이 아닌 것은?

① 자원중심 프로그램 구성
② 도전중심 프로그램 구성
③ 내용중심 프로그램 구성
④ 집단중심 프로그램 구성
⑤ 목표중심 프로그램 구성

해설 방과후 아동지도 프로그램 구성의 4가지 모델은 자원, 집단, 목표, 도전중심 프로그램이다.

정답 : ③

65. 방과후 프로그램을 혼합연령으로 운영함으로써 나타나는 교육적 효과가 아닌 것은?

① 형제 자매 관계의 경험을 제공한다.
② 지도력, 의사소통능력을 발달시킨다.
③ 선행 학습의 기회를 제공한다.
④ 정서지능 향상에 도움을 준다.
⑤ 긍정적인 사회관계를 갖는 기회를 제공한다.

해설 방과후 프로그램의 혼합연령 운영은 아동에게 형제 자매 관계의 경험을 제공하여 정서지능 향상에 도움을 주고, 긍정적인 사회관계를 갖는 기회를 갖도록 한다. 또한 지도력, 의사소통능력, 협상능력을 향상시켜 또래와의 놀이를 촉진하고 유지하도록 한다.

정답 : ③

66. 방과후 사회 · 정서지도 프로그램이 아동에게 주는 장점이 아닌 것은?

① 자신과 타인을 이해한다.
② 사회적 상황에서 효과적이고 적절한 행동을 할 수 있다.
③ 부적절한 행동을 자제하고, 사회적 목표를 위해 자신의 행동을 조절하는 능력이 향상된다.
④ 분노와 두려움에 대한 동일시 대상을 찾을 수 있다.
⑤ 친구와 적절한 상호작용을 통해 관심과 같은 정서적 동기를 유발한다.

해설 교사는 아동에게 다양한 친구들과 소통하는 것을 통해 기쁨과 슬픔, 사랑과 미움, 분노와 두려움을 동일시하고 지도하도록 여러 가지 정서를 표현하도록 격려할 수 있다.

정답 : ④

67. '프로젝트 접근법' 관련활동의 진행과정이 바르게 제시된 것은?

가. 경험나누기
나. 소주제 정하기
다. 탐구, 조사활동
라. 질문지 작성과 탐구방법 결정
마. 탐구 추후활동 및 표상활동
바. 주제 제안
사. 결과물 전시 및 발표
아. 생각 모으기

① 가-아-바-나-라-다-마-사
② 가-바-아-라-나-다-마-사
③ 바-가-아-나-라-다-마-사

④ 바－아－나－가－라－다－마－사
⑤ 바－아－라－아－나－다－마－사

해설 프로젝트 접근법은 아동들과 함께 주제를 정하고, 서로 과거의 경험을 이야기로 나누고, 아동들의 생각을 모으고, 소주제를 정한다. 그리고 질문지 작성과 탐구방법을 결정하고, 탐구 및 조사를 한다. 탐구 이후에 추후활동 및 표상활동을 통해 결론을 내리고, 종결단계에서는 결과물을 전시하거나 발표한다.

정답 : ③

68. 방과후 독서지도 방법으로 적절하지 않은 것은?
① 수준별 독서 자료를 제공한다.
② 자기주도적 도서지도를 지향한다.
③ 책을 깊이 읽고, 중심내용을 찾거나 요약하여 말할 수 있는 능력을 기른다.
④ 생활 속 이야기를 정직하게 쓸 수 있도록 지도한다.
⑤ 발달단계를 고려한 책을 선정한다.

해설 생활 속 이야기를 정직하게 쓸 수 있도록 지도하는 것은 독서지도가 아니라 글쓰기 지도방안이다.

정답 : ④

69. 창의적 체험활동 '체험학습' 지도시, 고려해야 할 아동의 성취수준과 관계없는 것은?
① 다양한 경험과 협동적인 참여로 공동체 의식을 심어 준다.
② 인성발달을 도모하고, 체험하는 과정을 통한 성취감을 준다.
③ 체험하는 과정을 통해 자기 주도적 학습능력을 갖게 한다.
④ 체험학습 준비 및 진행계획을 세우고 수립한 계획에 따른 체험학습지도를 한다.
⑤ 교과서에서 찾을 수 없었던 체험학습으로 인지발달에 도움을 준다.

해설 체험학습 준비 및 진행계획을 세우고 수립한 계획에 따른 체험 학습지도를 하는 것은 교사의 역할이다.

정답 : ④

70. 방과후 아동지도 프로그램 중 영어지도에 대한 설명이다. 적절하지 않은 내용은?
① 아동들의 수준을 잘 아는 교사가 아동의 흥미요구에 맞게 진행되어야 한다.
② 영어를 잘 못하는 아동에게 영어에 대한 자신감을 심어줄 수 있어야 한다.
③ 활동과 놀이를 통해 영어 학습을 하는 것이 효과적이다.

④ 방과후 교실에서의 영어교육은 원어민 외부강사가 직접 지도하는 것이 효과적이다.
⑤ 처음에는 부담감을 주지 않기 위해 알파벳을 암기해야 한다.

해설 영어 공부를 하기 위해 알파벳을 암기하는 것은 아동에게 부담을 주며, 흥미를 잃게 할 수 있다.

정답 : ⑤

71. 다음 중 방과후 아동지도 프로그램이 미치는 긍정적인 효과가 아닌 것은?
① 가정과 같은 분위기로 정서적으로 안정된 생활을 할 수 있다.
② 학교교육을 대체하는 기능을 가진다.
③ 특별활동을 통해 아동의 사고력, 창의성을 계발할 수 있다.
④ 아동의 건강과 생활예절을 바르게 할 수 있는 기회가 된다.
⑤ 다양한 영역을 주제로 다룰 수 있으며 아동에게 성취감을 줄 수 있다.

해설 방과후 아동지도 프로그램은 학교교육을 대체하는 가능이 아니라 보완하는 역할을 한다.

정답 : ②

72. 다음 중 아동생활지도의 목표와 거리가 먼 것은?
① 전인적인 성장 · 발달
② 올바른 자기이해
③ 원만한 대인관계
④ 자기통제력 형성
⑤ 긍정적인 자아감 성취

해설 생활지도는 아동이 주변 환경과 적절한 관계를 맺도록 돕는다.

정답 : ③

73. 방과후 생활지도는 아동의 전인적 발달을 돕는 예방적 차원에서도 중요하다. 다음 중 생활지도 내용으로 적절하지 않는 것은?
① 안전지도
② 예절지도
③ 기본생활지도
④ 자율적 시간관리 지도

⑤ 사회적, 비공격적 행동지도

> **해설** 사회적 · 비공격적 행동을 지도하는 것은 아동의 사회정서 발달 영역에 속한다.

정답 : ⑤

74. 다음 내용은 무엇을 설명한 것인가?

> 방과후 아동지도 프로그램의 모형 중에서 안전교육, 생활습관교육, 예절교육, 자율적 시간 및 용돈관리 지도, 식사와 간식을 통해 길러지는 활동을 말한다.

① 안전지도 ② 예절지도 ③ 자율적 시간관리 지도
④ 용돈관리 지도 ⑤ 생활지도

정답 : ⑤

75. 방과후 아동지도시설에서 부모와 서로 긴밀한 의사소통이 이루어져야 하는 필요성에 해당되지 않는 것은?

① 부모와 아동의 욕구에 맞는 프로그램 개발 및 운영이 가능하다.
② 부모가 자녀의 생활에 참여할 때 아동은 더 많은 성취를 할 수 있다.
③ 아동은 부모의 태도나 가정 분위기에 민감하게 영향을 받는다.
④ 부모가 원하는 프로그램 위주로 해야 한다.
⑤ 아동과의 학습이나 놀이지도를 위해 긴밀한 의사소통이 필요하다.

> **해설** 방과후 아동지도와 가정과의 연계를 하는 목적은 부모가 원하는 프로그램 위주로 해주기 위해서라기보다는 아동과 부모 욕구에 모두 맞는 프로그램으로 개발하는 것이 더 바람직하다.

정답 : ④

76. 다음 중 초등학생들에게 지도해야 하는 필수적인 예절교육과 거리가 먼 것은?

① 전화예절
② 대화예절
③ 식사예절
④ 대중교통수단 이용 시 예절
⑤ 가정의례

해설 초등학생 시기에는 가정과 학교에서 다른 사람을 존중하며 사회적 관계를 맺는데 필요한 예절교육이 필요하다.

정답 : ⑤

77. 가정과의 적극적인 연계를 이루기 위한 활동의 유형에 속하지 않는 것은?

① 부모 오리엔테이션 실시
② 가정방문
③ 지역신문 활용
④ 가정통신문
⑤ 부모상담

해설 가정과의 적극적인 연계를 이루기 위해서 지역신문 활용은 적절하지 않다.

정답 : ③

78. 다음 중에서 아동의 놀이가 다른 행동과 구분되는 특성이 아닌 것은?

① 놀이는 재미있고 즐겁다.
② 놀이는 자발적이다.
③ 놀이는 활동적이다.
④ 놀이는 상징적이다.
⑤ 놀이는 과정보다 결과 중심적이다.

해설 놀이는 결과보다 과정 중심적이며, 아동은 놀이과정에서 만족과 기쁨을 얻는다.

정답 : ⑤

79. 방과후 대그룹활동을 통한 협동심을 증진시키는 활동은?

① 프로젝트활동
② 놀이활동
③ 동화듣기
④ 음악지도
⑤ 생활습관지도

해설 놀이를 통하여 아동은 자연스럽게 전인적 발달과 사회성을 발달하게 된다.

정답 : ②

80. 가정과의 연계를 이루기 위해 교사가 아동의 가정을 방문하여 부모와 상담하고 아동의 가정환경을 파악하는 활동은 무엇인가?

① 부모상담
② 가정방문
③ 소식지
④ 가정통신문
⑤ 부모 오리엔테이션

해설 가정방문은 교사가 아동의 가정을 방문하여 부모와 상담하고 아동의 가정환경을 파악하는 것을 말한다.

정답 : ②

81. 다음 중 방과후 교사의 역할에서 양육자의 역할과 거리가 먼 것은?

① 아동의 기본욕구 충족
② 안전한 환경 제공
③ 정서적 지원
④ 프로그램 평가
⑤ 생활지도

해설 방과후 교사의 역할 중, 양육자의 역할에는 아동의 기본욕구 충족, 생활지도, 안전한 환경 제공, 건강 및 영양관리, 정서적 지원 등이 있다.

정답 : ④

82. 다음 중 방과후 교사의 역할 중 지역사회운동가의 역할이 아닌 것은?

① 지역사회와 적극적으로 연계할 수 있어야 한다.
② 정치적 활동에 참여할 수 있어야 한다.
③ 지역사회의 문제를 해결하는 데 앞장설 수 있어야 한다.
④ 부모교육 및 가족상담을 해야 한다.
⑤ 지역사회의 정보를 수집할 수 있어야 한다.

해설

부모교육 및 가족상담은 사회복지사의 역할에 해당한다.

정답 : ④

83. 방과후 아동지도 프로그램 평가의 기능으로 맞지 않는 것은?

① 교육활동의 개선 방안 모색
② 아동 개개인의 성장 · 발달을 관찰
③ 방과후 아동지도 프로그램의 질을 종합적으로 관리
④ 방과후 교사의 교수법 수정 및 개선
⑤ 부모를 평가하기 위한 자료

해설

방과후 아동지도 프로그램의 평가는 아동의 전인적인 이해와 성장 · 발달을 관찰하여 부모상담 시에 필요하다.

정답 : ⑤

84. 방과후 아동지도 평가에서 다음 중 부모를 위한 평가에 속하는 것은?

① 가정통신문
② 부모의 의견 청취
③ 전문가 판단
④ 지역사회 인사 초청
⑤ 관찰법

해설

가정통신문, 서술적 표현의 서신, 부모회는 부모를 위한 평가방법이다.

정답 : ①

85. 질문지를 활용한 평가에서 아동 자신의 활동상황, 태도 등을 되돌아보고 반성하여 기록함으로써 아동의 느낌이나 내면적 경향을 알아낼 수 있는 방법은?

① 자기평가
② 의식조사
③ 상호평가
④ 교류평가
⑤ 노력평가

> **해설** 아동의 자기평가는 평소 활동 상황, 태도 등을 되돌아보고 반성하여 기록함으로써 아동의 느낌이나 내면적 경향을 알아낼 수 있는 방법이다.

정답 : ①

86. 아동의 기록이나 작품을 통한 평가로 아동의 성장과 발달에 관한 다양한 정보를 얻기 위해 아동에 대한 교사의 관찰, 반성, 평가를 위한 방법은?

① 형성평가
② 평정척도
③ 질문지법
④ 체크리스트법
⑤ 포트폴리오

> **해설** 포트폴리오 평가는 아동의 성장과 발달에 대한 다양한 차원의 정보를 얻기 위해 아동에 대한 교사의 관찰, 반성과 평가를 위한 방법이다.

정답 : ⑤

87. 방과후 아동지도 환경평가의 내용 영역에 포함되지 않는 것은?

① 위생관리
② 공간관리
③ 운영관리
④ 아동의 행동관리
⑤ 건강과 안전관리

> **해설** 환경평가의 내용영역에는 공간구성, 건강과 안전, 위생, 활동, 프로그램, 교사와 아동의 상호작용, 교사 발전, 운영 관리, 특수요구 항목 등이다.

정답 : ④

88. 방과후 아동지도 프로그램에 대한 평가방법에 속하지 않는 것은?

① 관찰법
② 실험법
③ 아동의 인지
④ 전문가의 판단
⑤ 지역사회 의견청취

해설 방과후 아동지도 프로그램에 대한 평가방법으로는 전문가의 판단, 교사 · 학부모 · 지역사회 등의 의견청취, 관찰법, 검사법, 실험법 등이 활용되고 있다.

정답 : ③

89. 방과후 아동지도 프로그램의 평가 중 지도방법의 적절성을 평가하는 사항에 포함되지 않는 것은?
① 교육장소와 시설
② 아동의 수와 조직 편성
③ 아동의 의견 발표 정도
④ 방과후 아동지도사의 자질
⑤ 적용된 방법의 아동 특성 고려 정도

해설 아동의 의견발표 정도는 아동지도 방법의 적절성에 대한 평가 사항이 아니고, 아동의 흥미 유발 및 참여도를 평가하는 사항에 포함된다.

정답 : ③

90. 지역사회 자원을 개발하기 위해 가장 우선시 되어야 하는 것은?
① 지역주민과 친밀감을 가짐
② 기관을 지역사회에 널리 홍보함
③ 지역사회의 특성과 요구를 파악함
④ 자원봉사자를 다양하게 활용함
⑤ 지역주민 의식과 실생활을 개선시킴

해설 지역사회 자원을 개발하기 위해서는 먼저, 지역사회의 특징과 해당 지역에 거주하고 있는 주민들의 요구와 특성을 파악하는 것이 우선시 되어야 한다.

정답 : ③

91. 다음 중, 방과후 아동지도기관에서 부모교육 참여의 특성이 아닌 것은?
① 가정통신문
② 전화상담
③ 학급 방문 관찰
④ 강연회 참여
⑤ 자원봉사

해설 자원봉사자나 보조자로서의 참여는 적극적인 부모참여 방법이지만, 학부모회의, 전화, 가정통신문, 강연회 참가 등은 수동적인 역할로 참여하는 방법이다.

정답 : ⑤

92. 방과후 아동지도 교사의 자질과 기술에 해당 되지 않는 것은?

① 교사는 건강해야 한다.
② 아동의 발달 상태를 알고 활동을 계획해야 한다.
③ 아동과 나눈 대화를 공개하여 적절한 지도법을 찾는다.
④ 교육의 목적과 목표를 실현한다.
⑤ 자신의 원칙과 규칙을 지키는 사명감이 필요하다.

해설 방과후 교사는 아동 개개인의 비밀을 지켜 주어야 한다.

정답 : ③

93. 방과후 아동지도 교사의 업무 중 가정을 대신하는 활동이 아닌 것은?

① 휴식
② 생활지도
③ 글쓰기
④ 자율학습지도
⑤ 숙제지도

해설 글쓰기는 방과후 교사의 역할을 대신하는 활동으로 학교교육을 보완하는 활동이다.

정답 : ③

94. 방과후 아동지도에서 지역사회의 의미에 해당되지 않는 것은?

① 사회개발은 주택, 교통, 보건, 위생, 공해, 실업자 구제 등의 사회 복지적 측면보다는 교육을 통한 인간능력의 개발을 목적으로 한다.
② 공동의 관심과 기능을 함께하는 사람들의 집단인 지역사회는 공간적인 지역사회의 강조요인보다는 사회관계적인 인간 공동체 요인으로 강조되고 있다.
③ 지역사회와 연대감을 갖고 아동의 교육과 복지를 사회의 공동문제로 다루며 지원할 때 뛰어난 질의 교육이 이루어질 수 있다.
④ 방과후 담당기관은 지역사회 주민의 복지 욕구에 기초하여 설치, 운영된다.
⑤ 방과후 담당기관과 지역사회는 양질의 아동보호와 교육이라는 목적을 이해하고 서로 긴밀

한 협력과 보완해야 하는 관계에 놓여 있다.

해설 사회개발은 주택, 교통, 보건, 위생, 공해, 실업자 구제 등의 사회 복지적 측면과 교육을 통한 인간능력의 개발을 목적으로 한다.

정답 : ①

95. 방과후 아동지도기관이 지역사회와 연계와 협력해야 하는 이유가 아닌 것은?

① 아동들이 자신이 살고 있는 지역에 대한 자긍심을 느낄 수 있기 때문
② 지역사회는 아동의 건강한 성장에 대한 책임이 있기 때문
③ 후원금을 모금하고 필요한 자원을 동원하여 운영비 절감을 해야 하기 때문
④ 지역사회의 협력을 통해 아동들이 협력의 중요성을 알 수 있게 되기 때문
⑤ 협동과 지역공동체 의식을 키울 수 있기 때문

해설 지역사회 연계 및 협력에 있어서 가장 중요한 이유는 아동의 성장이며, 운영비 절감은 다음 순위가 되어야 한다. 자원의 개발과 동원을 통해 운영비 절감을 하려는 목적은 정부의 복지예산에 대한 부담을 줄이려는 경향 때문이다.

정답 : ③

96. 방과후 아동지도 프로그램의 기능 중, 지역사회의 효율적인 조직기능이 아닌 것은?

① 지역주민의 소득이 감소한다.
② 사회적 목표를 개발한다.
③ 아동을 매개로 협동, 단결하는 장으로 활용한다.
④ 산업이용의 개발을 증대시킨다.
⑤ 사회개발을 촉진하여 사회연대감을 증진시킨다.

해설 방과후 아동지도 프로그램이 지역사회에서 활성화될수록 지역주민의 소득수준이 향상되고 또한 주변이 함께 개발된다.

정답 : ①

97. 방과후 아동지도시설을 설치할 때, 시설기준에 적합한 것은?

① 보육실–1인당 4.29m^2
② 교사와 아동의 비율 1 : 30
③ 보육실 포함한 시설면적–1인당 4.29m^2
④ 보육실–1인당 3.64m^2
⑤ 부대시설–1인당 2.64m^2

해설 방과후 아동지도시설을 설치할 때, 시설기준으로, 보육실은 아동 1인당 2.64㎡, 보육실을 포함한 시설면적은 아동 1인당 4.29㎡ 교사와 아동의 비율은 1 : 20명이다.

정답 : ③

98. 국고보조시설 및 민간보육시설의 방과후 아동지도 시, 보육료 적용이 적당한 것은?

① 5세 이상 유아 보육료의 30%
② 3세 이상 유아 보육료의 50%
③ 3세 미만 유아 보육료의 50%
④ 5세 이상 유아 보육료의 50%
⑤ 5세 미만 유아 보육료의 30%

해설 방과후 아동보육시설에서 보육료 적용은 3세 이상 유아 보육료의 50%이다.

정답 : ②

99. 방과후 아동지도시설을 설치계획 할 때, 시설설비가 잘못된 것은?

① 상해보험- 보호자 부담
② 소화기 기구-ABC 다목적용 비치
③ 화재보험- 시설장 부담
④ 배상보험- 보호자 부담
⑤ 화장실- 남녀 구분하여 설치

해설 배상보험은 화재보험과 마찬가지로 시설장 부담이다.

정답 : ④

100. 다음은 프로그램의 무엇에 대한 설명인가 (　　)에 들어갈 가장 적절한 것은?

> 방과후 활동 프로그램의 (　　　)는 아동들이 활동프로그램을 통해 얻는 것들이 어떤 효과를 가져올 것인가를 판단하는 것을 말한다.

① 판단　② 효과　③ 범위　④ 평가　⑤ 결과

해설 평가란 교육활동과 관련된 모든 프로그램의 현 수준을 정확히 진단함으로써 아동의 발달에 효과적으로 기여하고 있는지와 아동, 부모, 교직원 모두에게 도움을 주고자 하는 것이다.

정답 : ④

참고 문헌

강문희 외(1999). 유아교육기관 운영관리, 서울 : 학지사.

강인수(1993). 전인교육과 교육제도. 제2회 어린이와 청소년의 생존, 보호, 발달을 위한 전국대회 자료집, 한국아동단체협의회, 유니세프한국위원회.

경기도교육청(2009). 외부강사 연수프로그램, 외국의 방과후학교.

교육과학기술부(2009). 2009 개정 교육과정.

교육과학기술부 · 한국교육개발원 · 충청북도교육청(2008). 2008 방과후학교 국제화사업 결과 보고서.

교육인적자원부 · 부산광역시교육청 · 한국교육개발원(2007). 방과후학교 활성화방안 모색을 위한 국제세미나.

교육인적자원부(2007). 2007 초등학교 교육과정.

교육통계연보(2002).

교육학대백과사전(1998).

권미연(2006). 방과후 학교와 온종일 학교. 교육 개발, 2006. 12월호, 한국교육개발원.

권상철(2003). 미국의 방과후 교육활동 현황과 고려사항. 교육제주, 120, 23-29.

권영옥 외(1999). 부부갈등과 아동의 행동문제 : 부부갈등 해결의 중재효과. 아동학회지 제20권 4호.

김매희, 유정은, 이남정, 조수연, 한국선(2008). 방과후 아동지도. 경기 : 공동체.

김명희(2000). 현대사회와 부모교육. 서울 : 학문출판.

김민화 외(2001). 또래협력학습 경험에 의한 유추문제해결능력의 증진. 아동학회지 제23권 1호.

김재인(1996). 초등학교에서의 방과후 아동지도 프로그램. 아동연구 제10권, 107-152.

김재인(1997). 방과후 아동지도 전문가 워크숍. 초등학교에서의 방과후 아동지도.

김재인(2000). 제2차 방과후 아동지도사를 위한 워크숍. 한국아동학회 방과후 아동지도연구회 · 방과후 아동지도정책 · 한국아동학회.

김재인(2004). 한국방과후 아동보육 정책의 변화와 비전. 한국방과후아동지도학회, 추계정책 심포지엄, pp.1~3.

김재인, 이향란(2004). 외국의 방과후 아동보육제도 연구. 한국여성개발원.

김정래(1999). 아동권리교육프로그램 개발을 위한 기본 원리. 한국아동권리학회, 1990년도 추계 학술대회, 21-47.

김정래(2002). 아동권리향연. 서울 : 교육과학사.

김정아(2010). 방과후 아동지도에 대한 학부모의 인식과 만족도에 관한 연구, 초당대학교 산업대학원, 석사학위논문.

김정원, 김유정, 이정아(2006). 방과후 아동지도. 경기 : 공동체.

김정자(1996). 방과 후 아동지도의 과제와 전망. 아동연구 제10권.

김주건(1997). 개정 유아교육기관 경영관리. 서울 : 창지사.

김지민(2010). 미국의 방과후 아동보육에 대한 연구. 방과후아동지도연구, 제7권 제1호. 1-18.

김진영 외(2000).유아 · 부모 · 교사를 위한 부모교육. 서울 : 창지사.

김진화, 정지웅(1998). 평생교육 프로그램개발의 이론과 실제. 서울 : 교육과학사.

김현용 외 (2001). 현대사회와 아동. 서울 : 소화.

노성향(2002). 방과후 아동지도 서비스의 질적 수준에 대한연구. 고려대학교대학원. 박사학위 논문.

류현수, 이정숙(2007). 방과후 아동지도론. 서울 : 동문사.

맹영임, 길은배, 김홍원, 김정주, 전명기(2004). 청소년 방과후 활동프로그램 운영 개발 연구. 청소년위원회 · 청소년개발원.

박균성(1993). 아동복지제도와 아동의 현실. 제2회 어린이와 청소년의 생존, 보호, 발달을 위한 전국대회자료집, 한국아동단체협의회, 유니세프 한국위원회.

박영미 · 최미숙(2000). 가족지원 서비스 프로그램의 운영실태 연구, 유아교육한논집, 제4권 22호, 163~185.

방과후 돌봄서비스 체계적 연계방안모색. 2010. 1. 14 국회토론회자료집. pp. 46-50.

방과후아동지도학회(2009). 방과후 교사 자격시험문제집. 경기 : 양서원.

백미진 (2002). 사회계층별 학령기 아동의 분노에 관한 연구. 숙명여자대학교 대학원 석사학위 논문.

보건복지부(2007). 보육통계. 보건복지부보육지원과.

보건복지부(2011). 2011년도 아동분야 사업안내. 보건복지부.

삼성복지재단(2001). 보육시설에서의 포괄적 보육서비스(저소득계층을 중심으로).

서교순(2001). 흡연예방교육이 초등학교 5, 6학년 학생의 흡연에 대한 지식, 태도 및 자아존중감에 미치는 영향. 전남대학교 교육대학원 석사학위논문.

서병수 외(2002). 현대가족과 복지. 경기 : 교문사.

서영숙 외(2002). 방과후 아동지도. 경기 : 양서원.

서영숙, 김진숙(2004). 한국 방과후 아동지도의 연구동향. 한국방과후아동 지도학회. 창간호. 2004. 11호

서영숙, 김진숙, 김현자, 서지영, 서혜전, 신지현, 신혜경, 윤매자, 이향란(2010). 방과후 아동지도. 경기 : 양서원.

서영숙, 박영애, 허정경(2000). 방과후 아동지도. 방과후 아동지도 시설유형별 교육환경 비교.

서영숙, 허정경, 오현주(2004). 방과후 아동지도론. 경기 : 양서원.

성영혜(2000). 치료놀이 Ⅰ. 서울 : 형설출판사.

손흥순(2010). 방과후 학교 초등 보육 프로그램 현황 및 활성화 방안, 서울사회복지대학원대학교, 석사학위논문.

송명자(2001). 발달심리학. 서울 : 학지사.

송정자 외(1998). 우리나라 일부 초등학생의 영양태도, 식행동및 영양섭취상태- 비만도를 중심으로한 연구.

신수미(2002). 사회계층에 따른 초등학교 아동의 고민유형과 스트레스 정도와의 관계. 숙명여자대학교 대학원. 석사학위논문.

심희옥(2002). 아동의 심리사회적인 발달과 또래 괴롭힘의 가해, 피해 친사회적 행동과의 횡·종단적인 관계. 아동학회지 23권 3호.

양승희, 노성향, 유지연, 조현정(2006). 방과후 아동지도 이론과 실제. 서울 : 동문사.

양옥승 (1999). 영유아보육론. 서울 : 학지사.

여성가족부(2009). 아동·청소년백서. 여성가족부.

오연주 외(2001). 유아동작교육의 이론과 실제. 서울 : 창지사.

위영희(1997). 초등학교에서의 방과후 아동지도의 과제와 전망. 서원대 교육개발, 16호, 181~201.

유가효 (1991). 보육학개론. 서울 : 동문사.

유영주 외(1996). 가족발달학. 경기 : 교문사.

유정은, 이향란. 한국선(2006), 방과후 아동지도. 서울 : 형설출판사.

유현숙 외(1999). 지식기반 사회에서의 한국교육정책 방향과 과제. 한국교육개발원 수탁연구과제, 99-10.

윤매자(2010). 영유아권리존중 보육에 관한 자율장학의 효과와 의미. 숙명여자대학교대학원, 박사학위논문.

윤서영(1999). 아버지의 역할수행과 아동의 사회적 적응과의 관계. 고려대학교 석사학위 논문.

이기숙(1992). 유아교육과정. 경기 : 교문사.

이문남 외(2001). 초등학교 저학년 아동들의 증거로부터 가설을 분화하는 능력. 아동학회지 제22권 4호.

이숙 외(2002). 부모교육. 서울 : 학지사.

이연숙(2008). 울산광역시 초등학교 방과후 학교의 활성화 방안. 울산대학교교육대학원, 석사

학위논문.
이영석(1997). 유아교육론. 서울 : 형설출판사.
이영자, 권영례(1997). 유아교육기관의 운영관리, 서울 : 창지사.
이옥(1995). 학령기 아동을 위한 방과후 탁아프로그램의 연구. 한국아동학회지 제16권 2호.
이옥 · 노성향(1997). 방과후 아동보육론. 서울 : 창지사.
이윤재(2001). 보건교육을 위한 초등학생의 직접 흡연 영향요인 조사연구. 아주대학교 교육대학원 석사학위논문.
이재분 외 (2000). 초 · 중등학생의 지적 · 정의적 발달수준 분석연구(1). 한국교육개발원.
이종락(2002). 초등학교 고립아에 대한 문화기술적 연구 : 고립의 유형, 과정, 원인, 창원대학교 대학원 박사학위 논문.
이태수, 김성경, 이경림, 이향란(2009). 2008 지역아동센터의 현주소. 경기 : 공동체.
이태수 외(2011). 방과후 서비스 역할분담모형 개발에관한 연구. 아동복지교사중앙지원센터.
이향란(2010). 지역아동센터아동의 방과후학교 참여현황조사분석을 통한 제언.
이호선 외(2001). 아동의 또래지위 및 친구관계와 학교적응과의 관계 아동학회지 제22권 1호.
임재택(1995). 유아교육기관 운영관리. 경기 : 양서원.
장혜자 외(2001). 초등학생의 방과후 활동실태와 교사 및 부모의 방과후 활동연구, 한국영유아보육사업의 질 향상을 위한 제도개선방안. 한국영유아보육학회 2001 춘계학술대회.
전국지역아동센터 실태조사보고서(2011).
정기섭(2001). 독일의 방과후 교육활동. 비교교육연구. 11(1).
정미리(1996). 프랑스 · 독일의 방과후 프로그램. 숙명여대 아동연구.
정지웅(1988). 사회교육방법론. 한국교육학회 사회교육연구회.
정지웅, 김지자(1990). 사회교육학개론. 서울 : 서울대학교출판부.
지역아동센터중앙지원(2011). 전국 지역아동센터실태조사 통계자료. 지역아동센터중앙지원단.
최상선(2010). 청소년방과후아카데미 프로그램 만족도에 관한 연구. 국제문화대학원대학교, 석사학위논문.
최순옥(2010). 치료놀이의 이해. 서울 : 태영출판사.
최순옥(2010). 아동복지의 이해. 서울 : 태영출판사.
최진원 외(2002). 아동의 심리적 복지척도 개발과 타당화 연구. 아동학회지 제23권 4호.
토마스 고든 지음. 이형득 외 옮김(1987). 부모교육. 서울 : 형설출판사.
한국대학부설평생교육협의회(2008~2010). 방과후 아동지도사 기출문제.
한국방과후아동지도학회(2009). 방과후 교사 : 자격시험 문제집. 경기 : 양서원.
한국여성개발원(1997). 방과후 아동지도 프로그램 총론. 서울 : 교육과학사.
한국여성개발원(2000). 방과후 아동지도사 1 · 2급 국가기술 자격종목 개발연구보고서. 한국산업인력관리공단.
한성심, 송주미(2003), 아동복지. 서울 : 창지사.
현온강 외 (2001). 「한국 아동발달의 현황」. 한국아동 · 청소년 상담의 현황과 과제. 2001년도 한국아동학회 추계학술대회.
홍강의 (1998). 「어린이의 스트레스와 부적응 행동 및 대처방안」. 유능한 어린이로 키우기 삼성복지재단 6차 학술대회.

Alston, P.(1992). The legal framework of the convention on the right of the child. In : The right of the child, Jenava : United Nations Centre for Human Rights, 1-15.
Baden, R. K., Genser, A., Lenine, J. A., & Seligson, M.(1982). School-age child care : An action manual. London : Auburn House Publishing Company.
Bowlby, J.(1969). The nature of the child's tie to his mother. International Journal of Psychoanalysis, 39. 350-373
Bowlby, J.(1982). Attachment and Loss : Attachment. 2nd. New York : Basic.
Bowlby, J.(1988). A Secure Base : Parent-child attachment and healthy human development. New York: Basic Books.
Bretherton, I.(1985). Attachment Theory : Retrospect and Prospect, In I. Bretherton & E. Waters(Eds), Growing points of attachment theory and research. Monographs of the Society for Research in Child Development, 50, 1-2, No. 209.
Cohn, D. A.(1990). Child-mother Attachment of six-years-olds and social competence at school. Child Development, 61, 152-162.
Compton(1995). Object and Object Relationship. In B. E. Moore & B. D. Fine(Ed). Psychoanalysis : The major concepts. New Haven & London : Yale Universuty Press.
DfES (Department for Education and Skills)(1998). Extending opportunity : A national framework for study support.
DfES(2003). Out of school care : National standards for under 8s day care and childminding.
Doek, J.(2003). The UN convention on the right of the child : Some observations on the monitoring and the social context of its implementation, University of Florida Journal of Low and Public Policy, 142(2), 125-136.
Ellis & Gauvain(1992). Social and cultural influences on children's collaborative interactions. In L. T. Wineagr & J. Valsiner(Eds.), Children's development within social context(Vol. 2, pp. 155-180). Hilladale, NJ : Erlbraum.
Erikson, E. H.(1963). Childhood and society(2nd ed.). New York : Norton.
Gilbert, N. and P. Terrell(2005). Dimensions of Social Welfare Policy, 6th edit.
Gordon, T.(1975). Parent effectiveness training : The tested way to raise responsible children(3rd. ed). New York : Peter Widen.
Hart, D.(1994). Authentic assessment : A handbook for educators. NY : Addison-Wesley Company.
Henniger, M. L.(1994). Planning for outdoor play. Young Children, 49(4), p. 10-15.

Hodgkin, R. & Newell, P.(1998). Birth registration, name, nationality and right to know and be cared for by parents. In : Implementation Handbook for Convention on the Rights of the Child, UNICEF, 97-110.

Jernberg, A. M. & Booth, P. B.(1999). Theraplay : Helping Parents and Children Build Better Relationships through Attachment-Based Play, 2nd ed. San Francisco : Hossey-Bass

Jernberg, A. M.(1979). Theraplay : A New Treatment Using Structured Play for Problem Children and Their Families. San Francisco : Jossy-Bass.

Kagan, J.(1976). Emergent theme in human development. American Scientist, 64(2), 186-196.

Kazimirski, A., Smith, R., Butt, S., Ireland, E., Lloyd, E.(2008). Childcare and Early Years Survey 2007 : Paremt's Use, Views and Experiences, Research Report No DCSF-RR025, National Center for Social Research.

Lamb, H, E.(1987). The father's role : Cross cultural perspectives. NJ : Lawrance Erlbain Associate.

Lewis, J. A., Lewis, M. D., Packard, T., & Souflee, F.(2001). Management of human service programs. Brock/Cole.

Ministry of Health and Social Affairs(2003). "Swedish Family Policy." No. 14.

Musson, S.(1994). School-age Care : Canada : Addison-Wesley Early Childhood Education.

Musson, S.(1994). School-age Care : Theory and Practice. Canada : Addison-Wesley Publishers.

Musson, S.(1994). School-age Care : Theory and Practice. Canada : Addison-Wesley Publishers.

Papalia, D. E.(1991). 인간발달 I. 박성연 역(1989). 서울 : 교육과학사.

Peason Education Inc. 남찬섭, 유태균(2007). 사회복지정책론. 서울 : 나눔의집.

Skolverket(2006). Descriptive Data on Per-school Activities, School-age Childcare, School and Adult Education in Sweden 2006, Report No. 283.

UNICEF(1989). The Convention on the Right of the Child.

UNICEF세계교육부(1995). 어린이는 어떤 권리를 가졌을까요? 게임으로 알아보는 아동의 권리협약. 서울 : 유니세프한국위원회.

松村祥子(2009). 『子どもの放課後を考える』 : 집단적 여가에 의한 인간형성의 활성화를 추구하는 방과후 아동보육. 25-41.

若井彌一(1992). こどもの人権 : その內容と保障の課題. 東京 : 至文堂.

長谷川有紀子(2009). 『子どもの放課後を考える』 : 독일 공적보조에 따른 다양한 방과후 활동과 연령 확대형 방과후 보육의 증가. 47-56.

池本美香(2009a). 『子どもの放課後を考える』. 東京 : 勁草書房.

池本美香(2009b). 『子どもの放課後を考える』. 학교와 학교 외 활동연계로 교육과 복지의 충실을 목표로 한다. 90-108.

三枝麻由美(2009). 『子どもの放課後を考える』 : 아동의 권리로서의 보육. 57-72.

교육과학기술부 http : //www.mest.go.kr
서울시 교육청 http : //www.sen.go.kr
서울시 보육정보센터 http : //seoul.childcare.go.kr/
전국지역아동센터협의회 www.kaccc.org
중앙보육정보센터 www.educare.or.kr
지역아동센터 중앙지원단 www.icareinfo.info
한국교육과정평가원 http : //www.kice.re.kr
한국지역아동센터연합회 www.hjy.kr
http : //www.afterschoolalliance.org.
http : //www.ofsted.gov.uk.
http : //curri.mest.go.kr

저자 소개

최순옥

숙명여자대학교 문학박사(아동/청소년복지)
(현) 장안대학 사회복지학과 교수
(전) 순천향대학교 사회복지학과 겸임교수
(전) 새터어린이집, 희망어린이집 시설장

윤난호

숙명여자대학교 문학박사(아동복지)
(현) 서일대학보육교사교육원 주임교수
(현) 한국아동청소년심리상담센터 아동상담실장
(현) 도봉구청, 중랑구청, 구리시청보육정책위원

이주연

숙명여자대학교 문학박사(아동/청소년복지)
(현) 세계사이버대학 아동보육과 교수
(현) 홍정애치료놀이상담센터 부소장
(전) 김포대학 사회복지과 겸임교수

윤매자

숙명여자대학교 문학박사(아동보육/교육)
(현) 장안대학 사회복지과 교수
(전) 서울시보육정보센터 해외 IP위원
(전) 천안지역사회교육협의회 운영이사

방과후 아동지도

2012. 8.

초판인쇄 2012년 8월 15일
초판발행 2012년 8월 20일

저 자 최순옥 · 윤난호 · 이주연 · 윤매자
발행인 김현태
발행처 태영출판사

주 소 (152-705) 서울 구로구 구로동 104-10 동남오피스텔 201호
전 화 02 · 839-3757, 839-3752
팩 스 02 · 837-3754
등 록 2005년 5월 30일 제12-421호
http://www.taeyeongbook.co.kr
E-mail tys2005@paran.com
ISBN 978-89-6302-070-9 93370
정 가 19,000원

＊ 잘못 만들어진 책은 교환해 드립니다.

NAVER 태영출판사

불법복사는 지적재산권을 훔치는 범죄행위입니다.

저작권법 제97조의 5(권리의 침해죄)에 따라 위반자는 5년 이하의 징역 또는 5천만원 이하의 벌금에 처하거나 이를 병과할 수 있습니다.